全本全注全译丛书

中华经典名著

徐正英　常佩雨◎译注

周礼　下

中华书局

夏官

司马第四

【题解】

夏官系统掌"邦政"，即掌理军政，又谓之"政官"。夏官之长为大司马，其副为小司马。其所属编制，所属官府六十三，总共七十种职官。大司马职文归纳为"九法"、"九伐"、"九畿"，其职能为：掌管天下军队的编制，王国军队的训练，统率王国六军，军旅的训练使用、武器的置办保管，六马的驯养使用，天子的保卫，等等。其中，军司马、舆司马、行司马、掌疆、司甲五官职文缺佚；小司马职文残存数语。军政之官可分为四类。第一类是掌军事者，包括司勋、环人、挈壶氏、诸子、司右、司兵、司戈盾、司弓矢、槁人、戎右、戎仆、掌固、司险、候人、都司马、虎贲氏、旅贲氏等。第二类是掌天下邦国的封建划疆、协调和同、通财度量、徕民致贡者，包括职方氏、量人、土方氏、怀方氏、合方氏、训方氏、形方氏、山师、川师、原师、匡人、撢人等。以上两类职官数量最多，所掌是夏官的最主要职责。第三类是掌养马、马政者，包括校人、趣马、巫马、牧师、廋人、圉师、圉人、马质等。第四类是为王掌车者，包括戎右、戎仆、齐右、道右、大驭、齐仆、道仆、田仆、驭夫等。此外，还有一些职官与军政无关。如掌吏治、朝仪的司士，掌出纳王命的大仆、小臣，掌吏民上书、奏事的御仆，掌王冕服的节服氏、弁师，以及掌寝庙杂役的隶仆，似当属之天官；掌射礼的缮人、射人，掌视察祭祀准备的祭仆，掌羊牲的小子、羊人,掌驯养猛兽的服不氏,掌射鸟、捕鸟、养鸟的射鸟氏、罗氏、掌畜,掌驱疫鬼魍魉的方相氏等等,则似当属之春官。还有掌行火政令的司爟可独立成类。可见,《周礼》中夏官属官职掌最复杂。

据孙诒让统计,夏官共设职七十,其人员编制数目,计卿一人,中大夫十四人,下大夫三十人,上士六十七人,中士一百五十八人,下士二百六十七人,府七十六人,史二百零五人,胥二百四十五人,徒二千一百八十八人,贾八人,工四人,医四人,虎士八百人,方相氏狂夫四人。凡正官,自卿至庶人,总四千零七十一人。又,趣马,每皁下士一人,徒四人。都司马,有员数,无总数。家司马亦然。六军之军将、师帅、旅帅、卒长、两司马、伍长,皆出军时才设置。以上三种情况皆不可计。大凡可计者四千零七十一人。(《周礼正义》,中华书局 1987 年版,第 2277、2278 页)

叙官

1. 惟王建国,辨方正位,体国经野,设官分职,以为民极①。乃立夏官司马②,使帅其属而掌邦政③,以佐王平邦国。

【注释】

①"惟王建国"五句:参见《天官·叙官》注。

②夏官司马:即下文的大司马,主管全国军事的长官。因为司马在六官中位居第四,于四时当夏,夏天是整齐万物的季节,而司马也有整齐万民的职责,故称夏官。马,武也,上古马、武同音。

③邦政:此即《天官·大宰》所掌六典之四的政典,即所谓"四曰政典,以平邦国,以正百官,以均万民"之义。邦政:王邦的军事法令等事务。政,有平诸侯、正天下之义。

【译文】

王建立国都,辨别国都所在地的方向,确定宗庙、朝廷所在的位置,主次有别地划分国都、郊野的界限,进行建设经营。分设百官职位,作为天下民众有所取法的榜样。为此目的,于是设立夏官司马这一官职,让他率领部属,来掌管天下的政典,以辅佐王安定天下。

2. 政官之属①:大司马②,卿一人;小司马③,中大夫二人;军司马④,下大夫四人;舆司马⑤,上士八人;行司马⑥,中士十有六人;旅下士三十有二人,府六人,史十有六人,胥三十有二人,徒三百有二十人。

【注释】

①政官:案因上节云夏官司马的职责是"掌邦政",故称夏官系统的官为"政官"。政官:即夏官。

②大司马:官名。政官的最高长官,其职务略等于后世的兵部尚书。

③小司马:官名。大司马的副手,其职务略等于后世的兵部侍郎。

④军司马:官名。政官中的第三把手。主司对夏官系统官吏的考核。其职文佚缺。

⑤舆司马:及下文行司马,据易袯、黄度曰:舆司马掌管战车。下文的行司马掌管步卒,而上文的军司马则战车、步卒兼掌。舆司马职文佚缺。

⑥行司马:官名,见注⑤,其职文佚缺。

【译文】

政官的属官有:大司马,由卿一人担任;小司马,由中大夫二人担任;军司马,由下大夫四人担任;舆司马,由上士八人担任;行司马,由中士十六人担任；另配有众下士三十二人，下辖府六人，史十六人，胥三十二人，徒三百二十人。

3. 凡制军①，万有二千五百人为军②，王六军，大国三军③，次国二军，小国一军，军将皆命卿④；二千有五百人为师，师帅皆中大夫；五百人为旅，旅帅皆下大夫；百人为卒，卒长皆上士；二十五人为两⑤，两司马皆中士；五人为伍，伍皆有长。一军则二府，六史，胥十人，徒百人。

【注释】

①制军：军队编制。

②万有二千五百人为军：六乡每乡一万二千五百家，家出一人为卒，恰为一军之人数。

③大国：上公为大国。下文的次国指侯伯之国，小国指子男之国。

④军将：军的最高指挥官。犹今言军长。下文的师帅、旅帅，分别是师和旅的最高指挥官。

⑤两：同"辆"。孙诒让说："盖两即车一乘之名。在军则以五伍共卫一车，因谓二十五人为两。"

【译文】

凡军队编制，一万二千五百人为一军，王拥有六军，大的诸侯国可以拥有三军，中等的诸侯国可以拥有二军，小的诸侯国可以拥有一军，军将皆由卿来担任；二千五百人为一师，师帅皆由中大夫担任；五百人为一旅，旅帅皆由下大夫担任；一百人为一卒，卒长皆由上士担任；二十五人为一两，两司马皆由中士担任；五人为一伍，每伍都有伍长。战时，每一军配有府二人，史六人，胥十人，徒一百人。

4. 司勋①,上士二人,下士四人,府二人,史四人,胥二人,徒二十人。

【注释】

①司勋:官名,郑《注》引郑司农曰:"勋,功也。此官主功赏。"

【译文】

司勋,由上士二人担任,下士四人为副手,还配有府二人,史四人,胥二人,徒二十人。

5. 马质①,中士二人,府一人,史二人,贾四人,徒八人。

【注释】

①马质:郑《注》曰:"质,平也。主买马,平其大小之贾直。"

【译文】

马质,由中士二人担任,还配有府一人,史二人,贾四人,徒八人。

6. 量人①,下士二人,府一人,史四人,徒八人。

【注释】

①量人:是掌都城建设的规划之法以及土地度量的官。

【译文】

量人,由下士二人担任,还配有府一人,史四人,徒八人。

7. 小子①,下士二人,史一人,徒八人。

【注释】

①小子：郑《注》曰："主祭祀之小事。"所谓小事，谓如荐羞，饰（洗刷）牲等。

【译文】

小子，由下士二人担任，还配有史一人，徒八人。

8. 羊人①，下士二人，史一人，贾二人，徒八人。

【注释】

①羊人：官名，掌管羊牲和祭祀时杀羊等事。羊人与政典没有关系，只是因为五行象类才属于夏官。羊是火畜，司马是火官，故羊人属夏官。下文的司爟也属于这种情况。

【译文】

羊人，由下士二人担任，还配有史一人，贾二人，徒八人。

9. 司爟①，下士二人，徒六人。

【注释】

①司爟（guàn）：爟，《说文》："举火曰爟。"司爟，是掌管有关火的政令官。

【译文】

司爟，由下士二人担任，还配有徒六人。

10. 掌固①，上士二人，下士八人，府二人，史四人，胥四人，徒四十人。

【注释】

①掌固:官名,掌畿疆守固之事。

【译文】

掌固,由上士二人担任,下士八人为副手,还配有府二人,史四人,胥四人,徒四十人。

11. 司险①,中士二人,下士四人,史二人,徒四十人。

【注释】

①司险:掌守九州天然险阻的官。

【译文】

司险,由中士二人担任,下士四人为副手,还配有史二人,徒四十人。

12. 掌疆①,中士八人,史四人,胥十有六人,徒百有六十人。

【注释】

①掌疆:贾《疏》曰:"其职文缺,未知其事,盖掌守疆界,亦是禁戒之事。"

【译文】

掌疆,由中士八人担任,还配有史四人,胥十六人,徒一百六十人。

13. 候人①,上士六人,下士十有二人,史六人,徒百有二十人。

【注释】

①候人：官名，郑《注》曰："候迎宾客之来者。"掌管迎送宾客，保护其安全。

【译文】

候人，由上士六人担任，下士十二人为副手，还配有史六人，徒一百二十人。

14. 环人①，下士六人，史二人，徒十有二人。

【注释】

①环人：官名，掌致师（对敌挑战）和查察军中奸慝等事。

【译文】

环人，由下士六人担任，还配有史二人，徒十二人。

15. 挈壶氏①，下士六人，史二人，徒十有二人。

【注释】

①挈壶氏：官名，掌悬壶滴漏以记时刻等事。

【译文】

挈壶氏，由下士六人担任，还配有史二人，徒十二人。

16. 射人①，下大夫二人，上士四人，下士八人，府二人，史四人，胥二人，徒二十人。

【注释】

①射人：官名，掌朝位及射礼等事。

【译文】

射人,由下大夫二人担任,上士四人为副手,还配有下士八人,府二人,史四人,胥二人,徒二十人。

17. 服不氏①,下士一人,徒四人。

【注释】

①服不氏:官名,掌驯兽及射箭比赛时充任唱获。

【译文】

服不氏,由下士一人担任,还配有徒四人。

18. 射鸟氏①,下士一人,徒四人。

【注释】

①射鸟氏:官名,掌射鸟及射箭比赛时取矢。

【译文】

射鸟氏,由下士一人担任,还配有徒四人。

19. 罗氏①,下士一人,徒八人。

【注释】

①罗氏:官名,郑《注》曰:"能以罗网搏鸟者。"

【译文】

罗氏,由下士一人担任,还配有徒八人。

20. 掌畜①,下士二人,史二人,胥二人,徒二十人。

【注释】

①掌畜:官名,掌畜养鸟。

【译文】

掌畜,由下士二人担任,还配有史二人,胥二人,徒二十人。

21. 司士①,下大夫二人,中工六人,下士十有二人,府二人,史四人,胥四人,徒四十人。

【注释】

①司士:官名,掌朝位以及有关士之政令。

【译文】

司士,由下大夫二人担任,中士六人为副手,还配有下士十二人,府二人,史四人,胥四人,徒四十人。

22. 诸子①,下大夫二人,中士四人,府二人,史二人,胥二人,徒二十人。

【注释】

①诸子:官名,亦称庶子,郑《注》曰:"主公卿大夫士之子者。"掌管由国子单独编成的队伍。

【译文】

诸子,由下大夫二人担任,中士四人为副手,还配有府二人,史二人,胥二人,徒二十人。

23. 司右①,上士二人,下士四人,府四人,史四人,胥八人,徒八十人。

【注释】

①司右:官名,掌管车右。贾《疏》曰:"王车之右,执干戈以卫王。"天子乘车,战时居中,其左为驭者,其右为车右;平时则天子居左,驭者居中,车右居右。车右皆以有勇力之士充任,负责执干戈以保卫天子。

【译文】

司右,由上士二人担任,下士四人为副手,还配有府四人,史四人,胥八人,徒八十人。

24. 虎贲氏①,下大夫二人,中士十有二人,府二人,史八人,胥八十人,虎士八百人②。

【注释】

①虎贲氏:官名,掌王出入时充任仪卫之事。

②虎士:即徒,勇士之称。郑《注》曰:"不言徒,曰虎士,则虎士徒之选有勇力者。"贲,通"奔",言其猛怒如虎之奔走。

【译文】

虎贲氏,由下大夫二人担任,中士十二人为副手,还配有府二人,史八人,胥八十人,虎士八百人。

25. 旅贲氏①,中士二人,下士十有六人,史二人,徒八人。

【注释】

①旅贲氏:官名,执戈盾在王车左右护卫王。旅,众也。贾《疏》曰:"言旅见其众,言贲见其勇。"

【译文】

旅贲氏,由中士二人担任,下士十六人为副手,还配有史二人,徒八人。

26. 节服氏①,下士八人,徒四人。

【注释】

①节服氏:官名,掌王冕服。

【译文】

节服氏,由下士八人担任,还配有徒四人。

27. 方相氏①,狂夫四人②。

【注释】

①方相氏:官名,扮作恐怖之貌执戈举盾以惊驱疫疠之鬼。

②狂夫:孙诒让曰:"亦武士之类。……狂夫无爵,盖与虎贲氏虎士同。"方相,犹言模仿想象;因为方相氏蒙着熊皮,戴着假面具,手执戈盾,使人一望而产生可畏怖的联想。

【译文】

方相氏,由狂夫四人担任。

28. 大仆①,下大夫二人;小臣②,上士四人;祭仆③,中士六人;御仆④,下士十有二人。府二人,史四人,胥二人,徒二十人。

【注释】

①大仆:官名,郑《注》曰:"仆,侍御于尊者之名,大仆其长也。"

②小臣:官名,掌传达王的小命令及诏相王小仪法等事。和大仆一
　　样,都是侍奉天子的,但大仆侍奉的是大事,而小臣侍奉的是
　　小事。

③祭仆:官名,祭祀时警戒和纠察百官。

④御仆:官名,为王接受群吏及民众奏书。

【译文】

　　大仆,由下大夫二人担任;小臣,由上士四人担任;祭仆,由中士六
人担任;御仆,由下士十二人担任。还配有府二人,史四人,胥二人,徒
二十人。

　　29.隶仆①,下士二人,府一人,史二人,胥四人,徒四
十人。

【注释】

①隶仆:官名,为王掌扫除洗刷等劳作之事。由于其工作不太干
　　净,所以虽然是官员,但却称为"隶"。

【译文】

　　隶仆,由下士二人担任,还配有府一人,史二人,胥四人,徒四十人。

　　30.弁师①,下士二人,工四人②,史二人,徒四人。

【注释】

①弁师:官名,为王掌弁冕等首服。弁师何以置于夏官之列,不详。

②工:孙诒让曰:"为弁冠及治弁饰等之工。"

【译文】

　　弁师,由下士二人担任,还配有工四人,史二人,徒四人。

31. 司甲^①,下大夫二人,中士八人,府四人,史八人,胥八人,徒八十人。

【注释】

①司甲:官名,掌管甲兵。郑《注》曰:"司甲兵戈盾官之长。"下文的司兵、司戈盾是其部属。

【译文】

司甲,由下大夫二人担任,中士八人为副手,还配有府四人,史八人,胥八人,徒八十人。

32. 司兵^①,中士四人,府二人,史四人,胥二人,徒二十人。

【注释】

①司兵:官名,掌五兵、五盾。

【译文】

司兵,由中士四人担任,还配有府二人,史四人,胥二人,徒二十人。

33. 司戈盾^①,下士二人,府一人,史二人,徒四人。

【注释】

①司戈盾:官名,掌戈盾之物。

【译文】

司戈盾,由下士二人担任,还配有府一人,史二人,徒四人。

34. 司弓矢^①,下大夫二人,中士八人,府四人,史八人,胥八人,徒八十人。

【注释】

①司弓矢:官名,郑《注》曰:"弓弩矢箙官之长。"下文的缮人、槁人是其部属。

【译文】

司弓矢,由下大夫二人担任,中士八人为副手,还配有府四人,史八人,胥八人,徒八十人。

35. 缮人①,上士二人,下士四人,府一人,史二人,胥二人,徒二十人。

【注释】

①缮人:官名,掌王所用弓弩矢箙等射具。郑《注》曰:"缮之言劲也,善也。"缮,修旧造新之谓。

【译文】

缮人,由上士二人担任,下士四人为副手,还配有府一人,史二人,胥二人,徒二十人。

36. 槁人①,中士四人,府二人,史四人,胥二人,徒二十人。

【注释】

①槁人:官名,掌弓弩箭矢。孙诒让说,"槁"当作"稾"。槁,通"稾",谓箭杆。

【译文】

槁人,由中士四人担任,还配有府二人,史四人,胥二人,徒二十人。

37. 戎右①,中大夫二人,上士二人。

【注释】

①戎右:官名,王的军车(戎路)的车右。车右,省称右,又叫骖乘、
参乘。

【译文】

戎右,由中大夫二人担任,上士二人为副手。

38. 齐右①,下大夫二人。

【注释】

①齐(zhāi)右:官名,据郑《注》,该官充当王玉路、金路之车右。齐,
音斋。下齐仆之"齐"音同。金路,天子朝觐会同时所乘。因为
天子将朝觐会同,必先斋戒,故称金路为齐车。参见《春官·巾
车》。

【译文】

齐右,由下大夫二人担任。

39. 道右①,上士二人。

【注释】

①道右:官名,充当王之象路车右。象路,又名德车、道车。

【译文】

道右,由上士二人担任。

40. 大驭^①,中大夫二人。

【注释】

①大驭:官名,为王掌驭玉路者,郑《注》说,是驭者中最尊者。

【译文】

大驭,由中大夫二人担任。

41. 戎仆^①,中大夫二人。

【注释】

①戎仆:是为王掌驭戎路者。

【译文】

戎仆,由中大夫二人担任。

42. 齐仆^①,下大夫二人。

【注释】

①齐(zhāi)仆:官名,为王掌驭金路。

【译文】

齐仆,由下大夫二人担任。

43. 道仆^①,上士十有二人。

【注释】

①道仆：官名，为王掌驭象路。

【译文】

道仆，由上士十二人担任。

44. 田仆①，上士十有二人。

【注释】

①田仆：官名，为王掌驭田猎时所乘之木路。

【译文】

田仆，由上士十二人担任。

45. 驭夫①，中士二十人，下士四十人。

【注释】

①驭夫：官名，为王掌驭贰车、从车、使车。

【译文】

驭夫，由中士二十人担任，下士四十人为副手。

46. 校人①，中大夫二人，上士四人，下士十有六人，府四人，史八人，胥八人，徒八十人。

【注释】

①校人：官名，郑《注》曰："马官之长。"校，马厩。下文的趣马、巫马、牧师、廋人、圉师、圉人都是其部属。

【译文】

校人,由中大夫二人担任,上士四人为副手,还配有下士十六人,府四人,史八人,胥八人,徒八十人。

47. 趣马^①,下士皂一人^②,徒四人。

【注释】

①趣(cǒu)马:官名,校人之属官。郑《注》曰:"趣(督促)养马者也。"趣,假借为"驺"。《说文》:"驺,厩御也。"

②皂:《校人》职文曰:"三乘为皂。"案每乘四马,是十二匹马为一皂,设一趣马。

【译文】

趣马,每皂由下士一人担任,还配有徒四人。

48. 巫马^①,下士二人,医四人,府一人,史二人,贾二人,徒二十人。

【注释】

①巫马:官名,掌疗养马疾。校人之属官。古时巫、医不分,巫马就是医马,也就是马医。

【译文】

巫马,由下士二人担任,还配有马医四人,府一人,史二人,贾二人,徒二十人。

49. 牧师^①,下士四人,胥四人,徒四十人。

【注释】

①牧师:官名,掌放牧马匹。校人之属官。郑《注》曰:"主牧放马而养之。"

【译文】

牧师,由下士四人担任,还配有胥四人,徒四十人。

50. 廋人①,下士闲二人,史二人,徒二十人。

【注释】

①廋(sōu)人:官名,为王掌十二闲之马政。闲,养马的木栏。

【译文】

廋人,每闲下士二人,史二人,徒二十人。

51. 圉师①,乘一人②,徒二人。圉人③,良马四一人,驽马丽一人④。

【注释】

①圉(yǔ)师:圉,养马处。圉师,官名,掌教圉人养马等事。

②乘:郑《注》曰:"四马为乘。"

③圉人:专职养马的人。

④丽:郑《注》曰:"耦也。"一对,两。

【译文】

圉师,每四匹马一人,还配有徒二人。圉人,好马每匹一人,劣马每两匹一人。

52. 职方氏①,中大夫四人,下大夫八人,中士十有六人,府四人,史十有六人,胥十有六人,徒百有六十人。

【注释】

①职方氏:职,掌管,郑《注》曰:"职,主也,主四方之职贡者。职方氏,主四方官之长。"职方氏,官名,掌管天下的地图,辨别九州之地利,掌管四方的职贡。此官为所有掌管四方事务官员的官长,下文的土方氏至撢人,皆其部属。

【译文】

职方氏,由中大夫四人担任,下大夫八人为副手,还配有中士十六人,府四人,史十六人,胥十六人,徒一百六十人。

53. 土方氏①,上士五人,下士十人,府二人,史五人,胥五人,徒五十人。

【注释】

①土方氏:官名,郑《注》曰:"主四方邦国之土地。"土,通"度"。

【译文】

土方氏,由上士五人担任,下士十人为副手,还配有府二人,史五人,胥五人,徒五十人。

54. 怀方氏①,中士八人,府四人,史四人,胥四人,徒四十人。

【注释】

①怀方氏:官名,掌管招来四方之民及其物。郑《注》曰:"怀,来也。主来四方之民及其物。"

【译文】

怀方氏,由中士八人担任,还配有府四人,史四人,胥四人,徒四十人。

55. 合方氏①,中士八人,府四人,史四人,胥四人,徒四十人。

【注释】

①合方氏:官名,掌调和合同四方之事。

【译文】

合方氏,由中士八人担任,还配有府四人,史四人,胥四人,徒四十人。

56. 训方氏①,中士四人,府四人,史四人,胥四人,徒四十人。

【注释】

①训方氏:官名,掌管教导四方之民。郑《注》曰:"训,道也,主教四方之民。"

【译文】

训方氏,由中士四人担任,还配有府四人,史四人,胥四人,徒四十人。

57. 形方氏①,中士四人,府四人,史四人,胥四人,徒四十人。

【注释】

①形方氏:官名,负责正定四方邦国封疆。

【译文】

形方氏,由中士四人担任,还配有府四人,史四人,胥四人,徒四十人。

58. 山师①,中士二人,下士四人,府二人,史四人,胥四人,徒四十人。

【注释】

①山师:官名,掌辨山林之名物及其利害。

【译文】

山师,由中士二人担任,下士四人为副手,还配有府二人,史四人,胥四人,徒四十人。

59. 川师①,中士二人,下士四人,府二人,史四人,胥四人,徒四十人。

【注释】

①川师:官名,掌辨川泽之名物及其利害。

【译文】

川师,由中士二人担任,下士四人为副手,还配有府二人,史四人,胥四人,徒四十人。

60. 原师①,中士四人,下士八人,府四人,史八人,胥八人,徒八十人。

【注释】

①原师:官名,掌辨四方地形。

【译文】

原师,由中士四人担任,下士八人为副手,还配有府四人,史八人,胥八人,徒八十人。

61. 匡人①,中士四人,史四人,徒八人。

【注释】

①匡人:官名,掌以法则匡正诸侯。

【译文】

匡人,由中士四人担任,还配有史四人,徒八人。

62. 撢人①,中士四人,史四人,徒八人。

【注释】

①撢(tàn)人:撢人,官名,掌宣达王旨。郑《注》曰:"主撢序王意(案‘王’《注疏》本原误作‘主’,据阮校改),以语天下。"

【译文】

撢人,由中士四人担任,还配有史四人,徒八人。

63. 都司马①,每都上士二人,中士四人,下士八人,府二人,史八人,胥八人,徒八十人。

【注释】

①都司马:官名,掌管都的军赋。郑《注》曰:"主其军赋。"都,即采

邑中的大都、小都。大都是王子弟以及三公采地,小都是卿的采地。孙诒让说:"此官与家司马及春官之都宗人、家宗人,秋官之都士、家士,皆都家私臣之受命于王者也。以其掌采地军赋,得以职事自达于王朝,故亦以事类附列《夏官》之末,而实非大司马之属官也。"

【译文】

都司马,每都由上士二人担任,中士四人为副手,还配有下士八人,府二人,史八人,胥八人,徒八十人。

64. 家司马①,各使其臣,以正于公司马②。

【注释】

①家司马:官名,掌管家的军赋。家,谓卿大夫之采邑。

②"各使其臣"二句:郑《注》曰:"各自使其家臣为司马。"据吴廷华、姜兆锡、孙诒让说,"各使其臣,以正于公司马"这两句当作"家司马亦如之"。这两句本是《家司马》职文,误入《叙官》;而《叙官》的"家司马亦如之"一句,又误入《家司马》职文。其说是,今从之。正于公司马:郑《注》曰:"正,犹听也。公司马,国司马也。"又曰:"往听政于王之司马。王之司马其以王命来有事,则曰国司马。"

【译文】

家司马,各使自己的家臣担任,而听命于公司马。

一　大司马

1. 大司马之职,掌建邦国之九法①,以佐王平邦国②。制畿封国,以正邦国;设仪辨位,以等邦国;进贤兴功,以作

邦国③；建牧立监④，以维邦国；制军诘禁⑤，以纠邦国；施贡
分职⑥，以任邦国；简稽乡民，以用邦国；均守平则⑦，以安邦
国；比小事大⑧，以和邦国。

【注释】

①九法：即下文所说自"制畿封国"至"比小事大"九项。

②平：郑《注》曰："成也，正也。"孙诒让曰："谓成其政治，正其
违僭。"

③作：郑《注》曰："起也，起其劝善乐业之心，使不堕废。"

④建牧立监：郑《注》曰："牧，州牧也。监，监一国，谓君也。"

⑤制军诘禁：制军，贾《疏》说，即上文所谓大国三军，次国二军，小
国一军（参见本篇《叙官》第3节）。诘，郑《注》曰："犹穷治也。"

⑥职：郑《注》曰："谓赋税也。"

⑦均守平则：郑《注》曰："诸侯有土地者均之，尊者守大，卑者守小。
则，法也。"孙诒让曰："均之者，谓若大司徒建五等爵土之差，爵
尊则地大，爵卑则地小，均平之使各守其境土也。"

⑧比：郑《注》曰："犹亲。"

【译文】

　　大司马的职责，负责建立有关诸侯国的九项法则，以辅佐王成就诸
侯国的政治。一是划定诸侯国的封域，以明确诸侯国之间的疆界；二是
为诸侯国设立仪法、辨别君臣的尊卑之位，以明确诸侯国君臣的等级；
三是进用和荐举贤能有功的人，以激发诸侯国臣民的进取心；四是设立
州牧和国君，以维系邦国的臣民；五是建立军队，惩治和追究违法者，以
纠正邦国的失误；六是分配诸侯国应缴的贡赋，以确定诸侯国的合理负
担；七是查核诸侯国的乡民数，以便在用得着时征召；八是根据诸侯国
爵位的尊卑和拥有土地的大小，建立合理的守卫土地之法，以安定诸侯
国。九是使大国亲小国、小国服事大国，以使各诸侯国和睦相处。

2. 以九伐之法正邦国①。冯弱犯寡,则眚之②;贼贤害民,则伐之;暴内陵外,则坛之③;野荒民散,则削之;负固不服,则侵之④;贼杀其亲,则正之⑤;放弑其君,则残之⑥;犯令陵政,则杜之⑦;外内乱,鸟兽行,则灭之。

【注释】

①以九伐之法正邦国:郑《注》曰:"诸侯有违王命,则出兵以征伐之,所以正正之也。"案:下文所述九项,皆属违王命而当伐者。伐:征讨,攻打,师有钟鼓曰伐,即大张旗鼓地声讨其罪。这和下文的"侵"不同,侵则师无钟鼓,是出其不意的偷袭。

②"冯弱犯寡"二句:郑《注》曰:"冯,犹乘陵也。言不字(亲)小而侵侮之。眚,犹人眚瘦也。《王霸记》曰:'四面削其地。'"

③坛之:坛,是"墠"的假借字。墠,音 shàn,谓空旷之野地。墠之,相当于后世之幽禁。郑《注》曰:"谓置之空墠,以出其君,更立其次贤者。"惠士奇曰:"置之空墠之地,幽之也。"

④侵之:郑《注》曰:"兵加其境而已,用兵浅者也。"

⑤"贼杀其亲"二句:亲,孙诒让曰:"凡五服之内为亲。"正之,郑《注》曰:"执而治其罪。"

⑥残:郑《注》曰:"杀也。"

⑦"犯令陵政"二句:郑《注》曰:"陵政者,轻政法,不循也。杜之者,杜塞使不得与邻国交通。"

【译文】

用九伐之法规正诸侯国。诸侯有以强凌弱、以大侵小的,就削弱他;有杀害贤良和民众的,就讨伐他;有对内暴虐、对外欺凌邻国的,就幽禁他而更立新君;有土地荒芜、人民离散的,就削减他的封地;有依仗险固地形而不服从的,就派兵进入他的国境以示惩罚;有无辜杀害亲族的,就抓起来治罪;有放逐或弑杀他的国君的,就杀死他;有违犯王的命令、轻视国家政法的,就杜塞他同邻国交通的途径;对于在家庭内外恣行淫乱、行为如同禽兽的,就诛灭他。

3. 正月之吉,始和布政于邦国都鄙,乃悬政象之法于象魏,使万民观政象,挟日而敛之①。

【注释】

①"正月"五句:参见《天官·大宰》第 11 节。"布政"的政即政法,
亦即《大宰》所谓"政典"。

【译文】

周历正月初一,开始向各诸侯国和王畿内的采邑宣布政法,把形成文字的政法悬挂在象魏上,让万民观看政法,过十天而后收藏起来。

4. 乃以九畿之籍①,施邦国之政职。方千里曰国畿②,其外方五百里曰侯畿③,又其外方五百里曰甸畿④,又其外方五百里曰男畿⑤,又其外方五百里曰采畿⑥,又其外方五百里曰卫畿⑦,又其外方五百里曰蛮畿⑧,又其外方五百里曰夷畿⑨,又其外方五百里曰镇畿⑩,又其外方五百里曰蕃畿⑪。

【注释】

①九畿之籍:郑《注》曰:"畿,犹限也。"又曰:"籍,其礼差之书也。"
案:九畿,即下文的侯畿以下九畿。九畿,《职方氏》谓之九服。
九畿内的诸侯,按其距离王城的远近,承担不同的职贡。

②国畿:《职方氏》叫做王畿。这是天子的直辖领土。

③侯:侯者,候也;主为天子伺候非常,故称。

④甸:甸者,田也;主为天子治田,以出赋贡,故称。

⑤男畿：男者，任也（古音男与任读音相近）；主为天子任事，故称。

⑥采畿：采取美物以供天子，故称。

⑦卫畿：作为屏障，承担拱卫天子的任务，故称。

⑧蛮：蛮者，縻也（縻是牛绳，此为笼络之义）；对此畿要求较低，只要服从中央的正朔，其他听其自治。贾公彦说："自此以上六服，是中国之九州；自此已外，是夷狄之诸侯。"

⑨夷畿：因为是夷狄之所居，故称。

⑩镇畿：因为离中原地区遥远，须要镇守，故称。

⑪蕃畿：蕃，通"藩"，屏蔽。因为此畿有屏蔽作用，故称。

【译文】

依照划分九畿的簿籍，分施各诸侯国所当奉行的政务和职责。地方千里是国畿，国畿之外地方五百里是侯畿，侯畿之外地方五百里是甸畿，甸畿之外地方五百里是男畿，男畿之外地方五百里是采畿，采畿之外地方五百里是卫畿，卫畿之外地方五百里是蛮畿，蛮畿之外地方五百里是夷畿，夷畿之外地方五百里是镇畿，镇畿之外地方五百里是蕃畿。

5. 凡令赋①，以地与民制之。上地食者参之二②，其民可用者家三人；中地食者半，其民可用者二家五人；下地食者参之一，其民可用者家二人。

【注释】

①赋：刘沅曰："兵也。以地之美恶，人之众寡而制兵。"

②上地食者参之二：郑司农曰："假令一家有三顷，岁种二顷，休其一顷。"下仿此。

【译文】

凡征兵，依据土地的好坏和人口的多少来制定服役人数的标准。上等土地每年可耕种的占三分之二，休耕三分之一，耕种上等土地的农民可用以服役的每家三人；中等土地每年可耕种的占一半，休耕一半，耕种中等土地的农民可用以服役的每二家五人；下等土地每年可耕种的占三分之一，休耕三分之二，耕种下等土地的农民可用以服役的每家二人。

6. 中春，教振旅①，司马以旗致民，平列陈，如战之陈。辨鼓、铎、镯、铙之用：王执路鼓，诸侯执贲鼓，军将执晋鼓②，师帅执提③，旅帅执鼙④，卒长执铙，两司马执铎，公司马执镯⑤。以教坐、作、进、退、疾、徐、疏数之节⑥。遂以蒐田⑦。有司表貉⑧，誓民⑨，鼓，遂围禁。火弊⑩，献禽以祭社。

【注释】

①振旅：本指战罢回师，此处指借春田以习战。郑《注》曰："凡师，出曰治兵，入曰振旅，皆习战也。"

②"辨鼓"至"晋鼓"：参见《地官·鼓人》第2节。鼓、铎、镯、铙：皆军中乐器。郑珍认为，路鼓、贲鼓、晋鼓的体积都比较大，车上容纳不下，所以天子、诸侯、军将无法亲自执桴击鼓。孙诒让进一步说："窃疑此经师帅执提'以下，其鼓较小，皆是亲执。其军将以上所用三鼓广长之度绝侈（按：即太大），将车所不易建，当别以车载之，则三鼓不必亲执。经文以与下提、鼙等牵连并举，故通言执耳。实则王、侯、军将所亲执者仍是鼙。临战之时，王车亦止载鼙以令鼓，而鼓人别乘副车，载路鼓以从之，如大阅中军以鼙令鼓，而后'鼓人三鼓。鼓人所鼓者，盖即路、贲、晋诸鼓别载以从者也。"

③师帅执提：师帅，即下文所述旅帅、卒长、两司马。提，即提鼓，据孙诒让说，是一种有柄可提持以击的鼓，较鼙鼓稍大。

④鼙：即应鼙（参见《春官·小师》第2节）。

⑤公司马：谓伍长。郑《注》曰："伍长谓之公司马，虽卑，同其号。"

⑥坐：江永曰："古人之坐，两膝着席而坐于足，与跪相似。但跪者直身，臀不着地，又谓之跽。跪危而坐安。《曲礼·疏》云：'坐亦跪也'。坐通名跪，跪名不通坐，此跪坐之别也。孙诒让曰："此坐陈即跪地也。"

⑦蒐（sōu）：春季的田猎。郑《注》曰："春田为蒐。"

⑧有司表貉：有司，谓肆师、甸祝。黄以周《礼书通故·田礼通故》曰："肆师为表貉之位，甸祝掌表貉之祝号。"郑《注》曰："立表而貉祭也。"（参见《春官·肆师》第6节注）

⑤表貉（mò）：立表举行祃祭。表，练兵场上的标杆，其作用详下。貉，通"祃"。祃祭是军中之祭，祭祀始造军法之神。其神或曰蚩尤，或曰黄帝。祃祭的目的是鼓舞士气。

⑨誓民：誓，诚也。誓民，将违犯田猎规则所应受到的处罚告诫民众。郑《注》曰："誓以犯田法之罚也。"

⑩火弊：火，是焚烧荒草所燃之火，其作用有二：一为驱兽，即所谓火田；二为烧除陈草以利生新草。弊：停止。将要围猎时放火，田猎停止则止火，即此所谓火弊。郑《注》曰："春田主用火，因焚莱除陈草，皆杀（谓猎杀）而火止。"

【译文】

仲春，教民众习战。大司马用旗召集民众，整编队列阵形，如同实战时那样列阵。教民众辨别鼓、铎、镯、铙的用途。王执掌路鼓，诸侯执掌贲鼓，军将执掌晋鼓，师帅执掌提鼓，旅帅执掌鼙鼓，卒长执掌铙，两司马执掌铎，公司马执掌镯。教民众坐下、起立、前进、后退、快速、慢速以及距离疏密的节度。接着便让他们进行春季田猎，有关官吏在立表处举行貉祭，警诫民众不要违犯有关田猎之法，然后击鼓，于是开始围猎。焚烧野草的火停止燃烧，然后进献所猎获的兽以祭祀社神。

7. 中夏，教茇舍①，如振旅之陈。群吏撰车徒②，读书契③。辨号名之用④：帅以门名⑤，县鄙各以其名⑥，家以号名⑦，乡以州名⑧，野以邑名⑨，百官各象其事⑩，以辨军之夜事。其他皆如振旅。遂以苗田，如蒐之法。车弊，献禽以享礿。

【注释】

①茇(bá)舍：在草野宿营。郑《注》曰："茇舍，草止之也。"案：草谓草野；止，息也。在野地上茇除杂草，而使军队宿营其中。

②撰车徒：撰，通"算"，计点。郑《注》曰："撰，读曰'算'。算车徒，谓数择之也。"贾《疏》曰："皆选择其在车甲士三人，步徒七十二人之等。"

③读书契：郑《注》曰："以簿书校录军实之凡要。"孙诒让曰："军实，谓兵甲器械。"

④号名：郑《注》曰："徽识，所以相别也。"案：此所谓号名，实指属，即正旗的副旗(参见《春官·司常》第1节注)。

⑤帅以门名：郑《注》曰："帅，谓军将及师帅、旅帅，至伍长也。以门名者，所被徽识如其在门所树者也。"案：此处"名"即"号名"之省，谓徽识，亦即属。以下诸"名"义同。郑《注》又曰："凡此言'以'也，'象'也，皆谓其制同耳。"又自此至县鄙、家、乡、野、百官六者，据郑《注》，其徽识"皆书其官与名氏焉"，亦即《春官·司常》所谓"皆画(书)其象(指官事、姓名)焉"之义。

⑥县鄙：是六遂的行政组织，在此指代六遂。《春官·司常》曰："县鄙建旗。"(见彼第2节)

⑦家以号名：家，谓都家，即采邑主。《春官·司常》曰："家各象其号。"(同上)谓于旗的正幅上书写其官事、姓名。

⑧乡以州名:乡谓六乡,州谓州里,实指六乡之吏。《春官·司常》曰"州里建旗",又曰"州里各象其名"(同上),即于其旗的正幅上书写各自的官事、姓名。

⑨野:谓郊外之地,包括甸、稍、县、都,野中设有公邑,公邑之长谓公邑大夫,而此处之野即指代公邑大夫,故郑《注》曰:"野谓公邑大夫。"

⑩百官各象其事:案《春官·司常》曰"官府各象其事"(见彼第2节),与此义同。苗田:郑《注》曰:"夏田为苗。"如蒐之法:贾《疏》曰:"如上蒐时有司表貉、誓民、令鼓,遂围禁之等。"车:郑《注》曰:"驱兽之车"。祕:音yào(药),郑《注》曰:"宗庙之夏祭也。"

【译文】

仲夏,教民众在草野之地宿营,如同仲春教民习战那样布阵。选择车辆和兵众加以配合,阅读簿册校核兵甲器械。教民众辨别各种徽识的用途:各级军帅的徽识都与他们军营门前所树旌旗书写同样的官事、姓名,六遂的徽识各与本遂的旌旗书写同样的官事、姓名,采邑主的徽识各与本采邑的旌旗书写同样的官事、姓名,六乡官吏的徽识各与本官的旌旗书写同样的官事、姓名,公邑大夫的徽识都与各邑的旌旗书写同样的官事、姓名,各官府的徽识都与它们的旌旗书写同样的官事、姓名,以便夜间军事行动好辨别。其他方面都同仲春教民习战那样。接着进行夏季田猎,如同春季田猎之法。车停止追逐野兽,田猎结束,便进献所猎获的野兽祭祀宗庙。

8. 中秋,教治兵,如振旅之陈。辨旗物之用。王载大常①,诸侯载旂,军吏载旗,师都载旟②,乡家载物③,郊野载旐④,百官载旗,各书其事与其号焉。其他皆如振旅。遂以狝田⑤,如蒐田之法。罗弊,致禽以祀祊⑥。

【注释】

①大常：及下旞、旗、旍、物、旐、旗，皆旌旗名（参见《春官·司常》第2节）。

②师都载旝：师，当作"帅"（参见《春官·司常》第2节）。据《司常》，帅都建旗（画有熊虎者），而此处说"载旝"，当互见（参见同上）。

③乡家载物：乡，谓乡吏，与《春官·司常》"州里"同（参见彼第2节）。家，《注疏》本原误作"遂"，据阮校改，谓家邑（即大夫的采邑）之长。案《司常》曰"州里建旗"，当与此互见。旗，画有鸟隼者。

④郊野载旐：郊野，指郊野的公邑大夫。孙诒让曰："郊遂公邑地相连比，故同载旐。"旐，画有龟蛇者（参见《春官·司常》第1节）。

⑤狝（xiǎn）：郑《注》曰："秋田为狝。"

⑥祊：郑《注》曰："当为'方'，声之误也。秋田主祭四方，报成万物。"

【译文】

仲秋，教民众演习作战，如同仲春教民习战那样布阵。教民辨别各种旌旗的用途。王树大常，诸侯树旗，军吏树旗，军帅和大都、小都之长树旝和帜同色的旗，乡吏和家邑之长树旝和帜不同色的旗，郊野的公邑大夫树旐，王的百官树旗，各旗的旝上都书写各自的官事、姓名。其他方面都同仲春教民习战那样。接着进行秋季田猎，如同春季田猎之法。停止用网捕兽，田猎结束，集中所猎获的兽并用以祭祀四方之神。

9. 中冬，教大阅①。前期，群吏戒众庶②，修战法。虞人莱所田之野为表③，百步则一，为三表，又五十步为一表④。田之日，司马建旗于后表之中，群吏以旗物、鼓、铎、镯、铙各帅其民而致。质明弊旗，诛后至者，乃陈车徒，如战之陈，皆坐。群吏听誓于陈前⑤,斩牲以左右徇陈,曰:"不用命者,斩之!"中军以鼙令鼓⑥,鼓人皆三鼓。司马振铎⑦,群吏作旗,车徒皆作,鼓行,鸣镯,车徒皆行,及表乃止。三鼓,摝铎⑧,群吏弊旗,车徒皆坐。又三鼓,振铎,作旗,车徒皆作。鼓进,鸣镯,车骤,徒趋,及表乃止,坐、作如初。乃鼓,车驰,徒走,及表乃止。鼓戒三阕⑨,车三发,徒三刺,乃鼓退⑩,鸣铙⑪,且却,及表乃止⑫,坐、作如初⑬。遂以狩田⑭。以旌为左右和之门⑮,群吏各帅其车徒以叙和出,左右陈车徒,有司平之⑯。旗居卒闲以分地⑰,前后有屯百步⑱,有司巡其前后。险野人为主,易野车为主⑲。既陈,乃设驱逆之车⑳,有司表貉于陈前㉑。中军以鼙令鼓。鼓人皆三鼓,群司马振铎,车徒皆作,遂鼓行,徒衔枚而进㉒。大兽公之,小禽私之,获者取左耳。及所弊㉓,鼓皆骇,车徒皆噪㉔。徒乃弊,致禽馌兽于郊㉕,入献禽以享烝㉖。

【注释】

①大阅:检阅兵车及驾车之马。

②群吏:郑《注》曰:"乡师以下。"案乡师以下,还有州长、党正、族师等,但不包括乡大夫,因为乡大夫不掌田役致众之事。

③虞人:指山虞、泽虞二官。若猎场在山,则由山虞负责下面之事;若猎场在泽,则由泽虞负责下面之事。莱,方苞《集注》曰:"芟除其草莱,令车徒可陈列也。"表,标志。孙诒让说是"树木为表"。

④"百步"三句:据孙诒让说,表是从南向北而设,第一表叫做前表(或称四表),往北间隔百步为三表,再往北间隔百步为二表,再往北间隔五十步为后表(最北一表),四表间隔总计二百五十步。

又据《注》《疏》说,表立于可列阵之空地(即虞人所芟之地)的中央,表的左右两边各容三军之众。

⑤群吏听誓于陈前:郑《注》曰:"群吏,诸军帅也。"案即前之乡吏,此时则为军帅。又据《注》《疏》说,士卒是面朝北坐以听誓,群吏则出列到后表之北,面朝南面向后表、与士卒相向而立以听誓。孙诒让曰:"誓以军法。"

⑥中军:郑《注》曰:"中军之将也。天子六军,三三而居一偏。"即谓表的左右各三军。江永曰:"中军,元帅也。……如王在军,则王为中军。"

⑦司马振铎:郑《注》曰:"司马,两司马也。振铎以作众。"两司马,参见本篇《叙官》第3节。

⑧摝(lù)铎:摝,振动,摇动。摝铎,盖摇动铎时以手握住铎上部,使其声闷哑,以示停止前进。

⑨鼓戒三阕:郑《注》曰:"鼓戒,戒攻敌。"案这里的戒,有警众之义,实际就是命令兵众向敌进攻。阕,止也。三阕,犹言三次。

⑩乃鼓退:贾《疏》曰:"谓至南表,军吏及士卒回身向北,更从南为始也。"是此所谓退,实际是调转方向再由南向北进攻。

⑪鸣铙:郑《注》曰:"军退,卒长鸣铙以和众,鼓人为之止也。"案百人为卒,卒长执铙,由卒长鸣铙。和众者,协调兵众后退的步伐,以免发生紊乱。铙鸣则鼓止。

⑫及表乃止:郑《注》曰:"自前表至后表。"

⑬坐、作如初:案退兵先后退三次:第一次退至三表,第二次退至二表,第三次才退至后表。每退一表都要坐,然后起立,再退一表,其动作同当初的进时一样。

⑭狩:郑《注》曰:"冬田为狩。"

⑮以旌为左右和之门:和门即军门,军门两边树旌旗以为标志。郑《注》曰:"军门曰和,今谓之垒门,立两旌以为之。"

⑯有司平之：有司，谓乡师。郑《注》曰："乡师居门，正其出入之行列也。"

⑰旗居卒闲：旗，郑《注》曰："军吏所载。"孙诒让引吴廷华曰："卒百人，卒长统之，旗居卒间，则一卒长一旗以分部也。"

⑱前后有屯百步：郑《注》曰："车徒异群相去之数也。"

⑲险野人为主，易野车为主：郑司农曰："险野人为主，人居前；易野车为主，车居前。"

⑳驱逆之车：即驱车和逆车，前者为驱赶野兽入围，后者为拦击野兽不使逃窜。

㉑有司表貉于陈前：孙诒让说，有司亦谓肆师、甸祝之属。贾《疏》曰："车设讫，即为表貉之祭于陈前也。"

㉒衔枚：口中衔一筷子形状之物的东西，防说话，以免被敌人发觉。

㉓及所弊：孙诒让曰："田有界限，至其所则止。"

㉔鼓皆骇，车徒皆噪：骇，骇之俗字，郑《注》曰："疾雷击鼓曰骇。噪，讙也。"讙，音 huān（欢）。

㉕致禽饁兽于郊：参见《春官·小宗伯》第 13 节。

㉖烝：冬祭宗庙曰烝。

【译文】

仲冬，教民众大检阅之礼。大检阅之前，乡吏们要告诫民众，演习战法。虞人芟除将要举行田猎的野地的荒草而设表，每百步设一表，设三表，又间隔五十步设一表。到举行田猎那天，司马在后表与二表的中间树立旗帜，乡吏们打着旗，敲着鼓、铎、镯、铙等各率领乡民到来。天亮时司马把旗帜放倒，惩罚后到的人。于是用车辆和徒众布阵，如同实战时的阵形，全体坐下。军帅们站在阵前听取有关军法的誓诫，斩杀牲给左右军阵看，说："不服从命令的，斩！"中军元帅敲击鼙鼓命令击鼓，鼓人都击鼓三通。两司马摇响金铎，军帅们举起旗帜，车辆和步兵都起立。鼓人击鼓命令前进，公司马敲响镯作为行进的节度，车辆和步兵都前进,从后表前进到二表而后停止。鼓人击鼓三通,两司马用手捂住铎口而摇铎,军帅们放下旗帜,车辆停止前进、步兵都坐下。鼓人又击鼓三通,两司马摇响金铎,军帅们举起旗帜,车辆和步兵都起立。鼓人击鼓命令前进,公司马敲响镯,车辆快速奔跑,步兵快步前进,从二表前进到三表才停止,坐下和起立都和前次一样。于是鼓人又击鼓,车辆迅猛奔驰,步兵快速奔跑,从三表前进到四表才停止。三次连续不断地击鼓命令进攻,车上的射手先后射出三发箭,步兵三次击刺。于是击鼓命令从南向北退兵,卒长敲响铙,兵众向北退,退到后表处才停止,坐下和起立都如同当初一样。接着进行冬季田猎。用旌旗分立左右作为军门,军帅们各率领车辆和步兵依次出军门,分左右用车辆和步兵布阵,乡师规正兵众出入军门的队列。旗树在卒与卒之间以划分地段,车和步兵前后分别屯驻而相距百步,乡师巡视军阵前后。凡布阵,险阻的地方步兵在前,平坦的地方车辆在前。布阵完毕,于是设置驱赶野兽的车和拦击野兽的车,肆师、甸祝等在阵前立表处举行貉祭。中军元帅敲击鼙鼓命令击鼓,鼓人击鼓三通,两司马们摇响金铎,车辆和步兵都起立,接着鼓人击鼓命令前进,步兵都口中衔枚而行。猎获大兽交给公家,小兽留给自己,猎获野兽的人割取兽的左耳以便计功。到达田猎场的边界处就停下来,鼓声震响如雷,车辆和步兵齐声欢呼。徒众于是停止田猎,就集中所猎获的禽兽并在国郊馈祭四方之神,进入国都又进献所猎获的兽以祭祀宗庙。

10. 及师①,大合军,以行禁令,以救无辜,伐有罪。

【注释】

①师:据郑《注》,谓王有事(如巡守、会同等)外出,则率军随行。

【译文】

到需要率军队随王出行时,就集合六军,执行有关的禁令,以救援无辜被侵之国,讨伐有罪的人。

11. 若大师,则掌其戒令,莅大卜①,帅执事莅衅主及军器②。及致,建大常,比军众,诛后至者。及战,巡陈视事而赏罚③。若师有功,则左执律④,右秉钺以先⑤,恺乐献于社。若师不功,则厌而奉主车⑥。王吊劳士、庶子⑦,则相。

【注释】

①莅大卜:郑《注》曰:"卜出兵吉凶也。"案《春官·大卜》有云:"大师,则贞龟"(见彼第6节),大司马则莅其贞也。

②衅主:主,郑《注》曰:"谓迁庙之主及社主在军者。"据贾《疏》,负责衅主者是小子(参见《夏官·小子》第4节),而大司马莅之。

③事:郑《注》曰:"谓战功也。"

④律:谓律管,郑《注》曰:"律所以听军声。"(参见《春官·大师》第3节)

⑤钺:壮军威的大斧。

⑥厌而奉主车:厌,谓厌冠,即丧冠,郑《注》谓之"伏冠",孙诒让曰:"谓冠梁低伏,不隆起也。"郑《注》又曰:"奉,犹送也。送主归于庙与社。"

⑦士、庶子:士,为卿大夫士之士。庶子,郑《注》曰:"卿大夫之子从军者,或谓之庶士。"

【译文】

如果王亲征,就执掌有关的戒令。出发前临视大卜占卜吉凶,率领有关官吏临视衅祭将随军而行的迁庙主和社主以及军事器械。到召集军众时,就树起王的大常旗,校核所到的军众人数,惩罚后到的人。到作战时,巡视军阵,看有无战功以施行赏罚。如果军队打了胜仗,就左手拿着律管,右手拿着钺,在军前做先导,奏凯旋之乐而向社神献功。如果军队战败,就头戴厌冠而护送载有迁庙主和社主的车回来。王吊唁、慰问死伤的士、庶子,就协助王行礼。

12. 大役①,与虑事,属其植②,受其要③,以待考而赏诛。大会同,则帅士、庶子,而掌其政令。若大射,则合诸侯之六耦④。大祭祀、飨、食,羞牲、鱼⑤,授其祭⑥。大丧,平士大夫⑦;丧祭⑧,奉诏马牲⑨。

【注释】

① 大役:郑《注》曰:"筑城邑也。"

② 属其植:郑《注》曰:"属,谓聚会之。"植,郑司农曰:"谓部曲将吏。"孙诒让曰:"大役人徒众多,略依军法部署,故亦有将吏。"

③ 要:郑《注》曰:"簿书也。"即各乡上报的役徒名册。

④ 合诸侯之六耦:郑《注》曰:"王射三侯,以诸侯为六耦。"王射三侯,参见《天官·司裘》第3节。耦,即射耦,参见《天官·掌次》第5节。

⑤ 牲、鱼:孔广林《臆测》曰:"牲,羊牲、马牲,与鱼为三。故先言牲,后言鱼。不正言羊、马者,文省。"

⑥ 授其祭:郑《注》曰:"祭,谓宾、尸所以祭也。"案此处祭谓食前祭,谓取所当祭之物授给宾、尸行食前祭礼。

⑦ 平士大夫:郑《注》曰:"平者,正其职与其位。"

⑧ 丧祭:据郑《注》,此处指大遣奠(参见《春官·小祝》第4节)。孙诒让曰:"礼例,凡有尸谓之祭,无尸谓之奠。散文祭、奠亦通称,故遣奠谓之丧祭。"

⑨ 奉诏马牲:据郑《注》,奉,送也;诏,告也;谓送马牲至墓,"告而藏

之"。孙诒让曰:"告谓告于柩。藏之,谓藏于棺旁椁内也。"

【译文】

兴建大的工程,参与工程的谋画,聚集役徒,接受役徒的名册,以待考核他们的成绩而决定对他们的赏罚。大会同,就率领士和庶子跟从王而掌管有关他们的政令。如果举行大射礼,就匹配诸侯为六耦。举行大祭祀、飨礼、食礼,负责进献羊牲、马牲和鱼牲,取当祭之物授给尸或宾客以行食前祭礼。有大丧,负责规正士大夫的职责与尊卑位次;举行丧祭时,奉送马牲到墓地并向死者报告。

二　小司马

小司马之职掌①……凡小祭祀、会同、飨、射、师、田、丧纪②,掌其事,如大司马之法。

【注释】

①小司马之职掌:郑《注》曰:"此下字脱灭,札烂,文阙。汉兴,求之不得,遂无识其数者。"

②凡小祭祀:贾《疏》曰:"'小祭祀'以下至'丧纪',皆蒙此'小'字,对大司马大祭祀之等。"案凡言小者,皆谓王不参加,其中小丧纪,据贾《疏》,谓王的三夫人以下之丧纪。

【译文】

小司马的职责掌管……凡小祭祀、小会同、小飨礼、小射礼、小征伐、小田猎、小丧事,都负责掌管其事,如同大司马掌管有关事项之法。

三　军司马(阙)

四　舆司马(阙)

五　行司马(阙)

六　司勋

1. 司勋掌六乡赏地之法,以等其功①。王功曰勋,国功曰功,民功曰庸②,事功曰劳③,治功曰力④,战功曰多。凡有功者,铭书于王之大常,祭于大烝⑤,司勋诏之。大功,司勋藏其贰。

【注释】

①等:差别。

②民功:郑《注》曰:"法施于民,若后稷,"案传说后稷曾教民稼穑,使民学会了播殖百谷。

③事功:郑《注》曰:"以劳定国,若禹。"案传说禹平治水土,使天下国家安定。

④治功:郑《注》曰:"制法成治,若咎繇。"案传说咎繇为舜制定刑法,使国家得到治理。

⑤祭于大烝:郑《注》曰:"死则于烝先王祭之。"案烝,冬祭宗庙名。孙诒让曰:"谓配享孟冬之时祭。"即烝祭宗庙时,以有功者配祭。

【译文】

司勋掌管六乡赏赐土地的法则,以赏赐的多少体现功劳的大小,辅成王业之功叫做勋,保全国家之功叫做功,有利民生之功叫做庸,勤劳定国之功叫做劳,为国制法之功叫做力,战功叫做多。凡有功劳的人,就书写他的名字和功劳在王的大常旗上,死后就在冬季祭祀宗庙时让他配食,司勋向神报告他的功劳。大功劳,由司勋收藏功劳簿的副本。

2. 掌赏地之政令①。凡赏无常,轻重视功,凡颁赏地,参之一食②。惟加田无国正③。

【注释】

①政令:郑《注》曰:"谓役赋。"政,通"征"。

②参之一食:郑《注》曰:"赏地之税,参分计税,王食其一也,二全入于臣。"

③加田无国正:加田,郑《注》曰:"既赏之,又加赐以田,所以厚恩也。"正,亦通"征",郑司农曰:"谓税也。"

【译文】

掌管有关征收所赏赐田地的赋役的政令。凡赏赐田地的多少没有一定数额,赏赐的轻重依据功劳的大小。凡所颁赐的赏地,国家收取三分之一的租税。只有加赐的田地国家不征税。

七　马质

1. 马质掌质马①,马量三物:一曰戎马②,二曰田马,三曰驽马,皆有物贾。

【注释】

①质马:王应电曰:"质者,平成之义,谓平其马价而成其交易。"

②戎马:及下田马、驽马,郑《注》曰:"此三马,买以给官府之使。"

【译文】

马质掌管评估马的价值以成交,衡量和购买三种马:一是戎马,二是田马,三是驽马,都有一定的毛色和价格。

2. 纲恶马①。凡受马于有司者,书其齿毛与其贾。马死,则旬之内更②,旬之外入马耳,以其物更,其外否③。

【注释】

①纲:郑《注》曰:"以縻索维纲狎习之。"

②旬之内更:更,偿也。郑《注》曰:"旬之内死者,偿以齿毛与贾,受之日浅,养之恶也。"

③其外否:郑《注》曰:"旬之外逾二十日而死,不任用,非用者罪。"

【译文】

　　用大绳拴系悍劣的马加以驯养。凡从马质那里领受马的,记录马的年齿、毛色与马价。如果马死了,是在十天之内死的就要原价赔偿,十天之外死的就要将马耳上缴以便验证死马的毛色,依照死马的皮肉骨骼的价格加以偿还,二十天以上死的就不赔偿了。

　　3. 马及行①,则以任齐其行②。若有马讼,则听之。禁原蚕者③。

【注释】

①马及行:江永曰:"此谓将远行之马,亦谓受马于有司(马质)者。"

②以任齐其行:任,是指马的负载能力以及可行里程的远近。齐,调剂。行,指马的行程,包括马的负担。这是说,马质要把马的任载能力告诉领取马而将用以远行的人,以便"齐其行"。

③禁原蚕者:原,郑《注》曰:"再也。"是原蚕即一年两次养蚕,两次收获蚕茧。之所以禁原蚕,据郑《注》,因为"蚕与马同气",而"物莫能两大",再蚕将会伤马,故禁之。

【译文】

　　马将远行,就要告诉领取马的人根据马的任载能力调剂马的负担和行程。如果有因买卖马而而争讼的,就受理听断。禁止一年两次养蚕,以免伤马。

八　量人

1. 量人掌建国之法①,以分国为九州②,营国城郭③,营后宫④,量市、朝、道、巷、门、渠⑤。造都邑亦如之⑥。

【注释】

①建国之法:据贾《疏》,此所谓法,是指建国的"远近、广长之数"等。

②九州:谓扬州、荆州、豫州、青州、兖州、雍州、幽州、冀州、并州。详《职方氏》。

③营国城郭:营,《考工记·匠人》郑《注》曰:"谓丈尺其大小。"

④后:郑《注》曰:"君也。"

⑤市、朝:市在官后,朝在官前。

⑥造都邑亦如之:贾《疏》曰:"谓造三等采地,亦有城、郭、宫室、市、朝之等,故云'如之'。"

【译文】

量人掌管营建国家的法则,划分天下的国家为九州,丈量将营建之国的国都的城郭,丈量国君的宫室,丈量市、朝以及道路、里巷、宫门和沟渠,营建采邑也这样做。

2. 营军之垒、舍,量其市、朝、州涂、军社之所里①。

【注释】

①市、朝、州涂、军社之所里:州涂,郑司农曰:"还市、朝而为道里

也。"是郑司农读"州"为"周",故释之为还(环)。又所谓朝,盖军
帅召集军吏处理军务处;市,参见《地官·司市》第12节;军社,
郑《注》曰:"社主在军者。"里,郑《注》曰:"居也。"

【译文】

　　丈量驻军处的壁垒、营房,丈量军中的市、朝,市、朝周围的道路和
军社所在之处。

3. 邦国之地与天下之涂数,皆书而藏之。

【译文】

各诸侯国的土地和天下的道路数,都记载而加以收藏。

4. 凡祭祀、飨宾,制其从献脯、燔之数量①。掌丧祭、奠竁之俎实②。

【注释】

①从献脯、燔之数量:郑《注》曰:"从于献酒之肉、炙也。"案祭祀或
　飨宾,都设有牲俎殽馔,但在向尸或宾客献酒的时候,还有肉殽
　随从酒献上,这肉殽就叫做从献。脯是干肉,燔是烤肉,故郑
　《注》谓之肉、炙。数量,郑《注》曰:"数,多少也。量,长短也。"
②丧祭、奠竁之俎实:丧祭,据贾《疏》,此谓大遣奠。竁音 cuì(翠),
　本谓穿圹(墓穴),此处即指代圹。郑《注》曰:"竁亦有俎实,所谓
　包遣奠。"案大遣奠时设有牲俎,到出葬则包取牲肉从葬于墓
　穴,即昕谓奠竁。俎实,即牲肉,因牲肉皆盛于俎,故称。

【译文】

凡祭祀或用飨礼招待宾客,确定随同献酒时献上的干肉或烤肉的

多少和长短。掌管设大遣奠的牲肉和从葬于墓的牲肉。

5. 凡宰祭,与郁人受斝历而皆饮之①。

【注释】

①与郁人受斝历而皆饮之:即《春官·郁人》的"与量人受举斝之卒爵而饮之"。所不同的是,彼处是天子亲自祭祀,而此处是冢宰主祭。历,据俞樾说,是"沥"的假借字,《广雅·释器》曰:"沥,酒也。"余详《春官·郁人》第3节。

【译文】

凡举行祭祀,同郁人一起接受王举以授给的最后一斝酒而都饮下。

九　小子

1. 小子掌祭祀羞羊肆、羊殽、肉豆①。

【注释】

①羊肆:郑《注》曰:"'肆',读为'鬄'。羊鬄者,所谓豚解也。"鬄,音tì,通"剔"。羊鬄,即剔解羊,如豚解然。豚解,参见《地官·大司徒》第21节。羊殽:郑司农曰:"体解节折也。"据孙诒让说,体解亦为解割牲体的方法之一,即将牲体解割为二十一个部分,其解法,即在豚解之七体的基础上,又各解之为三,是为二十一体。肉豆:宋无名氏《集说》引刘氏曰:"谓切肉而以豆羞者也。"

【译文】

小子掌管祭祀时进献豚解的羊牲、体解的羊牲、盛于豆的切肉。

2. 而掌珥于社稷,祈于五祀①。

【注释】

①"而掌珥"二句：郑《注》曰："'珥'读为'衈'。'祈'或为'刉'（音
　　jī）。刉、衈者，衅礼之事也。用毛牲曰刉，羽牲曰衈。衈、刉社稷
　　五祀，谓始成其宫兆时也。"这是说，珥（衈）、祈（刉）都是衅礼，是
　　在社稷坛刚修成，或宫室刚落成时进行的，前者用羽牲（鸡），后
　　者用毛牲（羊、犬、豕等），取其血以涂之。五祀，据《礼记·月
　　令》，是指宫室中的户、灶、中霤、门、行五者。

【译文】

掌管对新建成的社稷坛的衅礼，对新建成的宫室的五祀的衅礼。

3. 凡沈、辜、侯禳①，饰其牲②。

【注释】

①沈、辜、侯禳：郑司农曰："沈，谓祭川。……辜，谓磔牲以祭也。
　　……侯禳者，候四时恶气，禳去之也。"侯禳，《春官·小祝》郑
　　《注》释侯、禳为二事，以为侯为候嘉庆、祈福祥，禳则为禳却凶咎
　　（参见彼第1节），与此郑司农说异，而郑《注》不破其说，则侯禳
　　或得连文而为一义也。

②饰其牲：饰谓洗刷牲体以致洁。易被说，此谓羊牲。

【译文】

凡举行埋沉、磔辜、侯禳之祭，负责洗刷所用的牲。

4. 衅邦器及军器①。

【注释】

①邦器：郑《注》曰："谓礼乐之器及祭器之属。"

【译文】

用牲血涂新制成的邦器和军事器械。

5. 凡师、田，斩牲以左右徇陈①。祭祀，赞羞，受彻焉。

【注释】

①徇陈：郑《注》曰："示犯誓必杀之，"

【译文】

凡出征或田猎，斩杀牲以巡示左右军阵。祭祀时，协助进献祭品，祭祀完毕接受所撤下的祭品。

一〇　羊人

1. 羊人掌羊牲。凡祭祀，饰羔。祭祀，割羊牲，登其首①。凡祈珥②，共其羊牲。宾客，共其法羊。凡沈、辜、侯襄、衅、积③，共其羊牲。

【注释】

①登其首：郑《注》曰："升首于室。"

②祈珥：亦当读为"刉衈"（参见上文《小子》注），此处指衅庙礼。

③沈、辜、侯襄、衅、积：沈、辜、侯襄，参见《小子》注。积，据郑《注》，谓积柴，实指代禋祀、槱燎、实柴之祭。（参见《春官·大宗伯》第2节）

【译文】

羊人掌管羊牲。凡举行祭祀，就洗刷羔羊。祭祀时，宰杀羊牲，将羊头拿上堂献入室中。凡举行衅庙礼，供给所需的羊牲。接待宾客，供给按礼法所当供给的羊。凡举行沉埋、疈辜、侯襄、衅祭和积柴燔烟之祭,供给所需的羊牲。

2. 若牧人无牲,则受布于司马,使其贾买牲而共之。

【译文】

如果牧人那里没有符合要求的羊牲,就从司马那里领取钱,派手下的贾人去购买羊牲而供给所需。

一一　司爟

1. 司爟掌行火之政令,四时变国火,以救时疾①。季春出火②,民咸从之。季秋内火,民亦如之。时则施火令③。

【注释】

①“四时”二句:案古代钻木取火,用以取火之木,当随季节而改变,即所谓“四时变国火”。之所以要变国火,是因为时气太盛,将使人致病,故通过变更国火,来调节时气,以防救其病,故曰“以救时疾”。

②出火:郑《注》曰:“火,所以用陶冶。”孙诒让曰:“此经出、内(纳)之火,专主陶冶。”

③时则施火令:时,郑《注》曰:“焚莱之时。”孙诒让曰:“谓中春大蒐及十月以后,凡田猎焚莱之时。”即指从冬十月至春二月,可以放火烧野草。施火令,据贾《疏》,谓“不掌火禁”,即令民可以放火烧荒而不禁。

【译文】

司爟掌管用火的政令,四季变更国中用以取火的木材,来防救时气造成的疾病。春三月开始用火烧陶冶炼,民众都跟着烧陶冶炼;秋九月熄灭陶冶的火,民众也这样做。到时候就施行可以放火烧荒的命令。

2. 凡祭祀,则祭爟①。

【注释】

①祭爟:方苞《集注》曰:"祭先代出火者。"即祭祀先代发明火的人。

【译文】

凡祭祀,在祭祀结束时就行祭爟礼。

3. 凡国失火,野焚莱,则有刑罚焉。

【译文】

凡国中有失火的,或有擅自放火烧野草的,就有刑罚加以惩处。

一二　掌固

1. 掌固掌修城郭、沟池、树渠之固①,颁其士庶子②,及其众庶之守③。设其饰器④,分具财用,均其稍食⑤,任其万民,用其材器⑥。

【注释】

①沟池、树渠:沟指五沟,详下《司险》;池指城郭外之池,即护城河。树渠,据王引之说,谓借树木以为篱落,古曰树渠,可加强对城郭的守卫。

②士庶子:孙诒让曰:"谓县鄙公邑贵族子弟来助守御者。……已命者为士,未命而在官者为庶子。"

③众庶:郑《注》曰:"民递(轮流)宁固者也。"

④饰器:据郑《注》,谓兵甲。兵甲多有英饰,故称饰器。

⑤稍食:参见《天官·宫正》第3节。

⑥材器:据郑《注》,谓构筑防御设施所需的木材、版筑以及掘沟挖
　　堑所需的工具等等。

【译文】

掌固掌管修筑城郭、沟池和篱落等阻固,分派士、庶子和役徒守卫
任务,设置兵甲等防守器械,分拨守卫所需的财物,合理发给守卫者食
粮,可以根据需要役使民众,征用他们的材物器械。

2. 凡守者受法焉,以通守政①,有移甲与其役财用,唯是
得通,与国有司帅之,以赞其不足者。昼三巡之,夜亦如之。
夜三鼟以号戒。

【注释】

①守政:据郑《注》,指有关"兵甲役财"的调度,使之合理。

【译文】

凡守卫者都从掌固那里接受约束的法纪,而使守卫所需财物器械
得以调度流通,但必须是有必要调动的兵甲、役徒和财物,只有这一部
分才能够流通,并与有关官吏率领着守卫者,以帮助守备薄弱的地方。
白天要三次巡视守卫处,夜里也这样做。夜里还要三次敲击鼟鼓并发
出注意警戒的呼号。

3. 若造都邑,则治其固,与其守法。凡国、都之竟,有沟
树之固。郊亦如之。民皆有职焉。若有山川,则因之。

【译文】

凡建造都邑,就为之修筑阻固,并颁授守卫之法,凡王国和都邑的边境处,都有沟渠和沿沟栽种的树木作为阻固,都城的四郊也是这样。民众都有守卫和修筑阻固的职责。如果境内有山河,就借以修筑为阻固。

一三　司险

1. 司险掌九州之图,以周知其山林、川泽之阻,而达其道路。设国之五沟、五涂①,而树之林,以为阻固,皆有守禁,而达其道路。

【注释】

①五沟、五涂:郑《注》曰:"五沟,遂、沟、洫、浍、川也。五涂,径、畛、涂、道、路也。"(参见《地官·遂人》第4节及《考工记·匠人》第10节)

【译文】

司险掌管九州的地图,以遍知各州的山林、川泽的险阻,而开通其间的道路。在国都郊野之地设置五沟、五途,而种植林木,作为阻固,阻固处都设有守禁,而使道路通达。

2. 国有故,则藩塞阻路而止行者,以其属守之,唯有节者达之。

【译文】

国家有变故,就设藩篱阻塞道路而禁止行人,用下属守卫要害处,只有持旌节的人才可通行。

一四　掌疆（阙）

一五　候人

1. 候人各掌其方之道治与其禁令，以设候人①。若有方治②，则帅而致于朝；及归，送之于竟。

【注释】

①候人：据孙诒让说，此处指候人的徒属（参见本篇《叙官》第 13 节）。

②方治：郑《注》曰：“其方来治国事者也。”

【译文】

候人各自掌管所分管的那一方的道路的治安和有关的禁令，而分设下属掌管各条道路。如果某方诸侯派使者为治理国事而来，就引导他们而把他们送到王朝；到回国时，又把他们送到国境。

一六　环人

1. 环人掌致师①。察军慝②。环四方之故③。巡邦国④。搏谍贼。讼敌国⑤。扬军旅。降围邑。

【注释】

①致师：犹言挑战。郑《注》曰：“致师者，致其必战之志。古者将战，先使勇力之士犯敌焉。”

②军慝：郑《注》曰：“慝，阴奸也。”即谓军中阴谋叛变或造谣惑众者。

③环四方之故：环，通“还”，却也。故，事也。郑《注》曰：“却其以事

谋来侵伐者。"

④邦国:此指王国。

⑤讼敌国:郑《注》曰:"敌国兵来,则往之与讼曲直。"

【译文】

环人负责对敌挑战。查察军中的奸慝。预先挫败敌人的侵略阴谋。巡视王国。抓捕间谍。有敌国来犯,出使敌营与敌争辩是非曲直。宣扬军威。负责接受被包围城邑的投降。

一七　挈壶氏

1. 挈壶氏掌挈壶以令军井①,挈辔以令舍,挈畚以令粮②。

【注释】

①挈(qiè):《说文》曰:"县持也。"即悬挂标志物。

②畚(běn):用草绳编的盛粮器。

【译文】

挈壶氏掌管在打成的水井上悬挂水壶做标志以使军士们前来汲水,在当宿营处悬挂马辔做标志以使军士们前来宿营,在存放军粮处悬挂畚做标志以使军士们前来领取粮食。

2. 凡军事,县壶以序聚桥①。凡丧,县壶以代哭者②。皆以水火守之③,分以日夜④。及冬,则以火爨鼎水而沸之,而沃之⑤。

【注释】

①县壶以序聚桥:郑司农曰:"县壶以为漏。以序聚桥,以次更聚击

柝备守也。"案县壶以为漏,谓悬壶以记时刻。古代以滴漏法记时,其法,据《注》、《疏》说,悬一漏壶,壶下设一器以承接壶中所漏之水,器中有刻度,依器中水所没刻度以计时,一昼夜凡百刻。巡夜人所敲击的木梆名柝。聚柝,即两柝相聚而击之义。

②代哭:谓小敛后、大敛前,由人轮替代孝子而哭(参见《春官·小宗伯》第 15 节)。

③皆以水火守之:案漏壶中的水当常添以保持其水常满,否则就不能保持滴漏的匀速准确,故需设专人"沃漏"。以火守壶,则为照明,以便夜间随时可以观察刻数。

④分以日夜:据贾《疏》,四季昼夜长短不同,须区分之,故云"异昼夜漏"。

⑤"及冬"三句:郑司农曰:"冬水冻,漏不下,故以火炊水,沸以沃之,谓沃漏也。"

【译文】

凡有军事行动,悬挂漏壶计时以轮流更换击柝巡夜的人。凡有丧事,悬挂漏壶计时以轮流更换代哭的人。所设的漏壶都设有专人用水火在一旁守候,并负责区分昼漏和夜漏的长短。到冬天,就用火烧沸鼎中的水,而用以注入漏壶。

一八　射人

1. 射人掌国之三公、孤、卿、大夫之位①:三公北面,孤东面,卿大夫西面。其挚:三公执璧,孤执皮帛,卿执羔,大夫雁。

【注释】

①位:据孙诒让说,此指治朝的朝位。治朝在应门内、路门外。据

黄度说,此处射人所掌,是初受命之公卿大夫朝见王之位,因而有挚。

【译文】

射人掌管王国的三公、孤、卿、大夫的朝位:三公面朝北而立,孤面朝东而立,卿、大夫面朝西而立。他们所拿的见面礼:三公拿玉璧,孤拿兽皮裹饰的束帛,卿拿羔羊,大夫拿鹅。

2. 诸侯在朝,则皆北面,诏相其法。若有国事①,则掌其戒令,诏相其事。掌其治达②。

【注释】

①国事:此谓祭祀。

②治达:宋本《释文》"达"作"逆",孙诒让以为于义作"治逆"为长。"治逆"犹"复逆"(参见《天官·宰夫》第2节)。

【译文】

诸侯在王朝,都面朝北而立,告教并帮助他们履行有关的仪法。如果王有祭祀的事,就掌管有关诸侯的戒令,告教并帮助他们行助祭的事。掌管转达诸侯们对王的报告或奏书。

3. 以射法治射仪①。王以六耦②,射三侯③,三获,三容④,乐以《驺虞》⑤,九节,五正⑥。诸侯以四耦射二侯⑦,二获,二容,乐以《狸首》,七节,三正。孤、卿、大夫以三耦射一侯⑧,一获,一容,乐以《采蘋》,五节,二正。士以三耦,射犴侯⑨,一获,一容,乐以《采蘩》,五节,二正。

【注释】

①以射法治射仪：郑《注》曰："射法，王射之礼。治射仪，谓肄之也。"案肄，通"肆"，习也。此处指习大射礼。

②六耦：谓正耦数，《大司马》曰："若大射，合诸侯之六耦。"

③三侯：参见《天官·司裘》第 3 节。

④三获，三容：获，谓唱获者。容，即乏（参见《春官·车仆》第 3 节）。

⑤乐以《驺虞》：案大射礼的射箭比赛要进行三次，到第三次时要用《驺虞》音乐伴奏，参赛者的动作必须符合音乐的节奏。

⑥九节，五正：及下文七节、三正，五节、二正，据金鹗说，这里的节，犹遍，谓音乐演奏的遍数，几节即几遍。正，谓射前先奏以听的遍数，几正即先听几遍，以便熟悉乐曲的节奏，又射箭比赛每次都是射耦二人交替射四矢，因此用于射的音乐有四节就够了，故王大射"九节，五正"，诸侯"七节，三正"。然则孤、卿、大夫、士当"五节，一正"，而此经云"五节，二正"，金鹗曰："窃疑经文'二正'，'二'字当为'一'字之误。五正、三正、一正，皆降杀以两，尊卑之差也。"

⑦二侯：据郑司农说，为熊侯、豹侯。

⑧一侯：谓豹侯。

⑨犴侯：用犴皮饰侯中的侧边，是为犴侯（参见《天官·司裘》第 3 节）。

【译文】

依据王的射礼演习射箭的礼仪。王的射礼用六耦为正耦，设三处射侯，设三名唱获者，设三容，用《驺虞》作为伴奏的音乐，音乐演奏九遍，射前先听五遍。诸侯的射礼用四耦为正耦，设二处射侯，设二名唱获者，设二容，用《狸首》作为伴奏的音乐，音乐演奏七遍，射前先听三遍。孤、卿、大夫的射礼用三耦为正耦，设一处射侯，设一名唱获者，设一容,用《采蘋》作为伴奏的音乐,音乐演奏五遍,射前先听二遍(案当为一遍)。士的射礼用三耦为正耦,射轩侯,设一名唱获者,设一容,用《采蘩》作为伴奏的音乐,音乐演奏五遍,射前先听二遍(案当为一遍)。

4. 若王大射①,则以狸步②,张三侯。王射,则令去侯③,立于后,以矢行告④,卒,令取矢⑤。祭侯,则为位⑥。与大史数射中⑦。佐司马治射正⑧。

【注释】

①若:据孙诒让引朱大韶说,其义在此犹及(等到)。

②以狸步:狸步为量器名,长六尺,上面刻有狸(俗所谓野猫)之形,故名。这里是指用狸步量侯道之长。

③令去侯:郑《注》曰:"命负侯者去侯也。"案负侯者即获者(亦即唱获者),射箭比赛开始前,获者当执旌背靠射侯而立,故称为负侯者。现在王将射,故令之离去,隐蔽到乏后,以防为矢所伤。

④以矢行告:郑司农引《仪礼·大射》曰:"射人以矢行高下左右告于王也。曰:'大射正立于公后,以矢行告于公;下曰留,上曰扬,左右曰方。'"这是说当王射箭射得不准的时候,射人就把王射箭的毛病告诉王,以帮助王纠正:如果偏下就说"留",偏上就说"扬",偏左或偏右就说"方"。

⑤令取矢:取矢,谓拾取已射出在射侯处的矢。令者,令射鸟氏也,彼职文曰:"射则取矢。"(见《夏官·射鸟氏》第2节)

⑥"祭侯"二句:案据《仪礼·大射》,射毕要祭射侯,祭侯是先把酒、脯醢和折俎献给服不氏,然后服不氏用以祭侯,祭毕再饮下所献的酒。服不氏受献的位置,是在大侯的西北边三步远的地方。彼为诸侯射礼,王之服不氏盖亦然,唯易大侯为熊侯为异。

⑦数射中:郑《注》曰:"数射者中侯之筭也。"案筭犹今所谓筹码,是

记射中次数用的。

⑧射正:郑《注》曰:"射之法仪也。"贾《疏》曰:"射之威仪,乃是礼之正,故名射仪为射正也。"

【译文】

到王举行大射礼的时候,就用狸步测量侯道,张设三侯。王开始射箭时,就命令背靠射侯而立的获者离开射侯,然后站到王的身后,把王所射出的箭飞行的毛病告诉王,以帮助王纠正。射毕,命令射鸟氏拾取射出的矢。将要祭射侯的时候,就为服不氏确定接受献酒的位置。与大史一起数算以计算射中的次数。协助大司马治理有关射礼的仪法。

5. 祭祀,则赞射牲,相孤、卿、大夫之法仪。会同、朝觐,作大夫介①。凡有爵者②。大师,令有爵者乘王之倅车③。有大宾客④,则作卿、大夫从⑤,戒大史及大夫介⑥。大丧,与仆人迁尸⑦,作卿、大夫掌事,比其庐⑧,不敬者,苛罚之⑨。

【注释】

①作大夫介:郑《注》曰:"诸侯来至,王使公、卿有事焉,则作大夫使之介。"贾《疏》曰:"作,使也。"案"有事",据孙诒让说,谓对诸侯进行慰劳、礼赐、赠送等,王使公卿往,而由射人使大夫为介。介,即副手。

②凡有爵者:孙诒让曰:"明介之外,凡使卿、大夫将事者,并此官作之。"

③倅(cuì)车:倅,副也。倅车,郑《注》曰:"戎车之副。"戎车即革路。据贾《疏》,王戎车的副车有十二乘,出征时皆从王行。

④大宾客:指来朝的诸侯。

⑤作卿、大夫从:郑《注》曰:"作者,选使从王见诸侯。"

⑥戒大史及大夫介：据贾《疏》，这是指王派三公前往诸侯之馆舍传达对诸侯的命令，就由大史和大夫介随同前往，而由射人对大史和大夫介进行告诫。

⑦与仆人迁尸：郑《注》曰："仆人，大仆也。"又曰："王崩，小敛、大敛，迁尸于室、堂。"案王死在室内床上，小敛时要将尸从床上迁于地下，是迁尸于室。大敛在堂上进行，要将尸从室内迁出，是迁尸于堂。

⑧比其庐：孙诒让曰："谓校比其居庐之人数，并纠察其礼仪也。"案庐，谓倚庐（参见《天官·官正》第7节）。

⑨苛：郑《注》曰："谓诘问之。"

【译文】

举行祭祀，就协助王射杀牲，协助孤、卿、大夫行祭祀的礼仪。王外出与诸侯会同，或诸侯前来朝觐，就使大夫做公、卿的副手前往对诸侯进行慰劳或赠赐。凡使卿、大夫与诸侯接洽，都由射人派出。王出征，就使卿、大夫乘坐王的军车的副车。有诸侯来朝时，就选派卿、大夫随从王接见，告诫随同三公前往诸侯馆舍传达王命的大史和做副手的大夫。有大丧，就同大仆负责迁移尸体，使卿、大夫分掌职事，查核居庐的人数及其是否遵守丧礼，有不严肃的，就加以责问和惩罚。

一九　服不氏

1. 服不氏掌养猛兽而教扰之①。凡祭祀共猛兽。宾客之事，则抗皮②。

【注释】

①掌养猛兽而教扰之：郑《注》曰："猛兽，虎豹熊罴之属。扰，驯也。教习使之驯服。"

②抗皮：抗，举也。皮，朝聘者所献的兽反，郑司农曰："服不氏主举

藏之。”

【译文】

服不氏掌管饲养猛兽而加以教习使之驯服。凡祭祀供给猛兽做牺牲。有宾客来朝聘的事，就举起他们所进献的兽皮进内收藏。

2. 射则赞张侯①，以旌居乏而待获②。

【注释】

①赞张侯：案张侯是射人的职责（参见《夏官·射人》第4节），而服不氏赞之。

②待获：获谓唱获，据《仪礼·大射仪》，获者在乏后，若有射中者，即举旌唱获，报告射中。

【译文】

举行射箭比赛就协助射人张设射侯。射箭比赛开始后，拿着旌旗在乏后等待有人射中而唱获。

二〇　射鸟氏

1. 射鸟氏掌射鸟①。祭祀，以弓矢驱乌鸢②。凡宾客、会同、军旅，亦如之。

【注释】

①鸟：据郑《注》，是指“中膳羞”的鸟。

②驱乌鸢（yuān）：郑《注》说，乌和鸢都是“善钞盗”的鸟，而且粪便污人，所以要加以驱逐。

【译文】

射鸟氏掌管射鸟。举行祭祀，就用弓箭驱逐乌鸦和鸢。凡有接待宾客、会同、出征等事,也这样做。

2. 射则取矢。矢在侯高,则以并夹取之①。

【注释】

①并夹:是一种长柄的钳,以便钳取高处的矢。

【译文】

举行射箭比赛就负责收取射在侯处的矢。矢在侯上过高,就用并夹夹取。

二一　罗氏

1. 罗氏掌罗乌鸟。蜡①,则作罗襦②。中春罗春鸟③,献鸠以养国老④,行羽物⑤。

【注释】

①蜡:谓大蜡之祭(参见《地官·党正》第3节注①)。

②作罗襦:郑《注》曰:"作,犹用也。"郑司农曰:"襦,细密之罗。"

③春鸟:郑《注》曰:"蛰而始出者。"

④养国老:即行养老礼,举行这种礼的目的在于诱导人们尊重和孝敬老人。国老,指大夫以上退休者。

⑤行羽物:郑《注》曰:"行,谓赋赐。"羽物,即飞鸟。

【译文】

罗氏掌管用罗捕获乌鸦。举行蜡祭后,就用细密的罗捕鸟。春二月,用罗捕获春季始出的鸟,进献鸠鸟以供行养国老礼,用鸟赏赐官吏们。

二二　掌畜

1. 掌畜掌养鸟,而阜蕃教扰之。祭祀共卵鸟^①。岁时共鸟物^②。共膳献之鸟。

【注释】

①卵鸟:郑《注》曰:"其卵可荐之鸟。"案即雌性家禽,如母鹅、母鸭之类,但不包括鸡。孙诒让曰:"其鸡牲则鸡人掌之。"

②鸟物:据郑《注》,指候鸟,如大雁之类。

【译文】

掌畜掌管喂养鸟,使鸟繁殖并调教而使之驯服。举行祭祀供给会生蛋的家禽。每年按季节供给候鸟。供给王用,膳所当进献的鸟类。

二三　司士

1. 司士掌群臣之版,以治其政令,岁登下其损益之数^①,辨其年岁,与其贵贱,周知邦国、都家、县鄙之数卿、大夫、士、庶子之数^②。

【注释】

①下:犹今言注销。

②县鄙之数卿:县邸,孙诒让曰:"经凡言'县鄙'者,皆当从姜兆锡说为公邑。"又王引之校以为"数"字衍。

【译文】

司士掌管群臣的名籍,以施行有关的政令,每年登记或注销群臣增加或减少的员数,辨明他们的年龄和级别的高低,遍知各诸侯国、畿内各采邑、各公邑的卿、大夫、士和庶子的员数。

2. 以诏王治^①：以德诏爵，以功诏禄，以能诏事，以久
奠食^②。

【注释】

①诏王治：郑《注》曰："告王所当进退。"

②食：郑《注》曰："稍食也。"

【译文】

报请王所当黜陟的臣：根据德行报请黜陟爵位，根据功劳报请黜陟
俸禄，根据能力报请黜陟职事，根据长期任职的表现确定所当给予的食
粮数。

3. 正朝仪之位^①，辨其贵贱之等。王南向；三公北面，东
上；孤东面，北上；卿、大夫西面，北上；王族故士、虎士在路
门之右^②，南面，东上；大仆、大右、大仆从者^③，在路门之左，
南面，西上。司士摈^④：孤、卿特揖^⑤，大夫以其等旅揖^⑥，士
旁三揖^⑦，王还揖门左，揖门右。大仆前^⑧。王入，内朝
皆退^⑨。

【注释】

①朝仪之位：孙诒让曰："此亦天子治朝之朝位也，与射人所掌朝
　位同。"

②王族故士、虎士：王族故士，据郑《注》，是指王族中过去为士、现
　已退休而留在宫中担任宿卫者。虎士，参见本篇《叙官》第
　24节。

③大右、大仆从者：据郑《注》，大右即司右；大仆从者，指小臣、祭
　仆、御仆、隶仆，皆详其职文。

④摈：即担任摈者,导王行礼仪。

⑤特揖：特,一。揖,拱手为礼。

⑥大夫以其等旅揖：郑《注》曰："旅,众也。大夫爵同者,众揖之。"案大夫有上、中、下之分：其揖数,孙诒让说,当各三揖。

⑦士旁三揖：案经不言士的朝位,据贾《疏》说是在"西方,东面",盖在孤之南而稍后,自为一列,故曰"旁"。

⑧大仆前：案即《大仆》"王视朝,则前正位而退"之义(参见《夏官·大仆》第2节)。

⑨"王入"二句：郑《注》曰："王入,入路门也。王入路门,内朝朝者皆退,反其官府治处也。"案此处内朝即指治朝,是相对库门外之外朝而言。

【译文】

规正朝仪的位置,分辨贵贱的等级。王面朝南而立；三公面朝北而立,以东边为上位；孤面朝东而立,以北边为上位；卿、大夫面朝西而立,以北边为上位；王族故士、虎士在路门的右边,面朝南而立,以东边为上位；大仆、大右、大仆从者,在路门的左边,面朝南而立,以西边为上位。司士担任摈者,引导王揖请群臣就位：对孤、卿每人一揖,对大夫依照等级分别向同级者三揖,对一旁的士总行三揖,王又转身向门左、门右的人行揖礼。大仆在王前引导王就朝位。王进入路门,内朝的群臣都退去。

4. 掌国中之士治①,凡其戒令。掌摈士者②,膳其挚③。凡祭祀,掌士之戒令,诏相其法事。及赐爵④,呼昭穆而进之⑤；帅其属而割牲⑥,羞俎豆⑦。凡会同,作士从。宾客亦如之。作士适四方使,为介⑧。大丧,作士掌事,作六军之士执披⑨。凡士之有守者,令哭无去守。国有故,则致士而颁其守。

【注释】

①士治：士，谓命士。治，贾《疏》曰："所有治功善恶皆掌之，以拟黜陟。"

②摈士：郑《注》曰："告见初为士者于王也。"

③膳其挚：郑《注》曰："膳者，入于王之膳人。"案膳人即膳夫，士之挚为雉。

④赐爵：即赐酒，指行旅酬礼。案凡祭祀，到向尸九献并进加爵（参见《天官·笾人》第1节）之后，就要开始行旅酬礼。旅，序也。凡参加祭祀的人，依尊卑次序递相酬酒，叫做旅酬。

⑤呼昭穆而进之：这是指向王的同姓之士赐酒时，士依昭穆之次进受酬酒。《礼记·祭统》云："凡赐爵，昭为一，穆为一，昭与昭齿，穆与穆齿。"

⑥割牲：郑《注》曰："制体也。"案制体，谓根据需要将牲体解割成七体或二十一体。

⑦俎豆：俎盛牲体，豆盛酱类，皆以享神。

⑧"作士"二句：郑《注》曰："士使，谓自以王命使也。介，大夫之介也。"

⑨作六军之士执披：士，《注疏》本原误作"事"，据孙诒让校改。披，指拴系在枢车上棺柩两侧的帛带，参见《春官·丧祝》第1节。

【译文】

掌管王都中士的任职情况，以及凡有关士的戒令。掌管引导初命为士的人入见王，把士所拿的挚交给膳夫。凡举行祭祀，掌管有关士的戒令，告教并协助他们行礼仪的事；到行旅酬礼向众人赐酒的时候，依照昭穆的次序呼唤士进前接受赐酒。率领下属而解割牲体，进献俎和豆。凡王前往与诸侯会同，就选派士做随从。王接见宾客时也这样做。以王命使士为使者出使四方，或做大夫使者的副手。有大丧，分派士掌理有关事项，并选派六军中的士执披。凡士有职守的，令他们哭而不离开职守。国家有变故,就召集士而分派他们职守。

5. 凡邦国三岁则稽士任^①,而进退其爵禄^②。

【注释】

①士:据贾《疏》,此处实总称邦国之卿、大夫、士而言。

②进退其爵禄:贾《疏》曰:"司士作法与之,使诸侯自黜陟耳,非谓司士自黜陟也。"

【译文】

凡诸侯国每三年考核一次他们的卿、大夫、士的任职情况,而升降他们的爵位和俸禄。

二四　诸子

1. 诸子掌国子之倅^①,掌其戒令,与其教治^②,辨其等,正其位。

【注释】

①国子之倅:国子,即庶子,《礼记·燕义》的开头一段引此文即作"庶子",是指公、卿、大夫、士之子而未仕者。倅,副也。因凡子皆其父之副贰,故郝敬曰"子贰父曰倅"。

②教治:郑玄注:教治,修德学道也。"所谓"德",即《师氏》的三德三行;所谓"道",即《保氏》的六艺六仪。

【译文】

诸子掌管国子这些做父亲副手的人,掌管有关他们的戒令,以及对他们的教育和管理,区别他们的尊卑等级,规正他们的朝位。

2. 国有大事,则帅国子而致于大子,惟所用之。若有兵甲之事,则授之车甲,合其卒伍①,置其有司,以军法治之,司马弗正②。凡国正弗及③。

【注释】

①卒伍:军法,百人为卒,五人为伍,此泛指军事编制。

②司马弗正:郑《注》曰:"国子属大子,司马虽有军事,不赋之。"

③凡国正弗及:据贾《疏》,谓凡乡遂中之征役皆不及之。孙诒让曰:"此读'正'为'征'也。凡此经'征'字,或作'正'。"

【译文】

国家有大事,就率领国子到太子那里,听从差遣使用。如果有战争,就授给他们战车和铠甲,按军事编制征集他们,为他们设置军官,依照军法进行管理,司马不征发他们的赋役。凡国家征发役徒都不涉及他们。

3. 大祭祀,正六牲之体①。凡乐事,正舞位,授舞器②。大丧,正群子之服位。会同、宾客,作群子从。

【注释】

①正六牲之体:郑《注》曰:"正,谓枇载之。"案枇(bǐ)是一种木制的长柄勺,类似今天的羹匙,用以从鼎中捞出煮熟的牲肉载之于俎,故曰"枇载之"。载,把牲体从鼎中取出放到俎上曰载。

②舞器:据贾《疏》,谓羽籥(yuè)、干戚(qī)等。

【译文】

举行大祭祀,负责用枇捞出鼎中的牲体放置在俎上。凡举行舞乐的事,规正舞蹈者的行列,授给舞蹈者道具。有大丧,规正群国子的丧服和哭位。王有会同或接待宾客的事,选派国子随从。

4. 凡国之政事^①，国子存游倅^②，使之修德学道：春合诸学，秋合诸射^③，以考其艺而进退之。

【注释】

①政事：据贾《疏》，此处指徭役之事。孔颖达说：此国之政事，既不是大事，也不是兵甲之事，而是国之寻常政事，如力役、土功、胥徒之类，不需要国子参加。

②游倅：郑《注》曰："倅之未仕者。"案未仕则无职事，故贾《疏》释"游"曰"游暇无事"。

③射：郑《注》曰："射宫也。"案射宫即举行射礼的场所，如大学、小学、治朝等，于其处行射礼，即为射宫，而无定称。

【译文】

凡国家有徭役的事，国子就列入游暇无事的国子之中而不参加，让他们修养德行、学习道艺：春季把他们集合在大学里，秋季把他们集合在射宫里，以考察他们的道艺，而决定对他们的进用或黜退。

二五　司右

1. 司右掌群右之政令^①。凡军旅、会同，合其车之卒伍^②，而比其乘，属其右^③。凡国之勇力之士能用五兵者属焉^④，掌其政令。

【注释】

①右：即车右。天子六军，拥有戎车三千乘，每乘车右一人，则计有车右三千人。

②合：及下文比、属，在此皆谓编次、安排。卒伍：此卒伍非步兵之卒伍，乃戎车之卒伍。戎车五十乘谓之卒，一百二十五乘谓

之伍。

③属其右：孙诒让曰：“六军之车凡三千乘，有右三千人，并此官属聚教令之也。”

④五兵：据郑《注》引《司马法》，指弓矢、殳、矛、戈、戟五者。属焉：郑玄《注》曰：“勇力之士属焉者，选右当于中。”意思是说，选拔车右时，就从这些勇力之士中挑选。

【译文】

司右掌管有关众车右的政令。凡出征、会同，就负责组合车队，编排车乘，安排车右。凡国中勇力之士能使用五种兵器的就选为属员，掌管有关他们的政令。

二六　虎贲氏

1. 虎贲氏掌先后王而趋以卒伍①。军旅、会同亦如之。舍则守王闲②。王在国，则守王宫③。国有大故，则守王门。大丧亦如之；及葬，从遣车而哭④。适四方使，则从士、大夫。若道路不通有征事⑤，则奉书以使于四方。

【注释】

①卒伍：此谓步兵之卒伍，即五人为伍，百人为卒。

②舍则守王闲：郑《注》曰：“舍，王出所止宿处。闲，楶枑。”（参见《天官·掌舍》第1节）

③宫：此处指王宫周围的墙垣。

④遣车：贾《疏》曰：“将葬，盛所苞奠遣送者之车。”（参见《春官·巾车》第8节）

⑤若道路不通有征事：郑《注》曰：“不通，逢兵寇若泥水。”征事，贾《疏》曰：“若兵寇则征师，若泥水则征役。”

【译文】

虎贲氏掌管王外出时率领虎士按照军事编制列队在王前后行进，以护卫王。王出征、会同时也这样做。留宿时就守卫王行宫周围的楗柭。王在国都，就守卫王宫。国家有大变故，就守卫王的宫门。有大丧也这样做；到出葬时，跟从遣车而哭。出使四方，就护从担任使者的士或大夫。如遇兵寇或泥水致使道路不通而有征调军队或役徒的事，就奉持王的征令简书出使四方之国。

二七　旅贲氏

1. 旅贲氏掌执戈盾夹王车而趋，左八人，右八人，车止则持轮①。凡祭祀、会同、宾客，则服而趋②。丧纪，则衰葛③、执戈盾。军旅，则介而趋。

【注释】

①持轮：孙诒让曰："谓立轮旁，若扶翼维持之也。"

②服而趋：郑《注》曰："夹王车趋也。"又以为其所服为士之齐（斋）服，即玄端服（参见《司服》第4节）。

③衰葛：衰谓斩衰服，是丧服中最重的一种。葛谓葛麻做的绖带：系在头上的叫首绖，系在腰间的叫腰绖。

【译文】

旅贲氏负责手持戈盾夹在王车的两边而行，左边八人，右边八人，车停下来就站在车轮两旁。凡举行祭祀、会同或接待宾客，就穿玄端服夹在王车两边而行。有丧事，就身穿斩衰服、系葛首绖和葛腰绖、手持戈盾夹在嗣王的车两边而行。出征，就身穿甲衣夹在王车的两边而行。

二八　节服氏

1. 节服氏掌祭祀、朝觐衮冕①，六人维王之大常②。诸侯则四人,其服亦如之。郊祀裘冕^③,二人执戈,送逆尸从车。

【注释】

①衮冕:参见《春官·司服》第 2 节。

②六人维王之大常:郑《注》曰:"维,维之以缕。王旌十二旒,两两以缕缀连,旁三人持之。"大常:天子的九旗之一。大常旗的正幅上画有日月星,正幅下缀有十二根飘带(即所谓旒)。详《春官·司常》注。

③郊祀裘冕:郊祀,谓冬治郊祭天。裘冕,谓服大裘而冕(参见同上)。

【译文】

节服氏掌管王祭祀、朝觐时的衮冕,当王祭祀或朝觐时由六人执持王的大常旗的旒。诸侯就由四人持旒,诸侯祭祀、朝觐的服装也由节服氏掌管。王郊祭天服大裘而戴冕,就由二人持戈盾,迎送尸的时候跟从在尸车的后边。

二九　方相氏

1. 方相氏掌蒙熊皮,黄金四目^①,玄衣朱裳,执戈扬盾,帅百隶而时难^②,以索室驱疫。

【注释】

①黄金四目:孙诒让曰:"铸黄金为目者四,缀之面间,若后世假面具也。"

②帅百隶而时难:百隶,孙诒让曰:"即《司隶》所掌五隶之民。"(详《秋官·司隶》)时难,郑《注》曰:"四时作方相氏以难(傩 nuó)却凶恶也。"(参见《春官·占梦》第 2 节)

【译文】

　　方相氏负责蒙着熊皮,戴着黄金铸造的有四只眼的面具,上身穿玄衣而下身着朱裳,拿着戈举着盾,率领群隶四季行傩法,以搜索室中的疫鬼而加以驱逐。

　　2. 大丧,先柩。及墓,入圹,以戈击四隅,驱方良①。

【注释】

　　①方良:郑《注》曰:"罔两。"案方良、罔两、魍魉,皆叠韵字通,是传
　　　说中的精怪名。

【译文】

　　有大丧,出葬时走在柩车前边。到达墓地,将把棺柩下入墓穴时,用戈击刺墓穴的四角,驱逐魍魉。

三〇　大仆

　　1. 大仆掌正王之服位,出入王之大命①,掌诸侯之复逆②。

【注释】

　　①出入王之大命:郑《注》曰:"出大命,王之教也。入大命,群臣所
　　　奏行。"
　　②孙诒让说:"全经'复逆'之文四见,并为告请之义。"

【译文】

　　大仆负责规正王行礼时的服装和所在的位置,对外发布王有关国家大事的命令并转奏群臣执行王命的报告,掌管转达诸侯的奏事和上书。

2. 王视朝^①,则前正位而退^②。入亦如之。

【注释】

①视朝:此谓视路门外之治朝。

②则前正位:即《司士》的"太仆前"。

【译文】

王上朝,就在前引导王就朝位而后退回己位。王退朝入路门时也这样做。

3. 建路鼓于大寝之门外^①,而掌其政,以待达穷者与遽令^②,闻鼓声,则速逆御仆与御庶子^③。

【注释】

①建路鼓于大寝之门外:路鼓,据贾《疏》,是一种"击之以声冤枉"的鼓。其形制,据孙诒让说,是以一木贯鼓身,木下有跗(鼓足),可将鼓树立起来。大寝,据郑《注》,即路寝。案路寝,是王处理政事的宫室(参见《天官·宫人》第1节)。

②以待达穷者与遽令:达穷者,据郑《注》,即指大司寇的属官朝士,朝士"掌以肺石达穷民",故称。案肺石是设在外朝门外(即库门外)的赤石,百姓有冤者,可立于石上以诉告其冤,因石色赤如肺,故名。诉冤者先由朝士听其辞,然后朝士率此民至路门,使击路鼓,再通过大仆,而使冤情得闻达于王。遽令,遽,传也,即传遽者,也就是古代的邮驿者,是负责为朝廷和官府传达公文和情报的人,遽令则是掌管传遽者的官。

③以速逆御仆与御庶子:郑《注》曰:"御仆、御庶子,直事鼓所者(即在路鼓处当值者)。大仆闻鼓声,则速逆此二官,当受其事

以闻。"

【译文】

在大寝门外树路鼓,而掌管有关击鼓的事,以等待达穷者引导冤民前来击鼓或遽令前来击鼓,听到鼓声,就迅速迎接在路鼓处当值的御仆和御庶子,听他们报告情况而转达王。

4. 祭祀、宾客、丧纪,正王之服位,诏法仪,赞王牲事[1]。

【注释】

①牲事:郑《注》曰:"杀、割、匕载之属。"匕载即朼载,参见《夏官·诸子》第3节。

【译文】

有祭祀、接待宾客或丧事,规正王所应穿的服装和应在的位置,告教王应行的礼仪,协助王做杀牲、解割牲体和用匕捞取牲体放在俎上等事。

5. 王出入,则自左驭而前驱[1]。

【注释】

①自左驭而前驱:郑《注》曰:"前驱,如今道引也。"据黄以周《礼书通故·御礼通故》说,大仆自左驭的车,是王车的副车;副车从王车在后,此则在前,以为王车导引。

【译文】

王出入宫门、国门,就亲自在副车的左边驾驭副车而为王车做前导。

6. 凡军旅、田役,赞王鼓[1]。救日月亦如之[2]。

【注释】

[1]赞王鼓:据贾《疏》,军旅、田役,王皆亲自击鼓。所鼓为路鼓,路
　　鼓四面,王鼓其一面,大仆赞鼓一面,戎右赞鼓一面,共鼓三面。

[2]救日月亦如之:挽救日食、月食也要击鼓。参见《地官·鼓人》。

【译文】

凡征伐、田猎,协助王击鼓。解救日食、月食也协助王击鼓。

7. 大丧,始崩,戒鼓传达于四方。窆亦如之。县丧首服
之法于宫门[1]。

【注释】

[1]县丧首服之法于宫门:首服,头上的丧饰。宫门,据贾《疏》,谓
　　路门。

【译文】

有大丧,王始死,击鼓警众,鼓声传达到四方。把棺柩下入墓穴时
也这样击鼓。悬挂丧服的首服的法式在宫门前,使人们依此而服。

8. 掌三公、孤、卿之吊劳。

【译文】

负责奉王命前往吊唁或慰劳三公、孤、卿。

9. 王燕饮,则相其法。王射,则赞弓矢[1]。王视燕朝[2],
则正位,掌摈相[3]。王不视朝,则辞于三公及孤、卿。

【注释】

①赞弓矢：据贾《疏》，谓负责授受弓矢。

②燕朝：郑《注》曰："朝于路寝之庭。"案燕朝又叫内朝，在路门内，为天子三朝（外朝、治朝、燕朝）之一。江永说："因燕群臣在寝（谓路寝），故谓之燕朝。"案每日治朝退朝以后，若天子与群臣无事商议，天子退回路寝，群臣退回各自办公处；如果有事商议，就至燕朝。

③掌摈相：孙诒让曰："其法如治朝司士摈也。"（参见《司士》第3节）

【译文】

王行燕饮酒礼，就协助王行礼。王行大射礼，就协助王拿弓矢。王在燕朝处理政事，就引导王就朝位，并负责引导和协助王行礼。王因故不能上朝处理朝政，就通告三公和孤、卿。

三一　小臣

1. 小臣掌王之小命①，诏相王之小法仪②。

【注释】

①小命：据郑《注》，谓随时有所敕问。

②小法仪：郑《注》曰："趋行拱揖之容。"

【译文】

小臣负责传达王随时有事要敕问臣下的小命令，告教和协助王有关行走、拱手行揖礼等小礼仪。

2. 掌三公及孤、卿之复逆。正王之燕服位，王之燕出入，则前驱。

【译文】

掌管转达三公及孤、卿的奏事和上书。规正王闲暇时的服装和所处的位置。王闲暇时出入宫门、国门，就为王做前导。

3. 大祭祀、朝觐，沃王盥①。小祭祀、宾客飨、食、宾射②，掌事如大仆之法③。

【注释】

①沃王盥：盥谓盥手。盥手时由一人自上浇水，即所谓沃，而一人在下就而盥之。

②宾客飨、食，宾射：宾客，亦谓小宾客，是指诸侯所遣聘问天子之臣。宾射，郑《注》曰："与诸侯来朝者射。"

③如大仆之法：案《大仆》曰："祭祀、宾客，丧纪，正王之服位，诏法仪。"（见前文《大仆》第4节）

【译文】

举行大祭祀、大朝觐时，浇水供王盥手。举行小祭祀、用飨礼和食礼招待小宾客、举行宾射礼，所掌管的事如同大仆掌事之法。

4. 掌士、大夫之吊劳。

【译文】

负责奉王命前往吊唁或慰劳士、大夫。

5. 凡大事，佐大仆。

【译文】

凡有大事，协助大仆。

三二　祭仆

1. 祭仆掌受命于王以视祭祀,而警戒祭祀有司,纠百官之戒具①。既祭,帅群有司而反命,以王命劳之,诛其不敬者②。

【注释】

①纠:郑《注》曰:"谓校录所当共之牲物。"

②敬:《说文》曰:"肃也。"

【译文】

祭仆负责奉王命视察祭祀的准备情况,而警诫负有祭祀职责的官吏,检查和记录各官依事前的告诫所当具备的牲物。祭祀之后,率领负有祭祀职责的官吏们向王汇报,奉王命慰劳负有祭祀职责的官吏,责罚那些不严肃认真的人。

2. 大丧,复于小庙①。

【注释】

①复于小庙:复,招魂。小庙,郑《注》曰:"高祖以下也。始祖曰太庙。"

【译文】

有大丧,就在诸小庙为死者招魂。

3. 凡祭祀,王之所不与,则赐之禽①。都家亦如之。凡祭祀致福者②,展而受之③。

【注释】

①赐之禽：官献瑶曰："以王命赐之，虽不与犹与也。"案禽，此处指牺牲。

②致福：致祭肉于君。

③展而受之：郑《注》曰："展谓录视其牲体数。"据《礼记·少仪》，进献胙肉的礼数为：若以太牢而祭，将牛之左前腿折成九段进献；若以少牢而祭，就将羊之左前腿折成七段进献；若以特豚（一头猪）而祭，就将豚的左前腿折成五段进献。

【译文】

凡畿外同姓诸侯祭祀，王不参加的，就以王的名义赐给牺牲。对于畿内同姓采邑主也这样。凡臣下祭祀毕而向王馈送祭肉的，就记录所送的牲体数而接受下来。

三三　御仆

1. 御仆掌群吏之逆，及庶民之复，与其吊劳。

【译文】

御仆负责向王转达群臣的上书，以及百姓的奏事和王对他们的吊唁、慰劳。

2. 大祭祀，相盥而登①。大丧，持翣②。

【注释】

①相盥而登：郑《注》曰："相盥者，谓捧槃授巾与？登，谓为王登牲体于俎。"

②翣（shà）：一种棺饰。扇形，木框木柄布面，布面上画有种种图案。

枢车行进时,人持之随行在枢车的前后左右。天子八翣,须八人持之。

【译文】

举行大祭祀时,帮助王盥手并将牲体载于俎上。有大丧时,负责持翣。

3. 掌王之燕令。以序守路鼓①。

【注释】

①以序守路鼓:郑《注》:"序,更。"路鼓,在大寝门外(参见《夏官·大仆》第3节)

【译文】

负责传达王闲暇时对外发布的命令。轮流守候在路鼓旁。

三四　隶仆

1. 隶仆掌五寝之埽除粪洒之事①。祭祀,修寝②。王行,洗乘石③。掌跸宫中之事。大丧,复于小寝、大寝④。

【注释】

①五寝之埽(sào)除粪洒:五寝,郑《注》曰:"五庙之寝也。周天子七庙,唯祧无寝。……前曰庙,后曰寝。"案五庙,谓始祖(后稷)庙及四亲庙,即始祖庙、高祖庙、曾祖庙、祖庙、父庙之寝。案古代的宗庙制度,是仿照生前的宫室制度。《注》又曰:"氾埽曰埽,埽席前曰拚。"案"拚"与"粪"音义同。

②修寝:孙诒让曰:"亦即五寝埽除粪洒之事。"

③乘石:王登以上车之石。

④小寝、大寝：曾钊曰："小寝，君所常燕居；大寝，君所常听朝政，故复之。大寝，路寝也，亦名适室。"（参见《天官·官人》第1节）

【译文】

隶仆掌管五寝打扫卫生的事。将举行祭祀，打扫五寝。王将乘车出行，为王洗登车石。宫中有事负责禁止通行。有大丧，负责在小寝、大寝招魂。

三五　弁师

1. 弁师掌王之五冕①，皆玄冕、朱里延②，纽③，五采缫十有二就④，皆五采玉十有二，玉笄，朱纮⑤。

【注释】

①五冕：五服之冕，即衮冕、鷩冕、毳冕、希冕、玄冕（详《春官·司服》第2节）。

②玄冕、朱里延：案延是覆于冕上的长方形的木板，延外裹以布，延上面的布是玄色，下面是朱色，即所谓玄冕、朱里。

③纽：是延下武的两侧留以贯笄的孔。

④五采缫十有二就：五采，据贾《疏》，谓青、赤、黄、白、黑。缫，同"藻"，在此指五彩的丝线合成的绳，用以贯玉珠以为旒。就，在此指旒，孙诒让曰："一就即是一斿。"旒悬垂于延的前沿。

⑤朱纮：是固冕的朱色丝带，其一头系于笄的左端，另一头绕颐下再上曲而系于笄的右端。

【译文】

弁师掌管王的五冕，五冕的延都是玄表、朱里，武的两侧都有贯笄的纽，冕的前沿都悬有五彩丝绳贯穿玉珠做成的十二旒，每旒都有五彩玉珠十二颗，纽中都贯玉笄，笄两端都系朱纮。

2. 诸侯之缫斿九就^①，缗玉三采^②，其余如王之事^③。缫斿皆就^④，玉瑱^⑤，玉笄。

【注释】

① 斿：阮校以为衍文。

② 缗(mín)玉三采：缗，似玉的美石。三采，郑《注》曰："朱白苍也。"据孙诒让说，缗玉数同旒，亦九。

③ 其余如王之事：郑《注》曰："其余，谓延纽皆玄覆朱里，与王同也。出此则异。"

④ 就：据郑《注》，在此谓三彩皆备。

⑤ 玉瑱(tiàn)：瑱，缀于冕两侧用以塞耳的玉。郑《注》曰："玉瑱，塞耳者。"

【译文】

诸侯的冕上有彩色丝绳做的九旒，每旒都有三彩的缗玉珠九颗，其他方面如延纽等与王冕相同。丝线绳做的旒都具备三彩，冕两侧缀有玉瑱，纽中贯有玉笄。

3. 王之皮弁^①，会五采玉璂^②，象邸^③，玉笄。王之弁绖^④，弁而加环绖。

【注释】

① 皮弁：其尊仅次于冕，是王的朝服，以白鹿皮制成，其形制颇似后世瓜皮帽。

② 会五采玉璂(qí)：郑《注》曰："会，缝中也。……皮弁之缝中，每贯结五采玉十二以为饰，谓之綦。"璂，通"璂"，结也，缀也。案皮弁以十二块白鹿皮并合而成，每两块皮结合处的缝叫作会，缝中嵌

以丝线贯结五彩玉十二以为饰,即所谓璂。

③象邸:郑《注》曰:"邸,下柢也,以象骨为之。"案邸是弁下的周缘,犹冠冕之武(冠圈)。

④王之弁绖:弁绖是王的吊服,即在弁上加一圈麻绖带,故下文说"弁而加环绖"。这是王吊诸侯、卿大夫所服。

【译文】

王的皮弁,缝中饰有用五彩的玉珠贯结的璂,弁下有象骨做的周缘,弁中贯有玉笄。王吊丧戴的弁绖,是在弁上面加环绖。

4. 诸侯及孤、卿、大夫之冕、韦弁、皮弁、弁绖①,各以其等为之②,而掌其禁令③。

【注释】

①韦弁:染成赤黄色的熟牛皮做的弁(参见《春官·司服》第2节)。

②各以其等为之:郑《注》曰:"缫斿、玉璂如其命数也。"案如果是冕,侯伯七命的就饰以七旒,每旒上的玉珠也是七颗,余仿此。韦弁,皮弁上的玉璂,亦如其数。

③禁令:郑《注》曰:"禁令者,不得相僭逾也。"

【译文】

诸侯及孤、卿、大夫的冕、韦弁、皮弁和弁绖,各依他们的爵等来装饰缫旒和玉璂,而掌管有关的禁令,严禁僭越。

三六　司甲(阙)

三七　司兵

1. 司兵掌五兵、五盾①,各辨其物与其等,以待军事。及授兵,从司马之法以颁之。及其受兵输②,亦如之。及其用兵③,亦如之。

【注释】

①五兵、五盾:五兵,郑司农曰:"戈、殳、戟、酋矛、夷矛。"(参见《考工记·庐人》第1节)贾《疏》说,这里是指"车之五兵"。五盾的名目,郑《注》曰:"未尽闻也。"

②兵输:据郑《注》,谓战罢送还兵器。

③用兵:郑《注》曰:"谓出给卫守。"

【译文】

司兵掌管五种兵器、五种盾牌,辨别它们的种类和质量等级,以供军事所需。到出兵打仗发授兵器时,遵从司马的法令而颁授。到打完仗接受送还的兵器时,也遵从司马的法令。授给守卫所需的兵器时,也遵从司马的法令颁授。

2. 祭祀,授舞者兵。大丧,廞五兵①。军事,建车之五兵②;会同亦如之。

【注释】

①廞(xīn):陈列。

②建车之五兵:六军之制,二十五人为两,配革车一乘,车上皆备建五兵,故谓之兵车。

【译文】

举行祭祀时,授给舞蹈者用作舞具的兵器。有大丧时,陈列用作明器的五种兵器。有军事行动,装备战车上的五种兵器;会同时也这样做。

三八　司戈盾

1. 司戈盾掌戈盾之物而颁之。祭祀授旅贲殳、故士戈盾①,授舞者兵亦如之。军旅、会同,授贰车戈盾②,建乘车之戈盾③,授旅贲及虎士戈盾④。及舍⑤,设藩盾,行则敛之。

【注释】

①授旅贲殳:旅贲,详《旅贲氏》。殳,形如杖,长一丈二尺。故士:参见《夏官·司士》第3节。

②授贰车戈盾:贰车,即副车。有军旅之事,天子乘革路;有会同之事,天子乘金路。这里的副车,就是革路、金路的副车。据贾《疏》,贰车皆有车右,故授之以戈盾。

③乘车:郑《注》曰:"王所乘车也。军旅则革路,会同则金路。"

④虎士:虎贲氏的部下。参见本篇《叙官》第24节。

⑤舍:止也,谓王止宿于外。

【译文】

司戈盾掌管戈盾之类的兵器而负责颁授。举行祭祀就授给旅贲氏殳和王族故士戈盾以保卫王,并同样授给舞蹈者兵器用作舞具。王出征、会同,就授给副车的车右戈盾,给王所乘坐的车装备戈盾,并授给担任保卫的旅贲氏和虎士戈盾。到王在外停宿时,就设置盾作为屏藩,起行时就收起来。

三九　司弓矢

1. 司弓矢掌六弓、四弩、八矢之法①,辨其名物,而掌其守藏,与其出入。中春献弓弩,中秋献矢箙②。

【注释】

①六弓、四弩、八矢之法：六弓，指王弓、弧弓、夹弓、庾弓、唐弓、大弓。弩，是一种用机括发射的弓。四弩，是指夹弩、庾弩、唐弩、大弩。八矢，是指枉矢、絜矢、杀矢、鍭矢、矰矢、茀矢、恒矢、庳矢。之所以谓之枉矢，是因为此矢可以携带火球，飞行有光，很像天上的妖星枉矢（此为星名），故名；絜矢则与之类似。杀矢，谓一旦射中，其人必死，故名；鍭矢则与之类似。矰矢，谓拴有丝绳的箭；茀矢则与之类似。恒矢，恒者，常也，谓平常安居之矢；庳矢则与之类似。法，郑《注》曰："曲直长短之数。"

②箙：郑《注》曰："盛矢器也，以兽皮为之。"

【译文】

司弓矢掌管六种弓、四种弩、八种矢的制作法式，辨别它们的名称和种类，负责它们的保管，以及它们的颁授和收回。仲春献弓和弩，仲秋献矢和箙。

2. 及其颁之，王弓、弧弓以授射甲革、椹质者①，夹弓、庾弓以授射犴侯、鸟兽者②，唐弓、大弓以授学射者、使者、劳者③。其矢箙皆从其弓④。

【注释】

①"王弓、弧弓"句：王弓、弧弓，是两种弓体相类似的弓，郑《注》曰："往体寡、来体多，曰王、弧。"孙诒让曰："往体，谓弓体外挠（曲）；来体，谓弓体内向。凡弓……但以往来之多少为强弱之差。"案王弓、弧弓是六弓中射力最强的两种。甲革，即革甲，此处是指以皮革为甲，用作射箭的靶子。椹质，椹，音 zhēn，即砧板；质，案射侯之中谓之侯中，侯中之中谓之鹄，鹄之中谓之正，正之内谓之质，是质为靶心。此处是指以椹板做射箭的靶子，故曰椹质。

之所以用甲革和椹质做射箭的靶子,郑《注》曰:"试弓习武也。"可见平时习武并不张射侯。

②"夹弓、庾弓"句:夹弓、庾弓,也是两种弓体类似的弓,郑《注》曰:"往体多,来体寡,曰夹、庾。"案这是六弓中射力较弱的两种弓,据郑《注》,主要用于近射。犴侯,参见《夏官·射人》第3节。

③唐弓、大弓:也是两种弓体类似的弓,郑《注》曰:"往体、来体若一,曰唐、大。"又据郑《注》,这是两种强度适中的弓。

④矢箙皆从其弓:郑《注》曰:"从弓数也。每弓者一箙、百矢。"

【译文】

到颁授弓的时候,王弓和弧弓颁授给射革甲、椹板以习武的人,夹弓和庾弓授给射犴侯、鸟兽的人,唐弓和大弓授给学射的人、出使之臣以及慰问远方之臣用。所颁授的矢和箙的数量,都依照弓数配给。

3. 凡弩,夹、庾利攻守,唐、大利车战、野战。

【译文】

凡弩,夹弩、庾弩利于进攻和防守,唐弩、大弩利于车战和野战。

4. 凡矢,枉矢、絜矢利火射①,用诸守城、车战。杀矢、鍭矢用诸近射、田猎②。矰矢、茀矢用诸弋射③。恒矢、庳矢用诸散射④。

【注释】

①枉矢、絜矢:据郑《注》,枉矢用于弓,絜矢用于弩。案下文杀矢和鍭矢、矰矢和茀矢、恒矢和庳矢,亦分别为弓、弩所用,是八矢而弓、弩所用各四。据郑《注》,枉矢与絜矢相似,都是可以结火以

射敌的矢,其镞(箭头)稍轻。

②杀矢、鍭矢:据郑《注》,这也是两种类似的矢,其镞较重,故可用于近射、深中,而不可用于远射。

③矰(zēng)矢、茀(fú)矢用诸弋射:据郑《注》,这是两种可以结绳而射飞鸟的矢,结绳而射即所谓弋射。这两种矢之镞比枉矢、絜矢稍轻。

④恒矢、庳(bēi)矢用诸散射:案庳,《注疏》本原误作"痹",据阮校改。据郑《注》,恒矢与庳矢类似,是八矢中镞最轻的两种。这两种矢是平日安居习礼之射或参加礼射所用,即所谓散射。故郑《注》曰"散射,谓礼射及习射"。案礼射,谓大射、宾射、燕射等。

【译文】

凡矢,枉矢、絜矢利于结火而射,用于守城或车战。杀矢、鍭矢用于近射或田猎。矰矢、茀矢用于弋射飞鸟。恒矢、庳矢用于礼射或习射等散射。

5. 天子之弓合九而成规①,诸侯合七而成规,大夫合五而成规,士合三而成规。句者谓之弊弓②。

【注释】

①合九而成规:案凡言合几而成规,都是说弓的弧度的深浅,从而表示弓的强弱。规即圆周,360度。合几而成规,即谓连接几张弓可构成一圆周。孙诒让说:"此四等成规之度,以割圆术言之,合九者其弧四十度,合七者五十一度强,合五者七十二度,合三者百二十度也。"合弓愈多,则弓的弧度愈小,弓的强度也愈大。此处合九而成规,是弓弧为 40 度,是最强的弓,天子所用。下文合七而成规,则弓弧为 51 度强;合五而成规为 72 度;合三而成规为 120 度,弓最弱。

②句者谓之弊弓：句，同"勾"。弊，郑《注》曰："犹恶也。"

【译文】

天子的弓连接九张弓而成一圆周，诸侯连接七张弓而成一圆周，大夫连接五张弓而成一圆周，士连接三张弓而成一圆周。弯曲弧度过大的弓是劣弓。

6. 凡祭祀，共射牲之弓矢①。泽②，共射椹质之弓矢③。大射、燕射共弓矢如数、并夹④。大丧，共明弓矢。凡师役、会同⑤，颁弓弩各以其物⑥，从授兵甲之仪⑦。田弋，充笼箙矢⑧，共矰矢⑨。凡亡矢者，弗用则更⑩。

【注释】

①"凡祭祀"二句：凡祭祀，谓凡内外大祭祀，天子都要亲自射牲，故需供弓矢。

②泽：郑司农曰："泽宫也，所以习射选士之处也。"《礼记·射义》孔《疏》曰："泽是宫名，于此宫中射而择士，故谓此官为泽。"案，泽即"择"。

③椹质：参见本篇第2节。

④如数：郑《注》曰："如当射者之数也。每人一弓、乘（四）矢。"并夹：是钳射侯上的矢所用的一种长柄的夹（参见《夏官·射鸟氏》第2节）。

⑤师役：据贾《疏》，谓巡守、征伐。

⑥各以其物：谓各依其所需之物颁授之。物，指弓弩矢箙。

⑦甲：《注疏》本原误作"至"，据阮校改。

⑧笼箙：一种竹编的盛矢的箭筒。

⑨矰矢：是一种结绳而用以弋射的矢（参见本官职文第4节）。

⑩弗用则更:郑《注》曰:"更,偿也。用而弃之则不偿。"

【译文】

凡举行祭祀,就供给王射牲所用的弓矢。在泽宫习射,就供给射椹板所用的弓矢。举行大射或燕射,就按参加人数供给弓矢、并供给并夹。有大丧,就供给用作明器的弓矢。凡有巡狩、征伐、会同的事,各依所需颁授弓弩矢箙等,颁授时依从颁授其他兵器和铠甲的仪法。田猎弋射,供给盛有矢的笰箙,并供给矰矢。凡丢失矢的,如果不是用掉的就要赔偿。

四〇　缮人

1. 缮人掌王之用弓、弩、矢、箙、矰、弋、抉、拾①。掌诏王射,赞王弓矢之事②。

【注释】

①弋、抉、拾:弋,指系矰矢的绳。抉,是射箭时套在右手大拇指上的象骨套,是钩弦时保护手指用的。拾,是皮制的臂衣,射箭时套在左臂上,以防发射时左臂衣袖碍弦。

②赞王弓矢之事:郑《注》曰:"授之,受之。"即王射时授给王弓矢,射毕又接过王的弓矢。案《大仆》亦云:"王射,则赞弓矢。"两处的"赞"字,郑玄都释作"谓授之,受之"。因为太仆比缮人爵位高,所以很可能是太仆授受弓矢于天子,而缮人掌管弓矢,又以弓矢授受于太仆。

【译文】

缮人掌管王所用的弓、弩、矢、箙、矰、弋、抉、拾等射具。负责告教王行射礼,并协助王拿弓矢的事。

2. 凡乘车,充其笼箙,载其弓弩,既射则敛之。无会计。

【译文】

凡王乘车,就给笼箙盛满矢,为车装备弓弩,射毕就把射具收藏起来。不计算用矢的多少。

四一　槁人

1. 槁人掌受财于职金①,以赍其工②。

【注释】

①槁人:孙诒让曰:"槁,亦当作'稿'。"(参见本篇《叙官》第 36 节)
职金:官名,属秋官。掌管接受从司法部门得到的罚金、罚物,用于制造兵器。

②以赍(jī)其工:赍,付与、送给。郑《注》曰:"给市财用之直(值)。"案直通"值"。

【译文】

槁人负责从职金那里领取财货,以授于工匠。

2. 弓六物为三等①,弩四物亦如之②。矢八物皆三等③,箙亦如之。春献素④,秋献成⑤,书其等以飨工⑥。乘其事⑦,试其弓弩,以下上其食而诛赏⑧。乃入功于司弓矢及缮人。

【注释】

①弓六物为三等:弓六物,即弓六种,详《司弓矢》。三等,是依尺寸的大小不同而分为上中下。据《考工记·弓人》,弓的长度有六

尺六寸、六尺三寸和六尺三等。

②弩四物亦如之：弩四物，亦详《司弓矢》。亦如之，亦为三等也。郑《注》曰："弩及矢箙长短之制未闻。"

③矢八物：亦详《司弓矢》。

④素：未经精加工的半成品。

⑤秋献成：案此专据矢箙言。郑《注》曰："矢服春作秋成。"

⑥书其等以飨工：郑司农曰："书工功拙高下之等，以制其飨食也，"飨，郑《注》曰："酒肴劳之也。"

⑦乘：郑司农曰："计也。"

⑧食：谓稍食。

【译文】

弓六种分为三等，弩四种也分为三等。矢八种都分为三等，箙也分为三等。春季呈献未经漆饰的矢箙，秋季呈献制作成功的矢，记载所献矢质量的等级以决定酬劳工匠所备酒肴的厚薄。计算工匠的事功，试验他们所制作的弓弩的好坏，以作为增减发给他们的食粮和进行赏罚的依据。把匠人制造的弓弩矢箙交到司弓矢和缮人那里。

3. 凡赍财与其出入，皆在槁人^①，以待会而考之，亡者阙之^②。

【注释】

①皆在槁人：郑《注》曰："其簿书槁人藏之。"

②亡者阙之：郑《注》曰："阙，犹除也。弓弩矢箙弃亡者除之，计今见在者。"

【译文】

凡颁授财货给匠人以及弓弩矢箙的颁发和收进，账册都在槁人那里收藏，以待核计考察，弓弩矢箙消耗丢失的就除去不计。

四二　戎右

1. 戎右掌戎车之兵革使①，诏赞王鼓②，传王命于陈中。

【注释】

①戎右掌戎车之兵革使：戎右，王的车右。戎车，王的军车，即革路。兵革使，据《注》《疏》，是一种执兵器穿甲衣之使，主要为王执行军中的诛杀任务。

②诏赞王鼓：朱申曰："诏谓告王以当鼓之节，赞谓助击之。"

【译文】

戎右负责在戎车中担任王的兵革使，告教并协助王击鼓，向军阵中传达王的命令。

2. 会同，充革车①。盟，则以玉敦辟盟②，遂役之③。赞牛耳、桃茢④。

【注释】

①"会同"二句：据郑《注》，王会同当乘金路，而以革路从行，戎右则充（居）革路之左。戎右之所以居左，是因为只有当王丧，王的载魂车才旷左（空出左边的位子），平时则不敢旷左故也。

②以玉敦辟盟：玉敦，盛牲血，以供歃血。歃血即以牲血涂口而盟誓，以示诚信。敦，一种食器。会盟时内中装着牲血；详《天官·玉府》。辟，开也，谓揭开敦盖。

③遂役之：郑《注》曰："传敦血，授当歃者。"

④"赞牛耳"句：据郑《注》，与诸侯会盟，王为主盟者，割牛耳盛于珠盘，戎右协助王进行；牲血盛于敦中，又协助王用桃茢拂之，以扫

除不祥。桃即桃枝,据说,因为鬼怕桃木,所以可用来扫除不祥;
苕即笤帚。

【译文】

王外出会同,就居处革车左边的位置跟从王车。盟誓时,就用玉敦
盛牲血,打开敦盖以供歃血盟誓,传授玉敦给所有当盟誓的人。协助王
割牛耳、执牛耳和取牲血,并协助王用桃枝和笤帚拂除不祥。

四三　齐右

1. 齐右掌祭祀、会同、宾客前齐车①,王乘则持马,行则
陪乘②。凡有牲事③,则前马④。

【注释】

①齐:音义皆同"斋",下同。齐车:指王五路的金路。详《叙官》注。

②陪乘:即参乘,亦即车右。

③牲事:牲,谓牺牲。郑《注》曰:"王见牲则拱而式。"式,通"轼",行
轼礼。

④前马:据郑《注》,是说齐右下车来到马前,面向马而退行,以防马
惊奔。

【译文】

齐右负责在有祭祀、会同、接待宾客等事时站在齐车前等候王乘
车,王上车时就扶持驾车的马,车子行进时就担任参乘。凡遇有王在车
上向牲行轼礼的事,就下车到马的前边退行而监视马。

四四　道右

1. 道右掌前道车①,王出入,则持马、陪乘,如齐车之仪。
自车上谕命于从车②。诏王之车仪。王式则下③,前马。王

下,则以盖从④。

【注释】

①道车:指王五路的象路。

②从车:跟从王的诸臣之车。

③王式:据孙诒让说,如进入里巷,或遇牺牲,王皆当轼。案式通
　　"轼",此谓凭轼行礼。

④以盖从:郑玄《注》:"以盖从,表尊。"盖,即车盖,可蔽雨,蔽日。

【译文】

　　道右负责站在道车前等候王上车,王出入宫门,就为王扶持驾车的
马,并担任参乘,如同齐右侍候王乘齐车的仪法。从车上把王的命令告
诉从车。告教王在车上的威仪。王行轼礼时就下车,到马前边监视马。
王下车,就取下车盖跟从王。

四五　大驭

　　1. 大驭掌驭玉路以祀。及犯𫏋①,王自左驭②,驭下祝,
登,受辔,犯𫏋,遂驱之。及祭,酌仆③,仆左执辔,右祭两轵,
祭轨④,乃饮。

【注释】

①犯𫏋(bá):𫏋,行神之名,亦为祭名。其法,据郑《注》及《说文》
　　"𫏋"下(注)说,当王乘车出了国都城门,便筑一土堆以象山,或
　　束菩草,或束茅草,或用棘树,或用柏树,植于山上作为神主,即
　　所谓𫏋。杀牲(盖用犬牲)祭之,祭毕车碾土山和牲而过,即所谓
　　犯𫏋,这样行神就会保佑人一路平安。

②王自左驭:案玉路本由大驭居中而驭,王的位置在车左,因为行

　　辄祭而大驭下车祝告（见下文），故暂由王在车左的位置控驭
　　车马。

③酌仆：贾《疏》曰："使人酌酒与仆，仆即大驭也。"

④祭两轵，祭轨：轵，音 zhì，车毂的末端。轨，音 fàn。案车箱底之四
　　边有木方框，木方框后边那根横木叫做轸，其他三边则叫做轨
　　（参见《考工记·辀人》第 2 节）。祭轵、祭轨，祭法不详。

【译文】

　　大驭负责驾驭王的玉路而前往祭祀。到行辄祭时，王由车左边的
位置控驭着车马不使行进，由大驭下车向辄神祝告，祝告完毕而后登
车，从王手中接过马缰绳，驾车碾过祭辄神的土山，于是驱车前进。祭
祀辄神时，王使人酌酒献给大驭，大驭左手握马缰，右手用酒祭车的两
轵，又祭车轨，祭毕才饮酒。

　　2. 凡驭路①，行以《肆夏》，趋以《采荠》②。凡驭路仪，以
鸾和为节③。

【注释】

①路：据郑《注》，泛指王的五路。

②"行以《肆夏》"二句：郑《注》曰："《肆夏》、《采荠》，乐章也。行，谓
　　大寝（即路寝）至路门。趋，谓路门至应门。"

③鸾和：两种金属铃铛。郑《注》曰："鸾在衡，和在轼，皆以金（铜）
　　为铃。"

【译文】

　　凡驾驭王的五路，从路寝到路门缓行时以《肆夏》为节奏，从路门到
应门疾行时以《采荠》为节奏。凡驾五路的仪法，以鸾和二铃的鸣声为
节奏。

四六 戎仆

1. 戎仆掌驭戎车①。掌王倅车之政②，正其服③。

【注释】

①戎车：即革路。

②倅车：即副车（参见《夏官·射人》第5节）。

③服：郑《注》曰："谓众乘戎车者之衣服。"案此戎车指王的戎车的副车。据贾《疏》，众乘戎车者与王同服，皆穿韦弁服（参见《春官·司服》第2节）。

【译文】

戎仆负责为王驾驭戎车。掌管有关王的戎车的副车的政令，规正乘副车者的服装。

2. 犯轶，如玉路之仪。凡巡守及兵车之会①，亦如之。

【注释】

①兵车之会：孙诒让曰："谓有征讨之事而合诸侯。"

【译文】

为王驾驭戎车举行轶祭碾土山而过，如同驾驭玉路的礼仪。如果王外出巡守或参加兵车之会，也这样行轶祭。

3. 掌凡戎车之仪。

【译文】

负责规正所有兵车的仪法。

四七　齐仆

1. 齐仆掌驭金路以宾。朝、觐、宗、遇飨、食,皆乘金路,其法仪,各以其等,为车送逆之节①。

【注释】

①"各以其等"二句:郑《注》曰:"节,谓王乘车迎宾客及送相去远近之数:上公九十步,侯伯七十步,子男五十步。"(详《秋官·大行人》第5节)

【译文】

齐仆负责为王驾驭金路以接待宾客。诸侯春朝、秋觐、夏宗、冬遇而王用飨礼和食礼款待诸侯时,都乘金路迎送诸侯,迎送的仪法是,各依诸侯等级的高低,作为迎送远近的节度。

四八　道仆

1. 道仆掌驭象路以朝夕①,燕出入,其法仪如齐车②。掌贰车之政令③。

【注释】

①朝夕:朝,谓早朝;夕,谓傍晚接见有事来朝之臣。

②其法仪如齐车:齐车,即王的金路。其仪法参见本篇前《道右》、《齐右》及《齐仆》。

③贰车:谓象路的副车,亦十二乘。凡王五路的副车皆各十二乘。

【译文】

道仆负责为王驾驭象路而早晚上朝,或燕游时进出,其仪法同齐车一样。掌管有关象路的副车的政令。

四九　田仆

田仆掌驭田路①,以田,以鄙②。掌佐车之政③。设驱逆之车④。令获者植旌⑤。及献,比禽⑥。凡田,王提马而走⑦,诸侯晋⑧,大夫驰。

【注释】

①田路:即王五路之木路。

②以鄙:据郑《注》,谓循行鄙地。鄙即野,也就是国都郊外、畿疆以内之地。

③佐车:田路的副车。

④驱逆之车:参见《夏官·大司马》第9节。

⑤令获者植旌:即植旌令获者,此与山虞、泽虞为官联(参见《地官·山虞》第4节及《泽虞》第3节)。

⑥比:郑《注》曰:"种物相从次数之。"

⑦提马而走:孙诒让说,提犹控也。即控制马使缓行。

⑧晋:郑《注》曰:"犹抑也。"谓抑制马不使疾奔,但比"提马"则稍疾。

【译文】

田仆负责为王驾驭田路,用以田猎,用以巡视野地。掌管有关田路的副车的政令。设置驱赶野兽的车和拦击野兽的车。树立旌旗令猎获禽兽的人献兽。到献禽兽的时候,将禽兽分类清点。凡田猎,为王驾车就控制着马而缓慢地跑,为诸侯驾车就抑制着马不使快跑,为大夫驾车就放马奔驰。

五〇　驭夫

1. 驭夫掌驭贰车、从车、使车①。分公马而驾治之②。

【注释】

①掌驭贰车、从车、使车：掌，《注疏》本原文误刻作"尝"。贰车即王
　所乘五路的副车。从车，诸臣所乘以从王之车。使车，王安石
　曰："使者所乘之车。"

②分公马而驾治之：公马，即王马，亦即官马，别于民马。驾治，贾
　《疏》曰："调习之也。"

【译文】

驭夫负责驾驭王车的副车、群臣的从车和使者之车。分类调习
公马。

五一　校人

1. 校人掌王马之政①。辨六马之属：种马一物②，戎马
一物，齐马一物，道马一物，田马一物，驽马一物。

【注释】

①王马：即公马、官马。

②种马：据郑《注》，是最好的马，驾王的玉路。以下戎马、齐马、道
　马、田马则差次，分别驾戎路、金路、象路、田路。驽马最次，用以
　服杂役。

【译文】

校人掌管有关王马的事务。辨别六种马的类别：种马为一类，戎马
为一类，齐马为一类，道马为一类，田马为一类，驽马为一类。

2. 凡颁良马而养乘之①：乘马一师②，四圉；三乘为皂，
皂一趣马；三皂为系，系一驭夫；六系为厩，厩一仆夫；六厩
成校，校有左右。驽马三良马之数③，丽马一圉④，八丽一师，

八师一趣马,八趣马一驭夫⑤。

【注释】

①颁良马而养乘之:据郑《注》,良马即善马,即驾王五路的五种马(参见上节)。又此处"养乘"连文,乃偏正关系,实即喂养之义。

②乘马一师:郑司农曰:"四匹为乘。"案此乘,及下文皂、系、厩、校,皆马的数量单位名,详下文。师,即围师。案师及下文围、趣马、驭夫、仆夫,皆养马官之名。孙诒让曰:"围师帅围,趣马帅围师,驭夫帅趣马,仆夫帅驭夫,皆转相帅领。"

③"六厩"至"之数":案六厩,六种马每种各一厩,其中良马五厩,驽马一厩,是为一校。但因校有左右,故每种马实为二厩,其中良马每厩216匹,二厩则为432匹,五种十厩合计2160匹;驽马二厩,每厩的匹数是良马的三倍(即所谓"三良马之数"),即每厩有驽马648匹,二厩合计1296匹。良马与驽马总计3456匹。故郑《注》曰:"五良一驽,凡三千四百五十六匹,然后王马大备。"

④丽:郑《注》曰:"耦也。"即二匹马。

⑤"八丽"三句:郑《注》曰:"驽马自围至驭夫,凡马千二十四匹,与三良马之数不相应,'八'皆宜为'六',字之误也。师十二匹,趣马七十二匹,则驭夫四百三十二匹矣,然后而三之。"案郑说诚是,然以经文传习既久,不敢辄改,故仍沿其旧。

【译文】

凡把良马分配给养马官喂养:每乘四匹马设一名围师,设四名围;每三乘十二匹马为一皂,每皂设一趣马;每三皂三十六匹马为一系,每系设一驭夫;每六系二百一十六匹马为一厩,每厩设一仆夫;六厩为一校,有左右二校。每厩驽马数是每厩良马数的三倍,每丽两匹驽马设一围,八丽十六匹驽马设一围师,八围师一百二十八匹驽马设一趣马,八趣马一千零二十四匹驽马设一驭夫。

3. 天子十有二闲①,马六种。邦国六闲,马四种。家四闲,马二种。凡马,特居四之一②。

【注释】

①闲:郑《注》曰:"每厩为一闲。"

②特:谓牡马,即雄性的马。

【译文】

天子有马十二闲,马有六种。诸侯每国有马六闲,马有四种。卿大夫每家邑有马四闲,马有二种。凡养马,雄性的马居四分之一。

4. 春祭马祖①,执驹②。夏祭先牧③,颁马④,攻特⑤。秋祭马社⑥,臧仆⑦。冬祭马步⑧,献马,讲驭夫⑨。

【注释】

①马祖:郑《注》曰:"天驷也。"天驷,星名,即二十八宿的房宿。

②执驹:"执"通"蛰"。沈文倬说,蛰驹是中国古代的一项重要的典礼,典礼的目的有二:一是使驹断乳离开母马,二是献马于王闲。王亲自参加典礼,接受马官所献之马。(《执驹补释》,参见《考古》1961年第4期)

③先牧:郑《注》曰:"始养马者,其人未闻。"

④颁马:颁,分也。李钟伦曰:"颁马者,通淫之后,即分牝牡,使异处而养之。"

⑤攻特:即骟马,又叫去势。据郑《注》,攻特在夏季公马与母马交配之后,因公马性悍,去势则易于驾驭、乘用。

⑥马社:郑《注》曰:"始乘马者。"又以为即传说中黄帝之臣相土,相土始作乘马。

⑦臧仆:《尔雅·释诂》曰:"臧,善也。"仆,郑《注》以为指驾驭王的
　　五路的大驭、戎仆、齐仆、道仆、田仆。

⑧马步:郑《注》说,是一种为害马的神,祭之欲求其无害。

⑨讲:郑《注》曰:"犹简习。"

【译文】

春季祭祀马祖,举行执驹礼。夏季祭祀先牧,将公马与母马分开饲
养,阉割公马。秋季祭祀马社,挑选优秀的驾车人。冬季祭祀马步,献
马给王,挑选和训练驭夫。

5. 凡大祭祀、朝觐、会同,毛马而颁之①。饰币马②,执
扑而从之。凡宾客,受其币马③。大丧,饰遣车之马④;及葬,
埋之⑤。田猎,则帅驱逆之车。凡将事于四海山川⑥,则饰黄
驹。凡国之使者,共其币马。凡军事,物马而颁之⑦。

【注释】

①毛马:据郑《注》,谓挑选毛色一样的马。

②币马:此指王赐宾客之马。

③币马:此指宾客献王之马。

④饰遣车:参见《春官·巾车》第8节。

⑤埋之:郑《注》曰:"言埋之,则是涂(泥)车、刍灵(草扎的人马)。"

⑥四海:郑《注》曰:"犹四方也。"

⑦物马:郑《注》曰:"齐其力。"即挑选同样有力的马。

【译文】

凡举行大祭祀、大朝觐、大会同,选择毛色相同的马以供驾王车,并
分授给乘马的人。洗刷币马以备王赠赐,赠赐时拿着马鞭跟在马后。
凡前来朝聘的宾客,接受他们献给王的币马。有大丧,洗刷驾遣车的

马;葬后,埋掉草扎的马。举行田猎,就率领驱赶和拦击野兽的车。凡
王巡守途中将祭祀四方山川,就洗刷用于祭祀的黄马。凡王国派出的
使者,供给将赠赐诸侯的币马。凡有军事行动,挑选毛色和力量符合要
求的马而加以分配。

6. 等驭夫之禄①,宫中之稍食②。

【注释】

①等驭夫之禄:等,犹差等也。据《注》《疏》,养马官驭夫之上有仆
夫,驭夫之下有趣马,驭夫居其中,这里是举中以见上下。

②宫:孙诒让以为乃"官"字之误。贾《疏》以为上文所说驭夫等皆
士以上的官,此官是指士以下的府、史、胥、徒等。

【译文】

区别驭夫等养马官俸禄的等差,以及他们的属吏的食粮。

五二　趣马

1. 趣马掌赞正良马①,而齐其饮食,简其六节②。

【注释】

①良马:参见《校人》第2节。

②简其六节:简,阅也。六节,王应电曰:"凡马驱之而进,旋之而
反,此进退之节;提之而走,控之而止,此行止之节;骤之而趋,驰
之而奔,此驰骤之节。"是所谓六节,谓进、退、行、止、驰、骤。

【译文】

趣马负责协助校人正确地喂养调教良马,调剂它们的饮食,观察它
们的进、退、行、止、驰、骤六个方面。

2. 掌驾说之颁①，辨四时之居、治②，以听驭夫。

【注释】

①驾说之颁：驾说，犹"用说"（参见《春官·典路》第1节注②）。说：
　　通"脱"，此谓不驾车。颁，犹"班"，次也，谓用马之次第。

②辨四时之居、治：贾《疏》曰："谓二月巳前、八月巳后在厩，二月巳
　　后、八月巳前在牧（牧场）。"治，郑《注》曰："谓执驹、攻特之属。"

【译文】

负责安排王马驾车和卸车的次序，辨别四季王马所应居处的地方
和治马的事，而听从驭夫的指挥。

五三　巫马

1. 巫马掌养疾马而乘治之①，相医而药攻马疾②，受财
于校人。马死，则使其贾粥之③，入其布于校人。

【注释】

①乘治之：郑《注》曰："乘谓驱步以发其疾，知所疾处乃治之。"是乘
　　犹今所谓遛马。

②医：本篇《叙官》载巫马的属员有"医四人"。

③贾：本篇《叙官》载巫马的属员有"贾二人"。粥(yù)：通"鬻"，卖。

【译文】

巫马负责疗养病马，通过遛马观察马的疾病所在而加以治疗，协助
医者用药治疗马的疾病，从校人那里领取财物以供治疗的开支。马死
了，就让贾人把死马的皮、骨卖掉，而把所卖的钱上交校人。

五四　牧师

1. 牧师掌牧地①，皆有厉禁而颁之②。孟春焚牧，中春

通淫。掌其政令。

【注释】

①牧地:在远郊,即《地官·载师》所谓牧田(见彼第 2 节)。

②厉禁而颁之:厉禁,谓划分牧马的区域范围,设置藩篱,而禁止其他的人和畜进入其中。

【译文】

牧师掌管牧地,都设有藩篱和禁令而颁授给养马官。春正月焚烧牧地的陈草,春二月使马交配,掌管有关的政令。

2. 凡田事,赞焚莱①。

【注释】

①赞焚莱:案焚莱是山虞、泽虞的职责(分见其职文),而牧师助之。

【译文】

凡举行田猎,协助山虞和泽虞焚烧荒草,以开辟田猎场地。

五五　廀人

1. 廀人掌十有二闲之政教①,以阜马,佚特②,教駣③,攻驹及祭马祖④,祭闲之先牧及执驹⑤,散马耳⑥,圉马⑦。

【注释】

①政教:指下文所说九事之政教。

②佚特:佚,通"逸"。郑《注》曰:"逸者,用之不使其劳,安其血气也。"

③教駣(táo):郑司农曰:"马三岁曰駣。"郑《注》曰:"教駣,始乘习

之也。"

④攻驹及祭马祖:驹,马二岁曰驹。攻驹,同《夏官·校人》"攻特"。
　（见彼第4节注）祭马祖,参见同上。

⑤先牧:郑《注》曰:"制闲者。"

⑥散马耳:据郑《注》,是一种训练马习惯声音的刺激、听到声音不
　致惊吓的方法。

⑦圉马:孙诒让:"《圉师》云'掌教圉人养马',即圉马之政教也。"

【译文】

　　廋人掌管有关十二闲王马的政教,以使马肥壮,使马用之而不
过于劳累,教习驵马,阉割公马以及春季祭祀马祖,夏季祭祀发明用
闲养马的先牧以及举行执驹礼,使马习惯声音的刺激,教圉人养马。

2. 正校人员选①。

【注释】

①正校人员选:郑《注》曰:"校人,谓师、圉也。正员选者,选择可备
　员者平之。"

【译文】

选择可任圉师、圉人的人员而对他们的才能加以评定。

3. 马八尺以上为龙,七尺以上为騋,六尺以上为马。

【译文】

马高八尺以上称作龙,高七尺以上称作騋,高六尺以上称作马。

五六　圉师

1. 圉师掌教圉人养马。春除蓐①,衅厩②,始牧。夏庌

马③。冬献马。

【注释】

①春除蓐:郑《注》曰:"蓐,马兹也。"案马兹即厩中铺垫的草,春天
　马出牧于野,故除之。

②衅厩:郑《注》曰:"新(谓新建的马厩),衅焉,神之也。"

③庌(yǎ):郑《注》曰:"庌也,庌所以庇马者也。"

【译文】

　　圉师负责教圉人养马。春天除去马厩中铺垫的草,为新建的马厩
行衅礼,开始放牧马。夏天把马系到庌下。冬天向王献马。

　　2. 射则充椹质①。茨墙则剪阖②。

【注释】

①椹质:参见《夏官·司弓矢》第2节。

②茨墙则剪阖:茨墙,谓以草覆盖墙,实即盖草屋。《释名·释宫
　室》云:"屋以草盖曰茨。"阖,孙诒让以为是"盖"的借字。

【译文】

　　习射就供给椹板做靶子。建草屋就修剪所覆盖的草。

五七　圉人

　　1. 圉人掌养马刍牧之事,以役圉师。凡宾客、丧纪,牵
马而入陈①。廞马亦如之②。

【注释】

①"凡宾客、丧纪"二句:据《注》《疏》,宾客入陈之马,是王赐宾客之

马,牵而陈于宾客馆舍;丧纪之陈马,是指启殡后、出葬前,行朝
庙礼时所陈准备用以驾乘车之马,陈于祖庙。

②厩马:案这是指用作明器的驾车的车马(参见《夏官·校人》第5
节)。

【译文】

围人掌管饲养和放牧马的事,而听从围师指使。凡接待宾客,或有
丧事,就牵马进来陈列。陈列用作明器的驾遣车的马也一样。

五八　职方氏

1. 职方氏掌天下之图,以掌天下之地,辨其邦国、都鄙、
四夷、八蛮、七闽、九貉、五戎、六狄之人民①,与其财用、九
谷、六畜之数要②,周知其利害。

【注释】

①四夷、八蛮、七闽、九貉、五戎、六狄:此谓九州之外的少数民族。
郑司农曰:"东方曰夷,南方曰蛮,西方曰戎,北方曰貉、狄。"郑
《注》曰:"闽,蛮之别也。"(即蛮族的别种)又曰:"四、八、七、九、
五、六,周之所服国数也。"貉,音 mò,亦作"貊",东北的少数
民族。

②财用:郑《注》曰:"泉(钱)谷货贿也。"九谷:详《春官·大宰》注。
六畜:六种家畜,即马、牛、羊、豕、犬、鸡。

【译文】

职方氏掌管天下的地图,以掌握天下的土地,辨别各诸侯国、王畿
内的采邑、四夷国、八蛮国、七闽国、九貉国、五戎国、六狄国的人民,以
及他们的财物、九谷、六畜的数目,遍知他们的有利和不利条件所在。

2. 乃辨九州之国①，使同贯利②。东南曰扬州，其山镇曰会稽③，其泽薮曰具区④，其川三江⑤，其浸五湖⑥，其利金、锡、竹箭⑦，其民二男五女⑧，其畜宜鸟兽⑨，其谷宜稻。

【注释】

①九州：即下文的扬州、荆州、豫州、青州、兖州、雍州、幽州、冀州、并州。这是所谓周代的九州。

②贯：郑《注》曰："事也。"

③山镇曰会稽：山镇，谓山之重大而可为一州之镇者。会稽，山名，在今浙江省中部。

④泽薮曰具区：泽薮，即大泽。具区，古泽薮名，亦名震泽，即今江苏太湖。

⑤三江：有多种解释，据《汉书·地理志》，则是指今吴淞江和芜湖、宜兴间由长江通太湖一水，并长江下游，为南江、中江、北江三江。

⑥其浸五湖：浸，泛指可资灌溉的川泽。郑《注》曰："可以为陂灌溉者。"五湖，非确指某五湖，而是泛指太湖流域一带的湖泊。

⑦金、锡、竹箭：金，指铜。竹箭，可用作箭杆的小竹。南朝刘宋时戴凯之《竹谱》曰："箭竹，高者不过一丈，节间三尺，坚劲中矢，江南诸山皆有之，会稽所生最精好。"

⑧其民二男五女：这里说的是生男生女的比例。《淮南子·地形训》："土地各以其类生。是故山气多男，泽气多女。"意谓山多的地方生男多，水多的地方生女多。

⑨其畜宜鸟兽：指其自然条件所宜畜养者，据郑《注》，指孔雀、鸾、鸂鶒、犀、象之属。

【译文】

职方氏辨别九州内的国家，使各国都有他们共同的事业和利益。

东南是扬州,它的山镇是会稽,它的大泽是具区,它的河流有三江,它可资灌溉的川泽有五湖,它的特产有金、锡、竹箭,那里的人口男女比例是二比五,那里宜于畜养孔雀、鸾、鹨鹕、犀、象等鸟兽,宜于种植稻谷。

3. 正南曰荆州,其山镇曰衡山①,其泽薮曰云瞢②,其川江、汉③,其浸颍、湛④,其利丹、银、齿、革,其民一男二女,其畜宜鸟兽,其谷宜稻。

【注释】

①衡山:在今湖南省衡山县西。

②云瞢:即云梦,古泽薮名,在今湖北潜江西南。据胡渭说,其范围东起蕲春,西抵枝江,京山以南,青草以北。

③江、汉:江,谓长江。汉,谓汉水,是长江最长的支流。

④颍、湛:颍,即颍水,淮河最大的支流,当属豫州,《说文》"颍"下即云"豫州浸",故郑《注》曰:"宜属豫州,在此非也。"湛,水名,亦属豫州,故《说文》曰"湛水,豫州浸"。案荆州之浸"颍、湛"盖与"豫州"之"波、溠"互讹(见下节),《逸周书·职方》所记可证。

【译文】

正南是荆州,它的山镇是衡山,它的大泽是云梦,它的河流有长江、汉水,它可资灌溉的川泽有颍水、湛水,它的特产有丹砂、银、象牙、皮革,那里的人口男女比例是一比二,那里宜于畜养鸟兽,宜于种植稻谷。

4. 河南曰豫州,其山镇曰华山①,其泽薮曰圃田②,其川荥、雒③,其浸波、溠④,其利林、漆、丝、枲⑤,其民二男三女,其畜宜六扰⑥,其谷宜五种⑦。

【注释】

①华山:在今陕西省东部,其同名主峰在华阴县南。

②圃田:古泽薮名,故址在今河南省中牟县西。

③荥、雒:荥,原指荥泽(后世改"荥"为"荣",据段玉裁、阮元、黄丕烈、孙诒让等说,属误改),故址在今河南郑州市西北古荥北,西汉以后已渐淤为平地。但此处的"荥"实指沇(yǎn)水。沇水是济水的别名,据郑《注》,荥泽是由沇水溢出而成,因此即以沇水释"荥"。雒,即今洛河("雒"作"洛"亦后人误改,据段玉裁《汉读考》说,其误起于魏时),是黄河下游南岸的大支流。

④波、溠:波,即波水,源出今河南鲁山西北,入于汝水。孙诒让曰:"实则波亦当属荆州。溠,音 zhà,水名,源出湖北随州西北鸡鸣山,东南流入涢水。郑《注》曰:"溠宜属荆州,在此非也。"(参见本篇第 3 节注④)。

⑤林:郑《注》曰:"竹木也。"

⑥六扰:郑《注》曰:"马、牛、羊、豕、犬、鸡。"《逸周书·职方》孔晁《注》曰:"家所畜曰扰。"扰,驯服。

⑦五种:郑《注》曰:"黍、稷、菽、麦、稻。"

【译文】

河南是豫州,它的山镇是华山,它的川泽是圃田,它的河流有济水、雒水,它可资灌溉的川泽有波水、溠水,它的特产有竹木、漆、丝、麻,那里的人口男女比例是二比三,那里宜于畜养马、牛、羊、猪、狗、鸡,宜于种植黍、稷、豆、麦、稻。

5. 正东曰青州,其山镇曰沂山①,其泽薮曰望诸②,其川淮、泗③,其浸沂、沭④,其利蒲、鱼⑤,其民二男二女⑥,其畜宜鸡、狗,其谷宜稻、麦。

【注释】

①沂山：又名东泰山，在山东省中部。

②望诸：即孟诸，古泽薮名，在今河南商丘东北、虞城西北。金、元以后，因屡被黄河冲决，遂埋废。

③淮、泗：即淮河、泗水。泗水在山东省中部，源出山东泗水县东蒙山麓，四源并发，故名。

④沂、沭：即沂水、沭（shù）河，都在山东省南部、江苏省北部。

⑤蒲、鱼：蒲，即蒲柳，其枝条可做箭杆。鱼，孙诒让以为指海鱼。

⑥二男二女：郑《注》曰："数等，似误也。盖当与兖州同，二男三女，"案郑说是也，《逸周书·职方》及《汉书·地理志》皆作"二男三女"。

【译文】

正东是青州，它的山镇是沂山，它的大泽是望诸，它的河流有淮水、泗水，它可资灌溉的川泽有沂水、沭河，它的特产有蒲柳、海鱼，那里的人口男女比例是二比三，那里宜于畜养鸡、狗，宜于种植稻、麦。

6. 河东曰兖州，其山镇曰岱山①，其泽薮曰大野②，其川河、沛②，其浸卢、维④，其利蒲、鱼，其民二男三女，其畜宜六扰，其谷宜四种⑤。

【注释】

①岱山：亦名岱宗，泰山别名。

②大野：古泽薮名，又称巨野泽，故址在今山东巨野县北，五代后南部涸为平地，北部成为梁山泊的一部分。

③河、沛：河，即黄河，古称河水，亦单称河。沛，即济水，孙诒让曰：

"泲,俗通作'济'。"

④卢、维:卢,水名,源出山东省东南部潍河上游诸城县东北三十里
之卢山,故名。维,水名,即潍水,今名潍河,在山东省东部。

⑤四种:郑《注》曰:"黍、稷、稻、麦。"

【译文】

河东是兖州,它的山镇是泰山,它的大泽是大野,它的河流有河水、
泲水,它的可资灌溉的川泽有卢水、潍水,它的特产有蒲柳、海鱼,那里
的人口男女比例是二比三,那里宜于畜养马、牛、羊、猪、狗、鸡,宜于种
植黍、稷、稻、麦。

7. 正西曰雍州,其山镇曰岳山①,其泽薮曰弦蒲②,其川
泾、汭③,其浸渭、洛④,其利玉石,其民三男二女,其畜宜牛、
马,其谷宜黍、稷。

【注释】

①岳山:据王引之校,"山"字衍。岳,山名,一名吴岳,在陕西省陇
县西南。

②弦蒲:古泽薮名,在今陕西省陇县西。

③泾、汭:泾,水名,是渭水的支流。汭,水名,是泾水的支流。

④渭、洛:渭,即渭水,是黄河最大的支流。洛,水名,是渭水的支
流,与黄河支流之"洛河"不同。

【译文】

正西是雍州,它的山镇是岳山,它的大泽是弦蒲,它的河流有泾水、
汭水,它的可资灌溉的川泽有渭水、洛水,它的特产有玉石,那里的人口
男女比例是三比二,那里宜于畜养牛、马,宜于种植黍、稷。

8. 东北曰幽州，其山镇曰医无闾①，其泽薮曰貕养②，其川河、泲③，其浸菑、时④，其利鱼、盐，其民一男三女，其畜宜四扰⑤，其谷宜三种⑥。

【注释】

①医无闾：山名，在今辽宁省北镇县西。

②貕（xī）养：貕养，古泽薮名，在今山东省莱阳县东，久已埋废。

③河、泲：参见第6节注③。

④菑、时：菑，水名，即淄水，亦作甾水，源出山东省莱芜县的原山，东北流至寿光县，入清水泊，由泊东北入海。时，水名，源出今淄博市西，北流至博兴县南向东折入海。

⑤四扰：郑《注》曰："马、牛、羊、豕。"

⑥三种：郑《注》曰："黍、稷、稻。"

【译文】

东北是幽州，它的山镇是医无闾山，它的大泽是貕养，它的河流有河水、泲水，它的可资灌溉的浸有淄水、时水，它的特产有海鱼、盐，那里的人口男女比例是一比三，那里宜于畜养马、牛、羊、猪，宜于种植黍、稷、稻。

9. 河内曰冀州①，其山镇曰霍山②，其泽薮曰杨纡③，其川漳④，其浸汾、潞⑤，其利松、柏，其民五男三女，其畜宜牛、羊，其谷宜黍、稷。

【注释】

①河内：案古黄河自今山西省芮城县的风陵渡向东至河南淇县的一段，称为南河；自风陵渡以上南北走向的一段称为西河；自淇

县折向北而稍偏东至入海的一段称为东河;东、西、南三河环抱
之间的地方,即所谓河内。

②霍山:在今山西霍县东南。

③杨纡:古泽薮名,郑《注》曰:"所在未闻。"

④漳:水名,即今漳河,是卫河的支流,在今河北、河南两省边境。

⑤汾、潞:汾,水名,即今汾河,黄河第二大支流,在山西省中部。
　潞,水名,即今山西省东南部的浊漳河。

【译文】

河内是冀州,它的山镇是霍山,它的大泽是杨纡,它的河流有漳水,
它的可资灌溉的川泽有汾水、潞水,它的特产有松、柏,那里的人口男女
比例是五比三,那里宜于畜养牛、羊,宜于种植黍、稷。

10. 正北曰并州,其山镇曰恒山①,其泽薮曰昭余祁②,
其川虖池、呕夷③,其浸涞、易④,其利布、帛,其民二男三女,
其畜宜五扰⑤,其谷宜五种⑥。

【注释】

①恒山:在今河北省曲阳县西北与山西省接壤处。

②昭余祁:古泽薮名,在今山西祁县西南、介休县东北。唐宋以来
　已日见涸塞。

③虖池、呕夷:虖池,古水名,即今滹沱河,是子牙河的北源,在今河
　北省西部。呕夷,古水名,一作沤夷,即㴇水,亦即今大清河的支
　流唐河,在河北省西部。

④涞、易:涞,水名,即今拒马河,大清河支流,在河北省西部。易,
　水名,在河北省西部,亦大清河支流。

⑤五扰：郑《注》曰："马、牛、羊、犬、豕。"

⑥五种：郑《注》曰："黍、稷、菽、麦、稻。"

【译文】

　　正北是并州，它的山镇是恒山，它的大泽是昭余祁，它的河流有虖池水、呕夷水，它可资灌溉的川泽有涞水、易水，它的特产有布、丝织品，那里的人口男女比例是二比三，那里宜于畜养马、牛、羊、狗、猪，宜于种植黍、稷、豆、麦、稻。

11. 乃辨九服之邦国①。方千里曰王畿，其外方五百里曰侯服，又其外方五百里曰甸服，又其外方五百里曰男服，又其外方五百里曰采服，又其外方五百里曰卫服，又其外方五百里曰蛮服，又其外方五百里曰夷服，又其外方五百里曰镇服，又其外方五百里曰藩服②。

【注释】

　　①服：据《注》《疏》，取义于服事周天子。案此节下文同于《夏官·大司马》，唯彼称"九畿"。（参见彼第4节），而此称"九服"为异。

　　②藩：案《夏官·大司马》作"蕃"。

【译文】

　　辨别九服的诸侯国。地方千里的是王畿，王畿之外方五百里是侯服，侯服之外方五百里是甸服，甸服之外方五百里是男服，男服之外方五百里是采服，采服之外方五百里是卫服，卫服之外方五百里是蛮服，蛮服之外方五百里是夷服，夷服之外方五百里是镇服，镇服之外方五百里是藩服。

12. 凡邦国，千里，封公以方五百里，则四公；方四百里，则六侯;方三百里,则七伯^①;方二百里,则二十五子;方百里,则百男:以周知天下。

【注释】

①方三百里,则七伯:郑《注》曰:"方千里者,……以(伯)方三百里之积,以九约之(即以九做除数除之),得十一有奇,云'七伯'者,字之误也。"案方千里,即千里见方,$1000 \times 1000 = 1000000$ 平方里;伯国方三百里,$300 \times 300 = 90000$ 平方里;$1000000 \div 90000 \approx 11.1$,即郑所谓"十一有奇"。"十一"二字竖写而上下靠近则颇似"七"字,盖传抄者误读以致讹。

【译文】

凡分封诸侯国,地方千里,分封方五百里的公国,可以分封四个公;分封方四百里的侯国,可以分封六个侯;分封方三百里的伯国,可以分封七(当为十一)个伯;分封方二百里的子国,可以分封二十五个子;分封方百里的男国,可以分封一百个男:根据这个比例就可遍知天下的诸侯国数。

13. 凡邦国,小大相维,王设其牧^①,制其职^②,各以其所能^③;制其贡,各以其所有。

【注释】

①设其牧:即设州牧,此即《天官·大宰》所谓"建其牧"之义(参见彼第12节)。

②制其职:职,谓君臣,此即《大宰》所谓"立其监,设其参,傅其伍,陈其殷,置其辅"之义(参见《天官·大宰》第12节)。

③各以其所能:谓所规定的职责都是依照诸侯国君臣的能力所能够做到的,与下文据邦国所有以制贡意思相类。案历来注家于

此句皆不得其解，兹姑以己意释之。

【译文】

凡诸侯国，小国与大国相互维系，王为他们设置州牧，制定诸侯国君臣应行的职责，各依照他们的所能；制定诸侯国应缴纳的贡赋，各依照他们国家之所有。

14.王将巡守，则戒于四方①，曰："各修平乃守②，考乃职事③，无敢不敬戒，国有大刑。"及王之所行，先道，帅其属而巡戒令。王殷国亦如之④。

【注释】

①戒于四方：贾《疏》曰："先以文书戒敕于四方。"

②修平乃守：平，安也。守，郑《注》曰："谓国竟之内。"

③职事：郑《注》曰："所当共具。"孙诒让释"共具"曰："若饔饩、委积之属。"

④王殷国：郑《注》曰："殷，犹众也。"金鹗曰："殷国与巡守同年，其与巡守异者，盖王有故不能远巡，故止于近于王畿之地巡行，大约在侯、甸二服中，则令四方诸侯毕来朝也。"

【译文】

王将巡守天下，就预先发文书告诫四方，说："各自搞好你们境内的治安，检察你们迎接王的准备情况，有敢不严肃认真的，王国有重刑。"到王启程前往所巡视之国时，就做先导，率领下属而巡视该国执行戒令的情况。王在附近的诸侯国接见众来朝的诸侯时，也这样做。

五九　土方氏

1. 土方氏掌土圭之法①，以致日景，以土地相宅②，而建邦国都鄙，以辨土宜、土化之法③，而授任地者④。

【注释】

①土圭：参见《地官·大司徒》第7节。

②以土地相宅：郑《注》曰："土地，犹度地，知东西南北之深，而相（察）其可居者。宅，居也。"

③土化：参见《地官·草人》第1节。

④授任地者：授，贾《疏》曰："谓以书作法授之。"任地者，郑《注》曰："载师之属。"案《地官·载师》曰："掌任土之法。"彼郑《注》曰："任其地势所能生育，且以制贡赋也。"（见彼第1节）

【译文】

土方氏掌管运用土圭的方法，通过测度日影，以度量土地的方位和远近而观测可居住的地方，建立诸侯国和采邑，辨别土地所宜种植的作物和所宜采取的改良方法，授给掌管使用土地之法的官吏。

2. 王巡守，则树王舍①。

【注释】

①树王舍：郑《注》曰："为之藩罗。"

【译文】

王外出巡守，就在王的行宫周围树立藩篱。

六〇　怀方氏

怀方氏掌来远方之民，致方贡①，致远物②，则送逆之，达之以节③。治其委积、馆舍、饮食。

【注释】

①致方贡:据贾《疏》,谓致六服之内的贡物。六服,即九服中的侯、甸、男、采、卫、蛮六服。孙诒让曰:"致,谓以政令招致之。"

②致远物:郑《注》曰:"远物,九州之外无贡法而至者。"九州之外,据《秋官·大行人》郑《注》说,是指九服的夷、镇、蕃三服。

③达之以节:达,谓通达,即通行。郑《注》曰:"达民以旌节,达贡物以玺节。"

【译文】

怀方氏负责使远方的人民前来归附,命令六服之内的方国进献贡赋,命令远方国家进献土特产,而对他们负责迎送,发给他们旌旗或玺节以便通行,办理他们途中所需的粮草、馆舍和饮食。

六一　合方氏

合方氏掌达天下之道路,通其财利,同其数器①,壹其度量,除其怨恶,同其好善②。

【注释】

①器:据郑《注》,是指秤,计重量的器具。

②好善:郑《注》曰:"所好所善,谓风俗所高尚。"

【译文】

合方氏负责使天下道路通达,使天下财物流通,使天下计数方法和称量轻重的器具统一,长度和容量的标准一致,消除国家间的仇怨,使天下的好尚相同。

六二　训方氏

训方氏掌道四方之政事,与其上下之志,诵四方之传道①。正岁，则布而训四方，而观新物②。

【注释】

①诵四方之传道：郑《注》曰："传道，世世所传说往古之事也，为王诵之，若今论圣德尧、舜之道矣。"

②观新物：郑《注》曰："四时于新物出则观之，以知民志所好恶。志淫行辟，则当以政教化正之。"孙诒让曰："新物，谓物产珍异及器械便利者。"

【译文】

训方氏负责向王叙说四方诸侯国的政事，和他们君臣的心志，向王诵说四方诸侯国世代传说的往古圣贤事迹。夏历正月初一，就布告天下而训导四方人民，注意观察新出现的物产器械。

六三　形方氏

1. 形方氏掌制邦国之地域，而正其封疆，无有华离之地①。使小国事大国，大国比小国。

【注释】

①华（kuā）离：华用若"俇"，郑《注》曰："正之使不俇邪离绝。"段玉裁《汉读考》曰："离绝，谓若间以他国之地，逾境而治之。"

【译文】

形方氏掌管制定诸侯国的地域，规正它们的疆界，不要有不正或相互绝离的土地。使小国服事大国，大国亲睦小国。

六四　山师

1. 山师掌山林之名①，辨其物，与其利害②，而颁之于邦国,使致其珍异之物。

【注释】

①山师:贾《疏》说:"此山师及下川师、原师等,皆是遥掌畿外邦国
之内山川原隰之等,使出税珍异,以供王家也。"

②利害:利,谓哪些物产可为人所利用;害,谓能毒人害人的虫兽。

【译文】

山师掌管山林的名号,辨别山中的物产,以及有利或有害于人的
动、植物,而划分给诸侯国,使他们进贡珍异的物产。

六五　川师

1. 川师掌川泽之名,辨其物,与其利害,而颁之于邦国,
使致其珍异之物。

【译文】

川师掌管河流和湖泊的名号,辨别其中的物产,以及有利或有害于
人的动、植物,而划分给诸侯国,使他们进贡珍异的物产。

六六　原师

1. 原师掌四方之地名,辨其丘、陵、坟、衍、原、隰之名
物、之可以封邑者①。

【注释】

①丘、陵、坟、衍、原、隰:参见《地官,大司徒》第2节注②。封邑:孙
诒让曰:"谓立邑而为之疆界。封,即《大司徒》'沟封'之'封'"。

【译文】

原师掌管四方的地形之名,辨别丘、陵、坟、衍、原、隰的名称和物产、辨别其中可以划分出来建造居邑的地方。

六七　匡人

1. 匡人掌达法则①,匡邦国,而观其慝②,使无敢反侧,以听王命。

【注释】

①法则:郑《注》曰:"八法,八则,邦国之官府、都鄙亦用焉。"案八法、八则,参见《天官·大宰》第2、3节。

②慝(tè):郑《注》曰:"奸伪之恶也。"

【译文】

匡人负责宣达八法、八则,用以匡正诸侯国,而观察是否有为奸作恶的,使他们不敢违背法度,而听从王的命令。

六八　撢人

1. 撢人掌诵王志,道国之政事,以巡天下之邦国而语之,使万民和说而正王面①。

【注释】

①面:郑《注》曰:"犹乡(向)也。"

【译文】

撢人掌管向诸侯国诵说王的心志,讲述王国的政事,通过巡行天下的诸侯国而告诉他们,使万民和睦高兴而心向王。

六九　都司马(附家司马)

1. 都司马掌都之士、庶子及其众庶①、车马、兵甲之戒令,以国法掌其政学^②,以听国司马^③。家司马亦如之^④。

【注释】

①都司马掌都之士、庶子及其众庶:都,兼采邑中的大、小都言。
士、庶子,皆卿大夫之子弟,其中尚未命士者称庶子。据孙诒让
说,此处的士、庶子及下文的众庶,皆谓从军者。

②政学:王引之曰:"即政教也。"

③国司马:郑《注》曰:"大司马之属皆是。"所谓大司马之属,贾《疏》
以为即小司马、军司马、舆司马等。

④家司马亦如之:家,大夫的采邑。司马,其家臣。孙诒让曰:"此
(叙官)之文误移于此,其《家司马》职文又误入《叙官》,二简互
错。"(参见本篇《叙官》第 64 节注释中之"小结")

【译文】

都司马掌管有关都中从军的士、庶子和兵众、车马、兵甲的戒令,依
照国法掌管有关他们的政教,而听命于大司马的属官。家司马的职掌
也是这样。

秋官

司寇第五

【题解】

　　秋官系统共有六十六职官，大司寇为该部众官之长，小司寇则是大司寇的副手。据本篇《叙官》所论，秋官为"刑官"，即执掌刑法之官。从后文看来，大司寇的主要职责确实是掌刑法相关之事，例如用"三典"惩治违法诸侯，以"五刑"惩罚犯法民众，建造"圜土"（监城）以聚教不良顽民，行"两造"之法以防禁诉讼中的诬告，又有罚坐"嘉石"和服苦役的方法惩办刁民，还立有"肺石"使穷困之民的冤情得以上达等等。此外，定期公开和宣布刑法，掌评断诸侯以至庶民诉讼的邦典、邦法和邦成，监督对违令将士之行刑等，也属于"掌刑法"之职。小司寇协助大司寇行使其掌刑法的主要职责，此外小司寇还要负责询万民和群臣，又负责大校比时清点登记民户口数以上报天府，以及孟冬献民数于王等等。大小司寇之下的六十四属官中，掌察、掌货贿、都则、都士、家士等五官职文亡佚，其余五十九官执掌较复杂，经过学者梳理，大体可分为以下几类：第一类是掌刑法狱讼的官，有士师、乡士、遂士、县士、方士等十六职；第二类是掌各种禁令的官，有雍氏、萍氏、司寤氏、司烜氏、野庐氏、修闾氏、衔枚氏凡七职，这或是因为禁令近于刑法；第三类为隶民之官，有司隶、罪隶、蛮隶、闽隶、夷隶、貉隶等六职。因这部分官吏掌管隶民罪犯和蛮族战俘，监管役使这些奴隶也是执法，故属之司寇；第四类为掌盟约事务的司约、司盟二职，因盟约往往也具有类似法律的约束力；第五类是掌接待四方宾客及与诸侯和蛮夷交往的官，有大行人、小行人、司仪、行夫、环人、象胥、掌客、掌讶和掌交凡九职；第六类是掌辟除的官，包括掩埋腐尸及捕捉鸟兽虫怪等，计有蜡氏、冥氏、庶氏、穴氏等十一职。除了以上这六类外，司寇属官还包括负责统计民户口数的司民，为王和诸侯出行巡时探路清道"执鞭以趋辟"的条狼氏，执掌矿物开采禁令的职金，负责清除野生草木以开辟野地的柞氏、薙氏，掌供祭祀用的杖和杖函的伊耆氏等等，皆可自成一类。这些与刑法无关的职事之官杂入秋官司寇属下，似乎并没有什么确切的理由，有些职官分工过细甚至琐杂，例如掌除虫的有除毒蛊类虫的庶氏，有除木中蠹虫的翦氏，有除墙中虫豸的赤友氏，又有除水虫的壶涿氏，甚至因为蛙类声音吵闹等缘故而专设蝈氏一职掌灭除蛙类，近乎荒诞，这些堂而皇之却不近情理的设置也往往受到后世学者的讥评讽刺。

据孙诒让《周礼正义》的统计，秋官之属计有卿一人，中大夫四人，下大夫八人，上士二十六人，中士百六十四人，下士二百五十一人，府七十人，史百五十九人，胥百六十五人，徒二千二百八人，贾四人，五隶六百人，凡正官自卿至庶人，总三千六百六十人。此外朝大夫，每国上士二人，下士四人，府一人，史二人，庶子八人，徒二十人。都则，依郑注每都中士一人，下士二人，府一人，史二人，庶子四人，徒八十人。都士，每都中士二人，下士四人，府二人，史四人，胥四人，徒四十人。家士，每家中士二人，下士四人，府二人，史四人，胥四人，徒四十人。皆有员数无总数，不可计。大凡可计者，总三千六百六十人。

叙官

1. 惟王建国①，辨方正位，体国经野。设官分职，以为民极。乃立秋官司寇②，使帅其属，而掌邦禁③，以佐王刑邦国④。

【注释】

①"惟王建国"五句：见《天官·叙官》注。

②秋官司寇：即下文大司寇。因司马在六官中位居第五，于四时当秋，秋天万物肃杀，而司寇主管刑禁诛杀，故称秋官。寇，害也。司寇是主管全国刑罚的长官。

③邦禁：即《大宰》中的"刑典"。禁是防止人们犯罪作恶的法律。

④刑：郑《注》曰："刑，正人之法。"意谓对已经触犯律条的人绳之以法。

【译文】

王建立国都，辨别国都所在地的方向，确定宗庙、朝廷所在的位置，主次有别地划分国都、郊野的界限，进行建设经营。分设百官职位，作为天下民众取法的榜样。为了达到此目的，于是设立秋官司寇这一官职，让他率领部属，来掌管天下的禁令，以辅佐王以刑法治理天下各国。

2. 刑官之属①：大司寇②，卿一人；小司寇③，中大夫二人；士师④，下大夫四人；乡士⑤，上士八人；中士十有六人，旅下士三十有二人，府六人，史十有二人，胥十有二人，徒百有二十人。

【注释】

①刑官：即秋官。因上节云秋官司寇职责为"掌邦禁"，"佐王刑邦国"，故称秋官系统的官为刑官。

②大司寇：官名。刑官之长。掌制定国家的三种法典，辅佐天子以刑法治理邦国，督察四方诸侯。

③小司寇：官名。大司寇的副职。掌外朝之政，天子有大事，则征询群臣万民之意见。

④士师：官名。刑官的第三把手。掌管国家五禁、五戒之法令，听
　察狱讼。郑《注》曰："士，察也，主察狱讼之事者。"
⑤乡士：官名，掌管审理六乡中的狱讼。

【译文】

　　刑官的属官有：大司寇，由卿一人担任；小司寇，由中大夫二人担
任；士师，由下大夫四人担任；乡士，由上士八人担任；此外还有中士十
六人，众下士三十二人递相辅佐，下辖府六人，史十二人，胥十二人，徒
一百二十人。

　　3. 遂士①，中士十有二人，府六人，史十有二人，胥十有
二人，徒百有二十人。

【注释】

①遂士：官名。掌理六遂及四郊之狱讼。

【译文】

　　遂士，由中士十二人任长官，下辖府六人，史十二人，胥十二人，徒
一百二十人。

　　4. 县士①，中士三十有二人，府八人，史十有六人，胥十
有六人，徒百有六十人。

【注释】

①县士：官名。掌郊外野地公邑之狱讼。

【译文】

　　县士，由中士三十二人任长官，下辖府八人，史十六人，胥十六人，
徒一百六十人。

5. 方士^①，中士十有六人，府八人，史十有六人，胥十有六人，徒百有六十人。

【注释】

①方士：官名。主管王畿内四方采邑之狱讼。

【译文】

方士，由中士十六人任长官，下辖府八人，史十六人，胥十六人，徒一百六十人。

6. 讶士^①，中士八人，府四人，史八人，胥八人，徒八十人。

【注释】

①讶士：官名。掌管四方诸侯之狱讼，兼迎送四方宾客。讶，迎也。

【译文】

讶士，由中士八人任长官，下辖府四人，史八人，胥八人，徒八十人。

7. 朝士^①，中士六人，府三人，史六人，胥六人，徒六十人。

【注释】

①朝士：官名。掌管天子外朝秩序和治安。郑《注》曰："主外朝之法。"按，外朝在皋门内、库门外。

【译文】

朝士，由中士六人任长官，下辖府三人，史六人，胥六人、徒六十人。

8. 司民①，中士六人，府三人，史六人，胥三人，徒三十人。

【注释】

①司民：官名。掌管户籍，统计人口。郑《注》曰："主民数。"

【译文】

司民，由中士六人任长官，下辖府三人，史六人，胥三人，徒三十人。

9. 司刑①，中士二人，府一人，史二人，胥二人，徒二十人。

【注释】

①司刑：官名。掌管五刑之法以量刑定罪，协助司寇判决狱讼。

【译文】

司刑，由中士二人任长官，下辖府一人，史二人，胥二人，徒二十人。

10. 司刺①，下士二人，府一人，史二人，徒四人。

【注释】

①司刺：官名。掌管三刺、三宥、三赦之法（详其职文），协助司寇判决狱讼。

【译文】

司刺，由下士二人任长官，下辖府一人，史二人，徒四人。

11. 司约①，下士二人，府一人，史二人，徒四人。

【注释】

①司约:官名。掌管邦国及万民契约券书。

【译文】

司约,由下士二人任长官,下辖府一人,史二人,徒四人。

12. 司盟①,下士二人,府一人,史二人,徒四人。

【注释】

①司盟:官名。掌管订立盟约、记载盟辞的法式。载,盟辞。

【译文】

司盟,由下士二人任长官,下辖府一人,史二人,徒四人。

13. 职金①,上士二人,下士四人,府二人,史四人,胥八人,徒八十人。

【注释】

①职金:官名。掌管金玉锡石等矿产的戒令,兼管接受金罚、货罚。

【译文】

职金,由上士二人任长官,下士四人任副职,下辖府二人,史四人,胥八人,徒八十人。

14. 司厉①,下士二人,史一人,徒十有二人。

【注释】

①司厉:官名。掌管罚没盗贼的兵器、偷盗的财物。厉,犯法作恶

【译文】

司厉，由下士二人任长官，下辖史一人，徒十二人。

15. 犬人①，下士二人，府一人，史二人，贾四人，徒十六人②。

【注释】

①犬人：官名。掌管祭祀时供犬牲。犬于五行属金，故列于秋官。
②徒十六人：阮校说，"十"下当补"有"字。

【译文】

犬人，由下士二人任长官，下辖府一人，史二人，贾四人，徒十六人。

16. 司圜①，中士六人，下士十有二人，府三人，史六人，胥十有六人，徒百有六十人。

【注释】

①司圜：官名。掌管收教不从化之恶人。圜，即圜土，即监狱（参见《地官·比长》注）。

【译文】

司圜，由中士六人任长官，下士十二人任副职，下辖府三人，史六人，胥十六人，徒一百六十人。

17. 掌囚①，下士十有二人，府六人，史十有二人，徒百有二十人。

【注释】

①掌囚：官名。掌管囚禁罪犯。郑《注》曰："囚，拘也。主拘系当刑

杀之者。"

【译文】

掌囚,由下士十二人任长官,下辖府六人,史十二人,徒一百二十人。

18. 掌戮①,下士二人,史一人,徒十有二人。

【注释】

①掌戮:官名。掌管斩杀、刑戮罪犯。据郑《注》,戮犹辱,杀后还当陈尸示众以辱之。

【译文】

掌戮,由下士二人任长官,下辖史一人,徒十二人。

19. 司隶①,中士二人,下士十有二人,府五人,史十人,胥二十人,徒二百人。

【注释】

①司隶:官名。掌管从事劳役的犯人。统领下文罪隶、蛮隶、闽隶、夷隶、貉隶五隶。隶,被强迫从事劳辱之役者。

【译文】

司隶,由中士二人任长官,下士十二人任副职,下辖府五人,史十人,胥二十人,徒二百人。

20. 罪隶①,百有二十人。

【注释】

①罪隶:凡罪犯之家属没为官奴者,皆谓之罪隶。此处罪隶盖指掌

管罪隶之官。

【译文】

罪隶,一百二十人。

21. 蛮隶①,百有二十人。

【注释】

①蛮隶:郑《注》曰:"征南夷所获。"按,此处蛮隶则是指掌管征伐南方少数民族所获俘虏而为奴者之官。下闽隶,夷隶、貉隶,义放此。

【译文】

蛮隶,一百二十人。

22. 闽隶①,百有二十人。

【注释】

①闽隶:闽族之民入供使役者。掌管养鸟。郑《注》曰:"闽,南蛮之别[种]。"

【译文】

闽隶,一百二十人。

23. 夷隶①,百有二十人。

【注释】

①夷隶:征伐东夷所获俘虏在国家服役者。郑《注》曰:"征东夷所获。"

【译文】

夷隶,一百二十人。

24. 貉隶①,百有二十人。

【注释】

①貉(mò)隶:征伐东北夷所获俘虏在国家服役者。掌管养兽及守
　王官厉禁。貉,通"貊",古代对北方少数民族的泛称。郑《注》
　曰:"征东北夷所获。"

【译文】

貉隶,一百二十人。

25. 布宪①,中士二人,下士四人,府二人,史四人,胥四
人,徒四十人。

【注释】

①布宪:官名。掌管颁布天子之刑法禁令。宪,悬挂公布。郑《注》
　曰:"宪,表也。主表刑禁者。"

【译文】

布宪,由中士二人任长官,下士四人任副职,下辖府二人,史四人,
胥四人,徒四十人。

26. 禁杀戮①,下士二人,史一人,徒十有二人。

【注释】

①禁杀戮:官名。掌管侦察罪犯、制止庶民互相杀戮。

【译文】

禁杀戮,由下士二人任长官,下辖史一人,徒十二人。

27. 禁暴氏①,下士六人,史三人,胥六人,徒六十人。

【注释】

①禁暴氏:官名。掌管禁止庶民的违法乱暴行为。

【译文】

禁暴氏,由下士六人任长官,下辖史三人,胥六人,徒六十人。

28. 野庐氏①,下士六人,胥十有二人,徒百有二十人。

【注释】

①野庐氏:官名。掌管国中郊野道路的畅通及宾客途中的食宿、安全。野庐,国中郊野道旁的客舍。

【译文】

野庐氏,由下士六人任长官,下辖胥十二人,徒一百二十人。

29. 蜡氏①,下士四人,徒四十人。

【注释】

①蜡(qù)氏:官名。掌管掩埋腐尸及道路上不干净的东西。蜡,同"蛆",谓腐肉生蛆。

【译文】

蜡氏,由下士四人任长官,下辖徒四十人。

30. 雍氏①,下士二人,徒八人。

【注释】

①雍氏:官名。掌管防禁田间沟渎水潦等及禽兽等危害庄稼。雍,
通"壅",堵塞。此谓防止水流漫溢。

【译文】

雍氏,由下士二人任长官,下辖徒八人。

31. 萍氏①,下士二人,徒八人。

【注释】

①萍氏:官名。掌管国家的水禁。郑《注》曰:"主水禁,萍之草无根
而浮,取名于其不沉溺。"

【译文】

萍氏,由下士二人任长官,下辖徒八人。

32. 司寤氏①,下士二人,徒八人。

【注释】

①司寤氏:官名。掌管辨别夜晚的时间和禁戒。

【译文】

司寤氏,由下士二人任长官,下辖徒八人。

33. 司烜氏①,下士六人,徒十有六人。

【注释】

①司烜氏：官名。掌管取明火、明水、负责火禁等事。烜，火也。

【译文】

司烜氏，由下士六人任长官，下辖徒十六人。

34. 条狼氏①，下士六人，胥六人，徒六十人②。

【注释】

①条(dí)狼氏：官名。掌管清除道路，驱避行人。条，通"涤"，清除。
　狼，谓道上之狼藉。

②"下士六人"三句：按，沈彤以为三句的"六"均当改为"八"字。其
　曰："其职云：王出入则八人夹道。此下士属王，当八人也。下士
　之夹道者八，则随而涤狼之胥亦当八；胥为什长，胥八则徒当八
　十也。"

【译文】

条狼氏，由下士八人任长官，下辖胥八人，徒八十人。

35. 修闾氏①，下士二人，史一人，徒十有二人。

【注释】

①修闾氏：官名。掌管王城中里门的守卫禁戒。闾，里门。

【译文】

修闾氏，由下士二人任长官，下辖史一人，徒十二人。

36. 冥氏①，下士二人，徒八人。

【注释】

①冥(mì)氏：官名。掌管捕取野兽的机弩、网罗等。孙诒让曰："以下至庭氏十二职，并掌攻除鸟兽虫蛊及草木之官，以其亦是杀伐之事，故并属司寇。"

【译文】

冥氏，由下士二人任长官，下辖徒八人。

37. 庶氏①，下士一人，徒四人。

【注释】

①庶(zhù)氏：官名。掌管驱除毒蛊。段玉裁曰："庶氏既掌除毒蛊，则其官曰蛊氏可矣，而书不作'蛊'字者，庶与蛊同，是以作庶氏。"

【译文】

庶氏，由下士一人任长官，下辖徒四人。

38. 穴氏①，下士一人，徒四人。

【注释】

①穴氏：官名。掌管捕捉蛰藏于洞穴的野兽。

【译文】

穴氏，由下士一人任长官，下辖徒四人。

39. 翨氏①，下士二人，徒八人。

【注释】

①翨(chì)氏：官名。掌管捕捉鹰隼等猛鸟。郑司农曰："翨，读为

'翅翼'之'翅'。"

【译文】

翚氏,由下士二人任长官,下辖徒八人。

40. 柞氏^①,下士八人,徒二十人。

【注释】

①柞氏:官名。掌管除野草及砍伐林木。

【译文】

柞氏,由下士八人任长官,下辖徒二十人。

41. 薙氏^①,下士二人,徒二十人。

【注释】

①薙(tì)氏:官名。掌管剪除野草。

【译文】

薙氏,由下士二人任长官,下辖徒二十人。

42. 萗蔟氏^①,下士一人,徒二人。

【注释】

①萗(chè)蔟氏:官名。掌管捣毁妖鸟(叫声怪异的鸟)的鸟巢。萗,捣毁。蔟,鸟巢。

【译文】

萗蔟氏,由下士一人任长官,下辖徒二人。

43. 翦氏^①,下士一人,徒二人。

【注释】

①翦氏:官名。掌管除毒虫。郑《注》曰:"主除虫蠹者。"按,蠹,
　(dù),蛀虫。

【译文】

翦氏,由下士一人任长官,下辖徒二人。

44. 赤犮氏^①,下士一人,徒二人。

【注释】

①赤犮(bá)氏:官名。掌管除去埋藏于墙屋中的害虫。赤犮,是
　"挮拔"的假借。挮拔,除去。

【译文】

赤犮氏,由下士一人任长官,下辖徒二人。

45. 蝈氏^①,下士一人,徒二人。

【注释】

①蝈(guō)氏:官名。掌管除蛙类。

【译文】

蝈氏,由下士一人任长官,下辖徒二人。

46. 壶涿氏^①,下士一人,徒二人。

【注释】

①壶涿（zhuō）氏：官名。掌管除去水中毒虫。壶，瓦鼓。涿，敲击。

【译文】

壶涿氏，由下士一人任长官，下辖徒二人。

47. 庭氏①，下士一人，徒二人。

【注释】

①庭氏：官名。掌管射杀夜鸣之恶鸟，使王城中清洁如宫廷。郑《注》曰："主射妖鸟，令国中絜（洁）清如庭者也。"

【译文】

庭氏，由下士一人任长官，下辖徒二人。

48. 衔枚氏①，下士二人，徒八人。

【注释】

①衔枚氏：官名。掌管禁止人说话、喧哗。

【译文】

衔枚氏，由下士二人任长官，下辖徒八人。

49. 伊耆氏①，下士一人，徒二人。

【注释】

①伊耆氏：官名。掌管提供函、拐杖。

【译文】

伊耆氏，由下士一人任长官，下辖徒二人。

50. 大行人^①，中大夫二人；小行人^②，下大夫四人；司仪^③，上士八人，中士十有六人；行夫^④，下士三十有二人；府四人，史八人，胥八人，徒八十人。

【注释】

①大行人：官名。行人之长。掌管接待诸侯及其孤卿的朝聘接待礼仪。孙诒让曰："以下至掌货贿十一职，并掌四方朝聘宾客及使命往来之官。亦属秋官者，以大司寇掌佐王刑邦国、诘四方，故以义类属之。"

②小行人：官名。大行人之副。掌管邦国宾客的礼籍（名位尊卑之书），以接待四方诸侯国的使者。

③司仪：官名。掌管接待宾客的九等礼仪中的傧相之礼，诏告礼仪之节度。

④行夫：官名。掌管奉王命出使诸侯国庆喜、吊丧等小事。

【译文】

大行人，由中大夫二人担任；小行人，由下大夫四人担任；司仪，由上士八人任长官，另有中士十六人任副职；行夫，由下士三十二人担任；下辖府四人，史八人，胥八人，徒八十人。

51. 环人^①，中士四人，史四人，胥四人，徒四十人。

【注释】

①环人：官名。为秋官之属。掌管迎送诸侯的宾客。按，此与《夏官·环人》字同而义异。

【译文】

环人，由中士四人任长官，下辖史四人，胥四人，徒四十人。

52. 象胥^①,每翟上士一人^②,中士二人,下士八人,徒二十人。

【注释】

①象胥:官名。掌管语言翻译。郑《注》曰:"通夷狄之言者曰象。胥,其有才智者也。"

②翟:同"狄",此作四方少数民族的泛称。

【译文】

象胥,每一少数民族设上士一人任长官,此外还有中士二人、下士八人递相辅佐,下辖徒二十人。

53. 掌客^①,上士二人,下士四人,府一人,史二人,胥二人,徒三十人^②。

【注释】

①掌客:官名。掌管宴请宾客、供给饮食的等级和数量。

②三十人:据阮校,"三"当作"二"。

【译文】

掌客,由上士二人任长官,下士四人任副职,下辖府一人,史二人,胥二人,徒二十人。

54. 掌讶^①,中士八人,府二人,史四人,胥四人,徒四十人。

【注释】

①掌讶:官名。掌管迎送宾客。郑《注》曰:"讶,迎也。宾客来,主

迎之。"

【译文】

掌讶,由中士八人任长官,下辖府二人,史四人,胥四人,徒四十人。

55. 掌交①,中士八人,府二人,史四人,徒三十有二人。

【注释】

①掌交:官名。掌管巡行各诸侯国,与之交好。郑《注》曰:"主交通结诸侯之好。"

【译文】

掌交,由中士八人任长官,下辖府二人,史四人,徒三十二人。

56. 掌察①,四方中士八人②,史四人,徒十有六人。

【注释】

①掌察:官名。其职文阙,盖掌管督察四方邦国之事。贾《疏》说掌督察邦国之事。俞樾曰:"此官以'掌察四方'四字为名,非名'掌察'也。"暂存疑。

②四方中士八人:是每方二人。

【译文】

掌察,四方共由中士八人任长官,下辖史四人,徒十六人。

57. 掌货贿①,下士十有六人,史四人,徒三十有二人。

【注释】

①掌货贿:官名。其职文阙,孙诒让说掌四方所进献的财货,与外

府、内府为官联。

【译文】

掌货贿,由下士十六人任长官,下辖史四人,徒三十二人。

58. 朝大夫①,每国上士二人,下士四人,府一人,史二人,庶子八人②,徒二十人。

【注释】

①朝大夫:官名。三公、王子弟、卿大夫采地派驻朝廷的代表。掌管朝廷、采邑之间的上传下达。

②庶子:公卿贵族子弟在官当差而尚未授爵命者。孙诒让曰:"盖都家贵族之子弟未命而在官者。"

【译文】

朝大夫,每采邑由王派上士二人任长官,下士四人任副职,下辖府一人,史二人,庶子八人,徒二十人。

59. 都则①,中士一人,下士二人,府一人,史二人,庶子四人,徒八十人。

【注释】

①都则:官名,盖掌管都鄙之"八则"。郑《注》曰:"主都家之八则者也。"

【译文】

都则,每采邑由中士一人任长官,下士二人任副职,下辖府一人,史二人,庶子四人,徒八十人。

60.都士①,中士二人,下士四人,府二人,史四人,胥四人,徒四十人。家士亦如之②。

【注释】

①都士:官名。其职文阙。盖掌管都内吏民狱讼。郑《注》曰:"主治都家吏民之狱讼,以告方士者也。"按,此都士是指采邑中的大、小都之都士,大夫的采邑(即家)则称家士。

②家士亦如之:谓每家亦中士二人,下士四人,府二人,史四人,胥四人,徒四十人。家士,官名。其职文阙。盖掌管大夫采地内吏民的狱讼。

【译文】

都士,每都由中士二人任长官,下士四人任副职,下辖府二人,史四人,胥四人,徒四十人。家士的编制也是这样。

一　大司寇

1. 大司寇之职,掌建邦之三典①,以佐王刑邦国,诘四方②:一曰刑新国用轻典③,二曰刑平国用中典④,三曰刑乱国用重典⑤。

【注释】

①建邦之三典:建,亦兼建立和颁行二义。典,法也。

②诘:犹禁。

③新国用轻典:轻典,比较宽大的法典。郑《注》曰:"为其民未习于教。"

④平国用中典:平国,孙诒让曰:"谓立国日久,承平无事者也。"中典,轻重适宜的法典。

⑤刑乱国用重典:乱国,谓篡弑叛逆之国。重典,从严从重的法典。

【译文】

大司寇的职责,掌管建立和颁行治理天下的三种法典,以辅佐王用刑法惩罚违法的诸侯国,禁止四方诸侯国为非作歹:一是惩罚违法的新建立国家用轻典,二是惩罚违法的承平守成的国家用中典,三是惩罚叛乱篡弑的国家用重典。

2. 以五刑纠万民①:一曰野刑②,上功纠力③;二曰军刑,上命纠守④;三曰乡刑,上德纠孝;四曰官刑,上能纠职;五曰国刑;上愿纠暴⑤。

【注释】

①以五刑纠万民:刑,亦法。纠,郑《注》曰:"犹察异之。"孙诒让曰:
　"察异之,谓察其善恶而别异之。"

②野:谓甸地、稍地、县地、都地。即王城外二百里至五百里之地。

③上功纠力:上,通"尚",崇尚。郑《注》曰:"功,农功。力,勤力。"
　纠力,谓纠其不力。

④上命纠守:郑《注》曰:"命,将命也。守,不失部伍。"盖谓将不失
　兵,兵不掉队。

⑤上愿纠暴:郑《注》曰:"愿,悫慎也。暴,当为'恭',字之误也。"

【译文】

用五种刑法来纠察民众:一是适用于野地之民的刑法,以倡导务农而纠察懒惰不力;二是适用于军队的刑法,以倡导服从命令而纠察失去部伍者;三是适用于六乡之民的刑法,以倡导德行而纠察不孝行为;四是适用于官府的刑法,以倡导贤能而纠察失职行为;五是适用于国都之民的刑法,以倡导谨慎诚实而纠察凶暴不恭。

3. 以圜土聚教罢民①。凡害人者②，置之圜土而施职事焉，以明刑耻之③。其能改者，反于中国④，不齿三年⑤。其不能改而出圜土者，杀。

【注释】

①罢民：此谓游手好闲、不从教化之民。罢，通"疲"。毛应龙曰："民之游惰不能自强于为善，谓之罢民。"

②害人者：据郑《注》，此种人已触犯刑律，但属过失犯法，因此不判刑而"寘（置）之圜土系教之"。

③明刑：郑《注》曰："书其罪恶于大方版，著其背。"

④反于中国：郑《注》曰："谓舍之还于故乡里也。"反，今作"返"。中国，方苞《集注》曰："谓故乡里也。"

⑤不齿：郑《注》曰："不得以年次列于平民。"

【译文】

用狱城聚教那些不从教化的不良之民。凡是过失伤人触犯法律的，把他关入狱城而罚做工，写明罪行让其背上以让其感受羞耻。那些能改过的，就释放回故里，但在三年内不得与平辈的人按年龄大小排列位次。那些不能改过而逃出狱城的，抓住就处死。

4. 以两造禁民讼①，入束矢于朝②，然后听之。以两剂禁民狱③，入钧金④，三日乃致于朝⑤，然后听之。

【注释】

①以两造禁民讼：造，至也。两造，谓使诉讼双方都到场。讼，对下文"狱"，谓因小事而诉讼。黄度曰："小曰讼，大曰狱。"禁民讼，禁民不实之讼。贾《疏》曰："禁民狱讼不使虚诬。"

②入束矢：郑《注》以为古时一弓备百矢，束矢盖即百矢。按，此束矢，犹今所谓诉讼费，双方都入束矢，然后受理诉讼，如一方不入，就是自认理曲。诉讼审理完毕，败诉者就没收其所入矢，胜诉者则退还其矢。

③剂：此谓文字证明材料的状纸。郑《注》曰："今券书也。"

④入钧金：此亦犹诉讼费。钧，三十斤曰钧。金指铜。孙诒让曰："既断之后，则不直者没入金以示罚。"

⑤三日乃致于朝：郑《注》曰："又三日乃治之，重刑也。"重刑，即表示慎重大案的受理。

【译文】

用使诉讼双方当事人都到场的办法来防禁诉讼不实之辞，每方先交一束矢给朝廷，表明自己是理直的一方，然后开始审理诉讼。为防止诬陷，通过诉讼双方都携带有关文字证明材料的办法来防止，先交三十斤铜作为保证金，过三天才让诉讼双方来朝，然后审理诉讼。

5. 以嘉石平罢民①。凡万民之有罪过而未丽于法②，而害于州里者，桎梏而坐诸嘉石，役诸司空。重罪，旬有三日坐③，期役；其次九日坐，九月役；其次七日坐，七月役；其次五日坐，五月役；其下罪三日坐，三月役。使州里任之④，则宥而舍之。

【注释】

①以嘉石平罢民：据郑《注》，嘉石即放在外朝门左的有纹理的巨石。平，郑《注》曰："成也，成之使善。"贾《疏》曰："欲使罢(pí)民思其文理，以改悔自修。"

②未丽于法：丽，附丽，触犯。郑《注》曰："丽，附也。未附于法，未
　著于法也。"

③三日：王引之说，"三"当为"二"，因涉下文"三日坐"而误。

④任之：任，担保。据孙诒让说，谓使州里之人担保其不再犯。

【译文】

　　用嘉石来感化有恶习的人改过向善。凡民众犯有罪过而尚未犯
法，却为州里所痛恶的，就给他们戴上手镣脚铐罚跪在嘉石前，然后交
给司空罚服一定时间的劳役。罪重的罚在嘉石前跪十三（二）天，服役
一年；其次罚跪九天，服役九个月；又其次罚跪七天，服役七个月；又其
次罚跪五天，服役五个月；又轻一等的罪罚跪三天，服役三个月。服劳
役期限满后由同州里的人担保他改恶从善，这才宽宥而释放他。

　　6. 以肺石达穷民^①。凡远近惸独老幼之欲有复于上^②，
而其长弗达者，立于肺石三日，士听其辞，以告于上，而罪
其长。

【注释】

①以肺石达穷民：肺石，即放在外朝门外右边的赤色石头（参见《夏
　官·大仆》注）。达，通也，谓使穷民之冤辞得通达于上。按"达"
　字《注疏》本原误刻作"远"，盖涉下"凡远近"之文而讹。《秋官·
　朝士》即作"达穷民"。穷民，谓鳏寡孤独。郑《注》曰："天民之穷
　而无告者。"

②惸独老幼之欲有复于上：惸（qióng），亦作"茕"。郑《注》曰："无兄
　弟曰惸，无子孙曰独。复犹报也。上，谓王与六卿也。……长，
　谓诸侯若（或）乡遂大夫。"

【译文】

　　用肺石来上达穷苦无告之民的冤辞。凡远近孤独无靠或年老、幼

弱之民想要向上申诉冤屈,而其地方长官又不予转达的,就可以在肺石上站三天,然后朝士就会听取他诉说反映的情况,以报告朝廷,而惩罚其地方长官。

7. 正月之吉,始和布刑于邦国都鄙,乃县刑象之法于象魏,使万民观刑象,挟日,而敛之①。

【注释】

①"正月"至"敛之":参见《天官·大宰》第11节注。

【译文】

每年周历正月初一,开始向各诸侯国和王畿内的采邑臣民宣布刑典,把形成文字的刑典悬挂在象魏上,让万民观看,十天以后收藏起来。

8. 凡邦之大盟约①,莅其盟书,而登之于天府②,大史、内史、司会及六官③,皆受其贰而藏之。

【注释】

①凡邦之大盟约:贾《疏》曰:"谓王与诸侯,因大会同而与盟所有约誓之辞。"

②登之于天府:按,《春官·天府》曰"掌祖庙之守藏",故登之。

③六官:郑《注》曰:"六卿之官也。"按,即指天、地、春、夏、秋、冬六官之长。

【译文】

凡是王与诸侯因大会同而订立盟约,就要亲临监视盟书的制作,然后将盟书正本上交天府保管于祖庙,大史、内史、司会以及六卿,都接受盟书的副本而收藏起来。

9. 凡诸侯之狱讼,以邦典定之①。凡卿大夫之狱讼,以邦法断之②。凡庶民之狱讼,以邦成弊之③。

【注释】

①邦典:即《大宰》的六典。六典治理对象主要是诸侯。郑《注》曰:"六典也,以六典待邦国之治。"(参见《天官·大宰》)

②邦法:即《大宰》的八法。八法治理对象主要是百官。郑《注》曰:"八法也,以八法待官府之治。"

③以邦成弊之:邦成,即《小宰》的八成。八成治理对象是万民。郑《注》曰:"邦成,八成也,以官成待万民之治。"弊,听断。郑司农曰:"弊之,断其狱讼也。"

【译文】

凡是诸侯之间的诉讼,就根据国家的六典来审断。凡是卿大夫之间的诉讼,就根据国家的八法来审断。凡是庶民之间的诉讼,就根据国家的八成来裁决。

10. 大祭祀,奉犬牲。若禋祀五帝①,则戒之日②,莅誓百官③,戒于百族④。及纳亨⑤,前王。祭之日亦如之⑥。奉其明水火⑦。

【注释】

①禋(yīn)祀五帝:禋祀,烧柴升烟以祭天。参见《春官·大宗伯》注。五帝,五方天帝。详《天官·大宰》注。

②戒之日:戒,告也。据郑《注》,谓告以占卜所定祭祀日期。

③莅誓百官:誓,谓誓诫,即告诫百官勿失礼。孙诒让说,大宰誓诫百官,大司寇莅其事。

④戒于百族：戒，誓诫。百族，指参加祭祀的府史胥徒。郑《注》曰：
　　"谓府史以下。"

⑤纳亨：即纳牲。亨，同"烹"。参见《天官·大宰》注。

⑥祭之日亦如之：指纳亨当天天亮之后，故《天官·大宰》郑《注》
　　曰："日，旦也。"亦如之，谓亦前王。

⑦明水火：明水、明火。参见《秋官·司烜氏》注。据贾《疏》，明水，
　　用于调配郁鬯和五齐；明火，用于给烹牲的灶生火。

【译文】

　　举行大祭祀，负责奉进犬牲。如果用禋祀祭祀五帝，就要宣告祭祀的日期，亲临监督大宰对百官的告诫，又对官府服务的府史胥徒们进行告诫。到祭祀那天黎明行纳亨礼的时候，要走在前面为王做前导。到天亮以后正式祭祀时也是这样做。负责进奉明水、明火。

　　11. 凡朝觐、会同，前王。大丧亦如之①。大军旅②，莅戮于社③。凡邦之大事④，使其属跸。

【注释】

①大丧亦如之："大丧"如指天子去世，则"亦如之"指走在嗣王前面
　　作前导。

②大军旅：王亲在军，故称"大"。

③戮于社：戮，谓戮不用命者。社，谓军社（参见《春官·小宗伯》
　　注）。

④邦之大事：谓有天子参与的大祭祀、大丧纪、大军旅、大宾客等。

【译文】

　　凡是举行朝觐、会同，都要走在前面为王作前导。遇到大丧也是这样做，有天子参与的重大军事活动，要亲临监视在军社前处死犯令将士。凡是国家有大事，都要派遣属吏清道，禁止闲人通行。

二　小司寇

1. 小司寇之职,掌外朝之政①,以致万民而询焉:一曰询国危②,二曰询国迁,三曰询立君③。

【注释】

①外朝:在皋门与库门之间。江永曰:"外朝在库门外,无宫室,平时臣民得皆往来。"

②国危,郑《注》曰:"谓有兵寇之难。"

③询立君:郑《注》曰:"谓无冢適,选于庶也。"按,冢適谓嫡长子,庶,谓庶子,在此泛指嫡长子以下诸子。

【译文】

小司寇的职责,掌管有关外朝的政事,以聚集民众而征询他们对国家大事的意见:一是当国家有危难如兵寇作乱等时征询意见,二是当国家要迁都时征询意见,三是当国家需选立新君时征询意见。

2. 其位:王南乡,三公及州长、百姓北面①,群臣西面②,群吏东面③。小司寇摈以叙进而问焉④,以众辅志而弊谋⑤。

【注释】

①百姓:据金鹗说,同上节"万民"。

②群臣:谓在朝的百官。郑《注》曰:"卿大夫士也。"

③群吏:谓乡遂、公邑、都鄙的官吏。金鹗曰:"乡遂都鄙之官也。"即指地方官。

④摈:接待、引导宾客。郑《注》曰:"谓揖之使前也。"

⑤志：李钟伦曰："王之志也。"

【译文】

外朝的朝位：王面向南而立，三公和州长、百姓面向北而立，群臣面向西而立，群吏面向东而立。小司寇按照爵位尊卑揖请他们依次进前而接受王的意见问询，用众人的智慧辅助王的思虑而进行谋断。

3. 以五刑听万民之狱讼①，附于刑，用情讯之②，至于旬乃弊之，读书则用法③。

【注释】

①五刑：司刑所掌五刑，即墨（在面额上刺字）、劓（yì，割鼻）、刖（yuè，断足）、宫（损坏男子生殖器，或破坏女性生殖机能，一说禁闭女子于宫中）、杀（又称大辟，即死刑）等五刑，详《秋官·司刑》。此指有关五刑的法律条文。

②用情讯之：讯，讯问，审讯。郑《注》曰："用情理言之，冀有可以出之者。"孙诒让曰："以情理更重讯问之，冀可附于轻比，出其刑罪。"

③读书则用法：贾《疏》曰："谓五刑之时，当读刑书罪状，则用法刑之。"

【译文】

按照五刑来审理民众的诉讼，凡是触犯刑律将要判刑的案件，又要以情理再加以审讯，为慎重起见，还要等到十天后才下判决，宣读犯人罪状之后就应施加刑罚。

4. 凡命夫、命妇①，不躬坐狱讼②。凡王之同族有罪，不即市③。

【注释】

①命夫、命妇:爵位是大夫以上的男子为命夫,大夫之妻为命妇。参见《地官·司市》注。

②不躬坐:据郑《注》,即不亲自到场受审,而由其家属子弟代之,是为避免治狱之吏亵渎尊者的身份。坐,谓诉讼双方对坐于地以受审。

③不即市:王的同族人有罪,则到郊野的甸师处行刑。以避免国人聚观而议论其罪过(参见《天官·甸师》注)。

【译文】

凡是命夫、命妇,审判时不亲自到场对坐受审。凡是王的同族犯罪,不到闹市上行刑。

5. 以五声听狱讼①,求民情:一曰辞听②,二曰色听③,三曰气听④,四曰耳听⑤,五曰目听⑥。

【注释】

①五声:又叫五听。狱讼审理中五种判断曲直的听审方法。

②辞听:听其言辞而判断曲直,理屈者词烦,理直者言要。郑《注》曰:"观其出言,不直则烦。"不直,犹言理屈。

③色听:根据面色神情而判断曲直。郑《注》曰:"观其颜色,不直则赧然。"

④气听:根据当事人的呼吸缓急而判断曲直。郑《注》曰:"观其气息,不直则喘。"毛应龙说,如理亏心虚,吐气则喘。

⑤耳听:观其能否听懂他人言词而判断曲直。郑《注》曰:"观其听聆,不直则惑。"毛应龙引郑锷曰:"心有不直,则耳所听者,必疑而不审。"

⑥目听:观其眼神而判断曲直。郑《注》曰:"观其眸子视,不直则

眊然。"

【译文】

根据五种方法来听断诉讼,求得诉讼人的实情:一是根据言辞判断曲直,二是根据神色判断曲直,三是根据气息是否急促判断曲直,四是根据听觉判断曲直,五是根据眼神如眸子是否明亮判断曲直。

6. 以八辟丽邦法①,附刑罚:一曰议亲之辟②,二曰议故之辟③,三曰议贤之辟④,四曰议能之辟,五曰议功之辟,六曰议贵之辟⑤,七曰议勤之辟⑥,八曰议宾之辟⑦。

【注释】

①以八辟丽邦法:辟,法也。八辟,八种议罪法,后世谓之八议,即从八方面来议人之罪,看是否可对享有减免罪罚的特权者从宽处理。因被议者多为官员,故将"八辟"附"邦法"来议罪。丽,附丽,附着。邦法,即大司寇听断卿大夫狱讼所用的"邦法"。

②亲:指王的亲族。

③故:指王的故旧。

④贤:指廉吏。

⑤贵:指大夫以上。

⑥勤:孙诒让说,此特为命士以下不在议贵之科者所设。

⑦宾:此指继承先代之后为国宾者。如,武王灭商后,封商汤后代于宋,宋国国君即为周之国宾。

【译文】

用八种议罪法附以国家的八法来对特殊人物议论减罪,而后再附着于刑罚:一是对王的亲族犯罪的议罪法,二是对王的故旧犯罪的议罪法,三是对德行高尚的廉吏犯罪的议罪法,四是对有道艺者犯罪的议罪法,五是对立过大功勋者犯罪的议罪法,六是对地位尊贵者犯罪的议罪法,七是对长期勤劳国事者犯罪的议罪法,八是对国宾犯罪的议罪法。

7. 以三刺断庶民狱讼之中①:一曰讯群臣,二曰讯群吏②,三曰讯万民。听民之所刺宥③,以施上服、下服之刑④。

【注释】

①以三刺断庶民狱讼之中:三刺,向三方面征求意见,问是否当杀。刺,探也,讯也。中,公正。郑《注》曰:"谓罪正所定。"孙诒让说,当遇到疑难案件时,才行此三刺之法。

②群吏:指地方官。

③听民之所刺宥:民,在此实包括上文群臣、群吏言。刺,此指杀。宥,宽。郑《注》曰:"民言杀,杀之;民言宽,宽之。"

④上服、下服:即上刑、下刑,即重刑、轻刑。据孙诒让说,上刑为五刑中的大辟(死刑)、宫、刖三者,劓、墨二者则为下刑。

【译文】

通过向三方面征求意见来使对平民诉讼的审断公正准确:一是讯问群臣,二是讯问群吏,三是讯问民众。听从三方面的意见来决定诛杀或从宽,决定施用重刑或轻刑。

8. 及大比①,登民数,自生齿以上②,登于天府。内史、司会、冢宰贰之,以制国用。

【注释】

①大比:即大校比,三年进行一次的全国性民数、财物调查统计(参见《地官·小司徒》注)。

②生齿:长牙。郑《注》曰:"男八月而生齿,女七月而生齿。"

【译文】

等到进行大校比时,登记人民及财产数目,自生出牙齿的婴儿以上算起,都要登记,登记的正本上报给天府收存。内史、司会、冢宰保存副本,据以制订国家的财政计划预算。

9. 小祭祀,奉犬牲。凡禋祀五帝,实镬水①,纳亨亦如之。

【注释】

①实镬(huò)水:镬,煮牲肉的大锅。据郑《注》,此时实镬水是用于解割牲体时清洗牲体,到纳亨时实镬水才用于煮牲肉。

【译文】

举行小祭祀,负责进献犬牲。凡用禋祀祭祀五帝,负责给镬中添满水。到祭祀那天黎明王牵牲行纳亨礼需烹煮牲体时,也是这样。

10. 大宾客,前王而辟。后、世子之丧亦如之。小师莅戮①。凡国之大事,使其属跸②。

【注释】

①小师莅戮:小师,郑《注》曰:"王不自出之师。"莅戮,参见《大司寇》。

②使其属跸:此为协助大司寇进行。

【译文】

遇到接待来朝的诸侯,为王作前导并戒严清除行人。遇到为王后或太子举办丧事也是这样做。举行小规模军事行动,就亲临监视处罚犯令的将士。凡是国家有大事,就派部属清道,禁止闲人来往。

11. 孟冬祀司民①,献民数于王②,王拜受之③,以图国用而进退之④。

【注释】

①司民:星名(参见《春官·天府》注)。

②献民数于王:据郑《注》,小司寇在祭祀司民时献民数,以示重民。

③王拜受之:王拜而受,亦表示重民。

④进退:增加与减少。郑《注》曰:"犹损益也。"

【译文】

每年冬十月祭祀司民之神时,把当年全国的人口数呈献给王,王行拜礼而后接受之,并据以计划国家财政开支的增加、减少。

12. 岁终则令群士计狱弊讼①,登中于天府②。

【注释】

①狱弊讼:即弊狱讼。弊,断也,即已审结的案件。郑《注》曰:"上其所断狱讼之数。"

②中:谓官府簿书,即文件、档案、判决书等(参见《春官·天府》注)。

【译文】

每到夏历年终,就命令所有司法官们统计本年内已审结的案件数量,并将案卷报送天府保存备查。

13. 正岁,帅其属而观刑象①,令以木铎曰:"不用法者,国有常刑。"令群士②。乃宣布于四方,宪刑禁③。

【注释】

①刑象:悬于象魏的刑法。

②群士:郑《注》曰:"遂士以下。"据贾《疏》,遂士以下,是指县士、方士、讶士等。

③宪刑禁:宪,悬挂,公布。刑禁,刑罚禁令。郑《注》曰:"宪,表也,谓县之也。刑禁,《士师》之五禁。"(详《秋官·士师》)

【译文】

每年夏历正月初一,率领部属观看刑法条文,手摇木铎告诫说:"如果不遵守刑法的,国家有常设的刑罚来加以惩处!"又同样来告诫遂士、县工、方士、讶士等。接着又向四方宣布刑法,并悬挂公布刑禁条文。

14. 乃命其属入会①,乃致事②。

【注释】

①乃命其属入会:按,此句实蒙上"岁终"为文。因入会、致事皆在年终,而无在年初之例。会,计也,此指记录所断狱讼的计簿,即簿书。

②致事:郑《注》曰:"致之于王。"

【译文】

每到年终,命令部属上报记录所审理案件的簿书,而后呈交给王。

三 士师

1. 士师之职,掌国之五禁之法,以左右刑罚①:一曰宫禁,二曰官禁,三曰国禁,四曰野禁,五曰军禁②。皆以木铎徇之于朝,书而县于门闾。

【注释】

①左右刑罚:辅助刑罚禁民为非。左右,辅助。郑《注》曰:"左右,
　助也。助刑罚者,助其禁民为非也。"

②"一曰"五句:据郑《注》,古禁书已亡,五禁内容不详。

【译文】

　　士师的职责,掌管有关五禁之法,以辅助刑罚禁民为非作歹:一是
王宫的禁令,二是官府的禁令,三是都城中的禁令,四是都城外田野的
禁令,五是军中的禁令。这五种禁令,都要摇响木铎在外朝宣示,并书
写出来悬挂在城门、里门上。

　　2. 以五戒先后刑罚①,毋使罪丽于民②:一曰誓③,用之
于军旅;二曰诰④,用之于会同;三曰禁,用诸田役;四曰纠⑤,
用诸国中;五曰宪,用诸都鄙。

【注释】

①先后:辅助。郑《注》曰:"犹左右也。"

②丽:附丽。

③誓:誓言,约束。郑《注》说,如《尚书》的《甘誓》、《汤誓》等。

④诰:以上告下之文辞。郑《注》说,如《尚书》的《大诰》、《康诰》等。

⑤纠:及下文宪,皆当为纠察、禁令。其具体内容不详。

【译文】

　　用五戒辅助刑罚而预先告诫民众,不要使民众因不知戒令而犯罪:
一是誓,用之于军旅;二是诰,用之于会同;三是禁令,用之于田猎和劳
役;四是纠,用之于都城中;五是宪,用之于采邑。

　　3. 掌乡合州、党、族、闾、比之联①,与其民人之什伍②,

使之相安、相受，以比追胥之事③，以施刑罚庆赏④。

【注释】

①乡合州、党、族、间、比之联：乡合，郑《注》曰："乡所合也。"按，乡
之下有州、党、族、间、比，其隶属关系是：五家为比，五比为间，四
间为族，五族为党，五党为州，五州为乡（见《地官·大司徒》）。
故比 5 家，间 25 家，族 100 家，党 500 家，州 2500 家，乡 12500
家。《地官·族师》曰"五家为比，十家为联"，是二比为联；又曰
"四间为族，八间为联"，是二族为联。孙诒让据此以为"乡合之
法，止于二族，二百家"，至于族以上之两党、两州之间，因"家数
太多，里居较远，则皆不为联。凡此为联，皆以通其情志，而因以
施政教"。

②与其民人之什伍：《族师》曰："五人为伍，十人为联。"一比五家每
家出一人组成一伍，二比十家出十人为一什而相联。孙诒让曰：
"依彼二族八间为联，则亦当以二百家二百人为联。其二党以
上，人数较多，则不为联也。"按，这里说的是从军入伍的联合。

③追胥：参见《地官·小司徒》注。

④以施刑罚庆赏：即《地官·族师》"刑罚庆赏相及相共"。

【译文】

掌管六乡的州、党、族、间、比的联合，以及民众按照军队编制组成
什伍的联合，使他们平时相安无事彼此亲和、有事时相互托付，以相互
配合进行追击敌寇、抓捕盗贼的事，用以施行刑罚、庆赏。

4. 掌官中之政令①，察狱讼之辞②，以诏司寇断狱弊
讼③，致邦令④。

【注释】

①官中:官,官府。郑《注》曰:"大司寇之官府中也。"

②狱讼之辞:据孙诒让说,此指疑难未决案件的狱讼之辞。

③诏:告知。此谓提供参考意见,以协助司寇判决疑难案件。

④致邦令:郑《注》曰:"以法报之。"按,法,谓断案所依据的国家有
关法令。报之,谓报予司寇。

【译文】

掌管大司寇官府中的政令,审阅考察疑难案件的讼辞,以向司寇提
供判案的参考意见,并提供国家的法令依据。

5. 掌士之八成①:一曰邦汋②,二曰邦贼③,三曰邦谍,四
曰犯邦令,五曰挢邦令④,六曰为邦盗,七曰为邦朋⑤,八曰为
邦诬。

【注释】

①士之八成:士,泛指士师以下的乡士、遂士、县士、方士等掌理诉讼的
官。成,成例,先例。庄存与曰:"若今现行例也,乃决狱之成案。"

②邦汋(zhuó):汋,通"酌",斟酌。斟酌有求取之义,引申为刺探、
盗取。郑司农曰:"汋,读如'酌酒尊中'之'酌'。国汋者,斟汋盗
取国家密事,若今时刺探尚书事。"

③邦贼:贼,犯上作乱、对国家造成严重危害者。郑《注》曰:"为逆
乱者。"

④挢邦令:挢,假托,诈称。俗作"矫"。王志长曰:"挢,与'矫'同,
犹今矫诏书也。"

⑤朋:朋党,结党营私。

【译文】

掌管司法官断案的八方面的成例:一是有关盗取国家机密案件的

成例,二是有关犯上作乱案件的成例,三是有关为外国作间谍案件的成例,四是有关违反王的教令案件的成例,五是有关假冒王命案件的成例,六是有关窃取国家宝藏案件的成例,七是有关朋比为奸结党营私案件的成例,八是有关歪曲事实诬蔑官长案件的成例。

6. 若邦凶荒,则以荒辩之法治之①:令移民,通财,纠守,缓刑。

【注释】

①辩:郑《注》说,是"贬"字之误,贬损义。此谓遭遇饥荒则在刑罚、国事上,暂时有所贬损、降低标准。

【译文】

如果国家发生凶年饥荒,就采用荒年减损之法来处理有关事宜:命令灾区移民,对无法迁移的民众则运输财物救灾,加强纠察守备以防盗贼,对犯罪的人减缓刑罚。

7. 凡以财狱讼者,正之以傅别、约剂①。

【注释】

①傅别、约剂:傅别,犹今借贷契约。约剂,即质剂,犹今买卖合同。参见《天官·小宰》注。

【译文】

凡是因财货纠纷而引发诉讼的,要根据契约、合同来裁决。

8. 若祭胜国之社稷①,则为之尸。

【注释】

①胜国之社稷：胜国，亡国，被本朝灭亡的前朝之国。参见《地官·媒氏》注。

【译文】

如果祭祀前代亡国的社稷，就充当尸以代神受祭。

9. 王燕出入，则前驱而辟。

【译文】

王闲暇时出入宫门或国都，就为王充当前导，并让过往行人避开。

10. 祀五帝，则沃尸及王盥①，泃镬水②。凡刉珥③，则奉犬牲。

【注释】

①沃尸：沃，谓浇水以供盥。尸，谓五帝之尸。

②泃镬水：泃，谓向镬中添水。

③刉珥：谓衅礼。即杀牲取血以涂抹新成的器物。

【译文】

祭祀五帝时，就浇水供尸和王洗手，并负责向镬中添水以便煮牲。凡举行衅礼，就进奉作为牺牲用的犬以便取其血。

11. 诸侯为宾，则帅其属而跸于王宫。大丧亦如之。大师，帅其属而禁逆军旅者①，与犯师禁者②，而戮之。

【注释】

①逆军旅：郑《注》曰："反将命也。"按，将命即军令。

②犯师禁：郑《注》曰："干行陈也。"

【译文】

诸侯作为王的宾客前来朝见王而接受款待时，就率领自己的属下在王宫中警戒禁止闲人通行。有大丧时也是这样做。有大规模军事行动时，率领自己的属下查禁违反军令者，以及扰乱军队行列者，而对其加以诛杀。

12. 岁终，则令正要会①。正岁，帅其属而宪禁令于国及郊野。

【注释】

①正要会：正，定也。要会，谓统计所审理狱讼的账册、簿书。

【译文】

每到夏历年终，就命令属下统计整理所审理案件的簿书以备考核。每年夏历正月，率领自己的属下在国都以及郊野悬挂公布禁令。

四　乡士

1. 乡士掌国中①，各掌其乡之民数而纠戒之②，听其狱讼，察其辞，辨其狱讼③，异其死、刑之罪而要之④，旬而职听于朝⑤。司寇听之，断其狱，弊其讼于朝⑥。群士、司刑皆在，各丽其法⑦，以议狱讼。狱讼成，士师受中。协日刑、杀⑧，肆之三日⑨。若欲免之，则王会其期。

【注释】

①掌国中:据郑《注》,掌,谓掌其狱讼;国中,实兼王城及四郊六乡言。按,乡士主要职掌六乡狱讼,而言及国中者,据郑《注》说"六乡之狱在国中",故曰"掌国中"。

②各掌其乡:按,乡士上士八人,据郑《注》,是每四人而分管三乡。

③辨其狱讼:辨,《注疏》本原误作"辩",据阮校改。王应电曰:"辨其皋(罪)状轻重。"

④要之:要,司法文书名。郑《注》曰:"为其罪状之要辞。"按,要辞,即扼要写明其罪状、判罪所依据的法律条文,以及所拟判之刑等,上报大司寇,以待定罪。

⑤旬而职听于朝:职,谓审断案件的职事。听,即听断、审断。朝,谓外朝。之所以旬(十日)而听,郑《注》曰:"十日,乃以职事治之于外朝,容其自反覆(即允许翻供)。"是容罪犯有反复,以便重新审察判决意见,如无反复,再呈报大司寇,而后定罪。

⑥"断其狱"二句:贾《疏》曰:"此即朝众听之事。狱言断,讼言弊,弊亦断,异言耳。"

⑦各丽其法:郑《注》曰:"各附致其法以成议也。"

⑧协日:干支相合之吉日。郑司农曰:"协,合也,和也,和合干支善日。"

⑨肆:谓陈尸。贾《疏》曰:"陈也,杀讫陈尸也。"

【译文】

乡士掌管六乡以及国都中的诉讼,各自掌管所辖乡的民众数目并督察乡民遵守戒令,受理他们的诉讼,审察他们的讼辞,辨别案件的大小,区别死罪或施刑之罪而写出判决意见上报司寇,过十天以后再依其职责在外朝加以审断。大司寇主持审断,在外朝对重案、轻案分别作出判决。掌诉讼和掌刑法的官员们也都在场,各自提出法律依据而进行量刑,以参议判决。案件会审判决以后,士师接受判决书加以保存。由乡士选择可行刑的合适日期施刑或诛杀,死刑犯被处死后陈尸三日。如果要赦免罪犯的罪行,王就要在大司寇主持外朝审断那天前往参加合议定罪。

2. 大祭祀、大丧纪、大军旅、大宾客,则各掌其乡之禁令,帅其属夹道而跸。

【译文】

如果有大祭祀、大丧事、大的军事行动,以及迎送来朝诸侯等事,则各自掌管所辖乡的禁令,率领其部属站在道路两边戒严,禁止闲人通行。

3. 三公若有邦事,则为之前驱而辟。其丧亦如之。

【译文】

三公如有国事外出,就为他们充当前导并清除行人。三公去世时也是这样做。

4. 凡国有大事,则戮其犯命者。

【译文】

凡国家有大事时,就负责惩罚那些违犯禁令的人。

五　遂士

1. 遂士掌四郊①,各掌其遂之民数②,而纠其戒令,听其狱讼,察其辞,辨其狱讼,异其死、刑之罪而要之,二旬而职听于朝③。司寇听之,断其狱,弊其讼于朝,群士、司刑皆在,各丽其法以议狱讼。狱讼成,士师受中,协日就郊而刑、杀,各于其遂肆之三日④。若欲免之,则王令三公会其期。

【注释】

①遂士掌四郊:遂,地在距王城百里至二百里之间。掌,亦谓掌其狱讼。按,遂士主六遂狱讼,而亦兼四郊,据郑《注》说“六遂之狱在四郊”,故曰“掌四郊”。孙诒让曰:“此官以主六遂狱讼为正,而亦兼掌四郊之狱讼也。”“四郊”实谓郊里,即六乡外的四郊之地。

②各掌其遂之民数:按,遂士凡中士十二人,郑《注》说,每二人分管一遂,故曰各。

③二旬而职听于朝:贾《疏》曰:“以其去王城较远,恐多枉滥,故至二旬,容其反复也。”按,六遂距王城较远,担心有冤假错案,多上一旬,允许当事人翻供。以下《县士》云“三旬”,《方士》言“三月”,义皆放此。

④“协日”二句:孙诒让曰:“六遂之狱在郊,刑、杀各于其狱所在之市也,肆各于其遂,既杀之后,则以尸各移向当遂之市肆之,不于郊市也。”

【译文】

遂士掌管六遂以及四郊的诉讼,各自掌管所属辖之遂的民众数目,并纠察他们遵守戒令的情况,审理他们的诉讼,审察他们的讼辞,辨别其案件的大小,区别死罪或施刑之罪而写出判决意见上报司寇,过二十天以后再依其职责在外朝对案件加以会审。届时大司寇主持会审,在外朝对重案、轻案作出判决,掌诉讼和掌刑法的官员们也都在场,各自提出法律依据及量刑意见,以参议判决。案件会审判决以后,士师接受判决书加以保存。由遂士选择可行刑的合适日期,到国郊施刑或诛杀,死刑犯被处死后,各在犯人所居之遂陈尸三日。如果要赦免罪犯的罪行,王就要命三公在大司寇主持外朝会审的那天前往参与合议定罪。

2. 若邦有大事聚众庶,则各掌其遂之禁令,帅其属而跸。

【译文】

如果国家有大事需要聚集六遂的民众,就各自掌管有关本遂民众的禁令,率领其部属戒严禁止闲人通行。

3. 六卿若有邦事,则为之前驱而辟。其丧亦如之。

【译文】

六卿如果有国事而到遂地去,就为他们充当前导并清除路上的行人,六卿去世时也是这样做。

4. 凡郊有大事①,则戮其犯命者。

【注释】

①大事:据贾《疏》,谓在郊地进行的征伐、田猎等事。

【译文】

凡郊地有征伐、田猎等大事需征调六遂之民服役,就惩罚那些违犯命令的人。

六　县士

1. 县士掌野①,各掌其县之民数②,纠其戒令,而听其狱讼,察其辞,辨其狱讼,异其死、刑之罪而要之,三旬而职听于朝。司寇听之,断其狱,弊其讼于朝,群士、司刑皆在,各丽其法以议狱讼。狱讼成,士师受中,协日刑、杀,各就其县肆之三日。若欲免之,则王命六卿会其期。

【注释】

①县士掌野:野,泛指郊以外之地,包括二百里之甸,三百里之稍,四百里之县,以至五百里之都。按,甸至都皆有公邑,县士就是掌公邑狱讼的官。县师的"县",皆谓公邑。金榜说,"公邑谓之县"。

②各掌其县:县,谓公邑。按,县士凡中士三十二人,而公邑有四等(甸、稍、县、都),盖每等八人;或据公邑之多少,县士各分掌其若干。

【译文】

县士掌管野地四等公邑的诉讼,各自掌管所辖公邑的民众数目,并纠察他们遵守戒令的情况,而审理他们的诉讼,审察他们的讼辞,辨别其案情的轻重大小,区别死罪或施刑之罪而写出判决意见上报司寇,三十天以后再在外朝对案件加以会审。大司寇主持会审,在外朝对各类案件予以判决,掌诉讼和掌刑法的官员们也都在场,各自根据罪行提出法律依据发表量刑意见。案件判决以后,士师接受判决书加以保存,由县士挑选适宜的日期施刑或诛杀,各押往本公邑的市上行刑,犯人处死后还要陈尸三日。如果要赦免某罪犯的罪行,王就要命令六卿在大司寇主持外朝会审的那天前往参预合议。

2. 若邦有大役聚众庶,则各掌其县之禁令。

【译文】

如果国家有大规模劳役需要聚集公邑民众,就各自掌管有关本公邑民众的禁令。

3. 若大夫有邦事,则为之前驱而辟。其丧亦如之。

【译文】

如果大夫有国事而到公邑来,就为他们充当前导并清除路上的行人。大夫去世时也是这样做。

4. 凡野有大事,则戮其犯命者。

【译文】

凡野地有大事需征调邑民服役,就惩罚违犯命令的人。

七　方士

1. 方士掌都家①,听其狱讼之辞,辨其死、刑之罪而要之,三月而上狱讼于国。司寇听其成于朝②,群士、司刑皆在,各丽其法以议狱讼。狱讼成,士师受中,书其刑、杀之成与其听狱讼者。

【注释】

①都家:泛指家、小都、大都三等采邑。郑《注》曰:"都,王子弟及公卿之采地。家,大夫之采地。大都在畺地,小都在县地,家邑在稍地。"(参见《地官·载师》注)按,据贾《疏》说,方士不直接掌管三等采地的狱讼,而"遥掌之"。

②成：指审判书、判决书。

【译文】

　　方士掌管采邑的诉讼，审理吏民的讼辞，分辨死罪或施刑之罪而制成判决意见文书，过三个月以后把案件判决文书上报给王朝。大司寇在外朝审理方士上报的判决意见文书，掌管诉讼、掌管刑法的官员们也都在场，各自提出法律依据发表量刑意见。案件会审判决以后，士师接受判决书以保存备查，而由方士记录所判刑罚、死罪等判决意见以及参与审判案件的法官姓名。

2. 凡都家之大事聚众庶，则各掌其方之禁令①。

【注释】

　　①各掌其方：按，方士凡十六人，而每四人分管一方采邑，故郑《注》说"四人而主一方"。

【译文】

　　凡是都家因有大事聚集民众以服劳役，就各自掌管有关本方民众的禁令。

3. 以时修其县法①，若岁终则省之，而诛赏焉。

【注释】

　　①县法：县师之法，实为都家之法。据惠士奇说，县师受法于司马，而方士受法于县师。参见《地官·县师》。

【译文】

　　按四季贯彻施行都家之法，每到夏历年终就考察都家之法的贯彻执行情况，而分别对官员给予处分或奖赏。

4. 凡都家之士所上治^①,则主之^②。

【注释】

①都家之士所上治:都家之士,即都士、家士。治,据孙诒让说,谓
　疑狱,难断的官司。

②主之:主,掌管。此谓方士提出初审意见上报司寇,由司寇审断。
　郑《注》曰:"告于司寇,听平之。"

【译文】

凡是都士、家士所上报的有疑难未决的案件,就掌管初审而后转呈
司寇审理判决。

八　讶士

1. 讶士掌四方之狱讼^①,谕罪刑于邦国^②。凡四方之有
治于士者,造焉^③。四方有乱狱^④,则往而成之。

【注释】

①狱讼:据郑司农说,谓诸侯之狱讼。

②谕罪刑:郑《注》曰:"告晓以丽罪及制刑之本意。"

③凡四方之有治于士者,造焉:治,郑《注》曰:"谓讁疑辩事。"讁疑,
　谓请示疑难案件;辩事,谓辩论法律。贾《疏》曰:"谓四方诸侯有
　疑狱不决,遣使来上王府士师者,先造诣讶士……乃通之士
　师也。"

④乱狱:郑《注》曰:"谓若君臣宣淫、上下相虐者也。"

【译文】

讶士掌管四方诸侯的诉讼,向各个诸侯国晓谕刑法条文及制定刑
法的本意。凡是四方诸侯国有疑难未决的案件或法律条文疑问需派人

前来向士师请示的,都先到讶士那里由其通报士师。如果四方诸侯发生君臣淫乱、上下相虐等大逆不道的案件,就亲自前往审断。

2. 邦有宾客,则与行人送逆之。入于国,则为之前驱而辟。野亦如之。居馆,则帅其属而为之跸。诛戮暴客者。客出入则道之,有治则赞之①。

【注释】

①"客出入则道之"二句:道,引导,先导。治,孙诒让曰:"谓咨问陈请之事,与上'士治'不同。"

【译文】

国家有宾客,就与小行人一起负责迎送。宾客进入王都以后,就为宾客充当前导并清除行人。进入郊野时也是这样做。宾客居住在馆舍,就率领其部属禁止闲人通行。诛杀以暴力侵犯宾客的人。宾客出入王朝就充当前导,有事咨询、提出请求就帮助转达给王。

3. 凡邦之大事聚众庶,则读其誓禁。

【译文】

凡是国家有大事需要聚集民众,就宣读誓辞与禁令。

九　朝士

1. 朝士掌建邦外朝之法①。左九棘②,孤、卿、大夫位焉,群士在其后。右九棘,公、侯、伯、子、男位焉,群吏在其后③。面三槐④,三公位焉,州长、众庶在其后⑤。左嘉石,平罢民焉。右肺石,达穷民焉⑥。

【注释】

①法:孙诒让曰:"谓位次及刑禁之类。"

②左九棘:左,按,外朝位面朝南,以东为左。棘,酸枣树。郑《注》曰:"取其赤心而外刺,象以赤心三刺也。"三刺,参见《秋官小司寇》。

③群吏:谓乡、遂、公邑、采邑等地方官吏。

④面三槐:面,前也,指南边的位置,三公面朝北立于此。槐,据郑玄说,怀义,把民众怀来(吸引来)以商议国事。参见《小司寇》"三询"。

⑤州长、众庶在其后:按,州长本当与群吏为伍,亦在孤、卿、大夫之后,而在三公之后者,孙诒让曰:"以其领众庶,殊异之。"

⑥"左嘉石"四句:参见《秋官·大司寇》。

【译文】

朝士掌管建立国家的外朝之法。外朝的左边种有九棵酸枣树,这是孤、卿、大夫的朝位,群士的朝位在他们的身后。外朝的右边也种有九棵酸枣树,这是公、侯、伯、子、男的朝位,群吏的朝位在他们的身后。正南面种有三棵槐树,这是三公的朝位,州长与民众的代表的朝位在他们的身后。外朝的左边放有嘉石,用以感化不良之民改过向善。外朝的右边放有肺石,用以使鳏寡孤独求告无门之民的上访冤辞能够上达。

2. 帅其属而以鞭呼趋且辟①。禁慢朝、错立、族谈者②。

【注释】

①呼趋且辟:呼,吆喝。趋,孙诒让释为巡行,又曰:"库门外之外朝,平时庶民皆得往来,故朝士帅其属趋于朝,且辟行人,使无干犯也。"辟,避开。

②慢朝、错立、族谈:据《注》《疏》,慢谓傲慢、怠慢、不肃敬;错谓杂

乱、离开原位;族,丛集,聚集。

【译文】

每逢外朝集会时,要率领其部属巡行外朝,手执皮鞭呼喊着清除闲人躲开。禁止在朝而怠慢不敬、站错朝位,以及扎堆交谈的人。

3. 凡得获货贿、人民、六畜者①,委于朝,告于士,旬而举之:大者公之,小者庶民私之。

【注释】

①人民:特指在逃的官私奴婢、刑人、奴隶等。其可以买卖,故与牛马、货贿并言。

【译文】

凡是拾得财物、获得逃亡的奴婢、犯人和牲畜的,要送交外朝,报告朝士等待认领,过了十天无人认领就予以没收:大的物件归公,小的物件归拾得者私人所有。

4. 凡士之治有期日①:国中一旬,郊二旬,野三旬,都三月,邦国期。期内之治听,期外不听。

【注释】

①凡士之治有期日:士,泛指司法官。治,讼,谓受理案件。孙诒让曰:"凡治、讼,对文则异,散文亦通。"期日,期限。孙诒让曰:"盖有二义:一则民以事来讼,士官为约期日以治之;二则狱在有司而断决不当者,许其于期内申诉。"

【译文】

凡是司法官受理诉讼案件都有一定的期限规定:都城之中是十天,

四郊是二十天,野地是三十天,都家是三个月,诸侯国是一年。在期限以内来控告、申诉者就予以受理,在期限以外的就不予受理。

5. 凡有责者①,有判书以治则听②。凡民同货财者,令以国法行之③,犯令者刑罚之。凡属责者,以其地傅,而听其辞④。

【注释】

①责:同"债"。

②判书:即《小宰》傅别,犹今所谓借券、借贷契约。因其一分为二,各持一半,故称。

③"凡民同货财者"二句:所谓同货财,据郑《注》,是指富人当市场上某种货物多余时购进,紧缺时再抛售出以求利,好像贷方、借方共同拥有此货财,与《地官·司市》"以泉府同货而敛赊"之义略同。但售出时必须按国家的规定定价。

④"凡属责者"三句:属责,委托他人收回债务。属,委托。郑《注》曰:"转责使人归之,而本主死亡,归受之数相抵冒者也。"曾钊曰:"属,托也。属责(债)者,谓远贾异方(到远方做买卖)而死者,属伴侣之人收取其责,负者(即债务人)或赖不偿,因讼于官,则官召其地相比近之民,问是果与亡者为侣伴否,然后听而负责者偿之。"以其地傅,郑《注》曰:"以其地之人相比近,能为证者来。"傅,接近,靠近。

【译文】

凡有债务借贷纠纷,有借贷契约来告状就受理。凡民众有囤积或抛售货物的,命令他们按照国家规定的利率经营,那些违反命令的,就处以罚款或判刑。凡是接受已故债权人嘱托而向债务人收债发生纠纷的,通过与受委托人居处相近的知情人作证,证明其接受过债主委托,而后才受理他们的诉讼。

6. 凡盗贼军乡、邑及家人①，杀之无罪。凡报仇雠者，书于士，杀之无罪②。

【注释】

①军：用作动词，手持兵器劫掠。江永曰："犹攻杀。"

②"凡报仇雠者"三句：孙诒让曰："乃谓杀人而不义者，罪本当杀，或逃匿，官捕之未得，则报者得自杀之。"

【译文】

凡是盗贼手持武器攻略杀害乡遂、公邑以及平民人家的，被劫掠者杀死这些盗贼无罪。凡是报仇的人，只要事先书面报告司法官而备案，杀死仇人就无罪。

7. 若邦凶荒、札丧、寇戎之故，则令邦国、都家、县鄙虑刑贬①。

【注释】

①县鄙虑刑贬：据孙诒让说，县鄙指公邑。又曰："不及乡、遂者，举外以包内，文不具也。"贬，郑《注》曰："犹减也。谓当图谋缓刑，且减国用，为民困也。"

【译文】

如果国家发生了大灾荒、瘟疫流行或敌寇侵犯及军事行动，就命令诸侯国、采邑、公邑考虑采取宽缓刑罚和减少经费开支的措施。

一〇　司民

1. 司民掌登万民之数①，自生齿以上皆书于版②，辨其国中与其都鄙及其郊野，异其男女，岁登下其死生^③。

【注释】

①登：登记与除去。

②生齿：长牙。郑《注》曰："男八月、女七月而生齿。"

③登下：孙诒让曰："犹言增减。"

【译文】

司民掌管登记万民的数目，自长了牙的婴儿以上的人都登记入户籍，在户籍上辨明他们居住的具体地址，是在都城、采邑或在郊野，区别其男女性别，并登记清楚每年出生、死亡的人数变化。

2. 及三年大比^①，以万民之数诏司寇。司寇及孟冬祀司民之日，献其数于王，王拜受之，登于天府。内史、司会、冢宰贰之，以赞王治。

【译文】

等到三年大校比时，把万民的数目上报司寇。司寇到每年冬十月祭祀司民之神时，献民数给王，王行拜礼而后接受，将正本收藏于天府。内史、司会和冢宰都拥有副本，以协助王管理政事。

一一　司刑

1. 司刑掌五刑之法，以丽万民之罪：墨罪五百^①，劓罪五百，宫罪五百，刖罪五百，杀罪五百。

【注释】

①墨罪五百：墨，及下文劓、宫、刖、杀，参见《秋官·小司寇》注。五

百,约数。周代刑书不存,不详。

【译文】

司刑掌管五刑之法,以施加于万民中的犯罪者:判墨刑的罪有五百条,判劓刑的罪有五百条,判宫刑的罪有五百条,判刖刑的罪有五百条,判死刑的罪有五百条。

2. 若司寇断狱弊讼,则以五刑之法诏刑罚,而以辨罪之轻重①。

【注释】

①"则以五刑之法"二句:按,此两句当为倒文,应先辨罪之轻重,而后诏刑罚。译文顺序作调整。

【译文】

如果大司寇在外朝审断诉讼案件,就根据五刑之法辨别罪行的轻重,而建议大司寇所应施加的刑罚条款。

一二　司刺

1. 司刺掌三刺、三宥、三赦之法①,以赞司寇听狱讼:壹刺曰讯群臣②,再刺曰讯群吏③,三刺曰讯万民;壹宥曰不识④,再宥曰过失⑤,三宥曰遗忘⑥;壹赦曰幼弱,再赦曰老旄⑦,三赦曰蠢愚。以此三法者求民情,断民中,而施上服、下服之罪,然后刑、杀。

【注释】

①司刺掌三刺、三宥、三赦之法:三刺,参见《秋官·小司寇》注。宥,宽宥。赦,赦免。

②群臣：谓孤、卿、大夫、士等在朝官员。

③群吏：谓乡遂、都鄙、公邑等地方官员。

④不识：郑《注》曰："识，审也。不审，若今仇雠当报甲，见乙，诚以为甲而杀之者。"

⑤过失：郑《注》曰："若举刃欲斫伐，而轶中人者。"

⑥遗忘：郑《注》曰："若间（隔）帷薄，忘有（人）在焉，而以兵矢投射之。"

⑦旄：通"耄"。八十岁以上的老人。《礼记·曲礼上》："八十九十曰耄。"

【译文】

司刺掌管三次讯问、三种宽宥、三项赦免之法，以协助大司寇审理好诉讼案件：三刺中所谓壹刺，就是讯问群臣的意见，所谓再刺，就是讯问群吏的意见，所谓三刺，就是讯问万民的意见。三宥中所谓壹宥，就是宽宥由于认错人而误杀人者，所谓再宥，就是宽宥由于无心的过失而误杀人者，所谓三宥，就是宽宥由于忘记某处有人而误杀人者。三赦中所谓壹赦，就是赦免年龄幼小而杀了人者，所谓再赦，就是赦免年老而杀了人者，所谓三赦，就是赦免痴傻而杀了人者。用这三法求得当事人犯罪的实情，使得对于犯罪者的断决公正准确，而决定判决施以重刑或轻刑的具体罪状，然后执行刑罚或死刑。

一三　司约

1. 司约掌邦国及万民之约剂①，治神之约为上②，治民之约次之③，治地之约次之④，治功之约次之⑤，治器之约次之⑥，治挚之约次之⑦。凡大约剂书于宗彝⑧，小约剂书于丹图⑨。

【注释】

①约剂：约，谓契约。剂，郑《注》曰："谓券书也。"按，此处泛指有关的制度、规定、文书档案等一切可作为判断是非依据的文字材料。

②神之约：谓祭祀所当遵循的祀典。郑《注》曰："神约，谓命祀郊社、群望及所祖宗也。"按，凡祀典皆王所命而颁，皆有约，《春官·大宗伯》曰："乃颁祀于邦国、都家、乡邑。"

③民之约：谓管理百姓有关征税、迁移、买卖、赊欠、仇家和解等民事契约，以备检稽。郑《注》曰："谓征税、迁移、仇雠既和。"

④地之约：谓有关土地的契约。郑《注》曰："地约，谓经界所至，田、莱之比（比例）也。"

⑤功之约：谓功勋赏赐的契约。郑《注》曰："谓王功、国功之属，赏爵所及也。"

⑥器之约：谓有关礼乐、器物、车服的契约。郑《注》曰："谓礼乐吉凶车服所得用也。"即受朝廷之赐而所得用之器，朝廷亦有存档，即其约也。

⑦挚之约：谓礼物往来的契约。郑《注》曰："谓玉帛禽鸟，相与往来也。"参见《大宗伯》"以禽作六挚"。

⑧大约剂书于宗彝：大约剂，即国与国之约。郑《注》曰："邦国约也。"宗彝，谓钟鼎等礼器。

⑨小约剂书于丹图：小约剂，谓民间之约。郑《注》曰："万民约也。"丹图，盖即丹书，以丹砂书于竹帛。

【译文】

司约掌管各诸侯国以及百姓们之间的契约券书事宜。在这些契约券书中，管理有关神约纠纷的事最重要，再其次是管理有关民约纠纷的事，再其次是管理有关地约纠纷的事，再其次是管理有关功约纠纷的事，再其次是管理有关器约纠纷的事，再其次是管理有关挚约纠纷的

事。凡是诸侯间重大的契约券书要雕刻在宗庙彝器上,百姓间小事的
契约券书用丹砂书写在竹简缣帛上。

2. 若有讼者,则珥而辟藏^①,其不信者服墨刑^②。若大
乱^③,则六官辟藏^④,其不信者杀。

【注释】

①珥而辟藏:珥,即行衅礼,杀牲取血涂物以祭祀。郑《注》曰:"珥,
　读曰'衈',谓杀鸡取血衅其户。"辟,打开。

②不信:违约,不信实。郑《注》曰:"不如约也。"

③大乱:郑《注》曰:"谓僭约。"即发生严重僭越违礼事件。

④六官:谓天、地、春、夏、秋、冬六官之长。《大司寇》:"凡邦之大盟
　约,六官皆受其贰而藏之。"

【译文】

如果有因契约而发生诉讼的,就要先行衅礼,然后打开府库核对所
藏的契约原件,违约而不信实的一方要服墨刑。如果有严重僭越违礼
的大乱事件,就会同六卿打开府库核对所藏的契约原件,违约而不信实
的一方要处死。

一四　司盟

1. 司盟掌盟载之法^①。凡邦国有疑会同^②,则掌其盟约
之载及其礼仪,北面诏明神^③。既盟则贰之^④。盟万民之犯
命者^⑤,诅其不信者^⑥,亦如之^⑦。

【注释】

①盟载之法:签订盟约的礼仪。载,即盟辞。其法,构盟者将盟辞

书于策，杀牲取血，歃血申誓，然后将盟书加于牲上而埋入坑中，与盟者各持其副本而归。

②有疑：不和谐，彼此相怀疑。郑《注》曰："不协也。"

③明神：明察之神。谓日月山川之神明。

④贰之：谓抄写副本。郑《注》曰："写副当以授六官。"

⑤盟万民之犯命者：盟，即盟诅，对神立誓诅咒。其仪式为：召集众人，宣讲坏人坏事，让大家共同诅咒、弃绝之。犯命，违抗命令。郑《注》曰："犯君教令也。"

⑥不信：违约，不信实。郑《注》曰："违约者。"

⑦亦如之：亦如盟载之法。

【译文】

司盟掌管订立盟辞的礼仪。凡诸侯国之间因不和谐而举行会同订立盟约时，就掌管记载盟约之辞以及签订盟约的礼仪，面向北方宣读盟辞以禀告神明。已经签订盟约后，就书写若干副本交给六卿。盟诅民众中违犯国君教令的人，盟诅违犯誓约不信实的人，也是这样做。

2. 凡民之有约剂者，其贰在司盟。有狱讼者，则使之盟诅①。凡盟诅，各以其地域之众庶共其牲，而致焉。既盟，则为司盟共祈酒脯②。

【注释】

①"有狱讼者"二句：郑《注》曰："不信则不敢听此盟诅，所以省狱讼。"按，在审理狱讼之前，先使双方盟诅，违约者心虚，害怕盟诅应验而遭受神的惩罚，就不敢听盟诅之辞，狱讼则不断自明。

②祈：据郑《注》，谓祈神，使降灾于违约者。

【译文】

凡是民众之间订有契约券书的，其副本要收藏在司盟那里。如果有因契约纠纷发生诉讼的,就让他们先在神前盟诅。凡是举行盟诅,各使当地的民众供给歃血所需用的牲,并把民众召集起来。盟诅之后,还要为司盟提供祈祷神明所需的酒和肉脯。

一五　职金

1. 职金掌凡金玉锡石丹青之戒令①。受其入征者,辨其物之媺恶,与其数量,楬而玺之,入其金锡于为兵器之府,入其玉石丹青于守藏之府②。入其要③。

【注释】

①丹青:丹,即丹砂、朱砂,色深红,可作染料。青,空青、杨梅青,可作染料的矿物,产于铜矿中。

②守藏之府:据郑《注》,谓玉府、内府。

③入其要:贾《疏》曰:"职金既知量数,录要簿入大府。"

【译文】

职金掌管凡是有关金、玉、锡、石、丹、青等的戒令。接受开采者作为赋税缴纳来的金、玉等物,辨别所缴纳矿物的质量好坏及数量多少,然后书写标签并加盖官印,把金、锡转交到制造兵器的官府,把玉、石、丹、青等转交到负责收藏的官府。上交记录物资收支情况的簿书送交大府。

2. 掌受士之金罚、货罚①,入于司兵。

【注释】

①金罚:罪犯依法交纳的赎金。古有赎刑。金,铜也。货罚:犹如今日之罚款。货,泉贝(古代的货币)。

【译文】

掌管接受司法官所罚来赎罪和处罚犯罪的铜和货币,并将它们转交给司兵。

3. 旅于上帝,则共其金版①。飨诸侯亦如之。

【注释】

①金版:一种饼形金属块,用途不详。郑《注》曰:"饼金谓之版,此版所施未闻。"

【译文】

旅祭上帝,就供给所需的金版。用飨礼设宴招待诸侯时也是这样做。

4. 凡国有大故而用金石①,则掌其令②。

【注释】

①"凡国"句:大故,外敌入侵等变故。贾《疏》曰:"谓寇戎。"用金石,谓用金石制造武器。

②掌其令:郑《注》曰:"主其取之令。"

【译文】

凡是国家有外敌入侵等变故而需用铜石,就掌管有关领取铜石的命令。

一六　司厉

1. 司厉掌盗贼之任器、货贿①,辨其物,皆有数量,贾而楬之,入于司兵。其奴,男子入于罪隶,女子入于舂、槁。凡有爵者与七十者，与未龀者②，皆不为奴。

【注释】

①任器、货贿：任器，用器，用具。郑司农曰："谓盗贼所用伤人兵器
　　及所盗财物也。"

②龀(chèn)：儿童换牙。古称"毁齿"。郑《注》曰："男八岁、女七岁
　　而毁齿。"

【译文】

　　司厉掌管所收缴的盗贼所用伤人的兵器、盗窃的财物，辨别它们的
种类，都有数量的统计，然后估计价格而加上标签，转交到司兵那里。
那些盗贼罚做奴隶的，男子交到罪隶那里，女子交到春人、槀人那里。
凡是盗贼中原来有爵位的人和年已七十岁的人，以及尚未换牙的小孩
儿，都不罚为奴隶。

一七　犬人

　　1. 犬人掌犬牲。凡祭祀共犬牲，用牷物①。伏、瘞亦如
之②。凡几珥、沉、辜③，用駹可也。凡相犬、牵犬者属焉④，
掌其政治。

【注释】

①牷物：参见《地官·牧人》注。

②伏、瘞：伏，指轹祭。即把犬放在象征小山的土堆上，让车轮从其
　　上碾过。郑司农曰："伏，谓伏犬，以王车轹之。瘞，谓埋祭。"瘞，
　　即"埋"，谓祭地祇时，将牲体埋到地里。（参见《夏官·大驭》注
　　及《春官·司巫》注）

③几珥、沉、辜：几珥，同"刉衈"，即衅礼，杀牲取血以涂抹新器物。

黄以周曰:"衈者,割牲血以涂,乃衈礼之别名。经传或言刉,或言衈,或言刉衈,单文连文,义得两通。"参见《夏官·小子》注。沈,即埋沈。辜,即分裂牲体以祭祀四方百物及九门等。

④凡相犬、牵犬者:贾《疏》曰:"犬有三种:一者田犬(田猎用)、二者吠犬(看家用)、三者食犬(食用)。若田犬、吠犬,观其善恶;若食犬,观其肥瘦,故皆须相之。牵犬者,谓呈见之。"相,察看。郑《注》曰:"谓视择,知其善恶。"

【译文】

犬人掌管作牺牲用的犬。凡是祭祀供给所需的犬牲,要选用毛色纯一的犬。伏牲行轹祭、埋牲祭地神时也是这样。凡是举行衈祭、沉祭、肢解牲体而祭祀,用杂色的犬也可以。凡是相看挑选犬的人、牵犬的人都隶属犬人领导,由犬人掌管他们的事务和对他们的管理。

一八　司圜

1. 司圜掌收教罢民①。凡害人者弗使冠饰②,而加明刑焉③,任之以事而收教之,能改者,上罪三年而舍,中罪二年而舍,下罪一年而舍。其不能改而出圜土者,杀。虽出,三年不齿。凡圜土之刑人也④,不亏体⑤;其罚人也⑥,不亏财。

【注释】

①罢(pí)民:据《注》,指不愿劳动、不从教化而不够处以肉刑者。

②弗使冠饰:不许戴冠及相关的头饰,而令以黑头巾蒙头。以示有罪羞辱。郑《注》曰:"着墨幪。"按,幪(méng),覆。

③明刑:参见《秋官·大司寇》。

④刑人:据郑《注》,谓加明刑者。

⑤不亏体:只有"明刑",无皮肉之苦。

⑥罚人:郑《注》曰:"但任之以事耳。"

【译文】

司圜掌管收容不良之民而加以教育。凡是为害他人的人不许他们戴冠及其他头饰,而写明其罪状让他们背在背上以示众,强迫他们服劳役而收容教育他们。如果能改过自新的,重罪劳教三年而后释放,罪恶中等的拘禁两年而后释放,罪恶轻的劳教一年而后释放。如果不能改过自新而逃出狱城的,抓住了就杀掉。改过者即使被释放回乡,三年之内还不得按年龄与乡民排列尊卑位次。凡是收容在狱城中而身加明刑的人,就不施加肉刑而亏损他们的身体;给予强迫服劳役处罚的,不罚没他们的钱财。

一九　掌囚

1. 掌囚掌守盗贼,凡囚者①。上罪梏、拲而桎②,中罪桎梏,下罪梏。王之同族拲,有爵者桎,以待弊罪③。

【注释】

①凡囚者:郑《注》曰:"谓非盗贼,自以他罪拘者也,"

②梏、拲(gǒng)而桎:梏、拲、桎,三种木制的刑具,即所谓三木。梏,刘敞曰:"在颈曰梏。"拲,手械,两手共一拲。桎,足械,两足各一桎。

③弊:审断。

【译文】

掌囚掌管看守盗贼,以及所有在押的囚犯。重罪囚犯戴梏、拲、桎,中罪囚犯戴桎、梏,轻罪囚犯只戴梏。王的同族人犯罪只戴拲,有爵位的人犯罪只戴桎,囚犯们戴着这些刑具以等待判罪。

2. 及刑杀，告刑于王^①，奉而适朝士，加明梏^②，以适市而刑、杀之。凡有爵者与王之同族，奉而适甸师氏以待刑、杀^③。

【注释】

①告刑于王：郑《注》曰："告王以今日当行刑及所刑姓名也。"

②加明梏：郑《注》曰："谓书其姓名及其罪于梏而著之也。"

③甸师氏：即甸师。按，《甸师》云："王之同姓有罪，则刑焉。"庶姓无爵者，在市上刑杀。王之同姓、有爵者，在郊外刑杀。

【译文】

等到施刑或处死罪犯时，要向王禀告行刑日期和将行刑罪犯的姓名，然后把罪犯押送到朝士那里，朝士给罪犯戴上写有姓名、罪状的梏，然后押送到市上施刑或处死。因犯凡是有爵位的或是王的同族中人的，就把他们押送到郊外甸师氏那里，以等待施刑或处死。

二〇　掌戮

1. 掌戮掌斩杀贼谍而搏之^①。凡杀其亲者焚之^②，杀王之亲者辜之^③。凡杀人者踣诸市^④，肆之三日。刑盗于市。凡罪之丽于法者，亦如之。唯王之同族与有爵者，杀之于甸师氏。凡军旅、田、役斩杀刑戮，亦如之。

【注释】

①搏：郑《注》以为是"膊"字之误，膊，"谓去衣磔之"。磔，谓分裂尸体。

②亲：指五服以内的亲属。郑《注》曰："亲，缌服以内也。"

③辜：杀死而分解肢体。郑《注》曰："谓磔之。"

④踣(bó)：向前跌倒。此犹言处死陈尸。郑《注》曰："僵尸也。"孙
　诒让曰："人毙则尸僵，故曰踣也。"

【译文】

　　掌戮掌管斩杀犯上作乱的盗贼和间谍，杀后剥去衣服并分裂尸体。
凡是杀害五服以内亲属的人处死后还要焚尸，杀害王的亲属的人处死
后还要分裂尸体。凡是杀人者在市上处死，并陈尸三日。对盗贼行刑
也在市上。凡有罪依法够得上判处死刑的，也都在市上行刑。惟独王
的同族与有爵位的人，在郊外向师氏那里处死。凡出征、田猎、劳役，对
犯罪的人斩杀行刑，也都这样做。

　　2. 墨者使守门，劓者使守关，宫者使守内，刖者使守囿，
髡者使守积①。

【注释】

　　①髡(kūn)：古代剃去男子头发的一种刑罚。按，髡刑不在五刑
　　之内。

【译文】

　　受过墨刑的人让他看守城门，受过劓刑的人让他守边关，受过宫刑
的人让他看守宫内，受过刖刑的人让他看守苑囿，受过髡刑的人让他看
守仓库粮草。

二一　司隶

　　1. 司隶掌五隶之法①，辨其物②，而掌其政令。帅其民而
搏盗贼③，役国中之辱事，为百官积任器④，凡囚执人之事。邦
有祭祀、宾客、丧纪之事，则役其烦辱之事。掌帅四翟之隶⑤，
使之皆服其邦之服，执其邦之兵，守王宫与野舍之厉禁。

【注释】

①五隶之法：五隶，谓罪隶、蛮隶、闽隶、夷隶、貉隶。郑《注》曰："谓罪隶、四翟之隶也。"法，孙诒让曰："谓简阅隶民，部署员数之法。"

②物：郑《注》曰："衣服、兵器之属。"

③民：隶民，五隶官属下之民。五隶中每一隶限额一百二十人，限额以外的五隶，谓之民。

④任器：用器，用具。任，郑《注》曰："犹用也。"贾《疏》曰："用器，除兵之外，所有家具之器皆是用器也。"

⑤四翟之隶：谓蛮隶、闽隶、夷隶、貉隶。

【译文】

司隶掌管有关五隶的管理之法，辨别他们的衣服、器物，掌管有关他们的政令。率领五隶官属下的隶民协助追捕盗贼，从事国都中低贱繁杂的事情，为百官积聚所需用的器具，凡是拘执罪人的事都用他们做。国家有祭祀、接待宾客或丧纪之事等，就役使隶民去从事低贱繁杂的事情。负责率领四翟隶官属下的奴隶，让他们都各自穿着本国的服装，手持本国兵器，守卫王宫和承担王在野外停宿处屏障物的警卫事宜。

二二　罪隶

1. 罪隶掌役百官府与凡有守者①，掌使令之小事。凡封国若家②，牛助为牵傍③。其守王宫与其厉禁者，如蛮隶之事④。

【注释】

①役百官府与凡有守者：役，郑《注》曰："给其小役。"按，即《司隶》

所谓"烦辱之事"。有守者,即守有一方土地之官。

②凡封国若家:家,大夫采地。据王引之校,此下当有"子则取隶焉"五字(脱错于《闽隶》文中),当移补于此。按,据王校,此句当作"凡封国若家、子,则取隶焉。"且以为"子"上又有脱文。

③牛助为牵徬:王引之校以为此五字当在《夷隶》"掌役牧人养牛"下,而错出于此。

④其守王宫与其厉禁者,如蛮隶之事:此十四字,王应电曰:"按,《司隶职》止言:'掌帅四翟之隶,守王宫与野舍之厉禁',未及于罪隶者。……以文势推之,岂有未言蛮隶,而遽言'如蛮隶之事'乎?《闽隶》正脱此简(指此十四字),故愚直以为误衍于此也,"王引之又以为此十四字之"其守王宫"下脱"者"字,"与其"下脱"守"字,并以为当如王应电说,移此十四字于《闽隶》,而补"者"字和"守"字。按,据二王之校,校正后的《罪隶》之经文当为:"罪隶掌役百官府与凡有守者,掌使令之小事,凡封国若家、[子,则取隶焉]。"译文从二王说。

【译文】

罪隶掌管为百官官府与一切有职守的官员役使的隶民,负责指使他们做些杂役小事。凡是封建诸侯国或采邑、或遇到王子出封,就从罪隶处选取隶民以备役使。

二三　蛮隶

1. 蛮隶掌役校人养马①。其在王宫者,执其国之兵以守王宫,在野外则守厉禁。

【注释】

①掌役校人养马:校人,官名。掌管养马,属地官。贾《疏》以为《夏官·校人》养马不见隶者,是蛮隶盖充养马之杂役。

【译文】

蛮隶负责接受校人役使而养马。那些在王宫中的蛮隶,手持本国兵器以守卫王宫,在野外时,就担任警卫守卫王的行宫的屏藩。

二四　闽隶

1. 闽隶掌役畜养鸟①,而阜蕃教扰之,掌子则取隶焉②。

【注释】

①闽隶掌役畜养鸟:掌役畜:据王安石、王引之说,当作"掌役掌畜"。掌畜,官名,负责养鸟,属夏官。王安石曰:"役,役于掌畜也。"王引之以为"畜"上脱"掌"字,曰:"蛮隶役于校人,夷隶役于牧人,貉隶役于服不氏,不应闽隶无所役之官。"按,掌畜在《夏官》。

②掌子则取隶焉:据王引之校,"子则取隶焉"五字,当在《罪隶》"凡封国若家"之下(参见《罪隶》注)。"掌"字下则当补"与鸟言。其守王宫者,与其守厉禁者,如蛮隶之事"十九字。其中"与鸟言"三字脱错在《夷隶》文中(参见《夷隶》注),"其守王宫者"以下三句则脱错在《罪隶》职文中(参见《罪隶》注)。按,据王校,校正后的《闽隶》经文当为:"闽隶掌役掌畜养鸟,而阜蕃教扰之,掌[与鸟言。其守王宫者,与守厉禁者,如蛮隶之事]。"译文从王说。

【译文】

闽隶负责接受掌畜的役使而养鸟,使鸟繁殖增多并调教驯化鸟,负责与鸟对话。那些守卫王宫的,与担当警卫守卫王在野外行宫周围屏藩的职责,都和蛮隶的事情一样。

二五　夷隶

1. 夷隶掌役牧人养牛马①,与鸟言②。其守王宫者,与其守厉禁者,如蛮隶之事。

【注释】

①养牛马:王引之以为"马"字衍,曰:"养马乃蛮隶之事,不得属之夷隶。"又以为"牛"字下脱"牛助为牵傍"五字,而错出在《罪隶》职文中(参见《罪隶》注)。按,牵傍谓牵牛,牵辕前之牛曰牵,牵辕两旁之牛曰傍(参见《地官·牛人》注)。

②与鸟言:王引之以为此三字当在《闽隶》"而阜蕃教扰之,掌"之下。据王氏校,则《夷隶》经文当为:"夷隶掌役牧人养牛,[牛助为牵傍]。其守王宫者,与其守厉禁者,如蛮隶之事。"译文从王说。

【译文】

夷隶负责接受牧人的役使而养牛,牛驾车时在辕外帮助牵牛或在旁边看管。那些守卫王宫的,与担当警卫守卫王在野外行宫屏藩的职责,都同蛮隶的事情一样。

二六　貉隶

1. 貉隶掌役服不氏而养兽①,而教扰之,掌与兽言。其守王宫者,与其守厉禁者,如蛮隶之事。

【注释】

①掌役服不氏而养兽:王引之以为"而"字衍。按,服不氏在《夏官》,掌管饲养猛兽。

【译文】

貉隶负责接受服不氏的役使而饲养猛兽,对猛兽加以调教驯化,掌管与猛兽对话。那些负责守卫王宫的,与担当警卫守卫王在野外行宫屏藩的职责,都和蛮隶的事情一样。

二七　布宪

1. 布宪掌宪邦之刑禁^①。正月之吉,执旌节以宣布于四方^②,而宪邦之刑禁,以诘四方邦国及其都鄙^③,达于四海^④。凡邦之大事合众庶,则以刑禁号令^⑤。

【注释】

①刑禁:郑《注》曰:"刑禁者,国之五禁,所以左右刑罚者。"按,国之五禁,参见《秋官·士师》。

②旌节:迁移、奉命出使四方的竹制信物。以旄牛尾及五彩羽毛为饰。

③诘:郑《注》曰:"谨也,使四方谨行之。"

④四海:指四夷,即九州之夷、狄、戎、蛮等地区。《尔雅·释地》:"九夷、八狄、七戎、六蛮,谓之四海。"孙诒让曰:"四海,谓夷、镇、蕃三服在九州之外者也。"

⑤以刑禁号令:孙诒让说,虑众庶有犯禁者,故号令以使知之。

【译文】

布宪掌管悬挂公布国家的刑法禁令。周历每年正月初一,就手持旌节到四方宣布刑法禁令,而悬挂公布国家的刑法禁令,以使四方诸侯国及其采邑都谨慎遵行,甚至使刑法禁令传达到四夷等天下各地。凡是国家有大事集合民众,就以刑法禁令号令民众。

二八　禁杀戮

1. 禁杀戮掌司斩杀戮者^①,凡伤人见血而不以告者,攘狱者,遏讼者^②,以告而诛之。

【注释】

①司斩杀戮者：司，通"伺"，伺察，稽察。斩杀戮者，皆谓杀人者。斩，腰斩；杀，砍头；戮，戮尸。参见《秋官·掌戮》。

②攘狱者，遏讼者：攘，推却。郑《注》曰："攘，犹却也。却狱者，言不受也。"遏，阻止。郑司农曰："遏止欲讼者。"

【译文】

禁杀戮掌管稽察斩、杀、戮等杀人事件，以及一切伤害他人至于流血而被害者无法控告的，被害者告官而拒绝受理诉讼的，或阻挠被害者诉讼的等事件，查明情况后报告司寇而加以处罚。

二九　禁暴氏

1. 禁暴氏掌禁庶民之乱暴力正者①，挢诬犯禁者②，作言语而不信者，以告而诛之。凡国聚众庶，则戮其犯禁者以徇。凡奚、隶聚而出入者③，则司牧之，戮其犯禁者。

【注释】

①乱暴力正：郑《注》曰："力正，以力强得正也。"孙诒让曰："当读为'征'，言恃强力以相争取。"

②挢：欺诈，假托。

③奚、隶：奚为女奴，隶为男奴。郑《注》曰："女奴男奴也。"

【译文】

禁暴氏掌管禁止民众中的暴乱和恃强凌弱以力服人的人，托名欺诈和违犯禁令的人，以及言语浮夸不信实的人，把这几种人报告司寇而加以惩处。凡是国家聚集民众的时候，就诛杀那些违犯禁令的人以示众。凡是男女奴隶成群集中出入，就对他们加以监督管理，诛杀那些违犯禁令的人。

三〇　野庐氏

1. 野庐氏掌达国道路至于四畿,比国郊及野之道路、宿息、井、树①。若有宾客,则令守涂地之人聚柝之②,有相翔者③,则诛之④。

【注释】

①比:郑《注》曰:"犹较也。"宿息:宾客于道路休息住宿之处。郑《注》曰:"庐之属,宾客所宿及昼止者也。"

②守涂地之人聚柝之:守涂(途)地之人,郑《注》曰:"道所出庐宿旁民也。"聚柝(tuò),击柝,敲打更梆子。聚,通"撖",敲击。《说文》:"撖,夜戒守有所击。"郑司农曰:"聚柝之,聚击柝以宿卫之也。"

③相翔者:郑《注》曰:"犹昌翔观伺者。"按,相翔、昌翔、相佯,异形叠韵词,皆徘徊观望义。

④则诛之:按,《注疏》本原脱"则"字,据阮校补。

【译文】

野庐氏掌管保持国家到四畿的道路畅达无阻,巡视考查国郊及野地的道路、供行人食宿的庐舍、供饮水的井、作为屏障的树的情况。如果有宾客在馆舍止宿,就命令宾客所经过的道路旁庐舍附近的百姓聚集起来为之击柝巡夜守卫,如果发现在馆舍周围徘徊观望想要伺机盗窃的人,就抓起来予以惩处。

2. 凡道路之舟车轚互者①,叙而行之。

【注释】

①轚(jī)互:互相碰撞。轚,撞击。《说文》曰:"车辖相击也。"按,

辖，车轴顶端的插销，使轮不脱落。此谓舟车相撞击。互，车辆拥挤。

【译文】

凡水陆道路因狭窄导致船车互相碰撞的，要加以疏导使船车有秩序地驶过。

3. 凡有节者及有爵者至，则为之辟。禁野之横行径逾者①。

【注释】

①禁野之横行径逾者：横行，谓不走道路，而从田间穿行。径，不走大路走小路。逾，不走桥而翻堤越渠。郑《注》曰：“横行，妄由田中。径逾，射邪趋疾，越堤渠也。”按，射邪谓走小路斜径以图便捷，越堤渠谓不由桥梁。据王与之引郑锷说，走小路斜径可能毁人庄稼，越堤渠则可能损坏堤防，“此争端之所由起，不可以不禁”。

【译文】

凡是持有官方符节的人以及有爵位的人到来，就为他们清除行人。禁止不走正道而横穿田野走小道捷径和不由桥梁而横越沟渠堤防的人。

4. 凡国之大事，比修除道路者①，掌凡道禁②。邦之大师，则令埽道路，且以几禁行作不时者、不物者③。

【注释】

①“凡国之大事”二句：大事，关系国家利益和王地位之事。贾《疏》

曰:"谓若征伐、巡守、田猎、郊祀天地,王亲行所经,并须修除道路及修庐,校比民夫,使有功效。"比,考核,考校。谓考校修除道路的长度以计功。

②道禁:郑《注》曰:"若今绝(禁绝)蒙布巾、持兵杖之属。"

③"且以几禁"句:几禁,盘查禁止。不物,衣服及所操器物不合常法。郑《注》曰:"谓衣服、操持非比常人也。"

【译文】

凡国家有大事,考核修治道路者的成绩,掌管一切有关道路的禁令。国家有大的军事行动,就命令清扫道路,并盘查禁止那些不在正常时间出行作息的人,以及所穿衣服和所持器物异常的人。

三一 蜡氏

1. 蜡氏掌除骴①。

【注释】

①骴(cī):肉未烂尽的尸骨。王与之引刘执中曰:"枯骨曰骼,肉腐曰骴,人兽皆同。"

【译文】

蜡氏掌管掩埋无主的人、禽兽的腐尸枯骨。

2. 凡国之大祭祀,令州里除不蠲①,禁刑者、任人及凶服者②。以及郊野大师、大宾客亦如之。

【注释】

①令州里除不蠲(juān):州里,即乡里,六乡七万五千家所居之里。不蠲,不洁净。

②任人：郑《注》曰："司圜所收教罢民也。"

【译文】

凡国家举行大祭祀，命令州里清除不洁之物，禁止受过刑的人、判罚劳役的不良之民和穿丧服者出现。如果都郊、野地有大军事行动或有诸侯前来朝觐，也是这样做。

3. 若有死于道路者，则令埋而置楬焉，书其日月焉，县其衣服任器于有地之官①，以待其人。

【注释】

①有地之官：郑《注》曰："主此地之吏也。"

【译文】

如果有死在道路上的人，就命令加以掩埋而在掩埋处设置标牌，上面写明死的日期，把死者的衣服用器悬挂在当地官员的办公处，以待死者家属前来认领。

4. 掌凡国之骴禁。

【译文】

掌管国家一切有关掩埋腐尸枯骨的禁令。

三二　雍氏

1. 雍氏掌沟、渎、浍、池之禁①，凡害于国稼者②。春令为阱、擭、沟、渎之利于民者③，秋令塞阱杜擭④。禁山之为苑、泽之沉者⑤。

【注释】

①沟、渎、浍、池：沟、渎、浍皆田间水道，而宽度、深度不同。池谓池塘。参见《地官·遂人》注。

②害于国稼者：郑《注》曰：“谓水潦及禽兽也。”

③攫(huò)：据郑《注》，是一种设于陷阱中的捕兽装置，可系绊兽足，使不得腾跃而出。

④秋令塞阱杜攫：阱，陷阱。用于捕捉野兽。攫，一种捕兽机关，常置于浅阱内。按，阱、攫设于田野间，防其秋天民众劳作来往时害民，故令杜塞之。

⑤禁山之为苑、泽之沉者：沉，谓下毒药于水中。郑司农曰：“不得擅为苑囿于山也。泽之沉者，谓毒鱼及水虫之属。”

【译文】

雍氏掌管有关沟、渎、浍、池等水利设施的禁令，凡可能有害于国家庄稼作物的行为都加以禁止。春季就命令整修陷阱，阱中设攫，修筑沟、渎等有利于民众生产的设施，秋季就命令填塞阱攫以防误伤百姓。禁止在山中修建苑囿和在湖泽中投毒药捕鱼。

三三　萍氏

1. 萍氏掌国之水禁①。几酒②，谨酒③。禁川游者④。

【注释】

①水禁：有关河川水域的禁令。郑《注》曰：“谓水中害人之处，及入水捕鱼鳖不时。”

②几酒：郑《注》曰：“苛察酤买过多及非时者。”朱申曰：“司察非时饮酒者。”按，古人饮酒有时，如祭祀、举行乡饮酒礼及婚娶等，非此则不饮。

③谨酒：郑《注》曰：“使民节用酒也。”

④禁川游者:据郑《注》,是为防人溺水。

【译文】

萍氏掌管国家有关水的禁令。稽察百姓饮酒是否适量、时间适宜,节制人们用酒。禁止在河里游泳以防意外。

三四 司寤氏

1. 司寤氏掌夜时①,以星分夜,以诏夜士夜禁②。御晨行者,禁宵行者,夜游者③。

【注释】

①夜时:夜间的时刻。古人将一日分十二时,以日入至鸡鸣(一夜)
  分五夜:甲夜、乙夜、丙夜、丁夜、戊夜,亦称五更。郑《注》曰:"谓
  夜晚早,若今甲乙至戊。"

②以诏夜士夜禁:夜士,王城中的巡夜官员。郑《注》曰:"主行夜徼
  候者。"夜禁,夜间禁止通行。一更三刻至五更三刻间禁止人行
  游于道路。

③"御晨行者"三句:御,禁止,阻止。晨,天亮之前。宵,黄昏之后。
  夜,谓夜半。郑《注》曰:"备其遭寇害及谋非公事。"

【译文】

司寤氏掌管夜间报告时辰,根据星宿的位置来区分夜的早晚,以告诉巡夜的官员实行宵禁。禁止晨行,禁止夜行,禁止半夜游荡。

三五 司烜氏

1. 司烜氏掌以夫遂取明火于日①,以鉴取明水于月②,以共祭祀之明粢、明烛③,共明水④。

【注释】

①夫遂取明火：夫遂，即阳燧，又名金燧。古人就日下取火的一种
　工具，是金属制的尖底杯，杯底置艾、绒等易燃物，置于日光下，
　光线聚于杯底，即可燃着艾、绒。一说是用铜制的凹镜，放在日
　下可聚焦取火。明火，即火。

②以鉴取明水于月：郑《注》曰：“鉴，镜属，取水者，世谓之方诸。”
　按，鉴即铜镜，可置于月下以承接露水。一说用大蛤取明水。明
　水，即水，用铜镜在月下承接的露水。

③明粢：即粢盛，供祭祀用的谷物，用明水淘洗过。郑司农曰：“谓
　以明水淆涤（淘洗）粢盛黍稷。”明烛：用明火点燃的火把。

④共明水：郑《注》曰：“明水以为玄酒。”按，古代以水当酒，谓之
　玄酒。

【译文】

司烜氏掌管用阳燧向日聚焦取明火，用铜镜向月取露水（即明水），
以便供淘洗祭祀时用的谷物、供点燃火把，供给充当玄酒的明水。

　2. 凡邦之大事，共坟烛、庭燎①。

【注释】

①坟烛、庭燎：皆为照明用的火把。郑《注》曰：“坟，大也。树于门
　外曰大烛，于门内曰庭燎。”

【译文】

凡是国家有大事，供给树在门外的大火把和树在门内庭中的火把。

　3. 中春，以木铎修火禁于国中①。军旅，修火禁。

【注释】

①修火禁：意在备火灾。郑《注》曰："火禁，谓用火之处及备风燥。"

【译文】

每年中春二月，在国都中摇动木铎告诫城中居民严格遵守有关用火的禁令。遇到有军事行动，告诫军中严格遵守有关用火的禁令。

4. 邦若屋诛①，则为明竁焉②。

【注释】

①屋诛：郑《注》读"屋"为"剧"。剧诛，据《注》《疏》，谓不在闹市而在郊外偏僻处甸师之屋处死罪犯。

②明竁（cuì）：明，察明，说明。竁，谓挖墓穴。明竁有二义，一、在墓前树木牌，写明死者姓名、罪行及所受之刑；二、执火照明，因夜晚行刑，需照明竁处。

【译文】

如果国家中有在郊外甸师的屋舍中处决罪犯，就为挖墓穴者照明，并在墓前竖立标牌写明死者的罪行和所受的刑罚。

三六　条狼氏

1. 条狼氏掌执鞭以趋辟①。王出入，则八人夹道，公则六人，侯、伯则四人，子、男则二人。

【注释】

①趋辟：巡行喝道。

【译文】

条狼氏掌管手拿鞭子走在前边清除行人。王出入宫门或国门，就由八人夹在道路两旁,公出入就由六人夹在道路两旁,侯、伯出入就由四人夹在道路两旁,子、男出入就由二人夹在道路两旁护卫并清除行人。

2. 凡誓,执鞭以趋于前,且命之①。誓仆、右②,曰"杀";誓驭③,曰"车辕"④;誓大夫,曰"敢不关⑤,鞭五百";誓师,曰"三百";誓邦之大史⑥,曰"杀";誓小史,曰"墨"。

【注释】

①且命之:郑《注》曰:"有司读誓辞,则大言其刑以警所誓也。"盖强调誓辞中的惩罚语句以引起重视。

②仆、右:仆,谓王五路的驾车者,即大驭、戎仆、齐仆、道仆、田仆。右,谓王的车右,即戎右、齐右、道右。

③驭:指驭夫,为王驭贰车、使车、从车者。

④车辕(huàn):辕,车裂。古代用车分裂人体的一种酷刑。

⑤关:禀告,请示报告。

⑥大史:及下"小史",王引之以为二"史"字皆当为"事"。

【译文】

凡主管官员当众誓诫众人时,就手拿鞭子巡行在众人队伍的前面,并高声重复宣告誓辞中的惩罚语句。誓诫大仆和车右,高声重复说"违命者处死";誓诫驭夫,高声重复说"违命者车裂";誓诫大夫,高声重复说"有事胆敢不向王报告请示,鞭打五百";誓诫乐师,高声重复说"违命者鞭打三百";凡因国家有大事而誓诫众人,就高声重复说"违命者处死";凡因有小事誓诫众人,就高声重复说"违命者处以墨刑"。

三七　修闾氏

1. 修闾氏掌比国中宿、互、柝者①，与其国粥②，而比其追胥者③，而赏罚之。

【注释】

①宿、互：据郑司农说，宿，谓宿卫；互，通"枑"，谓楂枑(bìhù)、行马，用木条交叉制成的栅栏，置于官署前遮拦人马。

②国粥(yù)：粥，古义同"育"。郑《注》曰："粥，养也。国所游养，谓羡卒也。"羡卒，孙诒让曰："审绎郑意，盖谓简择丁壮，以备守徼，给以稍食，故谓之国粥。以其在六军之外，故谓之羡卒。"按，此指从羡卒中选出的担任巡逻守卫者。

③追胥：追，谓逐外寇。胥，谓伺捕盗贼。统言之，谓追捕寇盗。参见《地官·小司徒》注。

【译文】

修闾氏掌管考核在都城内值班守卫、设置行马和击柝巡夜的宿卫，以及由国家供养他们食粮的羡卒，考核他们追逐外寇和伺捕国内盗贼的情况而予以赏罚。

2. 禁径逾者①，与以兵革趋行者②，与驰骋于国中者。

【注释】

①径逾：参见《秋官·野庐氏》注。

②兵革：兵器和甲衣。孙诒让曰："此通人与车马言之，"

【译文】

禁止不走大路而走小路捷径和有桥不走而翻越沟渠堤防的人，禁止武装的人和车马在都城中疾行,以及在都城中骑马飞奔。

3. 邦有故,则令守其闾互,唯执节者不几。

【译文】

如果国家有变故时,就命令人们守卫闾里之门和所设置的行马,只有持有符节往来的人不盘查,其他人等均盘查。

三八　冥氏

1. 冥氏掌设弧、张①,为阱、攫②,以攻猛兽,以灵鼓驱之③。若得其兽,则献其皮、革、齿、须、备④。

【注释】

①弧、张:据孙诒让说,弧谓机弩之类,张谓网罗之类。

②阱、攫:参见《秋官·雍氏》注。

③灵鼓驱之:郑《注》曰:"灵鼓,六面鼓。驱之,使惊趋阱、攫。"

④须、备:须,郑司农曰:"直谓颐(下巴)下须。"备,谓兽爪。惠士奇曰:"备所以卫也,爪牙所以卫其体。"一说,杨天宇以为,备即齐备、全部义。按,译文姑从惠氏说。

【译文】

冥氏掌管设置机弩、网罗,设置陷阱、陷阱中设攫,用以捕捉猛兽。敲击灵鼓驱赶猛兽,使其落入陷阱,触动机关。如果捕得猛兽,就献出猛兽的皮、革、牙齿、须胡、脚爪等。

三九　庶氏

1. 庶氏掌除毒蛊①,以攻、说禬之②,以嘉草攻之③。凡驱蛊,则令之、比之④。

【注释】

①毒蛊:郑《注》曰:"虫物而病害人者。"

②以攻、说禬(guì)之:郑《注》曰:"攻、说,祈名,祈其神求去之也。"禬,禳除,消除殃灾。参见《春官·大祝》注。

③以嘉草攻之:按,《注疏》本原脱"以"字,据孙诒让校补。嘉草,郑《注》曰:"嘉草,药物,其状未闻。攻之,谓熏之。"一说,《神农本草经》、干宝《搜神记》、李时珍《本草纲目》等书以为嘉草即蘘荷。译文姑从郑氏说。

④令之、比之:郑《注》曰:"使为之,又校次之。"孙诒让释校次为"校次其人众"。按,校次,此谓部署、检查。

【译文】

庶氏掌管驱除危害人的毒虫,用攻祭和说祭以祈求神灵除掉毒虫,用燃烧嘉草来熏驱毒虫。凡是驱除毒虫,就事前下令并部署、事后检查。

四〇　穴氏

1. 穴氏掌攻蛰兽①,各以其物火之②,以时献其珍异③、皮革。

【注释】

①蛰兽:郑《注》曰:"熊罴之属冬藏者也。"

②各以其物火之:郑《注》曰:"将攻之,必先烧其所食之物于穴外以诱出之,乃可得之。"

③珍异:谓熊掌等难得的美味。

【译文】

穴氏掌管攻捕冬季蛰伏的野兽,各用它们喜欢吃的食物在洞穴外用火烧,用香气引诱它们出洞然后捕捉。按季节进献可供膳羞的珍异美味和皮革。

四一　翨氏

1. 翨氏掌攻猛鸟①,各以其物为媒而掎之②。以时献其羽翮。

【注释】

①猛鸟:郑《注》曰:"鹰、隼之属。"

②各以其物为媒而掎之:郑《注》曰:"置其所食之物于绢中,鸟来下则掎其脚。"按,绢,孙诒让说是"罗"的借字。掎(jǐ),拖住,牵住。此处谓捕获。

【译文】

翨氏掌管攻捕猛鸟,各用它们喜欢的食物放在罗网中作为诱饵,猛鸟下来取食时,绊住其脚而加以捕获。按季节进献猛鸟的羽毛。

四二　柞氏

1. 柞氏掌攻草木及林麓①。夏日至,令刊阳木而火之②;冬日至,令剥阴木而水之。若欲其化也,则春秋变其水火③。凡攻木者,掌其政令。

【注释】

①攻草木及林麓:据贾《疏》,此为开垦田地而伐除草木。草木,主要指木,此谓天然林。麓,生长在山脚的人造林木。

②刊阳木:阳木,长在山南边的树木。山南为阳。下文阴木,指长在山北边的树木。山北为阴。郑《注》曰:"刊、剥互言耳,皆谓斫次地(近地)之皮。生山南为阳木,生山北为阴木。"

③春秋变其水火:变其水火,郑《注》曰:"乃所火则水之,所水则火之,则其土和美。"孙诒让曰:"犹言以水火变之。"按,其变之之法,据贾《疏》说,是夏至焚烧草木灰,到秋季再用水浸渍。冬至用水淹草木,到入春后再放火焚烧。如此则可使土地肥沃。

【译文】

柞氏掌管砍伐天然生长的草木及山脚的人造树林。如果是夏至那天,就下令剥去山南边树木靠近根部的树皮而后放火烧树墩,使其不再发芽生枝;如果是冬至那天,就下令剥去山北边树木靠近根部的树皮而后放水浸泡树墩,使其不再发芽生枝。如果想使伐除草木后的林区土质变化改良成耕地,就在春秋季节用水浸、火烧的办法来交替进行,如此则土地肥沃和美。凡涉及砍伐树木的事情,都由柞氏掌管有关的政令。

四三　薙氏

1. 薙氏掌杀草。春始生而萌之①,夏日至而夷之②,秋绳而芟之③,冬日至而耜之。若欲其化也,则以水火变之④。掌凡杀草之政令。

【注释】

①萌之:郑《注》曰:"以兹其斫其生者。"按,兹其,即锄头,亦作"镃錤"、"镃基"。《广雅·释器》曰:"镃錤,锄也。"

②夷之:郑《注》曰:"以钩镰迫地芟之也。"

③绳:假借作"繩","繩"即古"孕"字,此处指草结籽。

④以水火变之:郑《注》曰:"谓以火烧其所芟萌之草,已而水之,则其土亦和美矣。"

【译文】

薙氏掌管除草。春季杂草开始生长,就用锄头锄草,夏至就用镰刀挨着地割掉草,秋季杂草结籽就用大镰刀加以芟除,冬至就用耒耜犁地的办法铲除草根。如果想使除草后的土质变化改良,就将锄掉割掉的草用水浸火烧的办法来变化改良。掌管所有有关除草的政令。

四四　硩蔟氏

1. 硩蔟氏掌覆夭鸟之巢①。以方书十日之号②,十有二辰之号③,十有二月之号④,十有二岁之号⑤,二十有八星之号⑥,县其巢上,则去之⑦。

【注释】

①覆夭鸟之巢:夭鸟,即妖鸟。夭,通"妖"。妖鸟是猫头鹰之类的鸟,夜间叫声难听,迷信者以为听到者将遭遇不幸。郑《注》曰:"覆,犹毁也。夭鸟,恶鸣(叫声怪异)之鸟。"

②以方书十日之号:十日,十干支(甲、乙、丙、丁、戊、己、庚、辛、壬、癸)所表示的日子。郑《注》曰:"方,版也。日,谓从甲至癸。"

③十有二辰之号:郑《注》曰:"谓从子至亥。"按,十二辰,谓斗所建之辰,即子、丑、寅、卯、辰、巳、午、未、申、酉、戌、亥等(参见《春官·冯相氏》注)。

④十有二月之号:郑《注》曰:"谓从娵至荼。"按,据《尔雅·释天》从一月至十二月之号分别为:陬、如、寎(bǐng)、余、皋、且(jū)、相、壮、玄、阳、辜、涂。郑《注》即据此,而将正月之"陬"改为"娵",十二月之"涂"改为"荼",皆用其假借字。

⑤十有二岁之号：岁，谓太岁（参见《春官·冯相氏》）。郑《注》曰：
"谓从摄提格至赤奋若。"按，《尔雅·释天》所记十二个太岁年名
称分别是：摄提格、单阏（chányān）、执徐、大荒落、敦牂（zāng）、协
洽（xiá）、涒（tūn）滩、作噩、阉茂、大渊献、困敦、赤奋若。

⑥二十有八星之号：郑《注》曰："谓从角至轸。"按，角谓角宿，轸谓
轸宿，是二十八宿的首、尾二宿名（参见《春官·冯相氏》注）。

⑦"县其巢上"二句：郑《注》曰："夭鸟见此五者而去，其详未闻。"

【译文】

萏蒮氏掌管捣毁妖鸟的鸟巢。用方木版写上十日的名称，十二辰
的名称，十二月的名称，十二太岁年的名称，二十八宿的名称，将此木版
悬挂在妖鸟的鸟巢上，妖鸟就飞走了。

四五　翦氏

1. 翦氏掌除蠹物①，以攻、禜攻之②，以莽草熏之③。凡
庶蛊之事④。

【注释】

①蠹物：即蛀虫，

②攻、禜：两种祈祷之祭的祭名。参见《春官·大祝》。

③莽草：郑《注》曰："药物杀虫者，以熏之则死。"

④庶蛊：谓各种蠹虫。郑《注》曰："庶，除毒蛊者。蛊，蠹之类，或熏
以莽草则去。"《左传》昭公元年："皿虫为蛊。谷之飞亦为蛊。"

【译文】

翦氏掌管除去蠹虫，用禜祭、攻祭两种祛邪法驱除蠹虫，用莽草点
燃生烟熏杀它们。凡是除去蠹虫的事务都掌管。

四六　赤发氏

1. 赤发氏掌除墙屋^①，以蜃炭攻之，以灰洒毒之^②。凡隙屋，除其貍虫^③。

【注释】

①除墙屋：郑《注》曰："除虫豸藏逃其中者。"

②"以蜃炭攻之"二句：郑《注》曰："蜃，大蛤也。捣其炭以坋之则走。淳之以洒之则死。"按，蜃炭，即大蛤所烧之炭。坋（bèn），撒粉末，涂抹粉末。淳，沃也。孙诒让曰："谓以所捣蜃炭之灰，沃水以洒墙屋，虫豸遇之则死也。"

③貍（mái）虫：隐藏在墙屋孔穴中的虫子，如土鳖等。貍，通"埋"。孙诒让曰："即'薶'之借字。"按，"薶（mái）"，古同"埋"。

【译文】

赤发氏掌管灭除藏在屋墙中的虫子，用蛤炭灰捣成碎末撒到屋墙上驱除虫子，用这种碎末与水和成蛤炭灰汁洒墙屋上可毒杀虫子。凡是有缝隙的房屋，都掌管清除其孔穴中埋藏的虫子。

四七　蝈氏

1. 蝈氏掌去蛙黾^①，焚牡蘜^②，以灰洒之则死。以其烟被之，则凡水虫无声。

【注释】

①掌去蛙黾（měng）：黾，蛙的一种。《尔雅·释鱼》郭璞注："耿黾也，似青蛙，大腹，一名土鸭。"

②牡蘜：蘜，同"菊"，牡蘜，郑《注》曰："蘜不华（花）者。"

【译文】

蝈氏掌管除去叫声聒噪的耿黾等蛙类,焚烧不结籽的牡菊,用牡菊灰兑水洒向蛙类,蛙类就会死。如果将焚烧牡菊产生的烟散布在水面上,就会使水中所有虫子都不叫了。

四八 壶涿氏

1. 壶涿氏掌除水虫①,以炮土之鼓驱之②,以焚石投之③。若欲杀其神④,则以牡橭午贯象齿而沉之⑤,则其神死,渊为陵。

【注释】

①水虫:郑《注》曰:"狐蜮之属。"狐蜮,一种水中的毒虫。

②炮土之鼓:陶瓦鼓,框架用土烧制,两面蒙以皮革。炮土,即陶、瓦。

③以焚石投之:按,石经焚烧,投水发声,水虫即惊去。

④神:郑《注》曰:"谓水神龙罔象。"龙罔象,水怪名,据说能食人。《国语·鲁语下》:"丘闻之:……水之怪曰龙、罔象。"韦昭注:"龙,神兽也。非常见,故曰怪。或曰:罔象食人,一名沐肿。"

⑤以牡橭午贯象齿而沉之:橭(gū),一种山榆树。牡橭,木名,榆树的一种。《尔雅·释木》谓之"无姑"。午,谓十字形,《仪礼·大射》郑《注》曰:"一纵一横曰午。"贯,穿。午贯,纵横交叉。贾《疏》曰:"以橭为干,穿孔,以象牙从橭贯之为十字,沉之水中,则其神死。"

【译文】

壶涿氏掌管驱除水中的毒虫,敲击陶瓦鼓来驱赶它们,用烧烫的石块投入水中发出声响来惊吓赶走它们。如果想要杀死水中毒虫之神,就在榆木棍上钻孔,以象牙十字交叉贯穿棍中,而沉入水底,水怪就会死去,深渊也会变为丘陵。

四九　庭氏

1. 庭氏掌射国中之夭鸟。若不见其鸟兽[1],则以救日之弓与救月之矢夜射之[2]。若神也[3],则以大阴之弓与枉矢射之[4]。

【注释】

①不见其鸟兽:据郑《注》,是指夜间恶声怪叫、闻声而不见形的鸟兽。

②救日之弓与救月之矢:日、月,指日食、月食。郑《注》说,之所以发生日食、月食,是因"阴阳相胜"造成的,故救日要射大阴(月亮),救月要射大阳(太阳),所用的弓矢,分别称救日、救月之弓矢。

③神:据郑《注》,指发出怪叫声的神怪。

④大阴之弓与枉矢:郑《注》曰:"太阴之弓,救月之弓。枉矢,救日之矢与?"按,枉矢,矢名,速度极快。参见《夏官·司弓矢》注。

【译文】

庭氏掌管射杀都城中的妖鸟。如果有夜间怪叫而看不见其形体的鸟兽,就用日食时射月救日的弓箭和月食时射日救月的弓箭循声射向它们。如果是神怪发出的怪叫声,就用月食、日食时救月用的大阴弓与救日用的枉矢循声射它。

五〇　衔枚氏

1. 衔枚氏掌司嚣[1]。国之大祭祀,令禁无嚣。军旅、田役,令衔枚。禁叫呼叹鸣于国中者[2],行歌、哭于国中之道者。

【注释】

①司嚣:伺察喧哗。司,古同"伺"。郑《注》曰:"察嚣欢者,为其聒乱在朝者之言语。"

②叫呼叹鸣:鸣,郑《注》曰:"吟也。"

【译文】

衔枚氏掌管禁止伺察在朝廷上的喧哗吵闹者。国家举行大祭祀时,下令禁止:不许喧哗。在出征、因田猎而征调徒役时,下令军士衔枚以禁止喧哗。禁止在都城中大声呼叫、高声叹息、呻吟,禁止在都城中的街道上边走边唱或边走边哭的人。

五一　伊耆氏

1. 伊耆氏掌国之大祭祀共其杖咸①。军旅,授有爵者杖②。共王之齿杖③。

【注释】

①杖咸:临时存放拐杖的盒子。咸,通"函",匣子,盒子。郑《注》曰:"咸,读为'函'。老臣虽杖于朝,事鬼神尚敬,去之,有司以此函藏之,既事乃授之。"

②授有爵者杖:据《注》《疏》,有爵者,指士以上各级军官,授杖以与士兵相区别,将军则杖钺。

③齿杖:天子赐年老者(七十岁以上)的手杖。郑《注》曰:"王之所以赐老者之杖。"

【译文】

伊耆氏掌管在国家举行大祭祀时供给临时存放老臣们的杖所用的匣子。遇到军队出征,向有爵位者授杖。供给王赐予老人所用的杖。

五二　大行人

1. 大行人掌大宾之礼及大客之仪①,以亲诸侯。

【注释】

①大宾之礼及大客之仪:大宾,谓要服以内的诸侯。即九州以内的
　诸侯。大客,作为使者的诸侯的孤卿。郑《注》曰:"大宾,要服以
　内诸侯。大客,谓其孤、卿。"按,要服,即《夏官·职方氏》所谓蛮
　服;要服以内,即九服的前六服。礼与仪,互文。

【译文】

大行人掌管有关大宾、大客的接待礼仪,用以与诸侯相亲睦。

**2. 春朝诸侯而图天下之事①,秋觐以比邦国之功②,夏
宗以陈天下之谟,冬遇以协诸侯之虑,时会以发四方之禁③,
殷同以施天下之政④。**

【注释】

①图天下之事:孙诒让曰:"与诸侯图谋一岁行事之可否。"

②比:分出等次高下。郑《注》曰:"比其功之高下。"

③时会以发四方之禁:时会,参见《春官·大宗伯》注,禁,郑《注》
　曰:"谓九伐之法。"(参见《夏官·大司马》)

④殷同以施天下之政:郑《注》曰:"殷同,即殷见也。"(参见《春官·
　大宗伯》注)四方诸侯齐来朝见王。又曰:"政,谓邦国之九法。"
　(参见《夏官·大司马》)

【译文】

春季诸侯朝见王而共同谋划一年的天下大事,秋季诸侯觐见王而
考查分出各国功绩的等次高下,夏季诸侯宗见王而陈述各自治理天下

的谋议，冬季诸侯遇见王而协调相互的谋虑，通过不定期的时会征伐不顺服的诸侯而向四方诸侯发布禁令，通过殷同而施行治理天下的政令。

3. 时聘以结诸侯之好①，殷覜以除邦国之慝②。

【注释】

①时聘：聘，问也，郑《注》曰：“时聘者，亦无常期，天子有事，诸侯使大夫来聘，亲以礼见之，礼而遣之，所以结其恩好也。天子无事则已。”

②殷覜(tiào)以除邦国之慝：殷覜，谓诸侯定期同遣使臣问候王。殷，众。覜，视，访问。郑《注》曰：“殷覜，谓一服朝之岁也。慝，犹恶也。一服朝之岁，五服诸侯皆使卿以聘礼来覜(看望)天子，天子以礼见之，命以政禁之事，所以除其恶行。”(参见《春官·大宗伯》)

【译文】

时聘时对来聘的卿以礼相待以与诸侯建立友好的关系，殷覜时通过命以政事和下达禁令以消除诸侯国的恶行。

4. 间问以谕诸侯之志①，归脤以交诸侯之福②，贺庆以赞诸侯之喜，致禬以补诸侯之灾③。

【注释】

①问：王间隔一年派使者存省诸侯。郑《注》曰：“间岁一问诸侯，谓存省之属。”

②归脤以交：脤，本指社稷祭肉，在此泛指用于社稷、宗庙的祭肉。归脤，谓赠送祭肉，以示同受福禄。交，俞樾以为当为“效”，致义。

③致襘(guì)：襘，救济物资。郑《注》曰："凶礼之吊礼、襘礼也。"按，襘礼，参见《春官·大宗伯》注。

【译文】

每隔一年就派遣使者慰问一次诸侯晓谕诸侯王的心志，赠送祭肉给诸侯以向诸侯致福，诸侯有喜庆的事就派遣使者向他们表示庆贺以增添他们的喜悦，行襘礼就派遣使者赠送救济物资以弥补诸侯国受灾的损失。

5. 以九仪辨诸侯之命①，等诸臣之爵，以同邦国之礼，而待其宾客。上公之礼②：执桓圭九寸③，缫藉九寸④，冕服九章⑤，建常九斿⑥，樊缨九就⑦，贰车九乘，介九人⑧，礼九牢⑨，其朝位宾主之间九十步⑩，立当车轵⑪，摈者五人⑫，庙中将币，三享⑬；王礼，再祼而酢⑭，飨礼九献⑮，食礼九举⑯，出入五积⑰，三问、三劳⑱。诸侯之礼：执信圭七寸，缫藉七寸，冕服七章，建常七斿，樊缨七就，贰车七乘，介七人，礼七牢，朝位宾主之间七十步，立当前疾⑲，摈者四人，庙中将币，三享；王礼，壹祼而酢，飨礼七献，食礼七举，出入四积，再问，再劳。诸伯执躬圭，其他皆如诸侯之礼。诸子执谷璧五寸，缫藉五寸，冕服五章，建常五斿，樊缨五就，贰车五乘，介五人，礼五牢，朝位宾主之间五十步，立当车衡⑳，摈者三人，庙中将币，三享；王礼，壹祼不酢，飨礼五献，食礼五举，出入三积，壹问，壹劳。诸男执蒲璧，其他皆如诸子之礼。

【注释】

①仪：天子接待不同朝见者而制定的九等规格的接待礼仪。九仪

是诸侯百官尊卑的具体表现。郑《注》曰："谓命者五：公、侯、伯、子、男也；爵者四：孤、卿、大夫、士也。"按，爵、命实一义，皆谓等级。

②上公：九命为伯者（参见《春官·典命》注）。

③桓圭：及下文信圭、躬圭、谷璧、蒲璧，皆参见《春官·大宗伯》注。

④缫借：画有五彩的圭垫或璧垫（参见《春官·典瑞》注）。

⑤冕服九章：冕服，大夫以上的礼帽、礼服。郑《注》曰："冕服，着冕所服之衣也。九章者，自山龙以下。"（参见《春官·司服》注）

⑥建常九斿：常，即旌旗。斿，是缀于旗的正幅旁的飘带形饰物。

⑦樊缨九就：樊缨，络马的带饰。缨，马颈革。参见《春官·巾车》注。

⑧介九人：介，宾的副职：公为正宾，介则为副宾。孙诒让曰："介九人者，上介，卿一人；次介，大夫一人，余七人皆士也。"

⑨礼九牢：郑《注》曰："大礼饔饩也。三牲（指牛、羊、豕）备为一牢。"按，大礼，又称牢礼、馈饔饩之礼，简称饔礼，是王馈送宾的最重的礼，以牛、羊、豕三牲宴饮宾客之礼。（参见《天官·宰夫》注及《天官·外饔》注）。

⑩朝位：指主人迎宾时，宾所立之位，其位在大门（皋门）外。

⑪立当车轵：车轵，车轴顶端。按，上公乘车来至大门外下车，车停在大门外偏西处，车辕朝北，公则立于车东（右）当轵端处。

⑫摈者五人：摈者，即傧相，主人派出迎宾相礼的接待官员。摈，通"傧"。宾有介，主有摈，皆为辅礼、相礼而设。据孙诒让说，五人之中，由大宗伯任王的上摈（首席接待），地位与公的上介相当；其余四人分别担任承摈、绍摈、末摈，依次与公的次介、末介（级别最低的介）相当。

⑬"庙中将币"二句：庙，郑《注》谓周文王之庙，王在此接受诸侯的聘问。将币，姜兆锡、方苞、金鹗、孙诒让等以为，谓向天子呈送

瑞玉。将，送。币，即《大宗伯》中六种瑞玉。即指公所执之桓圭（以下侯、伯、子、男，则分别指其信圭、躬圭、谷璧、蒲璧）。三享，行三次享礼。宾在向王授玉后，还要分三次向王进献方物。

⑭"王礼"二句：王礼，郑《注》曰："王礼，王以郁鬯礼宾也。"孙诒让曰："凡宾主行礼毕，主人用醴（甜酒）待宾，谓之礼。此用郁鬯，与用醴同，故亦称礼也。"再祼，两次酌郁鬯香酒敬宾。礼，谓向宾客行祼礼，即向宾客进献郁鬯。再祼，即两次向宾进献郁鬯。但因君无酌臣之礼，故两次祼礼都由大宗伯代行：先酌郁鬯代王献公，再酌而代王后献公。公接受祼礼后又要酌郁鬯回敬王，即所谓酢也。

⑮飨礼九献：飨礼，郑《注》曰："设盛礼以饮宾也。"按，飨礼久佚，今不详。九献，即先后九次向宾献酒，亦由大宗伯代王与王后献公。孙诒让曰："凡九献者，再祼后有七献；七献者，一祼后有六献；五献者，一祼后有四献。"

⑯食礼九举：食礼，一种宴请之礼，亦称食，规格低于飨礼而隆于燕礼。有饭有殽，虽设酒而不饮，以吃饭为主。九举，在客人吃饭时九次为之夹肉。举，谓举起牲体授予客人。郑《注》曰："举牲体九饭也。"按，据祭礼（如《仪礼·少牢馈食礼》），盖有赞者助宾用饭，赞者先后九次举起牲肉以劝宾用饭，每次举一种，进献给宾，宾便尝一尝，然后用手抓一口饭吃。九举则九饭。黄以周《礼书通故·食礼通故二》云："古代饭以手。凡食礼饭数，一手谓之一饭，手三取饭谓之三饭，一饭三咽。"故手九取饭谓之九饭。

⑰出入五积：出入，郑《注》曰："谓从来讫去也。"积，积储。此谓供给宾道路所需的粮草牲牢。

⑱三问、三劳：上公入境以后，天子派人到宾客的馆舍问候三次、慰劳三次。第一次在入境时，第二次在远郊，第三次在近郊。郑

《注》曰:"问,问不恙也。劳,谓苦倦之也。皆有礼(即皆赠送有礼物),以币致之。"

⑲前疾:据惠士奇、段玉裁等校,"疾"当作"侯"。郑司农读之为"前胡","胡"通"侯"。前侯,指车辀(单臂的车辕)与车身相接弯曲处。因在軓前,故称。立当前疾(侯),亦在车下、车的右边。

⑳车衡:车辀前端的横木。

【译文】

用九种礼仪区别来朝诸侯、诸臣的爵命等级的高低贵贱,以统一各诸侯国的礼仪规格,而用以接待来朝的诸侯国的宾客。上公的礼仪是:手执九寸长的桓圭,配有九寸长的彩绘圭垫,冕服上绘刺九种花纹图案,车上所树的旗帜旁饰有九斿,装饰马的樊和缨都用五彩的毛织品罽绕饰九圈,随从的副车有九乘,设立九名介,款待公的大礼用九牢,公的朝位在大门外与主人之间距离九十步的地方,公站立在当车的右轴端旁,王派出迎接导引公有五名摈者,在始祖庙中行聘礼将桓圭呈送给王,而后三次向王进献方物;王向公行祼礼,两次向公进献郁鬯香酒而后公酌酒回敬王,王用飨礼款待公并向公行九次献酒礼,又用食礼款待公并向公行九次举牲肉劝饭礼,从来直到返国的路上,要安排五次供给粮草牲牢,王还要在公入境后,向公行三次问礼、三次劳礼。诸侯的礼仪是:手执七寸长的信圭,配有七寸长的彩绘圭垫,冕服上绘刺七种花纹图案,车上所树的旗帜旁饰有七斿,装饰马的樊和缨都用五彩毛织品罽绕饰七圈,随从的副车有七乘,设七名介,款待诸侯的大礼用七牢,朝位在大门外与主人之间距离七十步的地方,站立在当车前侯处的右边,王派出迎接导引诸侯的有设四名摈者,在始祖庙中行聘礼把信圭呈送给王,并三次进献方物;王向诸侯行祼礼,向诸侯进献一次郁鬯香酒,而后诸侯酌酒回敬王,王用飨礼款待诸侯并向诸侯行七次献酒礼,又用食礼款待诸侯并向诸侯行七次举牲肉劝饭礼,从来直到返国的路上,要安排四次供给粮草牲牢,诸侯入境后,王还要向诸侯行两次问礼,两次劳

礼。诸伯的礼仪是:手执躬圭,其他礼仪都同诸侯一样。诸子的礼仪
是:手执直径五寸的谷璧,配有直径五寸的彩绘璧垫,冕服上绘刺五种
花纹图案,车上所树的旗帜旁饰有五斿,装饰马的樊和缨都用五彩毛织
品鞼绕饰五圈,随从的副车有五乘,设五名介,款待诸子的大礼用五牢,
朝位在大门外与主人之间距离五十步的地方,站立在当车衡处的右边,
王派出迎接导引诸子的有三名摈者,在始祖庙中行聘礼将谷璧呈送给
王,并三次进献方物;王向诸子行祼礼,向诸子进献一次郁鬯香酒而诸
子不须回敬王,王用飨礼款待诸子,并向诸子行五次献酒礼,又用食礼
款待诸子并向诸子行五次举牲肉劝饭礼,从来直到返国的路上,要安排
三次供给粮草牲牢,诸子入境后,王还要向诸子行一次问礼,一次劳礼。
诸男的礼仪是:手执直径五寸的蒲璧,其他礼仪都同诸子之礼一样。

6. 凡大国之孤执皮帛^①,以继小国之君,出入三积,不
问,壹劳,朝位当车前,不交摈^②,庙中无相^③,以酒礼之^④,其
他皆视小国之君。凡诸侯之卿,其礼各下其君二等以下^⑤;
及其大夫、士皆如之^⑥。

【注释】

①大国之孤执皮帛:大国之孤,据贾《疏》,大国指上公之国,唯上公
　之国立孤一人,侯伯以下则无。按,此孤及下文卿、大夫、士,皆
　以其君命来聘者。执皮帛,在束帛外面包上虎豹之皮。参见《春
　官·大宗伯》注。据郑《注》,此皮为豹皮。孤的地位尊贵,在以
　君命行过聘享正礼之后,又得以个人名义特见王,此皮帛即见王
　所拿的挚(见面礼)。

②不交摈:即不交摈传辞,亲自向主君接待官员表述来意。按,诸
　侯将来意告诉自己的上介,上介传于次介,次介传至末介,末介

再传之于王的末摈,由末摈再依次上传于承摈、上摈,最后由上
摈传之于王,王的辞命则依相反的程序传之于诸侯,即所谓交摈
传辞。孤卿以下则无交摈传辞之礼。

③庙中无相:庙中,谓在文王庙中行将币(即授玉)礼。无相,即无
相礼者。

④以酒礼之:即向宾献酒。酒,据《注》《疏》,指醴齐,未经过滤的
酒。孙诒让曰:"醴齐亦通称酒。"

⑤其礼各下其君二等:如上节记公的礼数皆九,则其孤的礼数皆
七,是所谓下其君二等。侯伯子男之卿,皆可依此类推。

⑥其大夫、士皆如之:贾《疏》曰:"大夫又各自下卿二等。士无聘之
介数而言如之者,士虽无介与步数(指朝位宾主之间距离的步
数),至于牢礼之等,又降杀大夫。"

【译文】

凡是大国的孤执持豹皮裹饰的束帛作为见面礼,跟在小国之君的
后面朝见王,从来直到返国要三次安排供给粮草牲牢,王对于孤不须行
问礼,只须行一次劳礼,朝位在大门外所乘车的前面,不行交摈传辞之
礼,在始祖庙中行授玉礼时不设相礼者,用醴礼敬孤,其他礼仪都比照
小国之君。凡是诸侯的卿受君命来向王行聘礼,礼数各自比照他们的
君降低二等,卿以下的大夫、士则比照其卿又相应降低二等。

7. 邦畿方千里。其外方五百里谓之侯服,岁壹见,其贡
祀物①。又其外方五百里谓之甸服,二岁壹见,其贡嫔物②。
又其外方五百里谓之男服,三岁壹见,其贡器物③。又其外
方五百里谓之采服,四岁壹见,其贡服物④。又其外方五百
里谓之卫服,五岁壹见,其贡材物⑤。又其外方五百里谓之
要服⑥,六岁壹见,其贡货物⑦。九州之外谓之蕃国⑧,世壹

见⑨,各以其所贵宝为挚。

【注释】

①其贡祀物:郑《注》曰:"祀贡者,牺牲之属。"按,此即《天官·大宰》九贡所谓"祀贡"。

②其贡嫔物:嫔物,即宾物,接待宾客所需之物。此即《大宰》九贡所谓"嫔贡"。嫔,通"宾"。王引之曰:"嫔,亦当读为'宾',……宾物,宾客之事所用物也。"

③其贡器物:郑《注》曰:"尊彝之属。"按,此即《大宰》九贡所谓"器贡"。

④其贡服物:谓制作祭服所需之材,即郑《注》所谓缫、缔、纩等。按,此即《大宰》九贡所谓"服贡"。

⑤其贡材物:材物,可供制造成品的材料,即《大宰》的八材:珍珠、象牙、玉料、石料、木料、金属、兽革、鸟羽。

⑥要服:即《夏官·职方氏》所谓蛮服,距王畿三千里之诸侯国。

⑦其贡货物:货物,用作货币的龟贝之类,即《大宰》九贡所谓"货贡"。

⑧九州之外:即夷服、镇服、蕃服三服,即距离王城三千五百里至五千里之地。九州之外的诸侯,皆为子爵、男爵;九州之内的诸侯,公侯伯子男皆有。按,九州之外,即六服之外。

⑨世:谓父死子立,即嗣王即位。

【译文】

国家的畿疆地方千里。王畿之外方五百里的地方叫做侯服,每年朝见王一次,他们的贡品是祭祀用物。侯服之外方五百里的地方叫做甸服,每两年朝见王一次,他们的贡品是接待宾客用物。甸服之外方五百里的地方叫做男服,每三年朝见王一次,他们的贡品是尊彝之类宗庙器物。男服之外方五百里的地方叫做采服,每四年朝见王一次,他们的贡品是缝制祭服的材料。采服之外方五百里的地方叫做卫服,每五年朝见王一次,他们的贡品是玉石珠象等原材料。卫服之外方五百里的地方叫做要服,每六年朝见王一次,他们的贡品是珠玉龟贝等自然之物。九州之外的地方叫做蕃国,蕃国的一代新君即位时来朝王一次,各用他们所宝贵的物品作见面礼。

8. 王之所以抚邦国诸侯者:岁遍存①;三岁遍覜;五岁遍省;七岁属象胥②,谕言语,协辞命;九岁属瞽、史③,谕书名④,听声音;十有一岁达瑞节⑤,同度量,成牢礼⑥,同数器⑦,修法则⑧;十有二岁王巡守,殷国⑨。

【注释】

①存:问候、省视。《说文·子部》:"恤问也。"

②属象胥:属,聚集,会合。郑《注》曰:"属,犹聚也。"象胥,翻译官。

③瞽、史:瞽,指太师、小师等乐官;史,指大史、小史。郑《注》曰:"瞽,乐师也。史,大史、小史也。"

④书名:书、名,皆为文字的别称。郑《注》曰:"书文字也,古曰名。"

⑤达瑞节:瑞节即玉节,朝聘时用作信物、凭证的玉制符节。此谓颁各种瑞节的样式予诸侯国。

⑥成牢礼:郑《注》曰:"成,平也。平其僭逾者也。"牢礼,以牛、羊、豕三牲宴饮宾客之礼。据贾《疏》,侯伯子男卿大夫士,牢礼皆有常例,随尊卑而定,不得僭越。

⑦数器:衡量轻重的度、量、衡等器具。此专指秤等衡器。郑《注》曰:"铨衡也。"

⑧修法则:法则,谓《天官·大宰》的八法、八则。郑《注》曰:"法,八法也。则,八则也。"

⑨殷国：天子十二年一巡守，途中因故不能继续巡守，就在所至诸侯国召集众多诸侯前来行朝会之礼，谓之殷国。孙诒让曰："谓王出在侯国而行殷见之礼也。……即于所至之国征诸侯而行朝会之礼，皆谓之殷国。"殷，众也。参见《夏官·职方氏》注。

【译文】

王用以安抚各国诸侯的办法：从巡守的次年开始，第一年派使者普遍慰问所有的诸侯一次；第三年派使者普遍看望所有的诸侯一次；第五年派使者普遍探视所有的诸侯一次；第七年聚集各诸侯国的翻译官，晓谕他们语言，协调他们的辞令格式；第九年聚集诸侯国的乐师和太史、小史等史官，晓谕他们文字，让他们听习声音；第十一年颁发瑞节的规定样式，统一度量单位，平抑牢礼的僭越，统一度量衡器，修治法则；第十二年王亲自巡守天下，或在所至的某诸侯国接见众多来朝的诸侯。

9. 凡诸侯之王事①，辨其位，正其等，协其礼，宾而见之②。

【注释】

①王事：谓诸侯朝王之事，即会同、朝觐宗遇等。郑《注》曰："以王之事来也。"

②宾：通"傧"。引导宾客，傧赞。

【译文】

凡是诸侯因王事而来朝，就辨别他们的朝位，规正他们的尊卑等级，协调他们的礼仪，充当傧相而引导其朝见王。

10. 若有大丧，则诏相诸侯之礼①。

【注释】

①诏相诸侯之礼:按,《注疏》本原脱"诏"字,据阮校补。

【译文】

如果有大丧,就诏告并协助诸侯行丧礼。

11. 若有四方之大事①,则受其币②,听其辞。

【注释】

①四方之大事:郑《注》曰:"谓国有兵寇,诸侯来告急者。"

②受其币:郑《注》说,诸侯来告者亦需有挚(即此所谓币),大行
　人受其挚,而"以其事入告王"。

【译文】

如果有四方的诸侯国因遭到兵寇而前来告急的事,就接受他们呈
送的见面礼,听他们告请的言辞然后转告于王。

12. 凡诸侯之邦交,岁相问也①,殷相聘也②,世相朝也③。

【注释】

①问:是一种相互慰问之礼。贾《疏》曰:"小聘曰问,不享是也。大
　聘使卿,小聘使大夫。"

②殷相聘:殷,谓隔上几年。郑《注》曰:"中也。"孙诒让曰:"中者,
　谓中闲闲阔(即间隔)。"又曰:"自闲岁(间隔一年)以上通得谓之
　殷,不论年数多少。""此殷聘实含两义,一则中间久无事而相聘,
　一则中间遇有小国之君来殷朝者,大国君不报朝,则亦聘以报
　之。"聘,郑玄注《仪礼·聘礼目录》云:"大问曰聘。诸侯相于久

无事,使卿相问之礼。"

③世相朝:相朝,谓嗣君即位相朝。凡诸侯相朝,皆小国朝于大国,
大国聘于小国。若即位新君是大国,小国往朝;若即位新君是小
国,则君自往朝大国。郑《注》曰:"父死子立曰世。凡君即位,大
国朝焉,小国聘焉。"

【译文】

凡是诸侯国之间的邦交,每年都要派遣大夫互相聘问一次,每间隔
若干年要派遣卿互相聘问一次,新君即位时就要互相朝见。

五三　小行人

1. 小行人掌邦国宾客之礼籍①,以待四方之使者。令诸
侯春入贡②,秋献功,王亲受之,各以其国之籍礼之。

【注释】

①礼籍:记载诸侯百官等不同等级的宾客所当使用礼仪的文书。
郑《注》曰:"名位尊卑之书。"

②贡:贡品、贡物。即诸侯进献天子的财物。郑《注》曰:"六服所贡
也。"六服,谓侯、甸、男、采、卫、要,见前篇《大行人》注。

【译文】

小行人掌管记载诸侯国宾客名位尊卑的礼籍,据以接待四方诸侯
的使者。命令诸侯国春季进贡,秋季汇报政绩,王亲自接受其交纳的贡
品和汇报的政绩,各按照有关该国的礼籍来安排接待规格接待他们。

2. 凡诸侯入王①,则逆劳于畿②。及郊劳、视馆、将币③,
为承而摈④。

【注释】

①入王：谓前来朝见天子。

②劳：谓行劳礼(参见《大行人》注)。按，享受逆劳于畿待遇的只有
　上公。

③郊劳、视馆：郊劳，包括远郊(距王城百里)、近郊(距王城五十里)
　的迎接慰劳。公侯伯享受远郊劳、近郊劳，子男只有近郊劳。视
　馆，派臣下为客人安排下榻的馆舍。郑《注》曰："致馆也。"将币：
　贾《疏》曰："谓至庙将币、三享。"(参见《大行人》注)

④为承而宾：承，通"丞"，佐助，即佐助上摈担任丞摈。据郑《注》，
　郊劳、视馆、将币，皆使大行人为上摈，而小行人为丞摈。

【译文】

凡诸侯来朝见王，就前往畿疆上迎接并行劳礼。等到对来朝的诸
侯行郊劳礼、为宾客安排馆舍以及诸侯在庙中向王呈送瑞玉时，都担任
丞摈而佐助上摈进行接待。

3. **凡四方之使者，大客则摈**①**，小客则受其币**②**，而听
其辞。**

【注释】

①大客则摈：大客，谓要服之内诸侯的使臣。摈，郑《注》曰："摈而
　见之(王)。"

②小客则受其币：小客，谓六服之外蕃国派遣的使臣。黄度曰："此
　以事特来者也，王有见有不见。"币，挚也。据孙诒让说，蕃国君
　臣皆无玉，则此臣之币"亦束帛之属"。

【译文】

凡是四方诸侯国的使者来朝，如果是要服之内诸侯的使臣就担任
摈者引导他们晋见王，是六服之外蕃国诸侯派遣的使臣就径自接受他

们的见面礼,并倾听他们的言辞而后转告王。

4. 使适四方,协九仪①。宾客之礼:朝、觐、宗、遇、会同,君之礼也;存、𬠡、省、聘、问,臣之礼也②。

【注释】

①协九仪:协,协合。《春官·大史》郑《注》曰:“合谓习录所当共之事也。”“协”兼习、录二义。九仪,详《秋官·大行人》。

②存、𬠡、省、聘、问,臣之礼也:贾《疏》曰:“存、𬠡、省三者,天子使臣抚邦国之礼。聘、问二者,是诸侯使臣行聘,时聘、殷𬠡,聘问天子之礼。”臣,通指王臣及侯国之臣。

【译文】

如果奉命前往四方诸侯国充当使者,帮助他们协合演习并记录下九种不同规格的接待宾客的礼仪。做宾客的礼包括:春季朝见王、秋季觐见王、夏季宗见王、冬季遇见王,以及参加王的会同,这是诸侯国君所应行的礼;存问、看望、探视、大聘、小聘,这是王或诸侯派出的使臣所应行的礼。

5. 达天下之六节①:山国用虎节②,土国用人节,泽国用龙节,皆以金为之;道路用旌节,门关用符节,都鄙用管节③,皆以竹为之。

【注释】

①达天下之六节:六节,诸侯国使臣朝聘天子诸侯,或吏民通行他国,用作凭证的六种符节。郑《注》曰:“达之者,使之四方,亦皆赍法式以齐等之也。”

②虎节：及下人节、龙节、旌节、符节，皆参见《地官·掌节》。

③管节：以竹管制成的符节，为行使都鄙的凭证。孙诒让曰："盖截竹为节，若乐器之管。"

【译文】

出使天下各国以统一六种瑞节的样式：山区之国使用虎节，平地之国使用人节，泽地之国使用龙节，这三种节都是用铜制成的；道路通行使用旌节，进出城门、关卡使用符节，经过采邑使用管节，这三种节都是用竹制成的。

6. 成六瑞①：王用瑱圭②，公用桓圭，侯用信圭，伯用躬圭，子用谷璧，男用蒲璧。

【注释】

①成六瑞：成，平也。孙诒让曰："谓平其文琢及尺寸等。"六瑞，六种瑞玉。其形制见《春官·大宗伯》注。瑞，即瑞玉，谓圭璧，是王执以祭祀天地宗庙，以及诸侯执以朝王的信物。

②瑱圭：据段玉裁《汉读考》，即镇圭，为天子镇抚天下之宝器。按，镇圭，及下文桓圭、信圭、躬圭、谷璧、蒲璧，皆见《春官·大宗伯》。

【译文】

统一六种瑞玉的样式：王使用的镇圭，公使用的桓圭，侯使用的信圭，伯使用的躬圭，子使用的谷璧，男使用的蒲璧。

7. 合六币①：圭以马，璋以皮②；璧以帛，琮以锦③；琥以绣，璜以黼④。此六物者，以和诸侯之好故。

【注释】

①合六币:合,配合,调和。孙诒让曰:"谓玉与币各相合同不得差舛也。"按,玉即指下文圭、璋、璧、琮、琥、璜六者,参见《春官·大宗伯》;币即指下文马、皮、帛、锦、绣、黼等六物,何玉配何币,都有定规。郑《注》曰:"六币,所以享也。"按,此处六币,兼指六玉与六物。享,献,谓行聘礼进献礼物。

②圭以马,璋以皮:郑《注》曰:"用圭璋者,二王之后也。二王后尊,故享用圭璋而特之。"按,二王后,谓夏、殷二王的后裔,周封以为公。二王后来朝行聘礼,则用圭配马、璋配皮(虎豹之皮)以享,前者享王,后者享王后。特,一也。二王后尊,故享王所用的圭可不衬以束帛而直接奉上,且仅配以马而无其他礼物;享后所用的璋也直接奉上,且仅配以皮而无其他礼物,此即所谓"享用圭璋而特之"。

③璧以帛,琮以锦:此为诸侯分别向王、王后行聘礼所进献的礼物。璧以帛,即把璧放在束帛上奉进于王;琮以锦,则奉进于后。据郑《注》,所献除璧、琮外还有庭实(谓或马或皮,以及其他土特产,因进献时放置在堂前庭中,故称)。

④琥以绣,璜以黼:绣,是刺绣有花纹的丝织品;黼,是刺绣有黼纹(黑白相间的花纹)的丝织品;亦用以将币,即作为进献玉的衬垫物。按,据贾《疏》,此两种玉币是子、男二等诸侯相互行聘礼时所用,若二王后相享则用璧琮八寸,侯伯相享则用璧琮六寸。亦皆有庭实。

【译文】

六币的配合法:夏殷二王的后代进献给王的圭配以马,进献给王后的璋配以虎豹皮;五等诸侯进献给王的璧配以束帛,进献给王后的琮配以束锦;子男二等诸侯相互行聘礼进献给对方国君用琥配以五彩齐备的绣,进献给国君夫人用璜配以织有黑白二色的黼。这六种币,是用以和好诸侯的。

8. 若国札丧,则令赙补之①;若国凶荒,则令赒委之②;若国师役③,则令槁禬之④;若国有福事,则令庆贺之;若国有祸灾,则令哀吊之。凡此五物者,治其事故⑤。

【注释】

①赙(fù):谓以财物助人办丧事。

②赒(zhōu)委:用粮草周济别人。赒,同"周",周济。委,委积,储备的粮食。邻国凑集财物支援遭到兵寇的国家。

③师役:郑《注》曰:"国有兵寇以匮病者也。"

④槁禬(guì):槁,孙诒让说,犒即槁之俗字,犒劳。禬,郑《注》曰:"使邻国合会财货以与之。"

⑤治其事故:故,事。孙诒让曰:"此官皆以法令治之。"

【译文】

如果某国因发生瘟疫而造成国人丧亡,就命令其他国家资助他们财物以帮助办理丧事;如果某国遭受凶年饥荒,就命令其他国家开仓救济他们粮食;如果某国遭受兵寇之灾,就命令其他国家聚集财物救助他们以弥补其损失;如果某国有喜庆福事,就命令其他国家都为他们庆贺;如果某国遭受水、火等重大灾祸,就命令其他国家都对他们哀悼吊问。凡是属以上五方面的事,由小行人依照有关法令予以治理。

9. 及其万民之利害为一书①,其礼俗、政事、教治、刑禁之逆顺为一书,其悖逆、暴乱、作慝、犹犯令者为一书②,其札丧、凶荒、厄贫为一书,其康乐、和亲、安平为一书。凡此五物者③,每国辨异之,以反命于王,以周知天下之故。

【注释】

①"及其万民之利害为一书"以下五句：贾《疏》曰："此经陈小行人
　使适四方，所采风俗、善恶之事。"万民之利害，义同《夏官·职方
　氏》所谓"周知其利害"。

②慝、犹：郑《注》曰："慝，恶也。犹，图也。"犹，通"猷"，图谋。

③五物：原文脱"五"字，据阮校补。

【译文】

将天下各诸侯国的自然形势对于民众有利、不利的事情汇集为一
书，将天下各诸侯国的礼俗、政事、教化治理和刑法禁令违背、遵守的情
况汇集为一书，将天下各诸侯国的反叛、暴乱、作恶和图谋不轨违反禁
令者的情况汇集为一书，将天下各诸侯国的瘟疫丧亡、遭受凶年饥荒、
百姓困厄贫穷的情况汇集为一书，将天下各诸侯国人民康乐、和睦相
亲、安宁太平的情况汇集为一书。凡此五种情况，以每诸侯国为单位分
列条目，以向王汇报，以让王周知天下的事。

五四　司仪

1. 司仪掌九仪之宾客摈相之礼①，以诏仪容、辞令、揖让
之节。

【注释】

①九仪之宾客摈相：九仪，参见《秋官·大行人》。此处义即九等。
　摈相，也作"傧相"。掌管迎宾赞礼。郑《注》曰："出接宾曰摈，入
　赞礼曰相。"摈、相实即一人，因事而异名。

【译文】

司仪掌管迎接九等宾客的摈相之礼，以告诉王接待宾客时应有的
仪容、辞令和揖让的节度。

2. 将合诸侯,则令为坛三成①,宫旁一门②,诏王仪。南乡见诸侯,土揖庶姓,时揖异姓,天揖同姓③。及其摈之④,各以其礼⑤,公于上等,侯伯于中等,子男于下等⑥。其将币亦如之⑦。其礼亦如之⑧。王燕,则诸侯毛⑨。

【注释】

① 三成:三层,三重。《尔雅》:"丘一成为敦丘,再成为陶丘,三成为昆仑丘。"

② 宫:环绕。此谓筑土为矮墙围坛以象宫。

③ "土揖庶姓"三句:揖,古人的揖犹如今天的拱手而推。庶姓,犹言众姓。谓无姻亲关系的众姓。异姓,谓有婚姻关系的诸侯。郑《注》曰:"庶姓,无亲者。"又曰:"异姓,昏姻也,"土揖,郑《注》曰:"推手小下之也。""时揖,平推手也","天揖,推手小举之。"江永曰:"古人之揖,如今人之拱手而推之,高则为天揖,平则为时揖,低则为土揖也。"则推手微向上为天揖,推手平而致于前为时揖,推手微向下为土揖。

④ 摈之:谓王令摈者行交摈传辞之礼以传见诸侯。

⑤ 各以其礼:据金鹗说,即下文所谓"公于上等,侯伯于中等,子男于下等"。

⑥ "公于上等"三句:按,此所谓上、中、下等,指宫坛的层次,亦即上摈(大宗伯)所在的位置。据孙诒让说,公见王,则上摈升坛之上等以相礼,侯伯则中等,子男则下等。

⑦ 将币亦如之:将币,参见《秋官·大行人》注。亦如之,谓也是公在上等,侯伯在中等,子男在下等。

⑧ 礼:谓王向诸侯行祼礼,即向诸侯进献郁鬯香酒。郑《注》曰:"礼,谓以郁鬯祼之也。"

⑨ 毛:头发和胡须。谓以年齿大小排座次,年长者坐上座。郑司农

曰："谓老者在上也。老者二毛，故日毛。"按，二毛，谓头发花白。

【译文】

王将有事与诸侯会同，就命令在城外筑坛高三层，坛周围筑矮墙以象宫，宫的四边每边设置一门，诏告王会同的礼仪。王面向南接见诸侯，向无亲属关系的庶姓诸侯行土揖礼，向有姻亲关系的异姓诸侯行时揖礼，向同姓诸侯行天揖礼。等到设摈者召五等诸侯见王时，各自按照所应行的礼：摈上公时站在坛的最上层，摈侯伯时站在坛的中层，摈子男时站在坛的最下层。五等诸侯向王呈交瑞玉和进献礼物时也是这样。王向五等诸侯行祼礼进献郁鬯时也是这样。如果王举行燕礼，诸侯就按照年龄大小而不按照爵位排列座次。

3. 凡诸公相为宾，主国五积，三问①，皆三辞拜受②，皆旅摈③；再劳④，三辞，三揖，登⑤，拜受，拜送⑥。主君郊劳⑦，交摈⑧，三辞，车逆，拜辱⑨，三揖，三辞⑩，拜受⑪。车送，三还，再拜⑫。致馆亦如之⑬。致飧如致积之礼⑭。及将币，交摈，三辞，车逆，拜辱。宾车进答拜，三揖三让⑮。每门止一相，及庙，唯上相入⑯。宾三揖三让⑰，登，再拜授币⑱。宾拜送币。每事如初⑲。宾亦如之⑳。及出，车送，三请，三进㉑，再拜。宾三还三辞，告辟。致饔饩㉒，还圭㉓。飧、食，致赠㉔，郊送：皆如将币之仪㉕。宾之拜礼㉖，拜饔饩，拜飧、食，宾继主君㉗，皆如主国之礼。

【注释】

①五积，三问：积，宾客往来途中馈送的粮食柴草牲牢。五积，即出入途中致送五次，来三去二。问，问安致意。三问，入境问、远郊问、近郊问。积问之礼均在馆舍。参见《秋官·大行人》注。

②皆三辞拜受：谓主国行五积、三问之礼，每一次前来送积、行问礼，宾都要三辞拜受。三辞，指佐助行礼的上介在馆舍外三次辞礼。拜受，接受礼物前先行拜礼，谓之行拜受礼。

③皆旅摈：此指朝君（即前往行朝礼的公）在宾馆迎接主君派来行礼的使者（即卿大夫）时之礼，朝君陈列其介九人为摈者以迎接使者，故曰"皆旅摈"。郑《注》曰："旅读为鸿胪之胪，胪陈之也。宾之介九人，使者七人，皆陈摈位，不传辞也。"旅，读为"胪"，胪陈，谓陈列其介。旅摈，即列其位但不交摈传辞。

④再劳：指入境劳、远郊劳等两次劳礼。按，公作为宾要受主国三次劳礼，第一次在进入国境时，第二次在远郊，第三次在近郊（参见《仪礼·聘礼》）。

⑤三揖，登：郑《注》曰："谓庭中时也。"按，宾（此时在宾馆中则为主人）对于主国派来行劳礼的使者，三辞（推辞三次）之后，便迎使者入馆。从进门到行至堂阶前行进时，要互行三次揖礼，即所谓三揖。登阶升堂前，宾主要互相谦让三次（让由对方先升），即所谓三让，而后宾主登阶升堂。

⑥拜送：送出礼物后又行拜礼，谓之行拜送礼：凡以物授人，先授而后拜，叫做拜送，与拜受正相对，

⑦主君郊劳：这是第三次劳礼，郊谓近郊，由主君亲行。

⑧交摈：谓交摈传辞（参见《秋官·大行人》注）。

⑨车逆，拜辱：贾《疏》曰："传辞既讫，宾乘车出大门迎主君，至主君处下车，拜主君屈辱自至郊也。"

⑩三揖；三辞：三揖，参见上注⑤。三辞，谓宾主行至堂阶前，三辞对方之让升。传辞时双方地位最高的摈介受命传事，他们各自从上至下传达主君的致意，又转告自下而上传来的对方主君的意见，如是者三，即为三辞，亦即三次传辞致谢。

⑪拜受：谓宾拜受主君的劳礼。贾《疏》曰："主君亦当拜送，不言，

省文也。"

⑫车送,三还,再拜:这是指劳礼毕,宾送主君之礼。贾《疏》曰:"宾乘车出门就主君,若欲远送之。三还者,主君见宾送己,三还辞之。再拜者,宾见主辞,遂再拜送主君也。"

⑬致馆亦如之:馆,宾馆,客舍。据郑《注》,这是指宾初至主国国都,主君先派大夫为之安排馆舍,然后亲自至馆送礼品致意,谓之致馆。贾《疏》曰:"亦如之者,上主君郊劳,此亲致馆,明亦如之也。"

⑭致飧如致积之礼:飧,一般饮食。郑《注》曰:"食也。小礼曰飧,大礼曰饔饩。"按,致飧,是在宾初至,尚未行朝礼时,主国为宾所致之食,犹今设便宴。《仪礼·聘礼》郑《注》曰:"食不备礼曰飧。"如致积之礼,郑《注》曰:"俱使大夫,礼同也。"按,飧、积俱使大夫相送。

⑮三揖三让:谓主君三次揖请宾入大门,而宾三次谦让,然后主君先入以导宾。

⑯"每门止一相"三句:按,每门,诸侯之宫三门:大门叫库门,中门叫雉门,内门叫路门。宗庙在雉门内东边,有墙相隔,墙上开有一门曰闱门,过闱门即进入宗庙区。又诸侯五庙,太祖庙居中,其西并列二穆庙,其东并列二昭庙,庙与庙之间亦有墙相隔,墙上亦开有闱门。据孙诒让说,宗庙之五庙自为一区,周围有墙(其西墙即雉门内的东墙),南墙正中开有一门,为正门,此门正与太祖庙门相应,入正门向东为两昭庙,向西为两穆庙。所谓每门,实则只谓雉门与宗庙正门。相,谓主君的摈者和客人的介。在门外负责传辞,进门后负责赞礼。入门相礼故变其名称为相。所谓每门止一相,是说宾主行至雉门和宗庙正门前时,宾只由其上介一人相礼,主君则只由其上摈一人相礼。上相,即主君的上摈、宾的上介。上摈是主君的首席接待官,上介是宾客的第一

随从。

⑰宾三揖三让：这是入庙门后宾主所行之礼。按，三揖是宾主互行
之礼，三让则是主君所行之礼而宾则当三辞，此句主语为宾，实
亦兼主君言。

⑱授币：指主国国君的接受瑞玉。贾《疏》曰："授，当为'受'。……
宾授玉，主君受之，故云'再拜受币'也。"

⑲每事如初：每事，譬如向主国国君借粮、乞师之类。郑《注》曰：
"谓享及有言也。"按，享，即《大行人》所谓三享，即三次向主君进
献礼物。有言，是指行过朝礼之后，宾有国事相告请，譬如向主
国国君借粮、乞师之类，或有其他外交事务需同主国相交涉。据
《仪礼·聘礼》，在聘礼完毕后，宾将事先准备好的书信加放在束
帛上奉进于主君，到宾将返国的时候，主君再将答复的话，亦以
书面形式，派其大夫以束帛奉于宾的馆舍。此朝礼，宾有言盖亦
如之。

⑳宾：以郁鬯敬宾时，如果主人身份高于客人，就叫做"礼"；如果主
人客人身份相等，就叫做"傧"。郑《注》曰："当为'傧'，谓以郁鬯
礼宾也。上于下曰礼，敌者曰傧。"

㉑三请，三进：郑《注》曰："请宾就车也。主君每一请，车一进，欲远
送之也。"

㉒致饔饩：参见《秋官·大行人》注。

㉓还圭：即归还瑞玉。朝君正式会见主君授玉后，礼毕，主君则至
客馆归还。《礼记·聘义》："以圭璋聘，重礼也；已聘而还圭璋，
此轻财而重礼之义也。"

㉔致赠：郑《注》曰："送以财。"据《仪礼·聘礼》，宾返国出了主国国
都到达近郊时，主君还要派其卿前来赠送财物。

㉕皆如将币之仪：孙诒让曰："谓交摈及迎送、辞受、揖让之仪略同，
其节次细别则异也。"

㉖宾之拜礼：据郑《注》，这是说宾将返国时，要去拜谢主君，所拜者即下文之三事。

㉗宾继主君：郑《注》曰："继主君者，傧主君也。傧之者，主君郊劳、致馆、饔饩、还圭、赠、郊送之时也。"即对于主君的盛情接待，客人要把主君作客人而回赠玉帛皮马等。

【译文】

凡诸公相互为宾［而行朝礼］，［宾从来直到返国］主国要安排为客人五次供给粮草牲牢，［要派遣卿大夫对宾］行三次问礼，［宾对于主国所致的礼］每次都要推辞三次而后行拜受礼［接受］，每次都要［在客舍的大门外］陈列介迎接［前来行礼的］使者；主国对宾前两次劳礼时，每次宾都要推辞三次，［然后宾与前来行劳礼的使者进入馆舍］，［行进中］互行三次揖礼，登阶升堂，宾行拜受礼［接受劳礼］，使者行拜送礼。［第三次］主君亲行郊劳礼，宾主交摈传辞，［宾对主君亲行劳礼］三次表达推辞之意，然后乘车［出馆舍大门］迎接主君，拜谢主君屈驾亲临慰劳，［然后宾与主君进入馆舍］，［在庭中行进时宾主］互相行三次揖礼，［来到堂阶前，宾要三次让由主君先登阶升堂］，［主君］推辞三次，［客人率先升堂，主国国君随着登阶升堂］，宾行拜受礼［，表示接受主君的劳礼］。宾乘车送主君，主君三次转过身来辞谢，宾于是行再拜礼以示和主君告别。［宾进入主国国都后］为宾安排馆舍的礼仪也如同郊劳一样［由主君亲自进行］。为宾设便宴的礼仪也如同向宾赠送粮草牲牢之礼一样，［由主国的大夫前往进行］。到［第二天将正式行朝礼］向主君授玉时，［在大门前］通过交摈传辞，［主君］三次表示推辞不敢当之意，然后乘车［出大门］迎接宾，［下车］拜谢宾枉驾来访。宾乘车进前［而后下车］答拜。［接着宾主进入大门，每进一道门］主君都三次揖请宾先入而宾三次推让。每经过一道门都只由一名上相相礼，到了太祖庙庙门前，只有主人的上摈与客人的上介随着进入庙中。［进入庙门后］宾主在庭中行三揖三让之礼，登阶升堂。［主君］行再拜礼然后接受了客人呈交的瑞玉。宾授玉后行拜送礼。[向主君进献礼物，或有国事要同主国交涉]，每件事的礼仪都同当初一样。主君向宾[进献郁鬯香酒]行裸礼的礼仪也是这样。等到宾告辞退出时，主君乘车送宾，三次请宾登车，并三次驱车前进[，以示意将要远送宾]，[宾将要登车时]又向宾行再拜礼以相送。宾[对于主君的三请]三次转身推辞，[对于主君的再拜礼]告以不敢当并做出回避的样子，[然后登车而去]。[行过朝礼之后]，主国要向宾馈送饔饩之礼，[宾将返国时]主君要把圭璋送归还给宾之礼，[宾在主国居留期间]主君要为宾安排飨礼、食礼，[宾返国出了主国都城到达近郊临别时]主君向宾赠送财物之礼，并到近郊馆舍送行之礼：以上礼仪都同宾前去向主君授玉时的礼仪一样。宾[回国上路之前]向主君行拜谢礼的[有以下三件事]：拜谢其馈送饔饩，拜谢其为己安排飨礼、食礼。宾用宾礼接待[到馆舍]来的主君，礼仪都如同主国接待自己时一样。

4. 诸侯、诸伯、诸子、诸男之相为宾也，各以其礼，相待也如诸公之仪①。

【注释】

①"各以其礼"二句：谓仪节如诸公，而礼数则不同，如诸公待以九牢而诸侯则七牢，诸公五积而诸侯则四积，等等（参见《秋官·大行人》）。

【译文】

诸侯、诸伯、诸子、诸男相互朝见而为宾，也都各自按照相应等级的礼数行事，而相互接待的进退揖让等仪节则与诸公相朝相同。

5. 诸公之臣相为国客①，则三积，皆三辞拜受。及大夫郊劳②，旅摈③，三辞，拜辱。三让，登。听命，下拜，登受④。宾使者如初之仪⑤。及退，拜送。致馆如初之仪⑥。及将币⑦，旅摈⑧，三辞，拜逆，客辟，三揖，每门止一相，及庙，唯君相入。三让，客登。拜，客三辞。授币，下⑨，出。每事如初之仪⑩。及礼，私面，私献⑪，皆再拜稽首。君答拜。出及中门之外⑫，问君⑬，客再拜对。君拜。客辟而对⑭。君问大夫⑮，客对。君劳客⑯，客再拜稽首。君答拜，客趋辟⑰。致饔饩，如劳之礼。飨、食、还圭⑱，如将币之仪。君馆客，客辟，介受命⑲。遂送。客从拜辱于朝。明日，客拜礼赐⑳，遂行。如入之积。

【注释】

①相为国客：郑《注》曰："谓相聘也。"

②大夫郊劳：据孙诒让说，此大夫即卿，因为卿也是大夫，又以为"凡臣聘，盖皆一劳"，即此郊劳是也。

③旅摈：谓排列摈介之位以迎客。

④受：谓接受大夫之劳礼。郑《注》曰："劳用束帛。"

⑤宾使者如初之仪：宾，亦当为"傧"，谓客以馆舍主人的身份用宾礼款待大夫。

⑥致馆如初之仪：如初之仪，据郑《注》，是指如郊劳礼，但不傧使者。贾《疏》说，前来致馆的亦为主国的卿。

⑦将币：贾《疏》曰："亦谓圭璋也。"

⑧旅摈：贾《疏》曰："亦谓于主君大门外，主君陈五摈，客陈七介，不传辞。"

⑨"三揖"至"下"：参见本篇第 3 节原文及注。唯"唯君相入"，与彼"唯上相入"文稍异。贾《疏》曰："彼是两君，故云：'唯上相入'。"

⑩每事：郑《注》曰："享及有言。"

⑪及礼，私面，私献：私面，即私觌。谓客行过正聘礼之后，又以个人名义见主国国君。私觌的目的，《仪礼·聘礼》郑《注》曰："欲交其欢敬也。"觌，见。郑《注》曰："礼，以醴礼客。私面，私觌（dí）也。既觌则或有私献者。"按，礼，谓以醴礼宾客，即向宾客献醴。孙诒让曰："凡礼之通例，宾、主人行礼毕，主人待宾用醴，并谓之礼。"

⑫中门：按，诸侯三门，中门即雉门。

⑬问君：郑《注》曰："问君曰：'君不恙乎？'"

⑭"客再拜对"三句：这里客两次对，据方苞《周礼析疑》说，第一次是对"不恙"之问，第二次是对"别问君之所为也"，即有关君的其他情况。

⑮问大夫：郑《注》曰："问大夫曰：'二三子不恙乎？'"

⑯君劳客：郑《注》曰："劳客曰：'道路悠远，客甚劳。'"

⑰客趋辟：孙诒让曰："客不敢当主君之拜，故趋出辟之，且见不敢劳主君之远送也。"

⑱飧、食：郑《注》曰："亦谓主君不亲，而使大夫以币致之。"按，币谓束帛，此谓主君派其大夫前往客馆，手捧束帛代主君向客致辞，以馈送飧礼和食礼所当有的牲牢酒食等。

⑲"君馆客"三句：郑《注》曰："客将去，就（馆）省之，尽殷勤也。"客辟，义谓不敢当。介受命，孙诒让曰："使介于舍馆大门外听命也。"

⑳礼赐：郑《注》曰："谓乘禽，君之加惠也。"按，乘禽，是一种雌雄相伴而又群聚的雁、鹜等鸟类。据《仪礼·聘礼·记》，客到主国后，从第十天起，宰夫要每天供给客和介一定数量的乘禽，因此为致飧和馈饔汽等正礼外另又馈送的，故曰"君之加惠"。

【译文】

诸公的臣互相作为国客［行聘礼］，就［主国在从来到去的路上要］

三次供给粮草牲牢,客每次都要辞谢三次然后行拜礼接受。到主国[国君派遣的]的大夫前来行郊劳礼时,客陈列介迎接,并要辞谢三次,然后拜谢大夫屈尊前来。[客与大夫进入馆舍来到堂阶前],客要三次谦让请大夫先登阶上堂,[而大夫三次推辞],[然后客先登而大夫随之]登阶上堂,客聆听[大夫代表主君致]郊劳辞,[为表示尊敬主国国君,]听毕下堂[面向北]行拜礼,然后再上堂接受劳礼。客用宾礼接待使者也如同当初行劳礼的礼仪一样。等到大夫退出客舍时,客行拜礼相送。为客安排馆舍的礼仪也如同郊劳的礼仪一样。等到将[行正聘礼向主国国君]授玉时,主君陈列摈者[迎接客],[对于客来行聘礼]三次表示推辞不敢当,然后[主国国君在大门内]拜迎客,客回避君的拜礼[表示不敢当],[接着客进入大门以后,每进一门]主君都三次作揖请客先入,[而客三次推让],每经过一门都只由一名上相相礼,等到了太祖庙的庙门前,只有主君的相进入庙中。[进庙后主君与客行三揖]三让之礼,然后客[随主君]登阶上堂。[客转达己君对主君的友好问候之辞,主君]拜谢客的到来,客三次退避[君的拜礼]。客把玉授给主君,然后走下堂下,出庙。[此后向主君进献礼物,或有国事要同主国交涉],每件事的礼仪都同当初授玉一样。等到主君向客献醴,客以个人名义晋见主君,以及以个人名义向主君进献礼物时,都要向主君行再拜稽首礼,而主君则答以回拜礼。礼毕,客出庙走到中门外,主君询问[客的]国君的健康情况,客行再拜礼表示感谢,而后回答。主君则行回拜礼[表示欣慰]。客回避主君的拜礼而后又回答[有关国君的其他问题]。主君又问起卿大夫们的健康情况,客也作了回答。主君慰劳客[旅途一路辛苦],客行再拜稽首礼[以表示感谢]。主君回拜礼,客快步出大门避开主君的拜礼。[主君派卿去向客]馈送饔饩,如同郊劳时的礼仪。[主君向客]致送缫礼、食礼,以及[客返国前]向客奉还玉圭,都如同客向主君授玉时的礼仪。[客返国前一天,]主君前往客馆看望客,客[因不敢当而]回避,而让自己的介听取主君的送别辞命。接着[主君行拜礼表示]送客。

[主君离去时]客跟从主君,到朝[的大门外]拜谢主君屈尊亲来馆送行。第二天,客到朝[的大门外]拜谢主君[在访问期间每天]礼赐的[乘禽],接着就启程上路回国。[主国馈送的粮草牲牢]如同客进入主国时所馈送之数。

6. 凡侯、伯、子、男之臣①,以其国之爵相为客而相礼②,其仪亦如之。

【注释】

①侯、伯、子、男之臣:侯,《注疏》本原误刻作"诸"。

②爵:据郑《注》,谓卿、大夫、士。

【译文】

凡是侯、伯、子、男的臣互相到对方国家访问,就按照他们在本国的爵位尊卑出聘而互相为客、互相礼待,其具体礼仪也和接待诸公的臣一样。

7. 凡四方之宾客,礼仪、辞命、饩牢、赐献①,以二等从其爵而上下之②。凡宾客,送逆同礼③。

【注释】

①饩牢:谓馈赠饔饩之类。赐献:谓礼赐、进献时新食品之类。

②以二等从其爵而上下之:谓爵尊者礼丰,爵卑者礼简,以二等为差。如诸侯的卿,所受礼遇就比其君降二等,大夫则比卿降二等,士又比大夫降二等;反之亦然。

③送逆同礼:郑《注》曰:"谓郊劳、郊送之属。"按,凡客皆为之行此二礼,故曰同礼。

【译文】

凡是来自四方诸侯国的宾客,接待他们所用的礼仪、辞命、向他们馈送的牲牢数,以及所礼赐和进献的物品,都可依照他们的爵位,爵位上下差一级,就上下相差二等。凡是宾客,都同样要行送迎之礼。

8. 凡诸侯之交,各称其邦而为之币^①,以其币为之礼。

【注释】

①币:此谓三享中所用的币,即进献的礼。

【译文】

凡是诸侯国之间的交往,朝聘一方各自依据自己国家的大小来决定进献礼物的多少,而主国则根据来宾所进献礼物的多少而决定回赠之礼的多少。

9. 凡行人之仪^①,不朝,不夕^②,不正其主面^③,亦不背客。

【注释】

①凡行人之仪:郑《注》曰:"谓摈相传辞时也。"孙诒让以为,此为司仪预习其仪,而以告大、小行人。

②不朝,不夕:朝,谓正东;夕,谓正西。郑《注》曰:"不正东乡,不正西乡。"按,依常礼皆宾居西边而面朝东,主居东边而面朝西。如摈相正面向东或向西,则背向宾或主,这样就不符合礼。

③不正其主面:此谓行人为摈相相礼,其面之所向,当兼顾宾主,如正面对着主人,则会背对宾客。

【译文】

凡是大、小行人担任摈相时的礼仪,脸不正向东,也不正向西,不正对着主人,也不背对着宾客。

五五　行夫

1. 行夫掌邦国传遽之小事,嬫恶而无礼者①。凡其使也,必以旌节,虽道有难而不时,必达。居于其国,则掌行人之劳辱事焉②。使则介之。

【注释】

①"行夫掌邦国"二句:传遽,驿车,传车。《说文》:"遽,传也。"杨伯峻曰:"传车为古代驿站专用车辆,每抵一中途站,换车换马换驭者,继续前行,取其快速。"按,据孙诒让说,此谓乘轻车传达王命或报告消息。小事,即指"嬫恶而无礼者"。据郑《注》,嬫,同"美",谓福庆之事。恶,谓死丧荒年之事。无礼,不需讲究礼仪而携带礼品、随从迎送接待等。贾《疏》曰:"无摈介而单行。"孙诒让曰:"亦谓无聘享玉帛之礼。"

②"居于其国"二句:居于其国,此谓行夫随大、小行人居所使之国。掌行人之劳辱事,孙诒让曰:"与行人为役也。劳辱事,犹《司隶》云'烦辱之事'。"

【译文】

行夫掌管乘驿车前往诸侯国传达小事,这是些福庆、丧亡灾荒之类而出使传达者无须讲究礼仪而迎送接待的事情。凡是行夫被派遣出去,必须持有旌节而通行,即使出使途中道路艰险难走出现意外情况而不能及时到达,最终也一定要将王命传达到。随从大、小行人出使而留居在出使国期间,就掌管处理大、小行人的繁杂琐碎的事务,大、小行人为使臣就充当他们的介。

五六　环人

1. 环人掌送逆邦国之通宾客^①，以路节达诸四方^②。舍则授馆，令聚柝^③。有任器^④，则令环之。凡门关无几^⑤，送逆及疆。

【注释】

①通宾客：郑《注》曰："以常事往来者也。"

②以路节达诸四方：路节，即旌节。出使、迁移所持之节，以为凭信。郑《注》曰："四方，圻（畿）上。"

③令聚柝：郑《注》曰："令野庐氏也。"聚柝，聚集守护馆舍的人击柝巡夜。（参见《秋官·野庐氏》注）

④任器：指除兵器以外的器物财货（参见《秋官·司隶》注）。

⑤凡门关无几：刘青芝曰："言有环人送迎，则宾客出入不见几。"几，稽查，苛察。

【译文】

环人掌管迎送诸侯国以平常事务而往来的宾客，发给旌节使他们能通行王畿内四方。旅途中，宾客住宿时就负责为之安排馆舍，并命令野庐氏聚集民众为之击柝巡夜。宾客带有器物的，就令人环绕看守以防备盗贼。对于有环人迎送的宾客，凡是经过城门、关卡都不稽查，送迎客人都以抵达畿疆为界。

五七　象胥

1. 象胥掌蛮、夷、闽、貉、戎、狄之国使^①，掌传王之言而谕说焉，以和亲之。若时入宾^②，则协其礼，与其辞言传之。凡其出入送逆之礼节、币帛、辞令③,而宾相之。

【注释】

①蛮、夷、闽、貉、戎、狄之国使:郑《注》曰:"谓蕃国之臣来觐聘者。"
　（参见《夏官·职方氏》及《秋官·大行人》注）

②若以时入宾:郑《注》曰:"谓君其以一世见来朝为宾者。"按,此即
　《秋官·大行人》"九州之外谓之蕃国,世一见。"即只在新君即位
　时来朝见一次。

③出入:谓从来到去。

【译文】

象胥掌管蛮、夷、闽、貉、戎、狄等国家派来觐聘的使者,掌管向他们
传达王所说的话而晓谕他们,以与他们和睦相亲。如果是蕃国国君新
即位按时来朝为宾,就妥善协调接待他们的礼仪,翻译他主、宾双方
的言辞,并传达给他们双方。凡是有关蕃君从到来至离去的迎送礼节、
进献币帛、应对辞令等,都担任摈相而诏告协助他们行礼。

2. 凡国之大丧,诏相国客之礼仪①,而正其位。

【注释】

①国客:奉君命朝聘天子或聘问他国的使臣。郑《注》曰:"谓诸侯
　使臣来吊者。"李光坡引郑刚中曰:"谓四夷遣其臣来也。中国之
　客自有大、小行人掌正其位。"

【译文】

凡国家有大丧,诏告并协助蕃国前来吊唁的使臣行丧礼之仪,而规
正他们行礼的位置。

3. 凡军旅、会同，受国客币^①，而宾礼之。

【注释】

①币：贾《疏》曰：“礼动不虚，……以币致其君命（慰问辞），非谓别有币也。”

【译文】

凡是国家有出征、会同的事，就接受蕃国前来慰问的使臣敬献的币帛礼品，而以宾客之礼接待他们。

4. 凡作事^①，王之大事诸侯，次事卿，次事大夫，次事上士^②，下事庶子^③。

【注释】

①作：谓有事派遣执行人员。郑《注》曰：“使也。”

②上士：据王引之校，“上”字衍。

③庶子：谓尚未授爵命而任官职的公卿大夫之子。

【译文】

凡委派人做事，王的大事就委派诸侯去做，次一等的事就委派卿去做，再次一等的事就委派大夫去做，再次一等的事就委派士去做，小事就委派庶子去做。

五八　掌客

1. 掌客掌四方宾客之牢礼、饩、献、饮食之等数^①，与其政治^②。

【注释】

①牢礼、饩、献：据孙诒让说，此处牢礼，指凡当供给牲牢之礼，如下
　文所说之飧、积、殷膳等；饩，指饔饩（参见《天官·宰夫》注及《外
　饔》注）；献，指乘禽，即献雉雁等。饮食：即飨、食、燕之类。

②政治：此谓因祸灾等而减礼的事务。郑《注》曰："邦新杀礼之
　属。"（参见本篇下文第8节）

【译文】

掌客掌管招待四方宾客所当供给的牲牢、饔饩、乘禽和饮食的各种
规格的礼数，以及有关因故减礼的事务。

2. 王合诸侯而飨礼①，则具十有二牢②，庶具百物备③。
诸侯长④，十有再献⑤。

【注释】

①飨礼：此是最高规格的宴会，因下文"十有二牢"等皆天子之礼。

②十有二牢：即十二牢，十二太牢。牢，太牢。即牛一、羊一、豕一
　三牲具备为一牢。

③庶具百物备：庶具，庶羞，即众多的美味佳肴。朱申曰："庶羞之
　具，百物之品，莫不咸具。"孙诒让曰："十二牢为牲俎，则庶具百
　物盖指庶羞，《膳夫》所谓'羞用百有二十品'之属是也。"

④诸侯长：方伯。为九命之上公，东西二方各一，长诸侯。郑《注》
　曰："九命作伯者也。"又曰："献公侯以下，如其命数。"贾《疏》曰：
　"《大行人》云'上公飨礼九献，侯伯七献，子男五献'，是也。"

⑤十有再献：即十二献。

【译文】

王与诸侯有事会同而举行规格最高的飨礼，就备办十二太牢，并备
办百种美味。在飨礼上对于一方诸侯之长，要行十二次献酒之礼。

3. 王巡守、殷国①，则国君膳以牲犊，令百官百姓皆
具②。从者，三公视上公之礼，卿视侯伯之礼，大夫视子男之
礼，士视诸侯之卿礼，庶子壹视其大夫之礼。

【注释】

①巡守、殷国：殷国，天子在诸侯国行殷见之礼。孙诒让曰："王巡
守近畿之国，因而合诸侯也。"参见《秋官·大行人》及注。

②令百官百姓皆具：郑《注》曰："令者，掌客令主国也。百姓皆具，
言无有不具备。"

【译文】

王巡守天下或在附近的诸侯国接见众来朝的诸侯，王所到国的国
君要向王进膳而用牛犊，命令供给王的百官所用的众多的牲牢都要具
备。对于王出巡的随从官员的接待规格，接待三公比照上公的礼数，接
待卿比照侯伯的礼数，接待大夫比照子男的礼数，接待士比照诸侯之卿
的礼数，接待庶子比照诸侯之大夫的礼数。

4. 凡诸侯之礼①：上公五积，皆视飧牵②。三问皆修③，
群介行人宰史皆有牢④。飧五牢⑤，食四十⑥，簠十⑦，豆四
十⑧，铏四十有二⑨，壶四十⑩，鼎、簋十有二⑪，牲三十有六⑫，
皆陈。饔饩九牢⑬，其死牢如飧之陈⑭，牵四牢，米百有二十
筥⑮，醯醢百有二十瓮，车皆陈⑯；车米视生牢，牢十车⑰，车
秉有五籔⑱，车禾视死牢，牢十车⑲，车三秅⑳，刍薪倍禾㉑，皆
陈㉒。乘禽日九十双㉓。殷膳大牢㉔。以及归，三飨、三食、
三燕；若弗酌，则以币致之㉕。凡介、行人、宰、史，皆有飧、饔
饩，以其爵等为之牢礼之陈数㉖，唯上介有禽献。夫人致

礼^㉑：八壶、八豆、八笾，膳大牢，致飧大牢，食大牢。卿皆见，以羔，膳大牢。

【注释】

①凡诸侯之礼：据贾《疏》，自本节起等 3 节，谓五等诸侯自相朝聘，主国接待聘君之礼。

②皆视飧牵：意谓每积供应的牲牢标准都和接风便宴上的一样。飧，参见《秋官·司仪》第 3 节注。牵，活牲。郑《注》曰："谓所共如飧。"下文云"飧五牢"，是每积供活牲五牢，五积则二十五牢。

③脩：加姜桂等调料制成的干肉。

④群介行人宰史皆有牢：据《注》《疏》，此九字衍。故不译。

⑤飧五牢：飧，接风便宴。郑《注》曰："飧，客始至，致小礼也。"郑《注》又曰："公侯伯子男飧皆饪（煮熟的牲肉）一牢，其余牢则腥（已杀而未煮熟的牲）。"五牢，五牢中，一牢是饪，即煮熟的肉；其余四牢是腥，即生肉。

⑥食：谓庶羞。郑《注》曰："其庶羞美可食者。"

⑦簠（fǔ）：盛放稻粱的食器。郑《注》曰："稻粱器也。"

⑧豆：盛放菹醢等濡汁食物的食器。郑《注》曰："菹醢器也。"菹，参见《天官·醢人》注。醢，肉酱。

⑨铏四十有二：铏，盛放盐菜和肉汁的器皿。郑《注》曰："铏，羹器也。"按，羹，谓既加调料又加盐菜的肉汁。据王引之校，"四十有二"之"四"，乃"三"字之误。

⑩壶四十：据郑《注》，十六壶陈放堂上，东夹、西夹各十二。壶，郑《注》曰："酒器也。"

⑪鼎、簋：鼎，盛放牲牢的器具。簋，盛放黍稷的食器。郑《注》曰："鼎，牲器也。簋，黍稷器也。"

⑫牲三十有六：牲，当作"腥"，鲜牲肉。此谓腥鼎，盛放鲜牲肉的

鼎。郑《注》据下文记侯伯之礼曰"腥二十有七",以为此处"牲"乃"腥"字之误。

⑬饔饩:宰杀过的牲口谓之饔、死牢;待杀的活牲口谓之饩,也叫生牢、牵。饔又包括饪(煮熟的肉)与腥(生肉)。参见《秋官·大行人》第5节注。

⑭其死牢如飧之陈:意谓其死牢也是五牢,其中一牢是熟肉(饪),陈设在宾馆的西阶前,其余四牢是未煮的生肉(腥),陈设在东阶前。死牢,谓已杀的牲。据上文飧五牢,饔饩之死牢亦五牢。郑《注》曰:"如飧之陈,亦饪一牢在西,余腥在东也。"

⑮米百有二十筥:米,此为稻、粱、黍、稷的总称。筥,竹制的圆形容器。可容半斛(即五斗)。米的放法,据郑《注》,十筥为一排,稻粱黍各两排,稷六排,共十二排,在庭中东西陈列。

⑯车皆陈:郑《注》说"车"字衍。又据郑《注》说,以上诸物都陈在宾馆门内。

⑰"车米视生牢"二句:车米,谓载米之车。生牢,即上文"牵四牢"。按,上文"牵四牢",是指饔饩之生牢四牢,每牢十车,则米四十车。

⑱秉有五籔(sǒu):即二百四十斗,也即二十四斛。秉、籔皆容量单位。一秉合十籔,一籔合十六斗。秉,《注疏》本原误作"乘",据阮校改。《仪礼·聘礼·记》曰:"十斗曰斛,十六斗曰籔,十籔曰秉。"

⑲"车禾视死牢"二句:禾,据郑《注》,谓带穗的茎。按,饔饩死牢凡五牢,每牢十车,则五十车。

⑳车三秅(chá):秅,古代的计禾单位。四百秉为一秅。秉,今言一把,此即一手能握住的量。《仪礼·聘礼·记》曰:"四秉曰筥,十筥曰稯(zōng),十稯曰秅,四百秉为一秅。"又郑《注》:"每车三秅,则三十稯也。"

㉑刍薪倍禾：刍，饲草。薪，柴。倍禾，按，禾五十车，倍禾则一
　百车。

㉒皆陈：据郑《注》，以上诸物皆横向陈列在宾馆门外。

㉓乘禽：雌雄相伴而又群聚的雉、雁等鸟。郑《注》曰："乘行群处之
　禽，谓雉、雁之属。于礼以双为数。"孙诒让曰："乘行谓双双相并
　而行，群处谓成群而居，犹言乘居而匹处矣。"

㉔殷膳：客人逗留期间，主人在正常牢礼外又不定期致送膳食。郑
　《注》曰："殷，中也。中又致膳，示念宾也。"贾《疏》曰："此为牢礼
　（即馈饔饩）之外，见宾中间未去（即尚未返国），恐宾虑主人有
　倦，更致此膳，所以示念宾之意无倦也。"

㉕"若弗酳"二句：若弗酳，谓主君因故不能亲酌酒献宾，实指主君
　不能亲自参加飧、食、燕礼，则要把飧、食、燕所需的酒食佳肴，派
　臣送到宾馆去。以币致之，谓奉上束帛代君致辞以馈送之。郑
　《注》曰："谓君有故，不亲飧、食、燕也。不飧则以酬币致之，不食
　则以侑币致之。"

㉖以其爵等为之牢礼之陈数：据郑《注》，如果是卿，则飧二牢，饔饩
　五牢；大夫，则飧大牢，饔饩三牢；士，则飧少牢（只有羊豕二牲），
　饔饩大牢。

㉗夫人致礼：据《仪礼·聘礼》，主君向宾馈饔饩后，夫人也要派人
　向宾"归（馈）礼"（国君所使，而以夫人的名义），以体现"助君养
　宾"义，但其礼则大减于君。

【译文】

　　凡接待［来朝聘］诸侯之礼：接待上公［从来直到返国］要五次供给
粮草牲牢，［其中所供的］活牲数都比照致飧食的牲数。沿途三次问礼
每次都进献有脯，（下"群介行人宰史皆有牢"九字衍，不译）。供给的飧
食用五牢，还有各种美味食物四十［豆］，［稻饭、粱饭］十簋，［各种菹菜
和酱类］四十豆，［各种肉羹］三十二铏，［酒］四十壶，［盛熟牲肉的］鼎和

［盛黍饭、稷饭的］簋各十二，［鲜牲肉］三十六鼎，都陈放［在一定的地方］。主君派卿到宾馆馈送的饔饩有九牢，其中已宰杀的牲牢如同飧食所供牲牢的陈列法，还有牵去的活牲四牢，送去的米一百二十筥，送去的醋酱一百二十瓮，都陈放［在宾馆的门内］；送去的载米的车数比照馈赠活牲的牢数，每馈赠活牲口一牢，就配上馈赠的米十车，每车载米一秉零五籔，送去的载禾的车数比照馈赠死牲的牢数，每馈赠宰杀过的牲口一牢，就配上馈赠的禾十车，每车载禾三秅，送去的饲草和薪柴都比禾多一倍，［这些载米、载禾、载饲草、载烧柴的车辆］都陈列［在宾馆的门外］。［聘君逗留期间，］乘禽每天供给九十双。中间又赠送太牢为膳食。一直到宾返国之前，主君还要为宾举行三次饔礼、三次食礼、三次燕礼；如果主君因故不能亲自［参加饔礼、食礼、燕礼而］酌酒献宾，［就派人］奉上束帛代君致辞而把酒食馈送给宾［并代表主君致意］。凡［随从宾的］介、行人、宰、史等所有随员，主君也都要馈送飧食和饔饩，按照他们爵位的高低来决定所陈列的牢礼数的规格，其中只有上介供应乘禽。主君夫人［派下大夫向宾］所赠送的礼物有：八壶酒，八豆菹醢，八笾果脯，膳食用一具太牢，馈送的饔礼用一具太牢，食礼用一具太牢。［主国的］卿都来宾馆拜见宾，用羔羊作为见面礼，并馈送一具太牢用于膳食。

　　5. 侯伯四积，皆视飧牵。再问皆脩。飧四牢，食三十有二，簋八，豆三十有二，铏二十有八①，壶三十有二，鼎簋十有二，腥二十有七，皆陈。饔饩七牢，其死牢如飧之陈，牵三牢，米百筥，醯醢百瓮，皆陈；米三十车，禾四十车，刍薪倍禾，皆陈。乘禽日七十双。殷膳大牢。三飨②、再食、再燕。凡介、行人、宰、史，皆有飧、饔饩，以其爵等为之礼，唯上介有禽献。夫人致礼：八壶、八豆、八笾，膳大牢，致饔大牢。

卿皆见,以羔,膳特牛③。

【注释】

①二十又八:据王引之校,当为"二十四"。

②三飨:据阮校,"三"当为"再"。

③特牛:一头牛。

【译文】

接待侯伯[从来直到返国]要四次安排供给粮草牲牢,[其中每次所供给的]活牲数都比照致飧食的牲数。[沿途派卿]两次问礼,每次慰问都进献有脯。[侯伯初到时]供给的飧食用四牢,还有各种美味食物三十二[豆],[稻饭、粱饭]八簋,[各种菹菜和酱类]三十二豆,[各种肉羹]二十四铏,[酒]三十二壶,[盛熟牲肉的]鼎和[盛黍饭、稷饭的]簋各十二,[鲜牲肉]二十七鼎,都陈放[在一定的地方]。[行过正式聘礼后,主君派卿到宾馆]馈送的饔饩有七牢,其中已杀的牲牢的陈列如同飧食所供牲牢一样,还有牵去的活牲三牢,送去的米一百筥,醋酱一百瓮,都陈放[在宾馆门内];米三十车,禾四十车,饲草和薪柴比禾多一倍,都陈列[在宾馆门外]。[逗留期间,主国]乘禽每天供给七十双。中间又馈送太牢作为膳食。[一直到宾返国之前,主君]还要为宾举行两次飨礼、两次食礼、两次燕礼。凡是[随从宾的]介、行人、宰、史[等所有随员],[主君]都要馈送有飧食和饔饩,按照他们爵位级别的高低来确定所陈列的牢礼数的规格,其中只有上介才有资格接受乘禽。主君夫人[派下大夫向宾]赠送的礼物有:八壶酒,八豆菹醢,八笾果脯,膳食用一具太牢,馈送的飧礼用一具太牢。[主国的]卿都到宾馆去见宾,用羔羊作为见面礼,并馈赠一头牛用作膳食。

6. 子男三积,皆视飧牵。壹问以脩。飧三牢,食二十有四,簋六,豆二十有四,铏十有八①,壶二十有四,鼎簋十有二,牲十有八②,皆陈。饔饩五牢,其死牢如飧之陈,牵二牢,米八十筥,醯醢八十瓮,皆陈;米二十车,禾三十车,刍薪倍禾,皆陈。乘禽日五十双。壹飨、壹食、壹燕。凡介、行人、宰、史,皆有飧、饔饩,以其爵等为之礼,唯上介有禽献。夫人致礼:六壶、六豆、六笾③,膳视致飧④。亲见卿,皆膳特牛⑤。

【注释】

①铏十有八:据王引之校,当为"十有六"。

②牲:据郑《注》,亦当为腥。

③六壶、六豆、六笾:孙诒让怀疑当作"八壶、八豆、八笾",曰:"盖夫人致礼五等诸侯,数皆不降(按,谓与公侯伯的夫人一样),犹膳用太牢,亦五等同不降。"

④膳视致飧:孙诒让曰:"谓子男则夫人不致飧,惟致膳礼特盛,有壶酒,与飧同。"按,致膳本无酒。

⑤"亲见卿"二句:郑《注》曰:"言卿于小国之君,有不故造馆见者;故造馆见者,乃致膳。"

【译文】

子男[从来直到返国,主国]要三次安排供给粮草牲牢等,[其中每次所供给的]活牲数都比照致飧食的牲数。[沿途派卿]行一次问礼进献有脯。[聘君刚到,主君派卿]供给的飧食总共三牢,各种美味食物二十四[豆],[稻饭、粱饭]六簋,[各种菹菜、酱类]二十四豆,[各种肉羹]十六铏,[酒]二十四壶,[盛熟牲肉的]鼎和[盛黍饭、稷饭的]簋各十二,[鲜牲肉]十八鼎,都陈放[在一定地方]。[行过正式聘礼后,主君派卿到宾馆]馈送的饔饩有五牢,其中已宰杀的牲牢的陈列如同飧食所供牲牢一样,牵去的活牲二牢,送去的米八十筥,醯酱八十瓮,都陈放[在宾馆门内];米二十车,禾三十车,饲草和薪柴比禾多一倍,都陈放[在宾馆门外]。[聘君逗留期间,主国]乘禽每天供给五十双。[一直到宾返国,主君]还要为宾举行一次飨礼、一次食礼、一次燕礼。凡介、行人、宰、史[等宾的所有随员],[主君]也都馈送有飧食和饔饩,按照他们爵位的等级来决定馈送牢礼的规格,只有上介供应乘禽。主君夫人[派下大夫向宾]赠送的礼物有:六壶酒,六豆菹醯,六笾果脯,馈送的膳食与馈送的飧礼规格相同。[主国]亲来拜见宾的卿,都要[向宾]馈送一头牛用作膳食。

7. 凡诸侯之卿、大夫、士为国客,则如其介之礼以待之。

【译文】

凡是诸侯的卿、大夫、士来行聘礼而作为国客,就用如同他们为诸侯国君做介随同访问时接待他们的礼数来接待他们。

8. 凡礼宾客,国新杀礼①,凶荒杀礼,札丧杀礼,祸灾杀礼,在野、在外杀礼。

【注释】

①杀:降低,减少。

【译文】

凡是以礼接待宾客,如果国家新建立礼就可以降低规格,如果有大灾荒礼就可以降低规格,如果有大瘟疫礼就可以降低规格,如果遭受兵寇侵犯或水火灾害礼就可以降低规格,如果在野地、在畿外礼就可以降低规格。

9. 凡宾客死,致礼以丧用。宾客有丧^①,惟刍稍之受^②。遭主国之丧^③,不受饔、食,受牲礼^④。

【注释】

①宾客有丧:据郑《注》,若君来朝为宾,则丧指其父母死;若臣来聘而为客,则丧还当包括君死。

②惟刍稍之受:谓不接受主国的饔礼和食礼,而只接受刍稍,即饲草和粮食。

③遭主国之丧:孙诒让曰:"谓朝聘既入竟,遭主国君或夫人、世子之丧。"

④受牲礼:郑《注》曰:"牲,亦当为'腥',声之误也。"按,腥礼指饔和飨饩。腥,谓生肉。饔、飨饩皆有熟牲肉,主国因丧而无心煎烹,故按礼当致的熟牲,皆以腥致之。

【译文】

凡是宾客在主国期间死亡,主国就馈送礼物以供丧事之用。宾客进入主国访问期间闻报有丧,就只接受主国供给的最基本的生活资料草料和粮食。如果宾客进入主国访问期间遭逢主国的丧事,那就不再接受主国的饔礼和食礼,而接受按礼数送来的生牲肉。

五九　掌讶

1. 掌讶掌邦国之等籍^①,以待宾客。若将有国宾客至,则戒官修委积^②,与士迎宾于疆^③,为前驱而入。及宿,则令聚栌^④。及委,则致积^⑤。至于国,宾入馆,次于舍门外,待事于客^⑥。及将币,为前驱。至于朝,诏其位,入复。及退亦如之^⑦。

【注释】

①等籍：即礼籍。记载诸侯官吏等级的簿册。郑《注》曰："等，九仪之差数。"（参见《秋官·大行人》注）

②官：指牛人、羊人、舍人、委人之属。皆和"修委积"有关。

③士：谓讶士，有迎送宾客的职责。参见《秋官·讶士》。

④令聚柝：参见《秋官·环人》注。

⑤致积：郑《注》曰："以王命致于宾。"

⑥待事于客：郑《注》曰："通其所求索。"

⑦退亦如之：郑《注》曰："如其为前驱。"

【译文】

掌讶掌管载有诸侯国礼仪等级尊卑的簿册，据以接待来朝聘的宾客。如果将有诸侯国的宾客到达，就先告诫牛人、羊人等有关官员准备好途中的粮草物资，然后与讶士一起前往边境迎接宾客，为宾客做前导而导引宾客入境。每逢宾客在途中住宿下来，就命令野庐氏聚集民众击柝守卫。每到该向宾客赠送粮草时，就以王的名义赠送给宾。到达国都中，宾客住进馆舍后，就在宾馆门外搭起帐篷，以待宾客有事时帮助处理各种需求。等到宾客将要上朝去向国君授玉行朝见礼时，就在前面导引。宾客到朝以后，要诏告他们应站的朝位，然后入内向王报告宾客已到。行朝聘礼完毕，到宾客退出返回馆舍时，也要同样做前导。

2. 凡宾客之治①，令讶，讶治之②。凡从者出，则使人道之。及归，送亦如之③。

【注释】

①凡宾客之治：郑《注》曰："此谓朝觐聘问之日，王所使迎宾客于馆之讶。"治，孙诒让曰："即复逆之事。"

②令讶，讶治之：郑《注》曰："以告讶，讶为如朝而理之。"

③送亦如之：郑《注》曰："如其前驱、聚柝、待事之属。"

【译文】

凡是宾客有事要报告，都要先告诉掌讶，由掌讶入朝报告而加以处理。凡是宾客的随从官员外出，就要派人做前导。等到宾客回国时，沿途相送的礼仪也像迎接时一样。

3. 凡宾客：诸侯有卿讶，卿有大夫讶，大夫有士讶，士皆有讶①。凡讶者，宾客至而往，诏相其事，而掌其治令。

【注释】

①"凡宾"至"有讶"：据郑《注》，此讶与掌讶不同，此为宾客行朝聘礼当天，王临时委派到宾馆去迎宾之讶，其身份低于所迎之宾客一等。

【译文】

凡是宾客，到要行朝聘礼那天，王要派前往宾馆迎宾的讶：如果宾客是诸侯就由卿充任讶，如果宾客是卿就由大夫充任讶，如果宾客是大夫就由士充任讶，如果宾客是士也都有讶。凡是充任讶的人，宾客到来时就要前往宾馆，诏告和协助宾客行礼事，并掌管处理有关接待事宜。

六十　掌交

1. 掌交掌以节与币巡邦国之诸侯①，及其万民之所聚者，道王之德、意、志、虑，使咸知王之好恶，辟行之②。

【注释】

①节与币：节，旌节，一种通行的凭证。币，指见诸侯时所持的束帛等见面礼。郑《注》曰："节以为行信，币以见诸侯也。"

②辟行之：王所厌恶者，避而不为。王所喜好者，则为之。辟，同
　　"避"。

【译文】

　　掌交掌管手持旌节和携带礼品巡视诸侯国都，以及各国民众聚居
的大城邑，宣扬王的盛德、意图、志趣和思虑所在，使人们都知道王的喜
好、厌恶，从而就倡导去做或者避而不做。

　　2. 使和诸侯之好，达万民之说①。掌邦国之通事②，而
结其交好。

【注释】

①达万民之说：说，古"悦"字。郑《注》曰："说，所喜也。达者，达之
　　于王若其国君。"
②通事：通，往来。郑《注》曰："谓朝觐、聘问也。"

【译文】

　　诸侯间有想修好的，就从中和合，使诸侯之间保持和谐友好，把民
众喜乐欢欣的事转达王或诸侯国君。掌管诸侯国间相互朝觐、聘问等
以礼相交往的事，而缔结诸侯与王以及诸侯之间的相互友好关系。

　　3. 以谕九税之利①，九礼之亲②，九牧之维③，九禁之
难④，九戎之威⑤。

【注释】

①九税：九种土地税。即《天官·大宰》之九赋。
②九礼：九仪的礼法。即《秋官·大行人》九仪之礼。
③九牧：九州之长。牧，州长。郑《注》曰："九州之牧。"

④九禁:即《夏官·大司马》"掌建邦国之九法"。郑《注》曰:"九法
之禁。"按,禁,谓用武力查禁违法者。

⑤九戎:即大司马"九伐",九种用兵讨伐之法(参见《夏官·大司
马》)。郑《注》曰:"九伐之戎。"按,《说文》曰:"戎,兵也。"

【译文】

向诸侯国晓谕九税制度的益处,九礼制度对于诸侯国带来的亲和
作用,九牧制度对促成诸侯国的联系作用,九禁之法所形成的各邦国的
敬畏态度,九戎之法树立的王朝的威严。

六一　掌察(阙)

六二　掌货贿(阙)

六三　朝大夫

1. 朝大夫掌都家之国治①。日朝以听国事故②,以告其
君长。国有政令,则令其朝大夫。凡都家之治于国者,必因
其朝大夫,然后听之,唯大事弗因③。凡都家之治有不及者,
则诛其朝大夫;在军旅,则诛其有司④。

【注释】

①朝大夫掌都家之国治:都家,谓采邑。王子弟、公卿之采地谓之
都;大夫之采地谓之家。国治,孙诒让曰:"谓国有事施于都家,
及都家以事请于国,通谓之治。"又曰:"此官为都家之臣,奉其君
长之命居于王国者,故国治(朝廷的文书)下达,都家治(都家的
文书)上达,通掌之也。此职凡言国,并指王朝言。"

②国事故:国家施政的重大举措。俞正燮曰:"朝大夫,若汉郡国邸

吏。国事故者,谓邸报是也。"

③唯大事弗因:孙诒让曰:"都家有大事,则当令专使来至王国咨问辩论。"

④有司:掌管具体事务的官吏。其各有专司,故称。郑《注》曰:"都司马、家司马。"

【译文】

　　朝大夫掌管国家施于采邑及采邑请示于国家的一切治理事务。每天上朝听闻有关国家的政事举措,记录下来以报告给本采邑的君和卿大夫。国家有针对采邑的政令,就下达给采邑的朝大夫而将政令通报其采邑的君长。凡采邑的小政事要请示国家的,一定要由朝大夫转达,然后王朝官吏才受理,只有大事可不由朝大夫转达,而另派专使来向国家请示。凡采邑的政事有违反法令或拖延不及时办理的,就惩罚其朝大夫;如果在军旅之中发生类似情况,就惩罚采邑的都司马、家司马等有关官吏。

六四　都则(阙)

六五　都士(阙)

六六　家士(阙)

冬官

考工记第六

【题解】

《周礼》原书缺《冬官》，汉人揣摩全书体例意旨而以《考工记》补之，凑足六篇之数，仍以《冬官》为其篇名。实际上，据原书创作者在《天官·大宰》中对六官各自所执掌功能的总体构想，冬官系统当为"事官"，掌"事典"，其职能即《天官·小宰》所指的"事职"，包括了"富邦国""养万民""生百物"等丰富的工农业生产技术与服务保障内涵，其内容当不限于《考工记》所列出的具体工种。据清人江永在《周礼疑义举要》一书中考证：根据《周礼》原作者在《天官·大宰》等处的总述，冬官之长曰大司空，其副职曰小司空，其属职见于全书其他各处者，计有匠师、梓师、冢人、啬夫、司里、水师、玉人、雕人、漆氏、陶正、圬人、舟牧、轮人、车人、邑人等十五职，然而这些职务仅玉人、轮人、车人三者出现在《考工记》中，其余十二职虽然明显符合原书拟定的"冬官"功能范畴，在其他地方亦有提及，却并未出现于《考工记》。据后世学者考证，《考工记》是战国后期学者编纂的一部独立著作，简要总结了战国时期一些常见部门的生产技术，该书立足现实，并无意于完整实现"富邦国""养万民""生百物"的《周礼》式宏大目标。既然该书自成体系且自汉代以来传承不绝，则我们也不必专门再去深究它和或许存在（也许是本来就未写出）的《周礼·冬官司空》的差别，而不妨对其结构和内容特色另行分析。《考工记》全篇"总叙"第一句"国有六职,百工与居一焉"之后,即有专门一小节总论百工分工,我们也可据此概述:"凡攻木之工七",一曰轮人,制作车轮与车盖;二曰舆人,制作车厢;三曰弓人,制作弓;四曰庐人,制作戈、戟、殳、矛等长兵器的木柄;五曰匠人,负责营建宫室、城郭、门墙、修建道路及开挖沟渠等;六曰车人,制作耒等农具和大车等;七曰梓人,制作悬挂钟磬的筍虡,以及饮器与射侯。"攻金之工六",一曰筑氏,刊削简札的"削";二曰治氏,制作田猎用的杀矢,以及戈和戟的金属部分;三曰凫氏,制作钟;四曰栗氏,制作豆、区、鬴等量器,五曰段氏,原书阙文;六曰桃氏,制作剑。"攻皮之工五",一曰函人,制甲衣;二曰鲍人,鞣制皮革;三曰韗人,制皮鼓;四曰裘氏,五曰韦氏,原文俱缺。"设色之工五",一曰画,二曰缋,记文中总称为"画缋之事";三曰钟师,掌染羽毛,四曰筐人,原文缺;五曰㡛氏,掌涑丝、帛。"刮摩之工五",一曰玉人,制作圭、璧、琮、璋等玉器,二曰柳人,三曰雕人,原文俱缺;四曰磬氏,制作磬,五曰矢人,制作矢。"搏埴之工二",一曰陶人,制作甗、盆、甑、鬲、庾等陶器;二曰瓬人,制作簋、豆。以上六大类,总计三十个工种。

总叙

1. 国有六职①,百工与居一焉②。

【注释】

①六职:指王公、士大夫、百工、商旅、农夫、妇功等六类职业、职守(详本篇下文第2节)。按,从此句开始,到"人长八尺,登下以为节"止,为《考工记总叙》。

②百工:指制造器物的各种专业工匠、技艺指导者及行政管理官员。因司空掌管国家的所有营造事宜,故百工由司空管辖。郑《注》曰:"百工,司空事官之属。……司空,掌营城郭,建都邑,立

社稷宗庙,造宫室车服器械,监百工者。”

【译文】

国家有六类职业,百工是其中之一。

2. 或坐而论道;或作而行之;或审曲、面埶,以饬五材①,以辨民器②;或通四方之珍异以资之③;或饬力以长地财④;或治丝麻以成之⑤。坐而论道,谓之王公⑥;作而行之,谓之士大夫;审曲、面埶,以饬五材,以辨民器,谓之百工;通四方之珍异以资之,谓之商旅⑦;饬力以长地财,谓之农夫;治丝麻以成之,谓之妇功⑧。

【注释】

①审曲、面埶(shì),以饬五材:审曲,此指审视材料的外部特征(如曲直等)。审,审察,考察,评估。面埶,此指考察材料的内在特征。按,后世称为审方面势。如北宋沈括《梦溪笔谈·技艺》卷十八:“审方面势,覆量高深远近,算家为之喾(wèi)术。”(沈括《元刊梦溪笔谈》,文物出版社,1975年)喾术是我国古代的一门应用算术,主要用于考察、选择、规划用材,测量地势高低、距离远近等。《考工记》此节或可看作喾术的雏形。面,动词,犹审,审察,考察。一说,名词,郑司农曰:“审曲、面埶,审察五材曲直方面形埶之宜以治之,及阴阳之面背是也。”曲,谓曲直。埶,同“势”,谓形势。此谓因材之宜以制器。林希逸曰:“审曲者,审其文理曲直也。面埶者,视其方圆。”饬,整治,加工。五材,五种材料。郑《注》曰:“金、木、皮、玉、土。”

②辨:同“办”,备办。郑《注》曰:“犹具也。”

③资:郑《注》曰:“取也,操也。”

④饬力以长地财：饬力，致力，勤力，努力。饬，通"敕"。《尔雅·释诂》："敕，……劳也。"贾《疏》曰："勤也。"地财，谓五谷。

⑤丝麻：丝，蚕丝，纺织原料，具有柔韧、弹性、纤细、滑泽、耐酸等特性。按，我国是蚕丝的发源地，对蚕的认识，可以上溯到六千多年前。在距今四五千年前的良渚文化时期，养蚕、缫丝、织绸技术已经相当成熟。夏代至战国，我国是世界上唯一的养蚕、缫丝、织绸的国家，分布地区很广。春秋时期，齐国临淄附近已有茂密的桑林。战国时期，齐鲁逐渐发展为重要的蚕桑丝绸产地，齐地的丝织业能够织作冰纨绮绣纯丽之物，号称"冠带衣履天下"（闻人军《考工记译注》，上海古籍出版社，2008年，第2页。下文有从科学技术史角度进行理论分析而参考该书者，不再出注）。麻，古代专指大麻，也泛指亚麻、苎麻、苘（qǐng）麻等麻纤维。按，大麻，桑科一年生草本植物，雌雄异株。苎麻，一种高大的荨（qián）麻科多年生草本（或灌木）植物，有深绿色的厚宽叶子。亚麻，细长直立的桑科一年生草本植物，具线形叶和蓝花。苘麻，锦葵科一年生草本植物，茎直立。大麻、苎麻和葛（一种豆科藤本植物）等的茎皮纤维是当时主要的植物纤维原料。

⑥王公：郑《注》曰："天子、诸侯。"

⑦商旅：郑《注》曰："贩卖之客也。"

⑧妇功：女功，又称女红（gōng），指纺织、缝纫等工作。

【译文】

　　有的人安坐而谋虑探讨治国之道；有的人起来贯彻执行治国之道；有的人审视考察原材料的曲直、方圆等外部、内部特征，以整治加工五材，而备办民众所需的各种器物；有的人采办蓄积四方珍异的物品并加以流通；有的人勤力耕耘土地以生产粮食等财富；有的人缫丝绩麻而制成布帛衣物。安坐而谋虑治国之道的，是王公；起来贯彻执行治国之道的，是士大夫；审视考察原材料的曲直、方圆，整治加工五材，而备办民众所需器物的,是百工;采办蓄积四方珍异的物品并加以流通的,是商旅;勤力耕耘土地而以生产粮食等财富的,是农夫;缲丝绩麻而生产布帛衣物的,是妇功。

3. 粤无镈^①,燕无函^②,秦无庐^③,胡无弓、车^④。粤之无镈也^⑤,非无镈也,夫人而能为镈也。燕之无函也,非无函也,夫人而能为函也。秦之无庐也,非无庐也,夫人而能为庐也。胡之无弓、车也,非无弓、车也,夫人而能为弓、车也。

【注释】

①粤无镈(bó):粤,古同"越"。越,春秋战国时国名,亦称"於越",据今浙江一带,建都会稽(今浙江绍兴)。及下文燕、秦、胡,郑《注》曰:"此四国者,不置是工也。"贾《疏》曰:"即今之'越'字也。"按,勾践(? —前465)时发奋图强,越国日益强盛,青铜冶铸业居于全国先进水平。郑《注》曰:"粤地涂泥,多草秽,而山出金锡,铸冶之业,田器尤多。"镈,亦锄类青铜农具。《释名》曰:"镈,亦锄类也。"一说,释为铲(孙机《汉代物质文化资料图说(增订本)》,上海古籍出版社,2011 年,第 11 页)。

②燕无函:燕,周王朝于公元前十一世纪分封的诸侯国,在今河北北部、辽宁西端,建都蓟(今北京城西南)。战国时为七雄之一。按,燕国皮甲制造业普及,制造皮甲的技术先进。随后其钢铁兵器也居于全国前列。函,皮甲或铠甲。据《考工记》全文,函人负责制造皮甲,则此指皮甲。郑《注》曰:"铠也。"

③秦无庐:秦,古国名。秦襄公(前 777—前 766 在位)时被周平王(前 770—前 720 在位)封为诸侯。春秋时占有今陕西关中全部、甘肃东南端,建都于雍(今陕西凤翔东南)。按,20 世纪 80 年代,

在秦都雍城一带发掘了秦公(或为秦景公)大墓,取得了一系列重大考古发现。出土文物表明,秦人已经使用铁铲、铁锸、青铜手钳等较先进的生产工具。因注重车战,其长兵器类手工业亦相当发达。庐,通"籚",矛、戟、矛等长兵器的竹、木柄。《说文》曰:"籚,积竹矛、戟矜也。"按,矜,柄。

④胡无弓、车:胡,戎狄,我国古代北方、西北方少数民族的通称。战国时起戎狄开始称胡。郑《注》曰:"今匈奴。"弓、车,弓和车。按,蒙古高原发现许多青铜时代凿刻的车辆岩画。论者指出,自1978 年至 1987 年间,在阴山、乌兰察布草原和锡林郭勒草原发现三十多幅车辆岩画。考古发现表明,当时蒙古高原,尤其是南部(内蒙古草原)已广泛使用车辆,造车、制弓业的确比较发达(盖山林《蒙古高原青铜时代的车辆岩画》,《中国少数民族科技史研究》第一辑,内蒙古人民出版社,1987)。

⑤"粤之无镈也"至"夫人而能为弓、车也":据郑玄注,越国草多,而山出金锡,故百姓中会铸造的多;燕国与匈奴为邻,故百姓习作甲胄;秦国小树多,故百姓善作矛戟之柄;匈奴之民,以田猎畜牧为生,逐水草而居,故会制造弓箭车辆的多。夫人,犹言凡人,人人。此极言懂得者很多。

【译文】

越地没有设置专门制作镈的工匠,燕地没有设置专门制作皮甲的工匠,秦地没有设置专门制作矛、戟等长柄武器的工匠,匈奴没有设置专门制作弓箭、车辆的工匠。越地没有设置专门制作镈的工匠,并不是说没有能够制作镈的人,而是说那里人人都能制作镈。燕地没有制作皮甲的工匠,并不是说没有能够制作皮甲的人,而是说那里人人都能制作皮甲。秦地没有设置专门制作矛、戟等长柄武器的工匠,并不是说没有能够制作矛戟等长柄武器的人,而是说那里人人都能制作长柄武器。匈奴没有设置专门制作弓箭、车辆的工匠,不是说没有能够制作弓箭、车辆的人,而是说那里人人都能制作弓箭、车辆。

4. 知者创物,巧者述之^①,守之世,谓之工。百工之事,皆圣人之作也^②。烁金以为刃,凝土以为器,作车以行陆,作舟以行水:此皆圣人之所作也^③。

【注释】

①"知者创物"二句:知者,聪明、智慧、有创造才能的人。知,通"智"。巧者,工巧的人。

②圣人:智慧最高超的人。此指首创其物的人。《尚书·洪范》:"睿作圣。"《传》曰:"于事无不通之谓圣。"

③"烁金以为刃"五句:据《世本》载:"蚩尤以金作兵器,舜始陶,奚仲作车,共鼓、化狄作舟。"烁,通"铄",熔化金属。《说文》曰:"铄,销金也。"凝,凝结,凝固。郑《注》曰:"坚也。"

【译文】

智慧而富有创造才能的人创制了各种器物,工巧的人循其制作法式传承并不断发展,守此职业世代相传,这就叫做工。百工制作的种种器物,都是圣人的发明创造。熔化金属而制作有利刃的器具,使泥土坚凝而制作陶器,制作车子而在陆地上行驶,制作舟船而在水上行进:这些都是圣人发明创造的。

5. 天有时^①,地有气^②,材有美,工有巧:合此四者,然后可以为良。材美工巧,然而不良,则不时、不得地气也。橘逾淮而北为枳^③,鸲鹆不逾济^④,貉逾汶则死^⑤:此地气然也^⑥。郑之刀,宋之斤,鲁之削^⑦,吴、粤之剑^⑧,迁乎其地而弗能为良:地气然也。燕之角,荆之干^⑨,妢胡之笴^⑩,吴、粤之金、锡^⑪：此材之美者也。天有时以生，有时以杀；草木有时以生，有时以死；石有时以泐；水有时以凝，有时以泽：此天时也^⑫。

【注释】

①时：郑《注》曰："寒温也。"

②地有气：气，中国古代的一种原始综合科学概念。郑《注》曰："刚柔也。"按，地气应包括地理、地址、生态环境等诸多客观因素。

③橘逾淮而北为枳：橘，柑橘属果树。果实多汁，味酸甜可食。淮，淮河，中国大河之一，源出河南省桐柏山，东流经河南、安徽等省，到江苏省入洪泽湖。现主流南入长江，另一部分水流入东海。枳(zhǐ)，似橘的落叶灌木或小乔木，果实肉少而味酸苦，不堪食用。也叫枸橘、臭橘。按，《晏子春秋·杂下之十》曰："婴闻之：橘生淮南则为橘，生于淮北则为枳，叶徒相似，其实味不同，所以然者何？水土异也。"则"橘逾淮而北为枳"，应当是反映了先秦古人对植物有水土性的认识（即由于水土变异，橘生淮南长橘，橘生淮北长形、味如同枳的果实）。

④鸲鹆不逾济：鸲，孙诒让说，是"鸲"的俗字。鸲鹆(qúyù)，俗称八哥，能模仿人的某些声音。济，济水，古代四渎（长江、黄河、淮河、济水）之一，即《夏官·职方氏》之沛水。包括黄河南北两部分，河南部分是从黄河分出来的一条支流，流经山东入海，河北部分源出河南省济源市西王屋山。

⑤貉逾汶则死：貉，通"貈"。貈(hé)，哺乳动物，外形似狸，锐头尖鼻，昼伏夜出，穴居河谷、山边和田野间，杂食鱼、虫、鸟类、野果、杂草等。皮珍贵。《说文》曰："貈，似狐，善睡兽。"汶，水名，又名大汶水、大汶河，在今山东北部。郑《注》曰："汶水，在鲁北。"一说，指汶江，即长江。殷敬顺《列子释文》认为"汶"即长江上游支

流岷江(在今四川省)。按,长江南北水土差异明显。当以后一
说为妥。姑从郑玄说。

⑥此地气然也:按,此句解释"地气",物种生长和地理位置的"阴阳
向背"、土壤的酸碱度及成份差异都有相应的关系。

⑦"郑之刀"三句:郑,郑国,周代诸侯国,公元前806年郑桓公(前
806—前771在位)受封于郑(今陕西华县东)。春秋初年郑为强
国,建都新郑(今河南新郑),后渐衰落,公元前375年为韩国所
灭。刀,砍杀兵器。宋,宋国,公元前十一世纪周公把商的旧都
周围地区分封给商王纣的庶兄微子启,后者建立宋国,都商丘
(今河南商丘市南),据有今河南东部和山东、江苏、安徽。公元
前286年为齐所灭。斤,工匠所用斧头。鲁,鲁国,公元前十一
世纪周分封的诸侯国,在今山东西南部,建都曲阜(今山东曲
阜)。春秋时衰落,战国沦为小国,公元前256年为楚所灭。削,
削刀,又称书刀,一种有柄而微弯的两刃小刀,用以刊削刮除竹、
木简上需要修改的文字。

⑧吴、粤之剑:吴,古国名,也称句吴、攻吴,周代诸侯国名。据有今
江苏、上海大部和安徽、浙江的一部分,建都于吴(今江苏苏州)。
春秋后期国力渐强。公元前473年为越所灭。按,吴粤(越)指
江浙一带,也包括安徽、江西的一部分。剑,刺杀用短兵器,大约
起源于商末周初。吴越的铸剑技术在全国首屈一指,"吴越之
剑"享誉全国。按,历年来考古发掘出土的吴越铜剑,为《考工
记》记载提供了大量的实物例证。如湖北襄阳蔡坡12号墓1976
年出土的吴王夫差剑(《文物》1976年第11期)、安徽南陵1978
年出土的吴王光剑(《文物》1982年第5期)、湖北江陵望山1号
墓1965年出土的越王勾践剑(《文物》1966年第5期)、湖北江陵
藤店1号墓1973年出土的越王州句剑(《文物》1973年第9期),
皆其代表。

⑨"燕之角"二句：荆，荆州，古九州之一。包括从荆州（今湖北南漳西）到衡山（今湖南衡山西北）南面的地区。春秋战国时期属楚。角，牛角。按，汉刘向《古列女传·辩通传·晋弓工妻》曰："燕牛之角，……天下之妙选也。"干，木干，可能指柘木。郑《注》曰："柘也，可以为弓弩之干。"皆为造弓的材料。荆，指荆州。

⑩妢（fén）胡之笴：妢胡，古国名，闻人军以为，妢当作"邠"，即豳，周祖先公刘所立之国，在今陕西旬邑县西泾河中游地区。妢（fén）胡即"邠胡"，指陕西泾河中游地区。其依据为：于鬯《香草校书》卷二十三曰："妢与胡盖二国名。郑注引子春云：妢，书或为邠。邠妢并谐分声，例得通借。然则妢即太王居邠之邠也。胡者即上文胡无弓车之胡也。……下文云：吴粤之金锡，妢胡与吴粤为偶，即其近证。妢与胡为二国，犹吴与粤为二国。妢与胡举其西北，吴与粤举其东南也。"郑司农曰："豳国之地[产]竹。"明顾祖禹《读史方舆纪要》曰："寿山，在[邠]州城南……有茂林修竹之胜。"闻氏认为可见邠地的确产竹。此外有异说：一说，郑《注》曰："胡子之国，在楚旁。"则当属荆州，在今安徽阜阳西北。二说，唐人认为，在豫州郾城（今河南郾城县）。笴，箭杆。

⑪吴、粤之金、锡：金、锡，铜锡。按，古代吴越一带铜锡产地甚多（章鸿钊《古矿录》卷一、二，地质出版社，1954年）。

⑫"天有时以生"八句：郑《注》曰："言百工之事当审其时也。"泐（lè），石头依纹理裂开。郑司农曰："谓石解散也。夏时盛暑大热则然。"《说文·水部》曰："泐，水石之理也。从水从阞。"《说文·阜部》曰："阞，地理也，从阜力声。"按，盛夏时有暴雨，昼夜温差大，岩石会因热胀冷缩，而顺其脉理裂开。据上下文语境，"石有时以泐"后当有脱文"有时以□"。泽，通"释"，溶解，消融。孙诒让曰："泽、释声类同，古通用。《说文·釆部》：'释，解也。'《淮南子·诠言训》云：'夫水向冬则凝而为冰，冰迎春则释而为水。'"

【译文】

天有寒温之时,地有刚柔之气,原材料有优良的,工艺有精巧的:把这四方面的因素结合起来,然后才可以制作精良的器物。材质优良、工艺精巧,然而制作出来的器物却不精良,那就是因为不合天时、不得地气。举例来说,橘树迁到到淮河以北就变成枳,八哥鸟从来不向北飞越济水,貉向南越过汶水就会死去:这些都是地气不同造成的结果啊。郑地铸造的刀,宋地铸造的斧,鲁地铸造的削,吴、越铸造的剑,都是质地精良的产品,离开当地而制作生产,质量就不能精良:这也是由于地气不同造成的啊。燕地所产的牛角,荆地所产的弓干,妢胡所产的箭杆,吴、越所产的铜锡:这些都是优良的原材料。天有的时候使万物生长茂盛,有的时候使万物凋零枯萎;草木有的时候生长,有的时候枯死零落;石头有的时候会风化崩裂;水有的时候会凝固,有的时候冰冻会消融:这些都是天时变化造成的结果啊。

6. 凡攻木之工七①,攻金之工六,攻皮之工五,设色之工五②,刮摩之工五,抟埴之工二③。攻木之工:轮、舆、弓、庐、匠、车、梓④。攻金之工:筑、冶、凫、栗、段、桃。攻皮之工:函、鲍、韗、韦、裘⑤。设色之工:画、缋、钟、筐、㡛⑥。刮摩之工:玉、楖、雕、矢、磬⑦。抟埴之工:陶、瓬⑧。

【注释】

①攻木之工:攻,整治,加工。按,加上辀人,实际上攻木之工有八。此外,自"凡攻木之工七"至"抟埴之工:陶、瓬",此节总述三十个工种。三十工中,或称某人,或称某氏。人、氏之别,历代解释不一,如郑《注》曰:"其曰某人者,以其事名官也;其曰某氏者,官有世功,若族有世业,以氏名官者也。"江永则提出异议,曰:"考工

是工人之号,而工人非官。注谓'以事名官'、'以氏名官',非也。"

②设色:赋色,染色,俗谓着色,即在素物上面涂以彩色。按,以下所列诸工种,以及攻金、攻皮、设色、刮摩、搏埴诸工种,皆详其职文。

③搏埴(zhí):拍打黏土。谓制坯,烧制陶器。搏,《注疏》本原误作"抟",据阮校改,下文亦然。埴,黏土。郑《注》曰:"搏之言拍也。埴,黏土也。"

④"轮、舆"句:按,据下文叙述,此句顺序似当为:车、轮、舆、弓、庐、匠、梓。车,指设计车辆的一般性工艺要领。轮、舆,专指设计与制作兵车车轮和车箱的工艺要领。弓、庐,指兵器制作。庐,指长兵器的木柄。梓,专指设计、制作乐器、礼器的工种。匠,本为技工的通称,此专指建造宫室城郭沟洫的技师。

⑤"函、鲍"句:函,制作铠甲、皮甲的工匠。鲍,制皮革的工匠。郑司农曰:"鲍读为鲍鱼之鲍,书或为鞄。"《说文·革部》曰:"鞄,柔革工也。"韗(yùn),制作皮鼓的工匠。《说文·革部》曰:"韗,攻皮治鼓工也,从革军声,读若运。韗,韗或从韦。"韦,揉制皮革的工匠。裘,制作皮衣的工匠。

⑥画、缋:画,掌管绘画的工匠。缋,通"绘",掌管绘画刺绣的工匠。初画曰画,成文曰缋。泛言无别。按,据上文"设色之工五",则此画、缋当断为二工,然其职文则合二而为一,盖因二工职事相近而合之。钟、筐、㡛:钟,专门给羽毛染色的工匠叫"钟氏"。筐,具体工艺不明,可能指专门从事藤、竹、柳等编织的工匠。㡛(huāng),漂练丝的工匠。

⑦楖(zhì):具体工艺不明。楖,旧字形又作"櫛",同"櫛",梳篦的总称。此或指专门制作梳篦的工匠。按,古人蓄发,亦用假发,梳篦为日常生活用品,故列入此书。

⑧瓬(fǎng)：古代制作瓦器的工人。

【译文】

凡是整治木材的工匠有七种，整治金属的工匠有六种，整治皮革的工匠有五种，染色的工匠有五种，从事刮摩的工匠有五种，从事制陶的工匠有两种。整治木材的工匠：轮人、舆人、弓人、庐人、匠人、车人、梓人。整治金属的工匠有：筑氏、冶氏、凫氏、栗氏、段氏、桃氏。整治皮革的工匠有：函人、鲍人、辉人、韦人、裘氏。染色的工匠有：画人、缋人、钟氏、筐人、慌氏。从事刮摩的工匠有：玉人、楖人、雕人、矢人、磬氏。从事制陶的工匠有：陶人、瓬人。

7. 有虞氏上陶①，夏后氏上匠②，殷人上梓③，周人上舆④。

【注释】

①有虞氏上陶：有虞氏，古部落名。传说该部落联盟首领虞舜受尧禅让，其活动中心在蒲坂（今山西永济县东南）。有，词头。《国语·鲁语上》："故有虞氏禘黄帝而祖颛顼，郊尧而宗舜。"上陶，提倡制陶业。上，通"尚"，崇尚，提倡，劝勉。陶，陶器。按，有虞氏已处于新石器时代的龙山文化阶段，其著名文化代表即黑陶。

②夏后氏上匠：夏后氏，古部落名。也称夏后、夏氏。相传其首领禹受舜禅让，治水有功，禹之子启建立夏朝。上匠，提倡水利、营造业。匠，开挖沟洫等水利和建造城郭、宫室、道路等工程营造。

③殷人上梓：殷，商代，商王盘庚自奄（今山东曲阜）迁都至殷（今河南安阳西北），故商亦称殷、殷商。上梓，提倡木作手工业。梓，落叶乔木，材质轻软耐朽，多用于制作木器。梓因此成为木材及制作礼器乐器之木工的代称。

④周人上舆：周，公元前十一世纪周武王灭商后建立周朝，建都于

镐(今陕西西安西南沣水东岸)。公元前770年周平王东迁至洛邑(今河南洛阳)。平王东迁之前史称西周,东迁之后史称东周(又分春秋、战国两个时期)。上舆,提倡制车业。舆,车箱,泛指车。按,周代为先秦制车业全盛时期。按,"有虞氏上陶"四句,郑《注》曰:"官各有所尊,王者相变也。"

【译文】

有虞氏提倡制陶业,夏后氏提倡水利和营造业,殷人提倡制作礼乐器具的木作手工业,周人提倡制车业。

8. 故一器而工聚焉者,车为多①。车有六等之数:车轸四尺②,谓之一等;戈柲六尺有六寸③,既建而迤④,崇于轸四尺,谓之二等;人长八尺,崇于戈四尺⑤,谓之三等;殳长寻有四尺⑥,崇于人四尺,谓之四等;车戟常⑦,崇于殳四尺,谓之五等;酋矛常有四尺⑧,崇于戟四尺,谓之六等。车谓之六等之数。

【注释】

①车:按,车是古代国家机械制造工艺水平的集中代表。传说我国夏代已有制车手工业;殷商时期的独辕车已经相当成熟。春秋战国时期,战争频繁,战车发达。新式青铜工具的出现改进了木工工艺,分工日益精细,使得木车制造业工艺水平达到了高峰。《考工记》总结了独辕马车与直辕牛车的制作工艺,闻人军评价其为"世界上第一部详述木车设计制造的专著"。从考古文物看,1928年河南安阳殷墟发掘出商代车马坑。1950年12月至1951年1月,夏鼐等首次在河南省辉县琉璃阁清理剔掘出比较完整的战国大型木车。此后,商周至两汉的古车时有出土(文物

编辑委员会编《文物考古工作三十年(1949—1979)》,文物出版社,1979年,第60、145、147、194、279、281、364页)。大量出土文物的发掘面世,为正确理解《考工记》车制提供了实物资料。

②车轸四尺:轸,本义指车箱底部后面的横木。此谓车箱底部四边的木框。戴震曰:"舆下四面材合而收舆谓之轸。"舆此指车箱。轸本指木框后的横木。《说文》曰:"轸,车后横木也。"然通言之,四边之木均可称轸。亦名收。阮元《考工记车制图解》曰:"轸谓之收。"四尺,指车轸距地面的高度。

③戈柲(bì):戈,一种商周时期盛行的具有民族特色的青铜兵器,横刃,安放在竹木质的长柄上,可用前锋啄击,亦可用下刃钩割,还可用上刃推杵。石戈、玉戈多作明器、礼器。柲,兵器的柄。

④建而迤(yǐ):建,竖立,树立。迤,同"迤",斜行,此谓斜倚。吕调阳曰:"谓向后邪建于舆内之右也。"

⑤"人长八尺"二句:人长,人的身高。崇,高。

⑥殳(shū)长寻有四尺:殳,一种用于撞击、打击的杖类兵器,用竹、木制成,一般头上无刃。按,战国时期,殳出现了金属制作,如1978年湖北随县曾侯乙墓出土的殳,即带有铜头。寻,长度单位,即八尺。郑《注》曰:"八尺曰寻。"故殳长一丈二尺。按,古代长度单位一尺的长度,各诸侯国不尽相同。大体有大尺、小尺两个系统。大尺系统以周尺为代表,每尺约合今23.1厘米,而楚尺每尺约合今22.5厘米;小尺系统以齐尺为代表,每尺约合今19.7厘米。学者指出,《考工记》中的尺多为齐制。个别地方,可能是《考工记》流传到楚地,当地工匠加工制作时采用了楚尺或周尺。

⑦车戟常:车戟,战车车战所用之戟。戟,一种组合戈、矛为一体的兵器。具有直刺、啄击、推击、钩斫等多重功能。青铜戟始于商代,盛行于东周,铁戟始于战国。其形制详见《冶氏》节。常,长

度单位。二寻为常,即 16 尺。郑《注》曰:"倍寻曰常。"故车戟长
一丈六尺。

⑧酋矛常有四尺:酋矛,一种长矛名,用于兵车。常有四尺,酋矛长
二丈。"庐人"职文郑《注》曰:"酋、夷,长短名。酋之言'道'也。
酋,近;夷,长矣。"矛,古代刺杀用长兵器,即后世冷兵器枪的
前身。

【译文】

因为周人提倡制车业,所以制作一种器物而需要聚集数个工种的
工匠门类,以制作车所聚集工种为最多。车有六等差数:车轸高四尺,
这是第一等;戈身连柄长六尺六寸,斜倚着插在车舟上,比轸高四尺,这
是第二等;人的身长八尺,站在车箱上比戈高四尺,这是第三等;殳长一
寻零四尺,插在舟车上比人高四尺,这是第四等;车舟上直插的车戟长
一常,插在车上比殳高四尺,这是第五等;直插在车舟上的酋矛长一常
零四尺,比戟高四尺,这是第六等。所以说车有六等差数。

9. 凡察车之道,必自载于地者始也,是故察车自轮始。
凡察车之道,欲其朴属而微至①。不朴属,无以为完久也②;
不微至,无以为戚速也③。轮已崇,则人不能登也;轮已庳,
则于马终古登阤也④。故兵车之轮六尺有六寸⑤,田车之轮
六尺有三寸⑥,乘车之轮六尺有六寸⑦。六尺有六寸之轮,轵
崇三尺有三寸也⑧,加轸与轐焉四尺也⑨。人长八尺,登下以
为节⑩。

【注释】

①欲其朴属而微至:其,承上文,指代车轮。朴属(pǔshǔ),零件结合
紧密牢固的样子。郑《注》曰:"犹附着坚固貌。"按,附着,指车轮

各部件的结合。微至,郑《注》曰:"谓轮至地者少,言其圆甚,着
地者微耳。"据此说,谓车轮正圆,与地接触面小。按,接触面小,
相当于几何学中的圆与直线相切,这样滚动摩擦阻力较小,则车
轮运转轻快。

②完久:坚固而耐久。完,坚固。

③戚速:即疾速。戚,通"促",快。郑《注》曰:"齐人有名疾为
戚者。"

④"轮已庳"二句:已,太,过分。庳(bēi),低,矮。终古,常常。古,
齐地方言,常也。郑《注》:"齐人之言终古犹言常常也。"登阤(zhì),
爬坡。阤,斜坡,山坡。王宗涑曰:"轮庳则压马重,常若登阤
然。"按,据理论力学中的滚动摩阻理论,同等条件下,滚动比滑
动省力。在平地滚动时,轮径愈小愈费力;同属上坡时,轮径愈
小愈费力。轮径相同时,上坡比平地拉车费力;在平地上拉轮径
较小的车子,相当于拉轮径较大的车子上坡。此即"轮已庳,则
于马终古登阤"。

⑤兵车之轮六尺有六寸:此谓兵车车轮直径为六尺六寸,合今
130.02厘米(据齐尺,全篇同)。兵车,战车,据郑《注》,具体指革
路。按,河南省辉县琉璃阁出土战国墓16号战车车轮直径实测
为130厘米,与《考工记》此处相合(中国科学院考古研究所《辉
县发掘报告》,科学出版社,1956年,第48页)。

⑥田车:田猎的车子,即木路。

⑦乘车:乘用之车,具体指玉路、金路、象路(参见《春官·巾车》第2
节)。

⑧轵(zhǐ):车轴长出于毂外的部分。据李惇说,车上有三物而同名
为轵,此指"车轴之末出毂外者"。按,毂在车轮的中央,其中空,
周围安车辐,中空处穿车轴。车上另外两种称"轵"的部位,分别
指:车毂外端贯穿车轴的小孔,轵崇,即指车轮中心线高度;车箱

左右横直交结的栏木。

⑨加轸与軵(bú)焉四尺：軵，亦称伏兔(因状如伏兔)、輹，即垫在车箱和车轴之间的两块木块。按，据郑《注》，车的轸木与軵共厚七寸，加上轵高三尺三寸，就是四尺，亦即第8节所谓"车轸四尺"。商代车上未发现伏兔，西周则已出现。伏兔朝下一面各开有一弧形缺口，用以辖制车轴，使得轸、轴结合更为稳固，并且还有保护轴、轸木以及减震的作用(汪少华《中国古车舆名物考辩》，商务印书馆，2005年，第176页)。

⑩"人长八尺"二句：节，节度，标准尺度。按，据孙诒让说，八尺是中等身材人的身高，而车轸的高度则根据人身高的一半来设计，以便于人上下车。这一设计表明，春秋时期中国工艺设计中已经"以人为车"，并规定了具体尺寸，可谓"人机工程学"思想的雏形。

【译文】

凡是观察车子好坏与否的要领，必须从车子接触地面的部位开始，因此观察车子的好坏要从车轮开始。凡是观察车子的要领，车轮要结构缜密坚固而与地面的接触面最小。结构不缜密坚固，车子就不能坚固耐用；与地面的接触面不是最小，车子就不能快速行进。车轮如果太高，人就不便于登车；车轮太低，马就常常像爬坡一样非常费力。因此兵车车轮的直径是六尺六寸，田车车轮的直径是六尺三寸，乘车车轮的直径是六尺六寸。直径六尺六寸的车轮，轵的高度三尺三寸，再加上轸木与车軵的高度，一共就是四尺。人高八尺，以此作为方便人上下的轸高的节度。

一　轮人

1. 轮人为轮，斩三材必以其时①。三材既具，巧者和之②。毂也者，以为利转也③；辐也者，以为直指也④；牙也者,以为固抱也⑤。轮敝,三材不失职,谓之完⑥。

【注释】

①"轮人"二句:轮,车轮。按,车轮是木车的核心部件,对车子质量影响最大。《考工记》作者将"轮人为轮"置于三十工之首,颇具深意。三材,指制作毂、辐、牙(车轮的圆框)所用的木材。经中有时即以三材指代毂、辐、牙。按,三材因工作状态不同,用材各异。周时,往往是毂用榆木,辐用檀木,牙材不详(汉代用檀木作牙)。

②"三材"二句:程瑶田《创物记》曰:"三材治之,各有度法,合之为轮,所谓和也。"

③"毂也者"二句:毂,即轮轴,车轮中心的圆木部件。外周中部凿出多个榫眼以备安装车辐,毂内的大孔名薮,用以贯穿车轴。利转,便利于转动,即转动轻快。

④"辐也者"二句:辐,即辐条,车轮中用以连结毂与轮圈的直木条。直指,笔直无偏差。按,辐条两端分别与毂和轮圈相连接,毂是小圈,轮圈是大圈,每两根辐条在大、小圆圈上的距离必须均等,才能使二者在运动中受力均衡,即谓直指。

⑤"牙也者"二句:牙,又名辋(wǎng),即轮圈,车轮的外圈。《说文》作"枒",谓"车辋会也"。段玉裁曰:"谓之牙者,如草木萌芽句曲然。……车辋必合众曲而成大圆,故谓之辋会。"固抱,坚固而合抱为一。按,木制轮圈并非一块木料组合的,凡是结合缝隙处,必须缜密合一。

⑥"轮敝"三句:敝,损坏,破败。职,职守,此指功能。完,坚固。郑《注》曰:"敝尽而毂、辐、牙不动。"

【译文】

轮人制作车轮,砍伐制造毂、辐、牙的三种木材必须适时。三种木材具备之后,由能工巧匠将它们加工装配组合而成为一个车轮。对于毂,要使它利于车轮的灵活转动;对于辐,要使它能够插入毂与牙的凿孔笔直无偏差;对于牙,要使它能够坚固合抱。轮子即使磨损破旧了,毂、辐、牙三个部件也不松动变形失去功能,这才叫作工艺高超制作坚固。

2. 望而视其轮①,欲其幎尔而下迆也②;进而视之,欲其微至也:无所取之,取诸圜也。望其辐,欲其掣尔而纤也③;进而视之,欲其肉称也④:无所取之,取诸易直也⑤。望其毂,欲其眼也⑥;进而视之,欲其帱之廉也⑦:无所取之,取诸急也。视其绠,欲其蚤之正也⑧。察其菑蚤不齵⑨,则轮虽敝不匡⑩。

【注释】

①轮:按,孙诒让以为是合三截弧形木为圆框而制成的轮牙。

②幎(mì)尔而下迆:谓轮圈周而复始均致地触地。幎,郑《注》曰:"均致貌。"迆,同"迤",斜倚。江永曰:"凡圆形,远望,中半渐颓而下,幎尔而下迆,周遭皆均致也。"

③掣(xiāo)尔而纤:由粗逐渐变细。掣,尖细貌。纤,小。郑《注》曰:"掣纤,杀小貌也。"据贾《疏》,谓辐指向牙的一端较细小。

④肉称:光滑均好,粗细适宜。称,谓适宜,恰好。郑《注》曰:"弘杀好也。"按,弘杀好,即弘杀均匀。程瑶田《创物记》曰:"弘(粗)谓股(辐近毂的粗大一端),杀(细)谓骹(qiāo,近牙的较细小一端),好谓弘杀之间弘不肿、杀不陷也。"按,每根车辐的股都一样粗,骹都一样细,十分均匀,不肿不陷,是谓肉称(即肉好)。

⑤易:平,亦谓其均匀而不肿不陷。

⑥眼：谓整齐、均匀、光洁义。郑《注》曰："出大貌也。"《说文》作"辊"，云："辊，毂齐等貌，从车昆声。《周礼》曰：'望其毂，欲其辊'。"段《注》曰："辊者，毂匀整之貌也。戴先生曰：'齐等者，不桡减也，干木圆甚。'""郑本当是作'睍'（xiàn），睍者，目出貌也，毂之圜似之。"戴震《考工记图》以为"'眼'当作'辊'"。

⑦帱（chóu）之廉：帱，覆盖。此谓鞔在毂端的皮革。郑《注》曰："帱，幔毂之革也。革急则裹木廉隅见。"按，毂长出在轮外，在长出的部分上面缠以皮革，称为帱。皮革缠得很紧，毂端的木棱就显现出来，故曰"革急则裹木廉隅见"。廉，廉隅，棱角。

⑧"视其綆"二句：綆（gěng），轮辐近轴处的突出部分。郑珍曰："轮偏出股凿之名。"蚤，通"爪"。谓车辐两头出榫，装入牙上榫眼中的部分。郑《注》曰："'蚤'当为'爪'，谓辐入牙中者也。"按，此外有异说：张道一认为，车辐之入牙的部分为蚤，其入而不满所衬垫者谓之綆。（张道一《考工记注译》，陕西人民美术出版社，2004 年）而孙机则认为，綆、蚤均是偏榫，各辐装好后均向毂偏斜。从外侧看，整个轮子形成一个中凹的浅盆形。此种装辐法应即《考工记》所称的轮綆。这样可以加宽车的底基，而且行车时地面的支撑力有内倾的分力，使轮不易外脱。当道路起伏不平时，即使车身晃动倾斜，由于轮綆所起的补偿作用，增加了车轮对侧向推力的反抗力，车子仍不易翻倒。这可谓是一种符合力学原理的装置方法（孙机《中国古独辀马车的结构》，《文物》1985 年第 8 期；史四维《木轮形式和作用的演变》，李国豪等主编《中国科技史探索》，上海古籍出版社，1986 年）。

⑨菑（zī）蚤不齵（yú）：菑，插入，树立。此指辐条插入毂中的榫头。戴震曰："辐端之柄（榫）建毂中者，谓之菑。"此指辐的大端，即股端，股端亦有榫，插入毂上榫眼中，谓之菑。齵，牙齿不正，此喻参差不齐。

⑩匡：弯曲，扭曲。戴震曰："凡物剌起不平曰匡。"此指车轮变形，
　　不为正圆。孙诒让曰："验其菑、蚤上下凿枘正相直，则可决其牙
　　虽敝不至匡戾也。"

【译文】

　　从远处看车轮，要轮圈周而复始均致地触地；走近来看，要触地面
积少而又少至最少：这没有别的可取法，只有取法于牙造得正圆。从远
处看车辐，向牙的一端要由粗渐渐较细小；走到跟前来看，要每根车辐
的粗细都很均匀适宜：这没有别的可取法，只有取法于辐条造得平直。
从远处看车毂，要整齐、均匀；走到跟前来看，要缠革的地方隐起毂端的
木棱角：这没有别的可取法，只有取法于皮革裹得紧固。近看车牙的缏
处，要缏内侧的蚤安得很端正。观察辐的菑和蚤成直线相对而没有不
整齐，那么即使轮子用坏了也不会变形。

　　3. 凡斩毂之道，必矩其阴阳①。阳也者积理而坚②，阴
也者疏理而柔，是故以火养其阴，而齐诸其阳，则毂虽敝不
蓻③。毂小而长则柞④，大而短则挚⑤。是故六分其轮崇，以
其一为之牙围⑥。参分其牙围而漆其二⑦。椁其漆内而中诎
之，以为之毂长⑧，以其长为之围⑨。以其围之阞捎其薮⑩。
五分其毂之长，去一以为贤，去三以为轵⑪。容毂必直⑫，陈
篆必正⑬，施胶必厚⑭，施筋必数⑮，帱必负干⑯。既摩，革色
青白⑰，谓之毂之善⑱。

【注释】

①"凡斩毂之道"二句：矩，郑《注》曰："谓刻识之也。"阴阳，树木向
　　阳面为阳，北面不向阳为阴。

②积理：文理致密。积，通"缜"，细密，致密。

③薂(hào)：缩耗，缩小，因变形而不平。据郑《注》，谓毂木缩耗而变细小，则裹在上面的皮革（即帱革）必然空虚暴起。

④柞：通"窄"，狭窄。谓辐间距离窄狭。

⑤大而短则挚(niè)：挚，假借作"槷"，危，不坚牢。郑司农曰："挚，读为'槷'(niè，木楔)，谓辐危槷也。"此危槷谓不安稳。王宗涑以为郑司农所谓"辐危"当作"轮危"，以为毂短则车轴穿在毂中的部分就短，因此易于游移不定，则危槷者是轮而非辐明甚。

⑥"是故六分"二句：牙围，轮牙的周围。郑《注》曰："六尺六寸之轮，牙围尺一寸。"据此，轮高六尺六寸，其六分之一则为一尺一寸，此即牙围。

⑦参分其牙围而漆其二：把牙围三等分，三分之二髹漆。按，外围接近地面的三分之一则不漆。郑《注》曰："不漆其践地者也。漆者七寸三分寸之一，不漆者三寸三分寸之二。"又曰："令牙厚一寸三分寸之二，则内外不漆者各一寸。"按，据郑珍说，此处所谓牙厚，是指牙践地一边的厚度，此厚度要小于牙向辐的一边。牙向辐的一边厚度同于辐的股宽。

⑧"椁其漆内而中诎之"二句：椁，此谓量度。郑司农曰："度两漆之内相距之尺寸也。"诎，曲，折，短缩。即度量两漆之内的长度而中折之，即为毂长。毂长，实指毂围。据上文可知，毂长、毂围皆是三尺二寸，毂直径一尺零三分之二寸。分为五等分，每一等分是二寸强。按，郑《注》曰："六尺六寸之轮，漆内六尺四寸，是为毂长三尺二寸。"以圆周率 3.1416 除之，得出毂的直径为 1.0186 尺。

⑨以其长为之围：此谓毂的周长与毂长相等，皆为三尺二寸。

⑩以其围之防捎其薮：防(lè)，零数；分数。一说，郑《注》曰："三分之一也。"捎，消除。薮，毂中心穿轴之孔，内外两端大小不同。郑注曰："薮者，众辐之所趋也。"一说，郑司农曰："谓毂空壶中

也。"此谓毂的中心挖成圆孔,以便穿轴,这圆孔中当周围安辐的部分称薮、空壶。

⑪"五分其毂之长"三句:毂之长,同毂之围(见注⑨)。去其一,据郑《注》,"一"乃"二"之误,当云"去其二"。郑司农曰:"贤,大穿也。轵,小穿也。"按,车毂当中穿轴的圆孔,靠内侧直径较大,叫做贤、大穿;靠外侧的直径较小,叫做轵、小穿。这是因为车轴两端穿毂的部分的直径内大而外小的缘故。毂长三尺二寸,去其五分之二,余五分之三,即 1.92 尺,是为大穿之围长,除以 3.1416,得 0.6112 尺,是为大穿的直径,即所谓"五分其毂之长,去一(二)以为贤"也。又毂长去其五分之三,则为 1.28 尺,是为小穿的围长,除以 3.1416,得 0.4074 尺,是为小穿的直径,即所谓"去三以为轵"也。按,郑《注》凡由围长求直径,圆周率皆视为 3。车轴也是近贤处较粗,近轵处较细。如此则行车时车轴就不至内侵,可避免车轮与车箱相互摩擦。

⑫容毂:犹言治毂。孙诒让曰:"犹言治毂也。"

⑬陈篆必正:陈,列,陈设。篆,毂体上的纹饰。郑《注》曰:"毂约也。"按,篆像绳子拴束着毂,称毂约。篆在毂上一道道排列,故曰陈篆。又篆必为正圆,即篆的两侧面与毂面相交之角必处处皆为九十度,此称正。篆正,篆的排列也就正,即每两篆之间各处的距离都均等。又按,只有孤以上所乘的车才有毂约,故《春官·巾车》曰:"孤乘夏篆。"

⑭施胶:按,刻篆而后施胶。

⑮施筋必数:按,施胶而后施筋。胶、筋皆为使毂坚牢,不至破裂变形。数,密,多。

⑯帱必负干:所施加的胶筋与车毂紧密结合在一起。帱,覆。负,依,贴。孙诒让曰:"谓帱革与毂干密相依倚也。"

⑰"既摩"二句:郑《注》曰:"谓丸漆之,干而以石摩平之,革色青

白。"按，据《说文》"垸"下段《注》说，以骨烧灰和漆，抟之而为丸状，在给物上漆之前，先用以涂物，谓之丸漆。丸漆干后，再用石块把表面打磨平，就叫做摩。摩之色青白，而后漆之。

⑱毂之善：毂中的上品。按，考古发现与《考工记》所述加固毂围的状况可相互印证。如 1988 年发掘了太原金胜村 251 号大墓及车马坑。其中 8 号车车毂长 47、贤端径 12、轵端径 9……毂上髹漆，保存完好，轵端向里共有 8 道凸起的环棱，高、宽和间隔各约 1 厘米。据观察，毂围是经过加固的，做法是，先在毂上琢刻 8 道环槽，再施以浓胶，然后用皮筋缠绕平齐，干后打磨髹漆（山西省考古研究所、太原市文物管理委员会《太原金胜村 251 号春秋大墓及车马坑发掘简报》，《文物》1989 年第 9 期）。

【译文】

凡是砍伐毂材的方法，必须刻记下树的背阳一面和向阳一面。向阳一面的木材纹理较密致而木质坚硬，背阳一面的木材纹理较稀疏而木质柔软，因此要用火烘烤背阳的一面，而使木质硬度变得与向阳面一样坚硬，那么这样制造出来的毂即使用坏了木材也不会收缩而致使裹在上面的皮革鼓起疙瘩。毂小而长辐条之间的距离就狭窄，毂大而短车轮就不安稳牢固。所以用轮高六尺六寸的六分之一做牙围。再对牙围的三分之二加油漆。度量轮两边自油漆以内的长度而从中折分取其一半，用以作为毂的长度，又用毂的长度作为毂的周长。依照毂的周长的三分之一挖除毂心而为薮的周长。把毂的长度分为五等分，去掉二等分其中的三等分作为贤的周长，去掉三等分，以其中的二等分作为轵的周长。整治毂一定要它直，毂上转圈所雕刻的篆的排列一定要正，毂上所涂的胶一定要厚，所缠的筋一定要稠密，毂上所缠裹的皮革一定要紧紧地贴附着毂干。在此革上先涂丸漆，丸漆干了之后再用石块打磨，打磨之后，如果毂上的皮革显出青白色，这就叫做车毂中的上品。

4. 参分其毂长，二在外，一在内①，以置其辐。凡辐，量其凿深以为辐广②。辐广而凿浅，则是以大扤③，虽有良工，莫之能固；凿深而辐小，则是固有余而强不足也。故竑其辐广以为之弱④，则虽有重任，毂不折。参分其辐之长而杀其一⑤，则虽有深泥，亦弗之溓也⑥。参分其股围，去一以为骹围⑦。揉辐必齐，平沉必均⑧。直以指牙⑨，牙得则无槷而固⑩。不得则有槷，必足见也⑪。六尺有六寸之轮，绠参分寸之二，谓之轮之固⑫。

【注释】

①"参分"三句：按，此指毂上安辐处。外，指向轵（即小穿）的一端；内，指向贤（即大穿）的一端。

②量其凿深以为辐广：凿，谓毂上的榫眼，以便安辐菑。郑《注》曰："令辐广三寸半。"据此经，辐广以凿深（即毂上卯眼的深度）为度，则凿深亦为三寸半。

③扤（wù）：摇动，摇晃。郑《注》曰："摇动貌。"

④竑（hóng）其辐广以为之弱：竑，量度，计量。郑司农曰："谓度之。"弱，此处谓辐菑，即插入毂中的辐条榫头。郑《注》曰："菑也。"戴震曰："菑没凿谓之弱。"是弱（即菑）宽亦当为三寸半。据郑珍说，入毂凿之菑，是削成尖角形如笋状的。这是因为毂愈向中心其半径愈小，故凿端亦当细小，要是仍然宽大如初（三寸半），则必伤毂木。按，这里要求凿孔深度、辐菑截面的宽度与辐端没入毂中的长度三者一致，这样可以符合各种力学要求，加工也较为方便。

⑤参分其辐之长而杀其一：按，据郑珍计算，辐长为二尺四寸七分五厘，即 2.475 尺（按，郑珍的计算有误差，实际当为 2.499 尺）参

分其辐长而杀其一,即杀其向牙一端的 0.825 尺。郑《注》曰:"杀,衰小之也。"郑珍曰:"止于广之向车箱一边杀,狭至爪(蚤)入牙际,其向外一边不杀。"所杀的这 0.825 尺,即为辐骹,不杀的一端则为辐股。

⑥溓(nián):通"黏",粘上,粘着。此谓辐条上不粘泥。

⑦"参分其股围"二句:此谓骹围是股围的三分之二。按,据郑珍计算,股围为 8.4 寸;则骹围为 5.6 寸。

⑧"揉辐必齐"二句:揉,同"煣"。辐条所用的木料未必都直,弯曲的木料要在用火烤后将其拉直,称煣。孙诒让引郑锷曰:"木有曲直,不能皆易直,故以火矫揉其曲者,使与直者齐,则三十辐直必等矣。"平沉必均,郑司农曰:"谓浮之水上无轻重。"按,木的轻重一样,沉入水中入水的深度就均平如一,这是用水验木轻重之法。林希逸曰:"三十辐用水试之,必须均平,无复轻重也。"

⑨直以指牙:指,插入。按,辐的骹围虽比股小,但所杀只在内侧,且骹与股的厚度也一样(都厚七分),这样从辐的外侧来看,是呈一条直线而直指向牙。

⑩牙得则无槷而固:槷,木楔。程瑶田《创物记》曰:"谓蚤牙相称,齐密而无罅缝,故能无槷而固也。"按,所谓蚤牙相称,当谓骹蚤与牙凿(牙上开的榫眼)密合而无罅缝,故无须加楔而固。

⑪必足见:据郑《注》、贾《疏》,盖谓轮牙榫眼与辐条的榫头不相称,必然导致木楔透过卯眼。足,谓木楔的尖锐一端。郑珍曰:"足,槷之末也。"

⑫"缲参分寸之二"二句:缲,谓蚤凿处的外侧所留出的牙边(参见第 2 节注⑧),此牙边宽三分之二寸,亦即 0.6666 寸。牙上留出牙缲,是为了使牙安在辐上略偏向外侧(偏出的尺度等于缲宽,亦 0.6666 寸)。这样设计车轮,可使之更加稳固,无左右摇摆之患。郑《注》曰:"轮箅则车行不掉也。参分寸之二者,出于辐股

凿之数也。"按，辐条由股至骹自内向外偏斜，偏斜之数为三分之
二寸。

【译文】

　　把毂长分成三等分，使二等分在外边，一等分在里边，在这里外交
会处安装车辐条。凡是辐条，度量毂上凿的深度来确定辐条的宽度。
如果辐条宽度足够而凿孔太浅，这样装配起来的辐条就会因此而摇晃，
即使有技术高超的工匠，也不能使之坚固；卯眼够深而辐条狭小，就会
使辐牢固有余而强度不够容易折断。所以要度量辐条的宽度以作为毂
上辐薮宽的尺寸，而薮端则削成尖笋状，那么车子即使装载很重，毂也
不会折断。把辐条长度分成三等分而将靠近轮牙处那一等分的内侧削
得细小些，即使遇有深泥，辐条上也不会粘上泥土。把辐条的股围长分
成三等分，去掉一等分，剩下的二等分就是骹的围长。用火烤煣做辐的
木材必须使它们一样笔直，把辐材沉入水中，浮沉的深浅也要均平如
一。辐要笔直插在牙凿里，使蚤与凿正好密合，这样不加楔子也会很牢
固。如果蚤与牙不能密合，那就要加楔子也不牢固，楔子的末端一定会
从牙践地一边的凿眼中露出来。六尺六寸高的轮子，留出三分之二寸
宽的綆，这样装配起来就可以称得上轮子牢固。

　　5. 凡为轮，行泽者欲杼①，行山者欲侔②。杼以行泽，则
是刀以割涂也，是故涂不附③；侔以行山，则是抟以行石也，
是故轮虽敝，不甐于凿④。凡揉牙，外不廉，而内不挫，旁不
肿⑤，谓之用火之善。是故规之以视其圜也，萭之以视其匡
也⑥，县之以视其幅之直也⑦，水之以视其平沉之均也⑧，量
其薮以黍以视其同也⑨，权之以视其轻重之侔也⑩。故可规、
可萭、可水、可县、可量、可权也，谓之国工⑪。

【注释】

①杼(zhù)：削薄，削尖。此谓削薄轮牙的著地一面。郑《注》曰：
"谓削薄其践地者。"郑珍曰："泽地多涂(泥)，山地多石，故行泽
之轮须削牙如杼，使不为涂所著；行山之轮须牙上下等，使不为
石所伤。"

②侔：相等。此谓轮牙著地一面与插入辐条一面厚度相等。郑
《注》曰："上下等。"

③涂：泥，泥巴。

④"侔以行山"四句：抟，圜。原误作"搏"，据阮校改。郑《注》曰：
"抟，圜厚也。"甐(lìn)，破散，松动，损坏。郑《注》曰："亦散也。
以轮之厚，石虽啮之，不能散其凿旁使之动也。"

⑤"外不廉"三句：外，指轮牙著地一面。内，指轮牙的插辐一面。
廉，断裂。郑《注》曰："廉，绝也。挫，折也。肿，瘣也。"按，瘣
(huì)，《说文》曰："病也。……一曰肿旁出也。"王宗涑曰："凡煣
木使屈，火皆在内。火力不匀，则外或理伤而断绝，内或焦灼而
挫损，旁或暴裂而壅肿，故煣牙必除此三者，始为善于用火。"《说
文》曰："爁，火煣车网绝也。从火兼声，《周礼》曰：'煣牙，外不
爁。'"阮校以为，"廉本作爁。"

⑥"是故规之以视其圜"二句：规，圆规。萭(jǔ)，通"矩"，木匠所用
的曲尺。此谓以曲尺测量，观察车轮中辐与牙相交处是否呈直
角。一说，萭，又称"萭蒌"，检验轮圈两侧是否平整的专用工具，
与轮等大，圆形。江永曰："凑合诸木成牙，恐其匡枉不平正，故
须以萭蒌运之，视其稍有枉处，则削而正之耳。……余见造车
者，用木架作一圆，与轮同大，轮与之并立而运之，此正古人用萭
蒌之法也。"匡，弯曲，扭曲，不规整。孙诒让引郑锷曰："萭，矩
也。匡，方也。"

⑦县之以视其辐之直：县之，谓以悬绳检验。县，同"悬"。据郑

《注》，上下辐相应而呈一直线。

⑧水之以视其平沉之均：按，据贾《疏》说，是将两只轮子放入水中，以"观视四畔入水均否"，利用浮力知识检验车轮的质量分布是否均匀。如果选材或制作不当，轮平面势必与水平面斜交；如果车轮四周均匀地浮出水面，说明其质量分布均匀对称，符合技术要求。

⑨量其薮以黍以视其同：此谓用黍测量两毂中空处，看其容积大小是否相同。黍，禾木本一年生草本植物，果实呈球形或椭圆形。古代用百黍排列，以其长度作为一尺的标准，称"黍尺"。黍也可以用来量容积。贾《疏》曰："谓两轮俱用黍量，视其容受不同，齐同则无赢，亦无不足。"薮，据孙诒让说，此处泛指毂之中空受轴处。

⑩权：又称衡，天平。此谓用天平称量。按，古代天平的演变序列是：等臂天平→不等臂天平→杆秤。湖南地区楚墓出土的天平形制不大，每套砝码总重量少于两斤，这是当时楚国用它称量黄金货币的证明（参见文物编辑委员会《文物考古工作三十年》，文物出版社，1979 年）。

⑪国工：一国中技术水平最为优秀的国家级工匠。郑《注》曰："国之名工。"

【译文】

凡是制作车轮，行驶在泽地的轮牙践地的一面要削得较薄，行驶在山地的轮牙的上下要厚度均等。轮牙践地的一面削薄而行驶在泽地上，简直就像用刀割泥一样，因此泥不会黏附；轮牙上下厚度均等而行驶在山地上，简直就是用厚实的轮牙行驶在山石上，所以即使轮子用坏了，也不会使凿孔两侧的牙磨损变薄而致使凿中的辐蚤、辐条松动。凡是用火烤煣牙材，能够做到朝外的一侧木材的纹理不断裂，而朝内的一侧不挫损打褶，两旁也不曝裂臃肿，这就叫做善于掌握火候。所以，造好轮子后，就用规来测量以观察轮子是否很圆，以曲尺测量以观察视车轮中辐与牙相交处是否呈直角，悬垂绳子以观察上下车辐是否对直，将轮子放到水里来测量两只轮子沉入水中的深浅是否均等，用黍米测量两毂中空处以观察其容积大小是否相同，用天平来称量两个轮子以观察其重量是否相等。因此如果制作出的轮子能够经得起圆规、曲尺、水、垂线、黍米、天平的检验，有这样技术水平的工匠就可以称之为国家级工匠了。

6. 轮人为盖①，达常围三寸②，桯围倍之③，六寸。信其桯围以为部广④，部广六寸。部长二尺⑤。桯长倍之四尺者二⑥。十分寸之一谓之枚。部尊一枚⑦，弓凿广四枚⑧，凿上二枚，凿下四枚⑨，凿深二寸有半，下直二枚，凿端一枚⑩。弓长六尺，谓之庇轵⑪，五尺谓之庇轮，四尺谓之庇轸⑫。参分弓长而揉其一⑬。参分其股围，去一以为蚤围⑭。参分弓长，以其一为之尊⑮。上欲尊而宇欲卑⑯，上尊而宇卑，则吐水疾而霤远⑰。盖已崇，则难为门也⑱，盖已卑是蔽目也⑲，是故盖崇十尺⑳。良盖弗冒、弗纮，殷亩而驰不队㉑，谓之国工。

【注释】

①盖：车盖，形如伞，用以挡风避雨。

②达常：伞盖的柄分两节，上节即达常，下节即桯，达常插入桯中。两者连接处套以铜管箍加固。

③桯（yíng）：盖柄的下节，亦名盖杠。

④信其桯围以为部广：信，通"伸"，伸展，舒展。贾《疏》曰："古之'申'字，申上桯围六寸以为此部径。"部广，盖斗的直径。部，通"柎"。柎，本义花萼。此谓车盖上柄的顶部膨大处，亦名盖斗。

郑司农曰："盖斗也。"广，谓直径。

⑤部长二尺：部与达常加在一起总长二尺。部长，郑《注》曰："谓斗柄达常也。"

⑥枉长倍之四尺者二：即枉长八尺。加上二尺长的达常，车上伞盖高一丈。倍之四尺者二，倍之为四尺而又二之，是为八尺，故郑《注》曰："杠长八尺，谓达常以下也。加达常二尺，则盖高一丈。"

⑦部尊一枚：部尊，盖斗上端隆起的高度。枚，古代长度单位名，即一分，一寸的十分之一。郑《注》曰："尊，高也。盖斗上隆高，高一分也。"钱坫曰："部厚一寸，而上隆高十分寸之一。"是盖斗顶部为一抛物面，而中央部分隆起高度为一分（即一枚），故盖斗厚一寸一分。

⑧弓凿广四枚：弓，盖弓，车盖上的弓形骨架。一端安在盖斗边上，一端向外伸出。弓凿，盖斗周围凿出的安装盖弓的榫眼。

⑨"凿上二枚"二句：此指榫眼上下留出不凿的宽度。按，盖斗边厚一寸，安弓的榫眼开在偏上部位：榫眼上留出二分，榫眼下留出四分，加上榫眼本身长四分，共为一寸。

⑩"下直二枚"二句：下直，指凿孔榫眼底部高。凿端，榫眼底部横宽。按，弓菑（榫）长度同于凿孔深度，皆为二寸半，但菑朝下一面削成斜面，即由四分厚渐削到菑端的二分；菑两侧也向里削，由四分宽渐削到菑端的一分；菑朝上一面则不削，仍然平直。盖斗四周所开凿孔则下面平直，上面为斜面，两侧亦向里逐渐收小，至凿端只剩一分。戴震曰："弓凿外大内小，外纵横皆四分，内纵二分，'下直二枚'是也；横一分，'凿端一枚'是也。"

⑪"弓长六尺"二句：庇轵，遮盖两轵。庇，包容，遮盖，覆盖。轵，谓毂端。据郑《注》计算，车的两轵之间宽一丈一尺六寸，而车盖的直径则为一丈二尺六寸，即使有宇曲之减（即因弓向下斜而致使伸展的长度变短），也足以覆盖之两轵，故名庇轵。下文"庇轮"

　　"庇轸"义放此：弓长五尺，而车盖直径一丈零六寸，而两轮间距离仅为八尺，车盖足以覆之，故名庇轮。弓长四尺，而车盖直径为八尺零六寸，而车箱两轸间距离仅为六尺六寸，车盖亦足以覆盖之，故名庇轸。

⑫轸：参见《考工记·总叙》第8节注。

⑬参分弓长而揉其一：揉，烤炙使木弯曲。郑《注》曰："六尺之弓，近部（盖斗）二尺，四尺为宇曲。"三分而揉其一，是揉其近盖斗的二尺。因为弓菑下面为斜面，而凿孔则上面为斜面，这样弓菑插入凿孔后，弓必上仰，故需将弓近盖斗处的二尺揉而使之变得平直。弓近盖斗二尺以外的四尺，是向下斜伸的，至弓的末端要下斜到比近盖斗低二尺的程度，是谓宇曲。按，此种设计既美观，又增加盖下的活动空间，但又不影响泻水效果。

⑭"参分其股围"二句：股围，股的周长，即一寸六分。股，指盖弓上端部分。蚤围，蚤的围长。蚤，指盖弓宇曲部分的末端。据郑《注》，股围为一寸六分，即1.6寸；蚤围为股围的三分之二，则为1.0666寸。

⑮"参分弓长"二句：尊，高。此指盖斗中心距弓末的高低差。郑《注》曰："尊，高也。六尺之弓，上近部（盖斗）平者二尺。"此二尺平伸的部分，即尊。

⑯上欲尊而宇欲卑：上，车盖顶部的平直部分。宇，屋檐，此指车盖的外缘。郑《注》曰："上，近部（盖斗）平者也。隒下曰宇。"则"上"即"尊"的部分，"宇"即宇曲部分。

⑰吐水疾而霤远：雨水从上往四周流得快而远。水，谓雨水。霤，本义指屋檐上流下的水。此谓车盖上的流水。一说，《礼记·玉藻》"颐霤"下孔《疏》曰："屋檐。"按，霤远则雨水流远而不湿车。"参分弓长，以其一为之尊"，这是一种比较合理的经验数据。水滴在车盖面上的运动基本上是一种斜面运动，它由盖弓上下的

高度差所获得的势能,转化为离开车盖时的动能。水滴离开车盖后作斜抛运动,其轨迹为抛物线。可见《考工记》作者对斜面和斜抛运动已有较为细致的观察与研究。

⑱盖已崇则难为门:车盖太高,就难以通过宫室的大门。已,太,甚,过于。按,盖高一丈(见下文),加上车轸距地四尺(参见《总叙》第8节),是为一丈四尺。而宫室之门高,据孙诒让说,有"不及丈五尺者,故盖(高)逾十尺则难为门也。"

⑲盖已卑是蔽目:卑,低。蔽,障碍。按,盖高十尺,而其宇曲斜下二尺,是宇曲末瑞仅高八尺。郑《注》曰:"人长八尺,卑于此,蔽人目。"

⑳盖崇十尺:即盖高十尺。其中部长二尺,桯长八尺,合计十尺。

㉑良盖弗冒、弗纮,殷亩而驰不队:此谓盖弓安装得非常牢固,即使上面不蒙幕并用绳拴系,任车驰驱于垄亩间,也不会震动脱落。弗冒,盖弓上不蒙幕布。冒,覆盖。此谓蒙于盖弓之幕布。弗纮,弓末不缀绳。纮(hóng),车盖周围联缀弓之绳。王宗涑曰:"以幕蒙盖弓曰冒,以绳联缀盖弓之宇曰纮。"又曰:"凡为车盖,既植弓于部凿(盖斗周围的榫眼),乃以绳联缀其宇,而后衣之(即蒙以幕)。"殷(yīn),居中,横穿。郑《注》训为横。一说,殷(yǐn),振动,颠簸。垄亩,田中高处。队,同"坠"。坠落。

【译文】

轮人制作车盖,盖柄的上节叫做达常,其围长三寸,盖柄的下节叫做桯,其围长增大一倍,合六寸。用盖柄下节的围长作为上面盖斗的直径,盖斗的直径为六寸,盖斗下的柄长二尺。盖柄的下节比上节长一倍为四尺而又加一倍而为八尺。一寸的十分之一叫做枚。盖斗的上部高出一枚,盖斗周围安弓的凿孔宽四枚,凿孔上边留出二枚长的余地,凿孔下边留出四枚长的余地;凿孔深度是二寸半,下平,渐收,凿孔内减于凿口处二枚,凿孔顶端宽一枚。盖弓长六尺,覆盖两轵,叫做庇轵,长五尺覆盖两轮,叫做庇轮,长四尺覆盖两轸,叫做庇轸。将弓长分成三等分,而把靠近盖斗的一等分用火烤揉而变得平直。把弓股的围长分成三等分,去掉一等分,以其中的二等分作为弓蚤的围长。将弓长分成三等分,以靠近盖斗的一等分作为弓的末端高出而平伸的部分。近盖斗的中央部分要高而其四周宇曲的边沿部分要低。接近盖斗的中央部分高而远离盖斗的宇曲部分低,雨水落在上面就流淌得快,流泻得远。车盖太高,就难以通过宫室的大门,车盖太低,就会遮住乘车人的视线,因此盖的高度设计为十尺。好的车盖上即使盖弓不蒙幕、盖弓不用绳子拴系,任凭车子横驰在垄亩间盖弓也不会脱落,达到这种技艺水平的工匠,就可以叫做国工了。

二　舆人

1. 舆人为车[①],轮崇、车广、衡长[②],参如一,谓之参称[③]。

【注释】

①舆人为车:舆人,制作车箱的工匠。车,此处谓舆,即车箱,车子的荷载部分。马车车箱前后短,左右长,呈矩形。郑《注》曰:"舆也。"《说文》"舆"下段《注》曰:"不言'为舆',而言'为车'者,舆为人所居,可独得车名也。"下文轵、较、轸、轵、轛,皆为车箱部件。

②车广、衡长:车广,车箱之宽。衡,是车辕(辀)前驾马的横木,两旁系轭以夹持马头。

③"参如一"二句:参如一,轮崇、车广、衡长三者皆为六尺六寸。贾《疏》曰:"谓俱六尺六寸也。"参称,三者相等。

【译文】

舆人制作车箱,使车轮的高度、车箱的宽度、车衡的长度,三者尺寸如一,叫作三称。

2. 参分车广,去一以为隧①。参分其隧,一在前,二在后,以揉其式②。以其广之半为之式崇③,以其隧之半为之较崇④。六分其广,以一为之轸围⑤。参分轸围,去一以为式围⑥。参分式围,去一以为较围⑦。参分较围,去一以为轵围⑧。参分轵围,去一以为轛围⑨。圜者中规,方者中矩,立者中县,衡者中水,直者如生焉,继者如附焉⑩。

【注释】

①"参分车广"二句:车广是六尺六寸,以其三分之二作为车隧(即车箱长度,纵深),则车箱长四尺四寸。隧,通"邃",深。指车箱之长。郑司农曰:"谓车舆深也。"按,据《注》《疏》,此指兵车和乘车(即小车)的纵长。

②"参分其隧"四句:意谓将车箱长度三等分,前边一等分作为轼的深度,后边二等分作为轛(即车箱两旁)的深度。式,通"轼",车箱前部栏杆顶端的横木。按,车箱中部顶端的横木亦称轼。车轼形制,如一长方框而去掉一个长边,即是以三边之木围成:其长边在车箱前沿处,同于车箱之宽,为六尺六寸;横轼两端向下揉曲为轼柱,两短边与长边接合部呈九十度角,故曰"揉其式";两短边的长度,为隧(车箱纵长)的三分之一,即为 1.4666 尺,则车轼总长为 9.5333 尺。江永曰:"式木不止横在车前,有曲而在两旁、左人可凭左手、右人可凭右手者,通谓之式。""二在后",则指车轛处(参见注④)。

③以其广之半为之式崇:式崇,即轼崇。按,轼高是车箱宽度的一半,即三尺三寸。

④以其隧之半为之较崇:较,车箱两旁的横木,跨于轛上,可供依凭。与车箱等长。郑《注》:"两轛上出式者。"轛(yǐ),古代车箱两

旁可倚靠的木板,可保护乘车者。《说文》:"輢,车旁也。"段玉裁注:"谓车两旁,轼之后,较之下也。……輢者,言人所倚也。"一说,较,车旁栏杆短柱为輢,輢柱上再加高的一节短柱为较。先秦輢是輢柱以及连接輢柱与轼柱之横栏的总称(汪少华《古车舆"輢""较"考》,《华东师范大学学报(哲学社会科学版)》2005年第3期)。

⑤"六分其广"二句:轸,据郑《注》,此指车箱后边连接两輢底部的横木。因其他三边之木都较粗,故此处特言舆底后之轸。

⑥"参分轸围"二句:式围,即轼围。是圆围。按,轸围一尺一寸,三分去一,则为0.7333尺。

⑦"参分式围"二句:较围,以圆木为之,是圆围。按,轼围0.7333尺,三分去一,则为0.4889尺。

⑧"参分较围"二句:轵围,轵以方木为之,故轵围是方围。轵,车箱左右两面横直交结的栏木。郑《注》曰:"輢之植者、衡者也,与毂末同名。"当輢处有纵、横的栏木,即植(直)者、衡(横)者,即轵。较围0.4889尺,三分去一,则为0.3259尺。

⑨"参分轵围"二句:轛(zhuì),车轼下面横直交结的栏木。轵围0.3259尺,三分去一则为0.2173尺。郑《注》曰:"轛,轼之植者衡者也。"

⑩"圆者中规"六句:圆者,指轼、较等组成车箱的圆形部件。中规,合乎规的要求。规,测圆的工具。矩,两边之间呈直角的曲尺。方者,指轵、轛等组成车箱的方形部件。如生,郑《注》曰:"如生,如木从地生。"继,连缀,交接。江永曰:"版之相连,与轵、轛横直之相交,皆为继。"如附,如枝附干,紧密相连。郑《注》曰:"如附枝之弘杀(犹言大小)也。"贾《疏》曰:"材有大小相附者,如木之枝柯本大末小之弘杀也。"

【译文】

把车箱的宽度分成三等分,去掉一等分,以二等分作为隧,就是车箱的纵深长度。将车箱的纵长分成三等分,一等分在前作为车軨短边的长度,二等分在后作为安置车輢和较木的长度,并将前边的一份用火煣制车軨。以车箱宽度的一半作为軾高的尺度。以车箱纵长的一半作为较的高出于軾的尺寸。将车箱的宽度分成六等分,以一等分的长度作为轸木的围长。把轸木的围长分为三等分,去掉一等分,以二等分作为軾木的围长。把軾木的围长分成三等分,去掉一等分,以二等分作为较木的围长。将较木的围长分成三等分,去掉一等分,以二等分作为轵木的围长。将轵木的围长分成三等分,去掉一等分,以二等分作为轛木的围长。凡是车箱上的部件,圆木圆得符合规,方木方得符合矩,立木直立得符合垂线,横木平直得如同水,直立之木如同从地里生长出来的那样笔直树立,纵横交叉之木如同树干的枝条那样附着为一体。

3. 凡居材,大与小无并[①];大倚小则摧,引之则绝[②]。

【注释】

①"凡居材"二句:居材,处理材料。居,处理,整治。大与小无并,粗大与细小的材料不能掺杂使用。

②"大倚小则摧"二句:按,依据材料力学理论,物体由于外因或内在缺陷而发生变形时,在其内部相邻分子间的距离和相互作用力发生变化,这种变化力称为内力。内力的集中程度,即任一截面单位面积上两方相互作用的内力称为应力。受力构件在其形状尺寸突然改变之处,应力显著升高,这种现象叫作应力集中,容易使构件损坏。如果小件支撑大件,小件内的应力超过能够承受的限度,则会崩坏;如果小件牵引大件,则易断裂。

【译文】

凡是处理制造车的木材,粗大的与细小的木材不要掺杂使用;如果大件靠小件支撑,则会崩坏;小件牵引大件,则易断裂。

4. 栈车欲弇,饰车欲侈①。

【注释】

①"栈车欲弇"二句:栈车,是士乘的车,车箱不鞔皮革(参见《春官·巾车》第5节注)。按,不鞔革即无饰之车,与下文饰车相对。饰车,大夫以上乘的车,车箱鞔有皮革。郑《注》曰:"谓革鞔舆也。大夫以上革鞔舆。"孙诒让曰:"饰车,大夫以上之车,有重较,较上重耳反出,较之常车为张大,故欲侈。"弇、侈,皆指车箱而言。弇,狭小,狭窄。此谓简便狭小。侈,宽大。此谓考究宽敞。

【译文】

栈车车箱要简便狭小一些,饰车车箱要考究宽敞一些。

三　輈人

1. 輈人为輈①。輈有三度②,轴有三理③。国马之輈深四尺有七寸④,田马之輈深四尺⑤,驽马之輈深三尺有三寸⑥。轴有三理:一者以为媺也⑦;二者以为久也;三者以为利也⑧。

【注释】

①輈(zhōu)人为輈:輈人,制作车輈的工匠。輈,马车(即小车)上的独臂曲辕。《方言》曰:"辕,楚卫之间谓之輈。"楚人称曲辕为

辀。按,辀、辕有别:辀曲辕直,辀用于小车(兵车、田车、乘车),一车一辀,穹隆而曲形,前端有衡,衡左右各有一轭,两匹服马各套一轭;辕用于大车(即载货的牛车),是平行的两根,为直杠,牛套在两辕间。据《南齐书·文惠太子传》,南齐时有人盗发楚王冢,曾得科斗书《考工记》竹简,此为《考工记》曾在楚地流传的证据。1978年江陵天星观一号楚墓出土了十二件龙首曲辕(辀)明器(湖北省荆州地区博物馆《江陵天星观1号楚墓》,《考古学报》1982年第1期)。可以推测,楚地人或有可能参与了《考工记》的增益工作。

②三度:即下文所说国马之辀、田马之辀、驽弓之辀的三种不同的高度。度,计量长短高矮的标准。郑《注》曰:"度,深浅之数。"

③三理:即三项质量标准,即下文"一者以为美也,二者以为久也,三者以为利也。"理,要求,标准。

④国马之辀深四尺有七寸:国马,国中优良的马,用以架兵车、乘车等。郑《注》曰:"谓种马、戎马、齐马、道马,高八尺。"又据郑《注》,辀距地为八尺七寸。辀前端加有衡,辀高即衡高。

⑤田马之辀深四尺:田马,田猎时驾车的马,高七尺。据郑《注》,田车之轸高三尺七寸,加上辀高四尺,则辀衡距地七尺七寸。

⑥驽马之辀深三尺有三:驽马,劣马,能力低下之马,为百官官府拉车服役,高六尺。据郑《注》,驽马所驾车之轸高三尺四寸,加上辀高三尺三寸,是辀衡距地六尺七寸。

⑦嫩(měi):同"美",善,好。郑《注》:"无节目也。"此指无节疤而美观光滑的木材。

⑧利:运转便利。

【译文】

辀人制作辀。辀有三种高度,辀有三项标准。国马驾车所用的辀下距轸高四尺七寸,田马驾车所用的辀下距轸高四尺,驽马驾车所用的辀下距轸高三尺三寸。制作车轴有三项标准:一要光滑好看,二要经久耐用,三要插入毂中粗细适度运转便利。

2. 轵前十尺①,而策半之②。

【注释】

①轵前十尺:轵,《注疏》本原误作"轨",据阮校改。轵,车箱底部前边的横木(汪少华《从〈考工记〉看〈汉语大字典〉的释义失误》,《传统文化与现代化》1997年第3期)。按,车轼前有与轸前后相对的挡板亦谓之轵,则另是一物。

②策:马鞭。《礼记·曲礼》:"君车将驾则仆执策立于马前。"半之,一半,五尺。此谓马鞭长五尺。

【译文】

辀在前轵之前的长度为十尺,而车夫的马鞭长度是它的一半。

3. 凡任木①,任正者②,十分其辀之长,以其一为之围③;衡任者④,五分其长,以其一为之围⑤。小于度,谓之无任⑥。

【注释】

①任木:承受主要负荷的木部件。

②任正者:车箱下承受重压的木材。郑《注》曰:"谓舆下三面材,持车正者也。"按,舆下三面材,实即指轵。正,指舆即车箱,其为正方形。郑珍曰:"舆为车之正,轵持此正,故谓之任正者。"一说,戴震曰:"辀、衡、轴皆任木。任正者,辀也。衡任者,轴也,衡也。此先发其意,下文乃举其制。记中文体若是多矣。舆下之材,合而成方,通名轸,故曰轸之方也,以象地也。郑注专以舆后横木

为轸，以辀式之所树三面材为轵，又以轵为任正者，如其说，宜记于舆人。今辀人为之，殆非也。"

③"十分其辀"二句：郑《注》曰："辀，辀前十尺，与隧四尺四寸，凡丈四尺四寸，则任正之围，尺四寸五分寸之二。"以其一为之围，以辀长的十分之一作为轵的围长。按，辀长辀前十尺，辀后则同于舆的纵深，为四尺四寸，故辀之总长为 1.44 丈，十分之一则为 1.44 尺，是为轵木之围长。据郑珍说，轵木厚 0.14 尺，宽 0.58 尺。

④衡任：车衡上两轭之间的木材。郑《注》曰："谓两轭之间也。"轭，套在马颈部的人字形马具。黄以周曰："衡之任重在中间当辀颈处，故注云两轭之间。"

⑤"五分其长"二句：按，衡长六尺六寸，五分之一，则得 1.32 尺，是为衡木的围长。

⑥无任：无法胜任。此谓小于上述比例的成品皆不能胜任其所承载之重量。

【译文】

凡是车上承受重力的木材，承受车箱重力的轵木，把辀长分为十等分，用一等分作为轵木的围长；两轭之间受力处的衡木，把它本身的长度分为五等分，用一等分作为它的围长。如果轵与衡的围长小于这个长度，那就叫做无法胜任它所承担的重量。

4. 五分其轸间，以其一为之轴围①。十分其辀之长，以其一为之当兔之围②。参分其兔围，去一以为颈围③。五分其颈围，去一以为踵围④。

【注释】

①“五分其轸间”二句：轸间，指车箱左右之间的距离。按，轸为舆底四边之木框，舆宽六尺六寸，轸间之宽度自亦如之。轸间宽度的五分之一，则为 1.32 尺，是为轴围，同于衡围，故郑《注》曰：“与衡任相应。”

②“十分其辀”二句：当兔，指深入车箱下与之相连结的辀正中的方形部件。据郑珍及孙诒让说，舆下之辀长四尺四寸，三分之，其正当中一段长 1.46 尺强，即所谓当兔。当兔的前、后还各有 1.46 尺强。车轴即横于当兔之下。因此段辀的两边正对着辖轴的伏兔（即所谓䡩，凹孔的两侧两件木部件），当凸起（榫头）插入卯眼后，辀与伏兔相抵平，故名当兔。按，辀长一丈四尺四寸，十分之一，则为 1.44 尺，是为当兔之围长，与軓围相等，故郑《注》曰：“与任正者相应。”战国中期以前的木车，一般都在轴上侧和辀下侧凿出凹槽，互相卯合。在辀、轴之间垫以当兔，是一种技术改进。

③“参分其兔围”二句：兔围，谓伏兔之围。伏兔之围与当兔之围相等，皆为辀长的十分之一，即 1.44 尺。王宗涑曰：“兔，谓伏兔也。伏兔与辀当兔大小齐等。”颈，辀颈，即辀前端稍细下置衡木的部位。伏兔之围三分去一，则颈围为 0.96 尺。

④“五分其颈围”二句：颈围，指辀前端和衡相联结部位。踵，指舆下辀后端、上承轸木的联结部位。郑《注》曰：“踵，后承轸者也。”此轸谓舆底木方框后边横木。颈围 0.96 尺，五分去一，则为 0.768 尺。王宗涑曰：“辀自当兔以前渐杀（缩小）其下，至于缚衡之颈，圆周得九寸六分，杀之极也。……辀自当兔以后，渐杀其下及旁侧，以至于踵，则围得七寸六分八厘，为正方形，……此杀之极也。”即谓以当兔为分界线，部件尺寸皆逐渐缩小。

【译文】

　　将左、右两軫木之间的宽度分为五等分,以一等分作为轴的围长。将輈长分为十等分,以一等分作为当兔的围长。将当兔的围长分为三等分,去掉一等分,以其中的二等分作为輈颈的围长。将輈颈的围长分为五等分,去一等分,以其中的四等分作为輈踵的围长。

　　5. 凡揉輈^①,欲其孙而无弧深^②。

【注释】

　　①揉輈:按,輈自车軓之前曲向上而呈弧形,故需烤燥之。
　　②欲其孙而无弧深:孙,通"逊",顺。郑《注》曰:"顺理也。"此谓烤燥輈木时,要顺应木材的纹理而不要太过扭曲。弧,本义木弓,此谓弯曲如弓。

【译文】

　　凡是用火烤燥輈木,要顺着木材的纹理而不要使弯曲的弧度太深。

　　6. 今夫大车之辕挚^①,其登又难^②;既克其登,其覆车也必易^③。此无故,唯辕直且无桡也^④。是故大车平地,既节轩挚之任^⑤,及其登阤,不伏其辕,必缢其牛^⑥。此无故,唯辕直且无桡也。故登阤者,倍任者也^⑦,犹能以登;及其下阤也,不援其邸^⑧,必绲其牛后^⑨。此无故,唯辕直且无桡也。

【注释】

　　①大车之辕挚:大车,载货物的直辕牛车。挚,义同"輖",低。郑《注》曰:"大车,牛车也。挚,輖也。"輖(zhōu),《广雅·释诂》曰:"低也。"按,大车直辕,较之小车輈的向上曲仰则甚低。

②其登又难：登，上坡。郑《注》曰："上阪也。"此谓大车的辕平直而低沉，牛拉上坡就困难。

③覆车也必易：覆，倾覆，翻转。

④唯辕直且无桡也：桡，弯曲。此谓辕平直没有弯曲的弧度，辕的一端联接箱底，如果没有弧度，上坡时车箱后倾角度过大，辕必上仰，车上所载货物重心后移，就易翻车。

⑤节轩挚之任：节，《弓人》郑《注》曰："犹适也。"轩挚，即轩轾，指车辕的高低。车舆前高后低、前轻后重为轩，前低后高、前重后轻为轾。《诗经·小雅·六月》曰："戎车既安，如轾如轩。"轩，本指车顶前高仰，引申为高起。任，载重。此谓大车载重要重心适中，前后轻重、高低匀衡，车辕保持平衡。

⑥"及其登阤"三句：阤(tuó)，山坡，斜坡。伏，压伏。絼，勒。按，大车上坡时，重心后移，故赶车人必须"伏其辕"，以保持车辕前后平衡，否则因为车辕上扬，就会悬絼牛颈。

⑦倍任：加倍于任重之力。

⑧援其邸：援，拉，牵引。《诗经·大雅·皇矣》曰："以尔钩援，与尔临冲。"《说文》曰："引也。"邸，是"軧"的借字，车的尾部。《说文》曰："大车后也。"

⑨必絼(qiū)其牛后：絼，拴系在牛马臀部的革带。王宗涑曰："絼以生革缕，般牛尾之下，引而前至背上，与系轭之革缕相接续。"此谓大车下坡时，如不拉住车尾，革带就要勒住牛的后身。刘道广等指出：后世人力、畜力拖车为了解决上坡、下坡、平地的车辆重心问题，在车厢板底两侧设有三个放置轴的凹槽。前后两凹槽改变重心位置，中间为重心平衡处，以此调节拉车力量的大小。

（参见刘道广等《图证〈考工记〉》，第56页）

【译文】

如今大车因用的是直辕，所以前头的辕较低，上坡就感到很困难；

就是能够爬上坡去,也很容易造成翻车。这没有别的原因,只是因为辕平直而不向上弯曲罢了。因此大车行走在平地上时,车辕能够通过调节平衡适于任载,可是等到爬坡时,如果不向下伏压车辕,由于车的后部太重,就势必会悬勒牛脖子。这没有别的原因,只是因为辕直而不向上弯曲罢了。因此牛在大车爬坡时,虽然要用加倍的力气,但总算还能够爬得上去;等到下坡时,如果不拉住大车的尾部以降低车速,牛后的革带就一定会兜勒牛的臀部。这没有别的原因,只是因为辕直而不向上弯曲罢了。

7. 是故辀欲颀典①。辀深则折,浅则负②。辀注则利准,利准则久,和则安③。

【注释】

①颀(kěn)典:坚韧。郑《注》曰:"坚韧貌。郑司农云:'颀读为恳,典读为殄。驹车之辕,率尺所一缚,恳典似谓此也。'"

②浅则负:此谓如果辀当轨前向上弯曲的弧度过小(浅),则辀必低,辀就可能磨压马的股部(即所谓负)。然辀本在两马之间,不当马背,郑珍曰:"路有高下险易,即马股有横侧退却。"故马身如侧向内,辀就可能磨压马股。

③"辀注则利准"三句:注,谓弯曲弧度适中(如同注星的弧度)。郑《注》曰:"注则利,谓辀之揉者形如注星,则利也。准则久,谓辀之在舆下者平如准,则能久也。和则安,注与准者和,人乘之则安。"一说,江永曰:"不深不浅,行如水注。"按,当时常用天上星象来说明地上的事物。注通"咮",星宿名,柳宿的别称。《左传》曰:"咮为鹑火。"《石氏星经》曰:"柳八星,在鬼东南,曲垂似柳。"注星(柳宿)主体呈弧形,经文《辀人》作者借用注星的弧度来描绘曲辕的形状。出土文物有与经文此节相合者。如1990年山

东淄博市淄河店二号战国早期墓出土了 22 辆独辀马车,其中轻车最多。如第 20 号车,其"辀通长 317 厘米……舆前 45 厘米处逐渐向上昂起,至 130 厘米处由扁圆变为圆柱状……辀近顶部时高昂并向后反卷"(山东省文物考古研究所《山东淄博市临淄区淄河店二号战国墓》,《考古》2000 年第 10 期)。利准,江永曰:"便利而安耳。"准,水平,平稳。一说,郑《注》、黄侃皆以为第二个"利准"当为衍文(黄侃《黄侃手批白文十三经》,上海古籍出版社,2008 年,第 121 页)。译文姑从经文原文。

【译文】

因此辀要木质很坚韧。如果辀弯曲的弧度过深就会经不起用力而折断,弧度过浅就会倚负而磨压马的股部。辀的弯曲弧度适中平直如同注星的弧度般适中,就会使车的行驶便利而又平稳,便利而平稳就能经久耐用,辀的曲直搭配调和适宜,人乘车就感到安稳。

8. 辀欲弧而无折①,经而无绝②。进则与马谋,退则与人谋③,终日驰骋,左不楗④;行数千里,马不契需⑤;终岁御,衣衽不敝⑥:此唯辀之和也。劝登马力⑦,马力既竭,辀犹能一取焉⑧。良辀环灂⑨,自伏兔不至轨七寸⑩,轨中有灂,谓之国辀⑪。

【注释】

①无折:按,《注疏》本原脱"无"字,据阮校补。

②经:与上文"孙"同义,顺着木的纹理。郑《注》:"亦谓顺理也。"

③"进则与马谋"二句:谋,谋议。郑《注》曰:"言进退之易,与人马之意相应。"此谓辀合度,则车前进时似乎与马商议好一般自如,车后退时似乎与驾者商议好一般,极言车进退得心应手。

④左不楎：左，据郑《注》，谓御者立于车左。楎，假借作"券"，即"倦"的古字。郑《注》曰："券，今'倦'也。"謇倦、行走困难之状。按，古代战车上乘员三人：御者在左，战斗的武士在右，中间是主将。驾辕的四匹马中，靠里侧的两匹称为服马，靠外侧的两匹称为骖马。两骖之中，左骖距离御者最近，对于行车意图反应最迅速，出力最大，故最受重视。

⑤契需：马因伤蹄而怯懦畏行。契，开，开坼。此谓马蹄受伤开裂。段玉裁《汉读考》引毛公曰："开也。"需，懦弱。《说文》"偄"下段《注》以为是"奘"字之讹，而"奘"通"偄"。偄（ruǎn），《说文》曰："弱也。"不奘，段玉裁《汉读考》曰："不怯偄道里悠远也。"

⑥衣衽不敝：衽，裳。郑《注》曰："谓裳也。"孙诒让曰："凡御者立于舆内近前，行时，唯裳前幅下际，与横直材（按，即輖）相摩拂，易于破敝，故郑通以裳为释。"

⑦劝登马力：劝，辅助，帮助。《广雅·释诂》曰："助也。"登，戴震曰："犹进也，加也。"郑《注》曰："輖和劝马用力。"

⑧"马力既竭"二句：一取，进一步。此谓好的輖有助于马力的发挥，马的力气用尽了，车子还会因惯性和摩擦力小的缘故而再前进几步。王宗涑曰："马行欲止，是其力竭也。然以輖注之故，不得遽止，犹必能行数步，此之谓一取。"按，物理学上的惯性定律认为：任何物体在不受外力作用时，都保持原有的运动状态不变，即原来静止的继续静止，原来运动的继续作匀速直线运动。这种物体固有的运动属性称为"惯性"。意大利科学伽利略（1564—1642）在解释真空中的抛物路径时，已掌握了这一定律，但未明确概括出来。英国科学家牛顿（1642—1727）将其表述为："任何物体，都保持其静止状态，或匀速直线运动状态，除非施加外力使其改变这种状态。"此即史称牛顿第一运动定律的惯性定律。闻人军认为，《考工记》此节应是我国古籍中关于惯性

现象的最早的明确记录。

⑨环潚(jiào):环形的漆纹。潚,据贾《疏》,指漆。《集韵·笑韵》曰:"车辕漆也。"一说,纹理。程瑶田《创物记》曰:"谓纹理。有筋胶之被乃有潚。"按,辀"自伏兔不至轨七寸"(详下文)处有筋胶之被,即缠以筋,涂以胶,再以漆饰,则漆形成环形的漆纹。

⑩自伏兔不至轨七寸:轨,《注疏》本原误作"轵",据阮校改,下文"轨"字亦然。这句指环潚所在的位置。按,郑《注》曰:"伏兔至轨,盖如式深,兵车乘车,式深尺四寸三分之二,潚不至轨七寸,则是半有潚也。"则伏兔辖车轴,在舆下左右轨的正中,伏兔长1.46尺强,同于当兔之长,是即隧深(舆纵深)的三分之一,则伏兔距前轨、后轸亦各1.46尺强,环潚即处在伏兔之前而不到前轨约七寸处。

⑪"轨中有潚"二句:郑《注》曰:"辀有筋胶之被,用力均者则潚远。"潚远,谓环潚能长久保持而不至磨灭。国辀,国内第一流的辀。据孙诒让说,辀如果曲直调和,就受力均匀,辀在舆下的部分就不会随意活动,环潚部分就不会因与舆的底板磨擦而致磨损;轨内能长久保持环潚而不磨灭,也说明辀曲直调和,故称之为国辀。刘道广等解释说:"伏兔是车轴上结合当兔(椁)的卯眼,自伏兔至辀向上弯曲部分和车厢底部是水平的,此处的髹漆若完好,说明辀和车厢的底部结合适度,摩擦系数最小,所以髹漆能保持完好。"(《图证〈考工记〉》,第58页)

【译文】

辀要煣得有一定的弧度而不致弯度大到折断,要顺着辀木材的纹理煣曲而不使纹理受破坏断绝。如果车辀的弯曲与平直部分搭配恰当,想使车前进时同马想前进的意思相应,想使车后退时又能符合人的意思而后退,前进和后退都能随心所欲;即令整天奔跑不息,站在车左边的御者也不会感到疲倦;即令行驶几千里,马也不会因为马蹄开裂受

伤而畏惧走路；即令一年到头驾车驰驱，车夫衣下的裳也不会磨破：这
只是因为辀的曲直调和搭配恰当的缘故啊。辀的曲直调和搭配恰当就
能助马用力前进，即使马力已经用尽想停下来，辀还能因为惯性促使马
继续前进好几步。好的辀上漆饰的环形纹，在伏兔的前边、不到前轵约
七寸的地方，前轵内能保持这漆饰的环形纹始终完好不被底板磨灭，达
到这样高质量的辀，就可称之为国辀。

9. 轸之方也，以象地也。盖之圜也，以象天也。轮辐三
十，以象日月也①。盖弓二十有八，以象星也②。龙旂九斿，
以象大火也③。鸟旟七斿，以象鹑火也④。熊旗六斿，以象伐
也⑤。龟蛇四斿，以象营室也⑥。弧旌枉矢，以象弧也⑦。

【注释】

①"轮辐三十"二句：郑《注》曰："日月三十日而合宿。"按，每隔二十
　九日、三十日（现代测得为 29.53 日），月球运行到地球和太阳之
　间，和太阳同时出没，即所谓合宿。《注》云三十日，举其大数。
　按，早期木轮是整块圆木制成的，无辐，称为"辁"。车轮装辐条，
　是一种技术进步，既可减轻车轮自重，也可使其具有较大的转动
　惯量。我国古代独辀车的辐，商代已有安装二十六根的，春秋时
　有安装二十八根或更多的。春秋战国之交的文物遗存，可以验
　证"轮辐三十"的说法。如，1988 年山西太原金胜村发掘的大型
　车马坑，其中三辆车的车轮辐条数为三十（山西省考古研究所、
　太原市文物管理委员会《太原金胜村 251 号春秋大墓及车马坑
　发掘简报》，《文物》1989 年第 9 期）。1990 年山东省在临淄齐陵
　镇发掘一座战国墓，清理出车轮 46 个，其中车辐数最少的 20 根，
　但以 26 根及 30 根的居多（山东省文物考古研究所《山东淄博市

临淄区淄河店二号战国墓》,《考古》2000 年第 10 期)。传世文献中,《老子》"三十辐共一毂",也与此节叙述相符。

②"弓二十有八"二句:星,谓二十八宿,亦称二十八星、二十八舍。按,先秦天文学家将赤道附近的天区划分为二十八个区域,每区选择一个星官作为观测的标志,称为二十八宿。由考察月球在天空的位置,可以间接推定太阳的位置;由太阳在二十八宿的位置,可以推定一年的季节。古代中国、印度、阿拉伯均有二十八宿的概念。有学者以为,其源头在中国。文物发现中,有类似例证。如 1978 年湖北随县战国初年曾侯乙墓出土的漆箱盖上,围绕北斗的"斗"字,绘有一圈二十八宿的名称。两端配有苍龙、白虎。这是战国初期我国二十八宿及四象(古代用来表示天空东、北、西、南四个方向的星象,即东方苍龙,北方玄武,西方白虎,南方朱雀)的较早资料,"证明二十八宿确是起源于中国,最迟在公元前五世纪已出现了"(夏鼐《从宣化辽墓的星图论二十八宿和黄道十二官》,《考古学报》1976 年第 2 期;文物编辑委员会编《文物考古工作三十年》,文物出版社,1979 年,第 300 页)。1987 年在河南濮阳西水坡仰韶文化遗址中,发现第 45 号墓主人东侧用蚌壳摆塑着龙形图案,西侧是虎形图案(濮阳市文物管理委员会《河南濮阳西水坡遗址发掘报告》,《文物》1988 年第 3 期),这一发现将四象中青龙白虎观念的起源提早到六千多年前。则二十八宿的创始当远早于战国初期。

③"龙旂九斿"二句:龙旂,即《春官·巾车》所谓大旂,是一种画有交龙徽号的旗,为金路所建。斿(liú),旗的正幅旁的饰物。一般等级越高,斿数越多。一说,此节五种旗帜与季节有关,斿数也应与季节有关(陈久金《〈考工记〉中的天文学知识》,《中国科技典籍国际会议论文集》,大象出版社,1998 年)。大火,大火星,二十八宿东方苍龙七宿中的心宿二,附近尾宿有星九颗,与九斿之

数相应。一说，古代大火曾专指心宿，后来大火扩充为指房、心两宿。房宿四星，其北面有钩、钤两星，加上心宿三星，一共亦为九颗星，龙旂九斿，对应的正是这九颗星（王健民《〈周礼〉二十八星辨》，《中国天文学史文集》第三集，科学出版社，1984 年）

④"鸟旟七斿"二句：鸟旟，即《春官·巾车》所谓大赤，是一种画有隼鸟徽号的旗，为象路所建。鹑火，鹑火星，二十八宿南方朱鸟七宿中的柳宿，东南有星七颗，与七斿之数相应。

⑤"熊旗六斿"二句：熊旗，即《春官·巾车》所谓大白，是一种画有熊虎徽号的旗，为革路所建。以象伐。伐，星名，二十八宿西方白虎七宿中的参宿的附座有星三颗，合参中三大亮星共六星。郑《注》曰："伐属白虎宿，与参连体而六星。"按，参宿共有星七颗，古人常说参宿是三星（指其中最亮的三颗星），此三星的四角还有四星。但最亮的三星下方，还有三颗小星，亦合称伐星。如果仅把伐星的三星同上面最亮的三星合计则是六星，此六星亦通名之为伐，即郑《注》所谓"（伐）与参连体而六星"。

⑥"龟蛇四斿"二句：龟蛇，《太平御览》卷七十二引《考工记》作"龟旐四斿"，据王引之校，经文"龟蛇"当作"龟旐"。按，龟旐即《春官·巾车》所谓大麾，是一种画有龟蛇徽号的旗，为木路所建。营室，星名，即二十八宿北方玄武七宿中的室宿，有星二颗；其东边是北方玄武七宿中的壁宿，亦有星二颗；早期曾将室与壁的四颗星合称为营室，与四斿之数相应。

⑦"弧旌枉矢"二句：弧旌，指绘有弓矢图像的军旗，以象征天讨。上"弧"字，指弧弓，竹制，弓形，用以张旗的正幅（即縿），悬之于杆。枉矢，矢名，利火射，结火射敌如流星（参见《夏官·司弓矢》第 4 节注）。《史记·天官书》："枉矢，类大流星，蛇行而仓（苍）黑，望之如有毛羽然。"则枉矢星是路径弯曲呈蛇行状的流星。据《注》《疏》，谓画枉矢于縿上。下"弧"字，星名，指弧星，即弧矢

星，又名天弓，简称弧，有星九颗，属井宿，位于天狼星东南。其八星连线似张弓，外有一星像矢，正对天狼星，如射天狼状。《史记·天官书》："下有四星曰弧。"《正义》曰："弧九星，在狼东南，天之弓也。以伐叛怀远，又主备贼盗之知奸邪者。"《宋史·天文志》曰："弧矢九星在狼东南，天弓也。"弧旌有弓有矢，故象弧。

【译文】

轸做成方形，以象征大地。盖做成圆形，以象征上天。轮辐有三十根，以象征日月三十日就合宿一次。盖弓有二十八根，以象征天上的二十八宿。龙旂上缀有九斿，以象征大火星的九星。鸟旟上缀有七斿，以象征鹑火星的七星。熊旗上缀有六斿，以象征参宿中伐星的六星。龟旐上缀有四斿，以象征营室与东壁连成的四星。弧旌上饰有枉矢，以象征形如张弓发矢的弧星。

四　筑氏

1. 攻金之工①，筑氏执下齐②，冶氏执上齐，凫氏为声③，栗氏为量④，段氏为镈器⑤，桃氏为刃⑥。金有六齐⑦：六分其金而锡居一，谓之钟鼎之齐⑧；五分其金而锡居一，谓之斧斤之齐；四分其金而锡居一，谓之戈戟之齐；参分其金而锡居一，谓之大刃之齐；五分其金而锡居二，谓之削杀矢之齐⑨；金锡半，谓之鉴燧之齐⑩。

【注释】

①金：含义不确定，或指金属，或指合金，或指铜，当随上下文解之。

②筑氏执下齐：筑氏，及下冶氏、凫氏、栗氏、段氏、桃氏，皆详其职文。齐(jì)，古同"剂"，谓合金的配制剂量、比例，此指铜锡合金中二者的比例。按，冶铸青铜时，先要调剂，即根据所铸造器具

的不同要求,配调铜、锡、铅等金属的适当比例。根据青铜合金中铜锡比例的不同,可分为上齐、下齐两大类:锡(包括铅)有占六分之一、五分之一、四分之一、三分之一、五分之二、二分之一六种比例。据贾《疏》,锡(包括铅)占的比例较小(占六分之一至四分之一)者为上齐,锡(包括铅)占的比例较大(占三分之一至二分之一)者为下齐。

③凫氏为声:凫氏制作乐器。声,指乐器。郑《注》曰:"钟、镈于之属。"按,镈于即金镈,属鼓人所掌四金之一(参见《地官·鼓人》第1节注及第2节注)。据《注》《疏》,凫氏所掌属上齐。

④栗氏为量:栗氏制作量器。量,谓量器。郑《注》曰:"豆、区、鬴也。"据《注》《疏》,栗氏所掌属上齐。

⑤段氏为镈器:段氏制作镈器。镈器,泛指金属农器。郑《注》曰:"田器钱、镈之属。"按,段氏职文已阙。据《注》《疏》,段氏所掌亦属上齐。

⑥桃氏为刃:刃,刀、剑等大锋刃类兵器。郑《注》曰:"大刃刀、剑之属。"孙诒让曰:"其锋劀在兵中为最大,故谓之大刃。"据《注》《疏》,桃氏所掌属下齐。

⑦金有六齐:谓各种青铜器具的原料的六种配制比例。按,闻人军评价说:"这六种配比是从商周的冶金实践中逐渐总结出来的经验归纳,是公认的世界上最早的关于青铜合金成分比例的系统著录。由于受当时科学技术水平和生产条件的制约,影响东周青铜器物合金成分比例的因素较多,《考工记》作者用如此简洁的文字做了较合理的概括,优于简单的定性讨论,实属难能可贵。"(《考工记译注》,第41页)

⑧"六分其金"二句:六分,六等分。金,谓铜锡合金,其中铜占六分之五,锡占六分之一,此种合金适于制造钟鼎,故称之为"钟鼎之齐"。一说,指红铜,即紫铜。姑从前说。下文义放此。钟鼎之

齐,按,《考工记》规定钟鼎类的含锡(包括铅)量约为百分之十四点三。现代科学研究表明,这一总结具有高度的科学性。其也为诸多考古文物的发现所证实。

⑨削杀:削,书刀。详下节。杀,详下《冶氏》。

⑩鉴燧之齐:鉴,即用以取得明水于月的铜镜。燧,即阳燧,用以取得明火于日的铜制凹透镜。(参见《夏官·司烜氏》第1节)。郑《注》曰:"取水火于日月之器也。鉴亦镜也。"按,《考工记》未论何氏制作鉴燧。从配剂和器物分类角度推测,制作鉴燧的工匠可能是筑氏。

【译文】

用合金制造器物的工匠,筑氏掌治下齐,冶氏掌治上齐,凫氏用合金制作乐器,栗氏用合金制作量器,段氏用合金制作农具,桃氏用合金制作刀剑等长刃的兵器。铜锡合金有六种配制的比例:把合金分为六等分而锡占六分之一的,叫做钟鼎之齐;把合金分为五等分而锡占五分之一的,叫做斧斤之齐;把合金分为四等分而锡占四分之一的,叫做戈戟之齐;把合金分为三等分而锡占三分之一的,叫做大刃之齐;把合金分为五等分而锡占五分之二的,叫做削杀矢之齐;铜锡各占一半的,叫做鉴燧之齐。

2. 筑氏为削①,长尺,博寸,合六而成规②。欲新而无穷,敝尽而无恶③。

【注释】

①筑氏为削:筑氏,制作书刀的工匠。筑,捶打。削,刊削简札所用的书刀。郑《注》曰:"今之书刀。"据1957年河南信阳长台关一号楚墓出土的实物看,削是一种有柄而微弯的两刃小刀。

②合六而成规:将六个一尺长的削合起来围成一个圆周。规,圆

形,圆周。按,这是一种实用的角度和曲率表示法,称分规法,即通过对应的圆心角的大小来表示削的曲率。据经文,弧形削的弧度当为六十度。又,中国古代天文家因太阳的视运动大约每三百六十五又四分之一天绕地球一周,划分一周天为三百六十五又四分之一度。此思想当与《考工记》"合几而成规"的思想一脉相承。

③敝尽而无恶:敝,坏,磨损,破损。无恶,没有瑕疵。郑《注》曰:"刃也,脊也,其金如一,虽至敝尽,无瑕恶也。"

【译文】

筑氏制作削,削长一尺,宽一寸,六把削可以合成一个圆周。削要造得永远像新磨过的一样锋利,即使刀刃磨损殆尽,材质依然如故,也没有缺损变形等毛病。

五　冶氏

1. 冶氏为杀矢①,刃长寸②,围寸,铤十之③,重三垸④。

【注释】

①冶氏为杀矢:冶氏,负责制造杀矢、戈、戟等的工匠。杀矢,一种箭名。《夏官·司弓矢》曰:"用诸近射、田猎。"郑《注》曰:"用诸田猎之矢也。"

②刃长寸:刃,是镞前端用于射杀的部分,即今所谓箭头。按,此文与《考工记·矢人》文同,彼处郑《注》以为"寸"上脱"二"字,此处亦当如此,郑玄盖偶疏(参见《考工记·矢人》第3节注)。译文从郑氏说。

③"围寸"二句:围,指刃下端阔大的部分。铤(dìng),此谓箭头后部插入箭杆中的部分。十之,指寸的十倍,即一尺。按,早期铤较短,随着弓箭制作技术的进步,铤有加长的趋势。如1956年湖

南长沙紫檀铺战国墓出土的三棱形铜镞,全长 21.5 厘米,铤长
19.5 厘米,与《考工记》记载相合。(湖南省文物管理委员会《湖
南长沙紫檀铺战国墓清理简报》,《考古通讯》,1957 年第 1 期)

④三垸(huán):垸,通"锾"。锾,重量单位。戴震曰:"垸音丸。十
一铢二十五分铢之十三。"按,《说文·金部》段注曰:"锾,当为十
一铢二十五分铢之十三。"即 11.52 铢、按楚制每斤 250 克推算则
为 7.5 克,三垸则 34.56 铢、22.5 克。《小尔雅·广衡》说"二十
四铢曰两",则三垸为 1.44 两。

【译文】

冶氏制作杀矢,矢刃长二寸,矢最阔处围长一寸,箭头后部插入箭
杆的铤长十寸,箭头的重量为三垸。

2. 戈广二寸①,内倍之②,胡三之,援四之③。已倨则不
入④,已句则不决⑤,长内则折前,短内则不疾⑥,是故倨句外
博⑦。重三锊⑧。

【注释】

①戈广二寸:戈,是一种可用以横击勾挽或啄刺的上古兵器,由内、
胡、援三部分构成。按,戈略呈一"丁"字形,其横出直刺向前的
部分为援,援上下皆有刃,用于勾啄;与援相背接柄的部分称内,
内上有孔,贯绳拴系于木柄以固戈;援下曲而下垂的部分称胡。
商戈无胡,西周始有短胡及中胡戈出现。春秋以中胡多穿戈为
主,春秋战国之际至战国前期以长胡多穿戈为主。战国中后期,
戈形有发展,援、胡、内三者皆有利刃,杀伤力更强。二寸,是指
内、胡、援三部分皆各宽二寸。

②内倍之:内,古同"枘"。枘,戈的金属榫头,是戈穿入木柄(即柲)
中的部分。按,倍之,谓内长倍于其宽,为四寸。下文"三之"、

"四之"、"五之"义放此。

③"胡三之"二句：胡，是戈之直刺向前部分（即援）之下曲而下垂部
位，向援的一侧有刃，向内的一侧有孔，亦用以贯绳拴系于木柄。
援，戈之直刺向前部分。基部是柲。戈在安上长柄后，如人伸出
手臂去援引（拉引）东西，故名。

④已倨则不入：已倨，谓援太向上仰，援与胡之间的角度太大。已，
太。倨，侈大。此指戈刃曲折处过大成钝角状。按，援与胡之间
当稍大于直角，如大得太多，则为已倨。已倨则不便啄击，称
不入。

⑤已句则不决：已句，谓援与胡之间角度太小，虽能啄伤人，但援的
锋刃则不能割断所击处，故曰不决。句（钩），收敛。指戈曲折处
过小成锐角状。决，犹断。

⑥"长内则折前"二句：如内加长加固，援就变成了薄弱环节，容易
折断；如内太短，与戈装配欠牢固，使用时就不称手，攻势欠猛。
长内，内过长。折前，即折断援。前，郑《注》曰："谓援也。"程瑶
田曰："内长则重，而援转轻，……故易掉折，亦啄而不能入也。
内短则轻，而不足以为援助，故入之而不疾也。"

⑦倨句外博：犹言（最适用的）角度是略大于直角。倨句，角度的锐
钝大小。此谓援、胡形成的角度。外博，向外扩大。此指戈刃的
援微外斜出。按，由援与胡形成的适用角度，应略大于九十度直
角。程瑶田《创物记》曰："外博云者，不中矩之云也。"又曰："倨
句外博者，外博于矩也。"孙诒让曰："此经说制器曲折形势，凡侈
者曰倨，敛者曰句。"

⑧三锊（lüè）：锊，重量单位。据郑《注》，一锊重六又三分之二两，三
锊则为二十两（古代一斤十六两），即一斤四两。按，闻人军以
为，一锊约 104.2 克；按齐制每斤 198.4 克推算，一锊约合今
82.7 克。

【译文】

戈宽二寸,内的长度比宽加一倍即四寸,胡的长度是宽的三倍即六寸,援的长度是宽的四倍即八寸。援如果太向上仰就不便于啄击,援如果太向下勾就不能割断创处而致敌死命,内如果太长就容易使援折断,内如果太短就使援啄击不迅捷,所以应使援与胡之间的角度稍向外张,以略大于九十度为宜。戈的重量是三锊。

3. 戟广寸有半寸①,内三之,胡四之,援五之,倨句中矩②,与刺重三锊。

【注释】

①戟:上古兵器。是戈、矛(即刺)两种兵器的组合体,略似"十"字形。其顶端直刃部分名刺,即矛;其下横刃部分则为援、胡、内,即戈。故戟既可直刺,又可横啄。按,考古发现使人们对戟有了更准确的认识。西周戈、矛全体合用,《考工记》时代戈、矛分铸联装(参见1951年河南辉县赵固出土戟、1978年湖北随县出土三戈戟),战国中后期,戈、矛变形加左角右巨(jù)。合二、三矛为一体而无矛者,亦称戟。(闻人军《考工记译注》,第46、47页)

②倨句中矩:援、胡之间的角度等于直角。

【译文】

戟宽一寸半,内的长度是宽的三倍即四寸半,胡的长度是宽的四倍即六寸,援的长度是宽的五倍即七寸半,刺、胡与援、内纵横相交恰为九十度直角,援、胡、内与刺共重三锊。

六　桃氏

1. 桃氏为剑①。腊广二寸有半寸②,两从半之。以其腊

广为之茎围③，长倍之④。中其茎，设其后⑤。参分其腊广，
去一以为首广⑥，而围之。

【注释】

①桃氏为剑：桃氏，负责制造刀剑的工匠。剑，古代兵器名。属短
　兵器。顶端有锋，两面有刃，剑身中央隆起者称脊，脊两旁至刃
　如坡者称从，后有短柄。按，剑的形制，可参孙机《汉代物质文化
　资料图说》第 154、155 页、刘道广等《图证〈考工记〉》第 61、62 页
　及闻人军《考工记译注》第 47 页相关图形。

②腊：谓剑的两刃之间脊与两从合为一面。

③茎：据程瑶田《创物记》，指剑柄中间手握处。

④长倍之：剑柄长度是腊广的二倍。

⑤"中其茎"二句：中其茎，郑《注》曰："谓从中以却稍大之也。后大
　则于把易制。"即将剑柄的后半截逐渐加粗，以便握持。后，指剑
　茎上便于握持的环形凸起（箍）。剑柄上还缠有丝麻织品，以便
　握持。钱玄据《创物记》说："以木柄夹于茎外者，曰夹；夹上缠以
　绳，谓之后，'后'通'缑'。"（《三礼通论》第 216 页）闻人军说："东
　周剑柄上有的有箍，有的无箍。有箍的剑柄上一般为双箍，单箍
　或三箍的较少见。"（《考工记译注》，第 47 页）

⑥"参分其腊广"二句：谓以腊广的三分之二作为剑首的直径。首，
　谓剑首，剑茎的圆盘状尾部。首广，指首的直径。按，腊广二寸
　半，三分去一，则为 1.666 寸。以圆周率 3.1416 乘之，则首的围
　长为 5.2358 寸。

【译文】

桃氏制作剑，剑的腊宽是二寸半，两从的宽度各占两刃间宽度的一
半。以腊的宽度作为茎的围长，茎的长度则比茎的围长增加一倍。在
茎的中间部分，设置用绳缠的凸起的后。把腊的宽度分成三等分，去掉

一等分,以其中的二等分作为剑首的直径,而据此制作圆形剑首的围长。

2. 身长五其茎长^①,重九锊^②,谓之上制^③,上士服之^④;身长四其茎长,重七锊,谓之中制,中士服之;身长三其茎长,重五锊,谓之下制,下士服之。

【注释】

①身长五其茎长:身长,即指剑的腊长。按,据上文,茎长五寸,五倍之则为二尺五寸。下文中、下二制则分别长二尺、一尺五寸。

②九锊:按,一锊为六又三分之二两(参见《冶氏》第2节),九锊则为六十两,合三斤十二两。下文中、下二制则分别重二斤十四又三分之二两、二斤一又三分之一两。

③上制:规格之一,上等规格的。下文"中制"、"下制"亦仿之。

④上士:此处及下文中士、下士,指身材大小各异的勇士。士,郑《注》曰:"人各以其形貌大小带之。此士谓国勇力之士,能用五兵者也。"

【译文】

剑的身长是剑茎长的五倍,其重九锊,称为上制剑,供身材高大的勇士佩用;剑的身长是剑茎长的四倍,其重七锊,称为中制剑,供中等身材的勇士佩用;剑的身长是剑茎长的三倍,其重五锊,称为下制剑,供身材较矮的勇士佩用。

七　凫氏

1. 凫氏为钟^①。两栾谓之铣^②,铣间谓之于^③,于上谓之鼓^④,鼓上谓之钲^⑤,钲上谓之舞^⑥,舞上谓之甬^⑦,甬上谓之

衡⑧。钟县谓之旋，旋虫谓之干⑨。钟带谓之篆⑩，篆间谓之枚，枚谓之景⑪。于上之攠谓之隧⑫。

【注释】

①凫氏为钟：凫氏，掌管铸钟、鼎的工匠。钟，古代乐器，被视为众乐之首。商周钟呈合瓦式扁圆形，悬挂在筍虡（即乐器架）上，叩击发声。成套演奏的一组钟称为编钟。

②两栾谓之铣（xiǎn）：两栾，钟口的两个角。按，钟为合瓦式扁圆形，钟口的两角称栾（luán），又称铣。孙诒让曰："栾者，小而锐之貌。《说文·山部》云：'峦，山小而锐者。'钟两角亦小而锐谓之栾，犹山小而锐谓之峦矣。"

③铣间谓之于：于，钟口两角之间的钟唇。按，铣的最下端即为钟口之两角，呈两锐角形。杜子春云："铣，钟口两角。"

④于上谓之鼓：鼓，于上供撞击的钟体部位。按，钟体有两个侧面，每一侧面被分作上下两部分，下边供撞击处即鼓。程瑶田《创物记》曰："于上为钟体下段击处，故谓之鼓。"

⑤鼓上谓之钲（zhēng）：钲，鼓上供撞击的一截钟体。《创物记》曰："鼓上为钟体之上段正面也，谓之钲。"

⑥钲上谓之舞：舞，钟体的顶部，椭圆形。《创物记》曰："钲上为钟顶，覆之如庑（屋顶），故谓之舞。"

⑦甬：铸在钟顶上的柄。按，钟柄、钟体皆下大上小。

⑧衡：甬（钟柄）上端的圆形平面。

⑨"钟县谓之旋"二句：旋，钟柄上纽中用以悬钟的铜环（因环可在纽中旋转，故名），亦名钟县（悬）。旋虫，甬下部约占甬长三分之一处用作装饰的兽形钟纽，亦名干。虫，谓野兽。王引之曰："干之为言犹管也。"按，因旋在甬的下部且偏在一边，故悬钟时钟体倾斜。

⑩钟带谓之篆：钟带，指钲上的纹饰区，纵三条，横四条，十字交叉分成十二方格，又名篆。《创物记》曰："钲体正方，中有界，纵三横四，为钟带，篆起（隆起），故谓之篆。篆之设于钲也，交午（即交错）为之，中含扁方空者六。空设三枚，三六十八枚，故两钲凡三十六枚。枚之上下左右皆有篆，故曰'篆间谓之枚'也。"按，枚（参下注）状如乳头，故称钟乳。

⑪"篆间谓之枚"二句：枚，即篆间突起的钟乳，又名景。《创物记》曰："枚，隆起有光，故又谓之景。"按，枚既是一种装饰物，其存在又构成了分音频小单元的负载，对高频部分音波起到加速衰减的作用，使音色更加优美。

⑫攠(mí)谓之隧：攠，磨错，磨损。此指钟体上因撞击而磨损发光的部位，又称遂。隧，据俞樾校，当作"遂"。阮校曰："'遂'是古字，《说文》无'隧'字，隧乃后世俗字耳。"郑《注》曰："所击之处攠弊也。隧在鼓中，窒而生光，有似夫隧（日光下取火用的铜凹镜，鼓上攠与之相似）。"按，钟腔内从钟口延伸至钲部下缘处呈突起状的为音脊，呈凹状的为遂，二者是钟准确发出两个乐音的关键部位，皆供磨错调音之用。音脊、遂分别与第一基频、第二基频的节线位置相吻合。当正鼓部（内侧有遂）受敲击处于波腹时，侧鼓部就处于波节，反之亦然。遂和音脊厚度直接关系到两组振动系统的刚度和质量分布，对第一、第二基频的高低起着决定性影响。

【译文】

兔氏制作钟。钟口两角的两采叫做铣，两铣之间的钟口边沿叫做于，于上敲击的钟体部位叫做鼓，鼓上边的钟体部位叫做钲，钲上边的钟顶部分叫做舞，舞上边的钟柄叫做甬，甬顶端的平面叫做衡。设在甬下部用于悬挂钟的圆环形钟悬叫做旋，半圆形饰有兽形的旋虫叫做干。钲上隆起的钟带纹饰叫做篆，篆之间钟乳状隆起物叫做枚，枚也叫做景。于上面因撞击呈凹坑而生光的部位叫做遂。

2. 十分其铣，去二以为钲①。以其钲为之铣间②，去二分以为之鼓间③。以其鼓间为之舞修，去二分以为舞广④。以其钲之长为之甬长⑤，以其甬长为之围⑥。参分其围，去一以为衡围⑦。参分其甬长，二在上，一在下，以设其旋⑧。

【注释】

①"十分其铣"二句：此铣指钟体的长度。去二，去掉二分。程瑶田《创物记》曰："以十分之铣去二得八，为钟体上段之钲，所去之二在下段为鼓也。"

②以其钲为之铣间：铣间，两铣之间，即钟口两角之间的距离。此为扁圆形钟口的横径即大径，长八分。钟非正圆，故有大小径之分。

③去二分以为之鼓间：鼓间，指两鼓之间的距离，即钟口的小径。按，铣间大径八分，去二分，则鼓间小径为六分。

④"以其鼓间为之舞修"二句：舞修，钟顶的长度，即钟顶大径，长六分。舞广，钟顶的宽度，即钟顶小径，长四分。按，舞为椭圆形，故有长（修）、宽（广）。

⑤以其钲之长为之甬长：甬长，钟柄的长度。甬长等于钲长，即八分。

⑥以其甬长为之围：围，周长。据《创物记》说，甬体上小下大，此处以甬长所为之围，是指甬体大端（即下端甬、舞交际处）之围而言。甬长八分，故甬大端围长亦八分。

⑦"参分其围"二句：衡围，衡的周长，即甬体上端（即小端）之围。甬围六分，衡围是其三分之二，即五又三分之一分。

⑧"参分其甬长"四句：此谓三分甬长（长八分），二分（长五又三分之一分）在上，一分（长二又三分之二分）在下，旋当设置在此三分之一分际处。旋，钟环。参见上节注⑨。

【译文】

　　把铣的长度分为十等分，去掉二等分，其余的八分就是钲的长度。以钲的长度作为两铣之间的距离，再将两铣之间的长度去掉二分，其余的六分就是两鼓之间的距离。以两鼓之间的距离作为舞的长度，再去掉二分，还剩四分就是舞的宽度。以钟体上钲的长度作为甬的长度，又以甬的长度作为甬的大端围长。将甬的大端围长分为三等分，去掉一等分，其余二等分就是衡的围长。将甬长分为三等分，其中二等分在上，一等分在下，就在上下两段衔接处来设置旋。

　　3. 薄厚之所震动，清浊之所由出①，侈弇之所由兴②，有说。钟已厚则石，已薄则播③，侈则柞，弇则郁④，长甬则震⑤。是故大钟十分其鼓间，以其一为之厚。小钟十分其钲间⑥，以其一为之厚。钟大而短，则其声疾而短闻。钟小而长，则其声舒而远闻⑦。为遂⑧，六分其厚，以其一为之深而圜之。

【注释】

①"薄厚之所震动"二句：薄厚，指钟壁薄厚。清浊，清，音调高昂。浊，音调低沉。按，钟的发声，实质上是一种弯曲板的板震动。对于假想中厚度均匀的椭圆截椎形的钟，钟体震动频率随着厚度的增加而增高，所以钟体越厚，频率越高，即音清；钟体越薄，频率越低，即音浊。而现实中的钟，其震动发声则受到铣长、钟体厚度的影响而发生各类变化。故钟的理想音色，应对应于铣长与钟体壁厚的最佳组合。

②侈弇(yǎn)之所由兴：侈，大，宽大。弇，狭小，窄。按，依据弹性力学原理，若钟口趋于侈大，则弯曲刚度变小；若钟口趋于弇狭，则如同附设加固环，使弯曲刚度增大。弯曲刚度的变化又会影响到振动频率。钟口的侈大、弇狭还会改变钟体质量分布，并对钟体振幅、衰减、辐射功率，进而对声频产生进一步影响。故钟的声频与钟口的侈弇密切相关。

③"钟已厚则石"二句：钟已厚则石，即《春官·典同》"厚声石"。彼处郑《注》曰："钟大厚则如石，叩之无声。"即谓钟壁过厚，振幅、声强过小，声音不宜发出。石，声如击石。已，太。已薄则播，即《典同》"薄声甄"。播，分散。即谓钟壁过薄，振幅、声强过大，且钟体几何形状过分改变，导致基频上方各个分音发生频谱变化，音色变劣，或发出不协调的特殊音色，钟声虽响而有摇荡之感，且因音频较低，传播时衰减较少，音传较远。

④"侈则柞"二句：侈则柞，即《典同》"侈声筰"。柞，声大而外传。郑《注》曰："柞，读为'咋咋然'之咋，声大外也。"弇则郁，即《典同》"弇声郁"。郁，声小而压抑。郑《注》曰："声不舒扬。"按，造成这一现象的原因有三：第一，如果钟口侈大，弯曲刚度变小，其等效厚度变小，振幅、声强增大，且频率降低，传播时衰变减少；第二，在振速相同的前提下，振动活塞的辐射功率与面积成正比，钟口与其类似，张得越开，辐射功率就越大；第三，钟口如果较大，声波在钟腔内由于内摩擦作用而引起的衰减也较小。如果钟口弇狭，情况则与此相反。（闻人军《〈考工记〉中声学知识的数理诠释》，《杭州大学学报(自然科学版)》1982年第4期）

⑤长甬则震：震，声波有震颤。郑《注》曰："钟掉则声不正。"贾《疏》曰："甬长，县之不得所，则钟掉，故声不正。"声不正，盖即俗语跑调。按，甬长有一定的比例（参见上节注⑤），超过此比例则为过长。甬钟振动模式的激光全息图表明：第二基频的振动已波及

舞部,故甬部对振动有影响。(曾侯乙编钟研究复制组《曾侯乙编钟的结构和声学特性》)根据振动理论,钟柄等效于一端钳定、一端自由的棒。若钟柄过长,其振幅太大,则必将对钟壳体的振动造成不适当的干扰,而导致音色不正、发颤。如果在甬内保留铸造时的泥芯,则可起到某种阻尼作用,因此有利于加速侧鼓音的衰减,从而改善钟的音响效果。

⑥钲间:鼓上钲与舞相接处两钲间的距离,即舞广。

⑦"钟大而短"四句:此谓如果钟体大而短,则振动发音传播过程结束较早,因而钟声急疾消竭,传播距离不远;如果钟体小而长,节线变宽、下移,则振动的消逝过程较长,因而发声舒缓难息,传播距离自然很远。按,钟体主要由钲部和鼓部组成,它们构成了合瓦形共振腔,振动时腔内形成驻波。撞击正鼓部或侧鼓部时,该处成为振源,然后波及钟体各部位而发声。钟体振动导致钟口、钲部发生形变,并会发出多个频率,成为复合音。其中高频部分消逝较快。就其振动的形变特征而言,在大单元按照基频振动的同时,伴随着小单元的高频振动形变。这种复合振动形变的消逝,首先从小单元的高频振动开始,并逐渐形成比较单一的按基频的振动方式,接着从钲部开始,节线逐渐下移变宽,直至钟口,最后振动停止。(林瑞、王玉柱等《曾侯乙编钟结构的探讨》,《江汉考古》1981年第1期)

⑧遂:即"隧"的古字,即"攠谓之隧"之"隧",指鼓上备撞击处。

【译文】

钟壁的或厚或薄所产生的震动,发出的钟声或清或浊所由产生的原因,钟口的或宽或窄所由制定的根据,这其中都是可以解释的。如果钟壁厚,就会像敲击石头一样声音不易发出,如果钟壁太薄,发出的声音就会响亮而飘忽播散,如果钟口偏宽大,发出的声音就过于迫促而有喧哗之感,如果钟口偏窄小,发出的声音就抑郁回旋难以播扬,如果钟甬过长,发出的声音就颤动摇摆。因此,大钟把其钟口两鼓之间的距离分成十等分,用它的一等分作为钟壁的厚度。小钟把其钟顶两钲之间的距离分成十等分,用它的一等分作为钟壁的厚度。钟体宽大而短小,就导致发出的声音急疾消竭而短暂无余音。钟体细小而狭长,就会导致发出的声音舒缓难息而传播悠远。制作备撞击的隧时,把钟壁的厚度分成六等分,用一等分作为隧凹下去的圆坑深度而做成圆弧形。

八　栗氏

1. 栗氏为量[①],改煎金锡则不秏[②],不秏然后权之[③],权之然后准之[④],准之然后量之[⑤]。

【注释】

①栗氏:负责铸造升、豆、区、釜等量器的工匠。

②改煎金锡则不秏(hào):改煎,反复冶炼。改,更也,此谓更番、反复。煎,此谓冶炼。不秏,谓杂质除净后原料不再减耗。秏,耗的本字。

③权之:用天平称重量。权,称量。郑《注》曰:"谓称分之也。"按,金锡需按一定比例搭配,故需称量之,即此所谓权之。

④准之:校算,测量。郑《注》曰:"准,击平正之。又当齐大小。"江永曰:"'准'字古文作'水'。或是先以方器贮水令满,定其重,乃入金若锡于水,水溢,取出金锡,再权(称)其水,视其所灭之斤两与分寸,可得金锡大小之比例。后人算金银之法如此,疑古人亦用此法。"戴震曰:"以合度之方器承水,置金其中,则金之方积可计,而其体之轻重大小可合而齐,此准之法也。"闻人军以为:"'准之'并非单一的工艺操作,它包括从称重以后到浇铸之前的一段工序,其中最重要的是浇铸前须用水平法校正铸范,也要测体积、求密度。"

⑤量之：闻人军以为："'量之'并非单一的工艺操作，它包括从'准之'以后到成品鬴之前的一段工序，其中包括浇铸工艺，但最重要的是检验校测容积是否符合设计要求。"

【译文】

粟氏铸造量器，铸造前先要反复冶炼铜锡使之精纯而不再有杂质可损耗为止，不再有杂质可损耗然后称量铸造量器所需铜锡的重量，称量后浸入水中测知体积大小，体积确定后再将铜锡熔汁注入模具中铸造量器。

2. 量之以为鬴①，深尺，内方尺而圜其外②，其实一鬴。其臀一寸，其实一豆③。其耳三寸④，其实一升。重一钧⑤，其声中黄钟之宫⑥。概而不税⑦。其铭曰："时文思索⑧，允臻其极⑨。嘉量既成⑩，以观四国⑪。永启厥后，兹器维则。"

【注释】

①鬴（fǔ）：量器名，也是容量单位，六斗四升为鬴。郑《注》曰："以其容为之名也：四升曰豆，四豆曰区，四区曰鬴。鬴，六斗四升也。"

②内方尺而圜其外：容纳一立方尺，外表为圆形。内，古"纳"字，容纳。郑《注》曰："方尺，积千寸。……圜其外者，为之唇。"孙诒让曰："鬴为圆形，口大而底小。"

③"其臀一寸"二句：臀，同"臀"，指鬴的底部，为四方框足，高一寸。实，容量。豆，古代量器名，也是容量单位。四升为一豆，四豆为一区（瓯），四区为一鬴，十鬴为一钟。按，鬴为圈底，将鬴倒置，其底框足内容积为一豆（四升）。

④其耳三寸：耳，鬴口两侧的把手，中空，一耳容积一升。郑《注》

曰:"耳在旁,可举也。"三寸,指耳深三寸。

⑤一钧:钧,重量单位。三十斤为一钧。郑《注》曰:"三十斤。"

⑥其声中黄钟之宫:黄钟之宫,黄钟为十二律之首,宫为五声之首,
用黄钟律来定宫声的音高曰黄钟宫。黄钟,郑《注》曰:"应律之
首。"按,1957年在河南信阳出土了十三口春秋末期编钟,其第四
口编钟的频率为726.88赫兹,很可能这就是当时黄钟之宫的音
频高度(缪天瑞《律学》,人民音乐出版社,1983年第2版,第100、
111页)。考古资料与《考工记》经文表明,至迟在春秋战国之际,
中国已存在精确的音高标准的概念,并将之运用于音乐与律度
量衡制度之中去。

⑦概而不税:意谓刮平鬴口,勿使有高出鬴口水平的情况。概,量
黍粟等粮食时用以刮平量器口沿的木条。税,戴震以为,通
"脱",脱落。一说,郑司农等注为税收。按,戴氏强调此标准的
准确性。姑从其说。

⑧时文思索:此句及下五句是韵语,韵脚"极"、"国"、"则",属上古音
职部。时,是也,此也。郑《注》曰:"时,是也。……言是文德之
君,求思可以为民立法者,而作此量。"

⑨允臻:允,信用。臻,达到,极,最高境界。郑《注》曰:"允,信也。
臻,罕也。"

⑩嘉量:古代标准量器。嘉量包括律、度量、衡等四种标准。按,本
节对嘉量的描述,是现存关于战国中期以前嘉量形制的唯一
记载。

⑪观:出示。

【译文】

所铸造的量器为鬴,深一尺,可容纳一立方尺而口缘呈圆形,它的
容积即为一鬴。鬴的底部框足深一寸,底部的容积为一豆。鬴两侧的
耳深三寸,耳的容积为一升。鬴的重量是一钧。敲击鬴所发出的声音

与黄钟律的宫声相符。用概推平鬴中所盛的米粟而不让粮食脱落。鬴上刻写的铭文说:"这位有文德的君王思求为民众确立度量的法则而铸造了这鬴,用以达到最高的信用。优良的标准量器已经铸造成功,用以颁示四方各国供人们使用。永远传给你们的子孙后代,把这量器作为遵守的准则。"

3. 凡铸金之状①,金与锡黑浊之气竭,黄白次之;黄白之气竭,青白次之;青白之气竭,青气次之,然后可铸也。

【注释】

①凡铸金之状:按,此节针对所有攻金之工,探讨如何掌握冶铸火候。文中提及各种颜色的"气",是加热时由于蒸发、分解、化合等作用而生成的火焰和烟气。开始加热时,附着于矿物的碳氢化合物燃烧产生黑浊气体。随着温度升高,氧化物、硫化铜及某些金属会发出各种颜色的火焰、烟气。青铜合金熔炼时的焰色,主要取决于铜的黄色、绿色谱线,锡的黄色、蓝色谱线,铅的紫色谱线及黑体辐射的橙红色背景。各种原子焰色混合的结果是,随着炉温的升高,炉火逐渐由黄色向绿色过渡,铜的绿色所占比重越来越大。当炉温达到 1200℃ 以上,铜的青焰将占绝对优势,看起来全是青色,则"炉火纯青"的火候已到,标志着精炼成功,可以浇筑器具了。这种原始的火焰观察法,是近代光测高温术的滥觞。至今其仍是准确判断冶铸火候的有效辅助手段。

【译文】

凡是观察冶铸金属的状态,被冶炼的铜和锡因为杂质而产生的黑浊的气体销尽后,接着会产生黄白色的气体;黄白色的气体销尽后,接着会产生青白色的气体;青白色的气体销尽后,接着会产生青色的气体,青色的气体销尽了,标志着精炼成功,然后就可以铸造器物了。

九　段氏^①（阙）

【注释】

①段氏：按，原文已阙。据"攻金之工"节"段氏为镈器"，段氏负责制造金属农具。

一〇　函人

1. 函人为甲^①。犀甲七属^②，兕甲六属，合甲五属^③。犀甲寿百年^④，兕甲寿二百年，合甲寿三百年。

【注释】

①函人为甲：函人，用革制作铠甲的工匠。函，铠甲。甲，护身的战服，材质有皮革、金属片两种，本书指皮革质的甲。按，殷商时期皮甲是整片型的，后来发明了连缀大小不同的革片制成的皮甲，穿着便利，防护性能好。春秋战国时期风行车战，皮甲胄亦大量使用。

②犀甲七属：犀，及下文兕，皆兽名。用它们的皮做的甲衣，分别名之为犀甲、兕甲。属（zhǔ），连接，连缀。《说文》曰："连也。"七属，甲的上衣、下裳（即上旅、下旅）均由七札甲片连缀而成。郑《注》曰："谓上旅、下旅札续之数也。革坚者札长。"按，甲衣用甲片连缀而成，甲片是皮革裁成的方形或三角形，甲片的一片谓之一札。其连缀之法，皆下札交压于上札之下，如鳞片然，经连缀后一片谓之一属。犀甲的上衣、下裳皆由七札相续连而成，故曰七属。

③合甲五属：合甲，削去残留在皮革表皮内侧的肉质部分，取两张表皮叠合数层而制成的甲，是甲中最坚韧者。因合甲坚韧，甲片

在连缀时可不必重叠过多,则甲片间距加长,即郑《注》所谓"革坚者札长",所需连属的甲片也相应减少,五属即可。江永曰:"犀甲、兕甲皆单而不合,合甲则一甲有两甲之力,费多工多而价重。"按,牛皮革的生胶质纤维分为恒温层和网状层两部分,平滑的恒温层较为坚牢、耐磨。合甲的两面皆为恒温层,故十分坚牢。近期考古发掘所得的春秋战国时期的皮甲实物,时代较晚者多为合甲。

④寿:使用年限。

【译文】

函人制作甲衣。犀甲的上衣、下裳都是由七片甲片连缀而成,兕甲的上衣、下裳都是用六片甲片连缀而成,合甲的上衣、下裳都是用五片甲片连缀而成。犀甲可以使用一百年,兕甲可以使用二百年,合甲可以使用三百年。

2. 凡为甲,必先为容①,然后制革。权其上旅与其下旅②,而重若一。以其长为之围③。

【注释】

①容:模型与模具。一说,贾《疏》指人体的大小高低。姑从前说。按,设计甲胄要先做出与实体等大的模型,采用样板下料,每种甲片制造成形都有个体模型及专用模具。(中国社会科学院考古研究所技术室《试论东周时代皮甲胄的制作技术》,《考古》1984 年第 12 期)

②权其上旅与其下旅:权,衡量,称量。上旅,谓腰以上,此指甲的上衣。下旅,谓腰以下,此指甲的下裳。郑司农曰:"上旅谓要以上,下旅谓要以下。"按,要,同"腰"。旅,通"膂"。本义脊骨。

③以其长:以甲的长度。甲长,是上旅加下旅的长度。

【译文】

凡是制作甲衣,一定要首先量度人的体形而设计出模型,然后裁制革片。称量甲衣的上旅和下旅的革片,而二者的重量要务必相等。用甲衣的长度作为甲的腰围长度。

3. 凡甲,锻不挚则不坚①,已敝则桡②。凡察革之道:视其钻空,欲其惌也③;视其里,欲其易也④;视其朕,欲其直也⑤;橐之,欲其约也⑥;举而视之,欲其丰也⑦;衣之,欲其无齘也⑧。视其钻空而惌,则革坚也;视其里而易,则材更也⑨;视其朕而直,则制善也;橐之而约,则周也⑩;举之而丰,则明也⑪。衣之无齘,则变也⑫。

【注释】

①锻不挚则不坚:制作时锻治不周到,甲衣就不坚固。锻,锻治,以锤捶击。挚,精致,周到,周遍。此外有异说,可备参考:孙诒让曰:"谓椎击皮革使纯孰也。"又曰:"《论语·雍也》皇《疏》云:'质,实也。'锻不挚,亦谓锻之不实,故不坚也。"后德俊则认为,"锻革"就是指用模具压制甲片。"挚"即是指皮革经模压后定型,甲片的中部呈凸起或呈弧形,否则甲片的防护能力就不大,即"不坚"(后德俊《楚文物与〈考工记〉的对照研究》,《中国科技史料》1996年第1期)。

②已敝则桡:已,谓锻治过分。敝,谓革理受损伤。桡,曲,起翘,不平整。

③"视其钻空"二句:钻空,穿线连缀革片的孔眼。惌(wǎn):孔眼很小的样子。郑司农曰:"小孔貌。"

④"视其里"二句:里,指皮甲内面。易,修治平滑、细致。

⑤"视其朕"二句：朕，皮甲缝合处，衣缝。江永曰："谓甲之缝也。"
　　直，指皮甲连缀缝针脚笔直，无弯曲。

⑥"櫜之"二句：櫜（gāo），盛甲衣或弓箭的袋子。约，少，小。又有
　　屈曲义。此指宜于收放、体积小。《楚辞·招魂》："土伯九约。"
　　《注》："约，屈也。……其身九屈。"

⑦丰：大，丰满。此谓甲衣有光耀，使人看起来似乎很宽大丰满。

⑧欲其无齘（xiè）：无齘，此谓革片不互相磨擦，则穿时贴身合体。
　　王聘珍曰："谓札叶（甲片）不欲相磨切，如人之怒而切齿也。"齘，
　　本义牙齿相磨切，引申为物体相接处参差不密合。

⑨更：此谓好，优良。郑司农曰："善也。"

⑩周：郑《注》曰："密致也。"

⑪明：郑《注》曰："有光耀。"

⑫变：此谓革甲缝合紧密无空隙，则穿甲者行动变换自如、合体便
　　利。郑司农曰："随人身便利。"

【译文】

　　凡甲衣，如果皮革锻治不细致周到，甲衣就不坚固，而如果锻治过
分致使革理损伤，就会使甲衣易于曲折不平而不强韧。凡观察甲衣质
量好坏的的方法：看看甲片上为穿丝绳连缀甲片钻的孔眼，孔眼要小；
看看甲片的内面，要刮治得平整而光滑；看看甲衣的缝，要上下对得很
直；把它卷起装进袋子里，要体积小；把它举起而展开来看看，要显得宽
大丰满；穿到身上试试，要甲片间不相互磨切。看到甲片上的钻孔很
小，就知道甲衣很坚固；看到甲片的内面平整而光滑，就知道甲衣的材
料优良；看到甲衣上的缝笔直，就知道做工精良；卷起来装进袋子体积
小，就知道缝制精致紧密；举起来展开显得宽大丰满，甲表就一定很有
光彩；穿到身上甲片不相互磨切，穿甲者就能行动自如合体便利。

一一　鲍人

1. 鲍人之事①，望而视之，欲其荼白也②；进而握之，欲

其柔而滑也；卷而抟之，欲其无迆也③；视其著，欲其浅也④；察其线，欲其藏也。革欲其荼白而疾浣之，则坚⑤；欲其柔滑而腥脂之，则需⑥；引而信之，欲其直也⑦。信之而直，则取材正也⑧；信之而枉，则是一方缓、一方急也⑨。若苟一方缓、一方急，则及其用之也，必自其急者先裂。若苟自急者先裂，则是以博为帴也⑩。卷而抟之而不迆，则厚薄序也⑪；视其著而浅，则革信也⑫；察其线而藏，则虽敝不瓶⑬。

【注释】

①鲍人之事：鲍人，负责制革的工匠。事，据贾《疏》，谓鞣制皮革。按，未经物理、化学鞣制的生皮，干燥后特别硬，但遇水软化，且易腐烂。经过一系列物理、化学加工，鞣皮剂与生皮中的蛋白质纤维结合固定，就使得动物皮变成具有多种性能、优点的革。鞣革即为将生皮加工成革的工艺过程。

②荼白：与茅草的花一样白。荼，茅草、芦之类所开的白花。夏天开花者称白茅，秋天开花者称菅茅。

③"卷而抟之"二句：抟，《注疏》本原误作"搏"，据阮校改。抟，本指把散碎物捏聚成团。此处卷束、卷紧义。迆，斜出。

④"视其著"二句：此谓把一片皮革缝合到另一张皮革上，要尽量伸张皮革使变薄，则缝合处就浅而不厚。著，两革边缘的缝合处。郑司农曰："谓郭韦革之札入韦革，浅缘其边也。"郭，通"廓"，张也。江永曰："言缝合两皮相著之处，欲浅狭。"

⑤"革欲其荼白"二句：浣，洗涤。按，制革生产必须经过准备、鞣制、整理三个过程。准备工序，要将生皮或干板皮洗清、浸水，以除去泥沙污物。刮去附在皮上的油脂、烂肉，浸泡在石灰水中让皮上的生胶纤维适当膨胀。除去表皮、鬃毛，使得皮面洁白而富

有弹性。用酸类来中和渗入皮里的碱性石灰水。但入水太久，则会损伤皮革的坚韧性，要快速洗涤。故曰"革欲其荼白而疾浣之"。鞣制工序，是将矿物质与生皮放在一起，不断翻动，使鞣料渗透进生皮，与皮的蛋白质纤维结合固定，变成一种不溶于水的物质，故曰"则坚"。整理过程，即对鞣制好的皮革稍事整理，上油、鞣软，以备使用。

⑥"欲其柔滑"二句：腥（wò），厚。郑司农曰："谓厚脂之，韦革柔需（软）。"需，当作"奭"。奭，同"软"，柔软。按，此指制革生产的整理工序中上油、鞣软环节。经过整理，革就具有弹性、丰满、柔软、延展、抗水、透气及吸湿等性能，粒面细致平滑而清晰，色调、光泽均一而美观。（诸炳生《日用皮革制品：生产·选择·保养》，上海科学技术文献出版社，1987年，第13页）。古人未曾明了整个工艺过程中的物理、化学原理，但却凭经验准确掌握了有效工艺的应用过程。

⑦"引而信之"二句：据王引之校，这两句当置于上文"进而握之，欲其柔而滑也"之下，抄写者错乱于此。按，王说是。译文姑仍其旧。信，通"伸"，伸展，拉伸。

⑧取材正：裁取革片齐正。孙诒让曰："谓革裁断之成札，腠理齐正而不邪绝。"

⑨"信之而枉"三句：枉，不直。缓，松弛。急，用力紧促，紧逼。

⑩以博为帴（jiǎn）：帴，狭窄。一说，王引之、段玉裁均以为是"浅"的通借字。孙诒让曰："革札以广为贵，若有坼裂，则广者反成狭矣。"按，皮革拆裂了，必须拆开剪裁，则是把宽的革片当作狭窄的用了，反而造成浪费。

⑪序：均匀。郑《注》曰："舒也，谓其革均也。"

⑫革信：信，通"伸"。郑《注》曰："无缩缓。"按，伸，据《广雅·释诂》，有展、直义，谓皮革伸展平直；皮革伸展平直，说明其没有伸

缩变形,故曰"无缩缓"。

⑬"察其线而藏"二句:瓻(lìn),损坏,破敝。此谓损坏皮革中的缝
线。郑《注》曰:"缝缕没藏于韦革中,则虽敝,缕不伤也。"

【译文】

鲍人揉治皮革的事,从远处整体看那皮革,要求它颜色像茅、芦开
的花那样洁白;走到近处用手去握捏,要求它要使人感觉很柔软而顺
滑;把它紧紧卷起来,要求皮面齐正而两边不歪斜旁出;看看皮革上两
张皮革压边缝合处,要求它又浅又窄;细看那缝合处的针脚线,要求它
隐藏而不外露。皮革要求它颜色要像茅、芦开的花那样洁白、富有弹
性,洗涤时就要很快捷,渗进鞣料,而不使入水时间过长,那样就会很坚
韧;要使皮革柔滑、润泽而涂上一层厚厚的油脂,那样就会很柔软;拉伸
而展开的皮革,要求它皮面很平直。伸展开以后皮面很平直,那就说明
所裁取革材的纹理很齐正;伸展开以后皮革歪斜而不平直,那就必定因
为拉伸时用力一边松缓、一边紧促。如果拉伸皮革时用力一边松缓、一
边紧促,等到使用皮革的时候,必定会从紧促的部位先发生断裂。如果
从紧促的部位先发生断裂,而不得不剪除,那就是把宽阔的皮革当作狭
窄的皮条来使用了,反而造成浪费。将皮革卷紧而皮面不歪斜,就说明
其厚薄均匀;看到皮革的压边缝合处又浅又窄,皮革就不易伸缩变形;
细看到皮革上的针脚缝线隐藏而不外露,那么皮革即使用坏了缝线也
不会有损伤。

一二　韗人

1. 韗人为皋陶①,长六尺有六寸②,左右端广六寸,中
尺③,厚三寸④,穿者三之一⑤,上三正⑥。

【注释】

①韗(yùn)人为皋陶:韗人,负责造皮鼓的工匠。《说文》曰:"攻皮治

鼓工也。"孙诒让曰:"此工主治革以冒鼓,又兼为鼓木。"鼓木,谓鼓的木框。皋陶,鼓框,鼓的木框。郑司农曰:"鼓木也。"一说,程瑶田认为即《鼓人》中的晋鼓。按,皋陶可能得名于原始土鼓的陶土鼓框。其后疑有脱文。

②长六尺六寸:长,此处指鼓框的屈折长度。按,鼓之形,腹大而两头较小,因此鼓身有曲折,六尺六寸即指鼓身的曲折之长度。

③左右端广六寸,中尺:左右端,指组成鼓身的每块木板的两端。中,指每块木板中段的隆起部分。郑司农曰:"谓鼓木一判(片)者,其两端广六寸,而其中央广尺也,如此乃得有腹。"据易袚说,一个完整的鼓身是由二十块木板拼合成,每块木板两头宽六寸,则其围一丈二尺,是鼓面直径为四尺(按,实为 3.8197 尺);中段宽一尺,则鼓腹围长二丈,是腹径为六尺零六又三分之二寸(按,实为 6.3662 尺)。

④厚三寸:据孙诒让说,构成鼓身的木板,中段厚,两头渐薄,中段隆起部分的厚度是三寸。

⑤穹者三之一:此指鼓腹突起如穹隆的部分比两端鼓面的直径所高出的比例。穹,穹窿形鼓腹之高。郑《注》曰:"穹隆者居鼓面三分之一。"按,鼓面直径为 3.8197 尺,其三分之一则为 1.2732 尺,则鼓腹直径为 6.3662 尺。

⑥上三正:此谓组成鼓身的二十块木板,每块都曲为三折,分别为穹及两端部分。正,平直,平正。郑《注》曰:"正,直也。参(三)直者,穹上一直,两端又直,各居二尺二寸,不弧曲也。"按,鼓板长度是六尺六寸,三折各占三分之一,即为二尺二寸,并且每段皆平直而曲处不作弧形。

【译文】

　　韗人制作皋陶,……,构成鼓身的二十块木板每块长度是六尺六寸,左右两端宽度是六寸,中段宽度是一尺,板厚三寸,中段鼓腹隆起部分比两端鼓面直径高出三分之一,构成鼓框上的每块木板都平分成板面平直的三段。

2. 鼓长八尺,鼓四尺,中围加三之一[①],谓之鼖鼓[②]。

【注释】

①中围加三之一:郑《注》曰:"加于面之围以三分之一也。面四尺,其围十二尺(实为 12.5664 尺),加以三分一,四尺(实为 4.1888 尺),则中围十六尺(实为 16.7552 尺),径五尺三寸三分寸之一也(即 5.3333 尺)。今亦合二十版,则版穹六寸三分寸之二耳。"按,杨天宇以为,此鼓中段直径为 5.3333 尺,减去鼓面直径 4 尺,余 1.3333 尺,除以 2,则穹隆部分高出鼓面直径 6.6666 寸。

②鼖(fén)鼓:古代军中所用的大鼓。参见《地官·鼓人》第 2 节注。

【译文】

鼓长八尺,鼓面的直径是四尺,鼓身中段鼓腹部分的围长比鼓面的围长增加三分之一,叫做鼖鼓。

3. 为皋鼓[①],长寻有四尺[②],鼓四尺,倨句磬折[③]。

【注释】

①皋鼓:孙诒让以为即鼛鼓,用于指挥劳役的鼓。《地官·鼓人》:"以鼛鼓鼓役事"。皋,通"鼛"。

②寻有四尺:寻,八尺。寻有四尺,则为一丈二尺。

③倨句磬折:皋鼓的鼓腹向两端弯曲成钝角,大小等于一磬折(合 151 度 52 分 30 秒,此闻人军说)。倨句,即弯曲义。磬折,谓弯曲如磬(古代曲尺状乐器)的角度。

【译文】

制作皋鼓,鼓长一寻零四尺,鼓面的直径是四尺,构成鼓框的每块木板为两折,中段鼓腹部分向两端弯曲成一磬折的钝角形。

4. 凡冒鼓①,必以启蛰之日②。良鼓瑕如积环③。

【注释】

①冒鼓:用皮革蒙鼓面。冒,蒙,覆盖。

②启蛰:节气名,据郑《注》,为正月中气。按,启蛰即惊蛰,为二十四节气之一,今历在雨水后,为二月节;西汉以前在雨水前,为正月中气。《汉书·律历志》曰:"惊蛰,今曰雨水;……雨水,今曰惊蛰。"依照现行公历,每年3月6日前后太阳到达黄经345度时为惊蛰。

③瑕如积环:瑕,痕迹,此指鼓皮漆过后绷紧显出的环状痕纹。贾《疏》曰:"瑕与环皆谓漆之文理。"林希逸曰:"瑕者,痕也。积环者,鼓皮既漆,其皮鞔(mán)急,则文理累累如环之积。"按,鼓皮先漆而后鞔于鼓,因鞔时皮革绷紧而四周用力均匀,而漆无伸缩性,故鼓面就显出环状漆痕。

【译文】

凡是蒙鼓皮,一定要在启蛰那天。制作精良的鼓,鼓皮上的漆痕如同堆积的一圈圈环状痕纹。

5. 鼓大而短,则其声疾而短闻;鼓小而长,则其声舒而远闻①。

【注释】

①"鼓大而短"四句:疾,急速。短闻,短促,传播不远。舒,舒缓。

远闻,声音传播远。按,鼓的发声机制是:鼓的两端是周边固定的圆形薄膜,中间是柱形空气共振腔。一段皮面受击打后,经过空气柱的耦合,两端皮面交替振动,不断发声。空气柱愈长,耦合愈松;空气柱愈短,耦合愈紧。大而短的鼓,空气柱较短,耦合较紧,阻尼大,损耗多,故鼓面振动的衰减较快;鼓愈短,鼓内声波每秒往复反射次数愈多,声频愈高而急促,声波的频率愈高,在空气中传播时愈易被吸收,衰减也较快。因此,一定范围内会则出现"鼓大而短,则其声疾而短闻"现象。反之,会出现"鼓小而长,则其声舒而远闻"现象。(闻人军《〈考工记〉中声学知识的数理诠释》,《杭州大学学报(自然科学版)》1982 年第 4 期)

【译文】

如果鼓面宽大而鼓身短小,发出的声音就高昂而急促,传播不远;如果鼓面小而鼓身狭长,发出的声音就低沉而舒缓,传播较远。

一二　韦氏(阙)

【注释】

①按,原文已阙。"韦",由生皮加工成的柔软熟皮(皮革),可制衣服、鞁辂。韦氏是五种治皮工匠之一,负责制造鞣熟的韦革。

一四　裘氏(阙)

【注释】

①按,原文已阙。《说文·裘部》曰:"裘,皮衣也,从衣求声。"按,古代的裘,毛在外表,皮在里面。裘氏是五种治皮工匠之一,可能负责制造毛绒外翻的裘皮服装。

一五　画缋

1. 画缋之事,杂五色①。东方谓之青,南方谓之赤,西方

谓之白,北方谓之黑,天谓之玄,地谓之黄②。青与白相次
也,赤与黑相次也,玄与黄相次也③。青与赤谓之文,赤与白
谓之章,白与黑谓之黼,黑与青谓之黻,五采备谓之绣④。

【注释】

①"画缋之事"二句:画缋,负责设色、施彩、绘画、刺绣的工匠。缋
(huì),古同"绘",将各种颜色按一定要求搭配起来。《说文》:
"绘,会五采绣也。"《小尔雅·广训》:"杂彩曰绘。"杂,纷陈。五
色,即下文东南西北天地六种方色:青、赤、白、黑、黄。天色玄,
北方色黑,据贾《疏》,"天玄与北方黑,二者大同小异",微异而同
属一色,故云五色。按,依据《考工记》开篇三十工的分工,画缋
应为五个设色之工中的两个工种。疑此处有脱文、错简。此节
涉及早期五行观念,反映了阴阳五行学说与科学技术、工艺美术
的相互影响、渗透。

②"东方谓之青"六句:郑《注》曰:"此言画缋六色所象。"玄,深青
黑色。

③"青与白相次也"三句:此三句说绘画布色的次序。次,次序,呼
应。郑《注》曰:"此言……布采之第次。"此处布采,即着色,画色
彩;第次,即次第,顺序。

④"青与赤谓之文"五句:此五句是说下裳刺绣的色彩搭配次序。
章,本义指纺织品的纹理,引申为花纹,纹章。此特指赤白相间
的文彩。黼,古代礼服上绣或绘的黑白相间的斧形纹饰。黻,古
代礼服上绣或绘的黑青相间的弓形纹饰。绣,经绘画而使五彩
俱备。《说文》曰:"五采备也。"一说,刺绣。

【译文】

绘画的事,就是调配五色以形成种种图案。象征东方叫做青色,象
征南方叫做赤色,象征西方叫做白色,象征北方叫做黑色,象征天叫做

玄色,象征地叫做黄色。着色的次序是:青与白两种颜色顺次排列,赤与黑两种颜色顺次排列,玄与黄两种颜色顺次排列。刺绣用色的次序是:青色与赤色相搭配叫做文,赤色与白色相搭配叫做章,白色与黑色相搭配叫做黼,黑色与青色相搭配叫做黻,五种颜色齐备叫做绣。

2. 土以黄,其象方①。天时变②。火以圜③,山以章④,水以龙⑤,鸟、兽、蛇⑥。杂四时五色之位以章之⑦,谓之巧。凡画缋之事,后素功⑧。

【注释】

①"土以黄"二句:象,外形,形象。方,正方。

②天时变:画天的色彩随季节变化。郑司农曰:"谓画天随四时色。"按,即春天画天用青色,夏天画天用赤色,秋天画天同白色,冬天画天用黑色。《尔雅·释天》曰:"春为青阳,夏为朱明,秋为白藏,冬为玄英。"即所谓四时之色。

③火以圜:大火星画成半环形。一说,火指燃烧之火。圜,圆形。郑《注》曰:"形如半环然,在裳(谓画火于裳)。"按,出土文物中有"火以圜"画法的实例。如湖北随县曾侯乙墓出土的绘有二十八宿星象的漆箱盖上,有一个 E 形图案,当为大火星的象征(庞朴《"火历"三探》,《文史哲》1984 年第 1 期)。

④山以章:章,同"獐",兽名。郑《注》曰:"章,读为'獐',獐,山物(兽)也。在衣。"一说,孙诒让曰:"此'章'即上文'赤与白谓之章'……画山者,其色以赤白,以示别异也。"即画山用青白相间之色。姑从郑氏说。按,将"章"、"獐"联系起来,有出土文献实物依据。闻人军认为,獐为山物(野兽),它的犬齿状似山峰,故画山可以獐牙作为象征,这或者当是"山以章(獐)"的真正含义。此点可从考古文物中找到根据。如 20 世纪 60 年代在山东莒县

陵阳河大汶口文化遗址出土的陶尊上有类似的象形纹样,诸城前寨遗址出土的同样纹饰上还涂有红色(山东省文管处、济南市博物馆《大汶口》,文物出版社 1974 年,第 117、118 页)。新石器时期山东大汶口文化的居民有一种獐崇拜现象,其对獐牙尤其感兴趣。"在一些早、中期的墓葬中死者指骨近处发现獐牙或一种有骨柄和从两侧嵌入獐牙的被称为獐牙勾形器的物件。……死者手持獐牙的习俗一直延续到晚期。"(中国社会科学院考古研究所编《新中国的考古发现和研究》,文物出版社,1984 年,第 94 页)对圆日、獐牙(山峰形)等笔画图案的组合符号的含义,有多种解释:或以为此类表号纹样,正是《考工记》"火以圜,山以章"的渊源(《考工记译注》,第 70 页);或释为太阳、云气和山峰,意即"旦"字(于省吾《关于古文字研究的若干问题》,《文物》1973年第 2 期);或释为太阳、火和山,即"炅"字,亦即"热"字。(唐兰《从大汶口文化的陶器文字看我国最早文化的年代》,《光明日报》1977 年 7 月 14 日);或释为日、月和火(大火星),意为"三辰"(庞朴《"火历"三探》);或释为"男女性结合的象征",下、中部的符号是"象征男根的山纹与变形的突出阴蒂的女阴组合在一起"(赵国华《生殖崇拜文化略论》,《中国社会科学》1988 年第 1 期)

⑤水以龙:郑《注》曰:"在衣。"按,龙的起源,众说纷纭。或以为是原始宗教、巫术、天文学及原始气功内景感受的产物;或以为龙的原型是蛇、鳄、蟒、猪等动物;或以为龙的原型是虹,龙是原始社会人们因生产的需要而对星象观察的想象物(胡昌健《论中国龙神虎神的起源——兼论濮阳龙虎和墓主人》,《中国文物报》1988 年 6 月 24 日)

⑥鸟、兽、蛇:郑《注》曰:"所谓华虫也。在衣。"

⑦杂四时五色之位以章之:此谓须按照四时五色的位置灵活调配,以使色彩、图案鲜明。杂,交杂,混杂。章,郑《注》曰:"明也。"四

时五色,四时皆配其色,孙诒让据《礼记·月令》所记以为即象征四季的青、赤、白、黑,加上附于季夏(六月)的黄色,共五色。一说,"东方谓之青,南方谓之赤,西方谓之白,北方谓之黑,天谓之玄(黑),地谓之黄",亦是五色。位,此谓着色的部位。

⑧后素功:最后再着白色。素,白色,因其易被其他颜色污染,故最后着白色。郑《注》曰:"素,白采也。后布之,为其易渍污也。"刘道广说:"在描画了形象之后,必须用白色修整轮廓,才能使形象清晰明确。……最后用白色再修整轮廓,才算完成。"(《"绘事后素"的审美意义》,《学术月刊》,1985 年第 6 期)一说,朱熹等释"后素"为"后于素","谓先以粉地为质,而后施五采。"功,当作"功作",即工作。按,《论语·八佾》亦论及"绘事后素":"子夏问曰:'巧笑倩兮,美目盼兮,素以为绚兮,何谓也?'子曰:'绘事后素。'曰:'礼后乎?'子曰:'启予者商也,始可与言《诗》已矣。'"对此,学者观点不一,或肯定朱熹之"本质之素"说,或肯定"粉白之素。"(高尚榘《论语歧解辑录》,中华书局,2011 年,第 98—100页)张言梦说:"古人用几乎同样的措辞,描述了绘事中两种完全相反的工序,导致歧义,引发争论,也在所难免。画前打素底,与敷彩已毕最后填涂白色,都是可行的,主要是看用在什么场合。"(张言梦《汉至清代〈考工记〉研究和注释史述论稿》,南京师范大学,2005 年博士论文)

【译文】

　　画土地就用黄色,它的形象画成四方形象征地方。画天要随着四季时令变化选用不同颜色。画大火星就用圆弧形作为象征,画山就用獐的犬齿作为象征,画水就用龙作为象征,还有画鸟、兽、蛇等等。能恰当调配象征四季的五色的着色部位以使画面色彩鲜明,就叫做技巧巧妙。凡是画缋的事情,必须先上彩色,最后才画白色,以衬托画面,使形象清晰。

一六　钟氏

1. 钟氏染羽①，以朱湛丹秫三月②，而炽之③，淳而渍之④。

【注释】

①钟氏染羽：钟氏，负责为羽、丝、帛、布染色的工匠。羽，鸟的羽毛，据郑《注》，主要用于装饰旌旗、盔帽和王后的车子。

②以朱湛丹秫：朱，即朱砂，又称丹砂、辰砂，可以染赤。一说，赵匡华等认为，"朱"即朱草，是一种用以染红的茜草类植物；"丹秫"即旦粟，是丹砂的别名（赵匡华、周嘉华《中国科学技术史·化学卷》，科学出版社，1998 年，第 628 页）。湛，通"渐"，浸泡。郑司农曰："渍也。"秫，即丹秫，有黏性的红高粱。《说文·禾部》："稷之黏者。"郑司农说是"赤粟"。程瑶田曰："北方谓之高粱，或谓之红粱。"李时珍《本草纲目·谷部》曰："秫，即粱米、粟米之黏者。"按，朱砂化学成分为硫化汞，朱红色，是炼汞的最主要原料，也可制颜料。青海乐都柳湾原始社会墓地男尸下撒有朱砂，表明我国在新石器时代中晚期已经发现和开始利用朱砂（青海省文物管理处考古队、北京大学历史系考古专业《青海乐都柳湾原始社会墓葬第一次发掘的初步收获》，《文物》1976 年第 1 期）。采用朱砂染色的织物，在近期楚墓发掘中多有发现（后德俊《楚文物与〈考工记〉的对照研究》，《中国科技史料》1996 年第 1 期）。关于钟氏"以朱湛丹秫"的涵义，争议较多，主要有两说：一说，陈维稷等以为，是用矿物颜料直接涂于被染物品上进行染色的"石染法"（陈维稷主编《中国纺织科学技术史（古代部分）》，科学出版社，1984 年版，第 84 页）；另一说，朱冰认为，整个染羽过程是以朱草为染体、丹砂为间接媒染剂浸染

的"草染法",刘明玉赞同朱冰说(刘明玉《〈考工记〉服饰染色工艺研究——试论"钟氏染羽"》,《武汉理工大学学报(社会科学版)》2007年第1期)。

③炽:通"饎"。用火炊炽,蒸煮。饎,《方言》卷七作"糦",曰:"自河以北,赵魏之间,火熟曰烂,气熟曰糦。"

④淳而渍之:淳,淋,浇灌。渍,浸染。郑《注》曰:"淳,沃也。以炊下汤沃其炽,烝(蒸)之以渍羽。渍,犹染也。"孙诒让曰:"郑意盖谓炊者,以箅隔水炊之,水气上蒸而下于汤,炊毕,遂以所炊之汤,复沃所炊之朱秫,并蒸之使浓厚,乃可染也。"按,即用蒸丹秫的水,浇在丹秫上,然后再蒸,这样水就变少而颜色变浓,就可用以染羽了。此节丹秫的淀粉经过蒸煮,转化为浆糊,充当了增加颜料、纤维之间亲和力的粘合剂。

【译文】

钟氏负责为羽毛染色,将朱砂和丹秫放一起用水浸泡三个月,而后放到笸上用火加热蒸煮,再用蒸丹秫的汤汁浇渍被蒸的丹秫并再蒸,而后就可以用浓度达到要求的蒸丹秫的浓液来染羽毛了。

2. 三入为纁①,五入为緅②,七入为缁③。

【注释】

①纁:浅红色。《说文·系部》:"浅绛也。"按,凡染黑色,先染纁色。

②緅(zōu):深青透红的颜色(如今天广西、贵州瑶族的"亮布"色)。郑《注》曰:"如爵头色也。"按,"爵"通"雀",雀头色,即一种微赤而黑的颜色。

③缁:黑色。按,此节的染色过程,是以茜草或紫草作红色染料,以明矾或矾石做媒染剂,交替媒染,随着媒染次数增加而颜色逐渐变深变黑的过程。可看作后世"植物染料铁盐媒染法"的滥觞。

【译文】

羽毛三次放入染汁中浸染就成为纁色,五次放入染汁中浸染就成为缬色,七次放入染汁中浸染就成为入缁色。

一七　筐人①(阙)

【注释】

①筐人:可能是加工丝枲布帛的印花工匠,为施色的五种工匠之一。原文阙,职事无考。按,1979年江苏贵溪仙岩的春秋战国崖墓中出土了双面印花苎麻织物,证实了春秋战国之际,我国已有印花生产工艺;出土的两块刮浆板,表明当时用于画绘、印花的颜料溶液中,已加入浆料作为增稠剂。(江西省历史博物馆、贵溪县文化馆《江西贵溪崖墓发掘简报》,《文物》1980年第11期)

一八　𫷷氏

1. 𫷷氏湅丝①,以涗水沤其丝七日②,去地尺暴之③,昼暴诸日,夜宿诸井④,七日七夜,是谓水湅⑤。

【注释】

①𫷷氏湅丝:𫷷氏,负责湅丝帛的工匠。《说文·巾部》:"𫷷,设色之工,治丝湅者,……读若荒。"湅(liàn),谓练丝,即漂染丝、麻等天然纤维之前,除去共生物及杂质的精练过程,能将生丝、帛煮制得软熟洁白。按,有灰湅、水湅二法。

②以涗水沤其丝七日:涗(shuì)水,混和有草木灰汁的温水。郑《注》"故书'涗'作'湄'。"郑司农曰:"湄水,温水也。"沤,长时间浸渍。按,涗水含有氢氧化钾(KOH),呈碱性,有助于丝胶在其中水解、溶解。灰水练丝即进行丝帛脱胶精练。

③去地尺暴之：去地尺，高于地面一尺。暴，在日光下晒。按，此为
　利用日光脱胶的漂白工艺。丝放置在高于地面一尺处，因此高
　度附近湿度较适于日光脱胶漂白。

④宿诸井：郑《注》曰："县（悬）井中。"孙诒让曰："县而渐之于水，经
　宿也。"

⑤水湅：按，水练时日光曝晒与水浸脱胶交替进行，每夜将丝悬挂
　在井水中央，丝能充分与水接触，有利于白天光化分解的产物溶
　解到井水中去，洗练效果非常均匀。井水中可能滋生能分泌蛋
　白分解酶的微生物，亦有助于练丝效果。"七日七夜"，则是当时
　生产实践中总结出来的合理经验数据。此节应是我国练丝工艺
　的最早记载。

【译文】

　　慌氏湅丝时，先把丝放在混有草木灰汁的温水中浸泡七天，然后在
离地面一尺悬挂起来，在阳光下曝晒，这叫做灰湅，每日白天将丝在阳
光下曝晒，夜晚将丝悬浸在井水中过夜，这样经过七天七夜，就叫做
水湅。

　2. 湅帛，以栏为灰①，渥淳其帛②，实诸泽器③，淫之以
蜃④。清其灰而盝之，而挥之⑤，而沃之，而盝之，而涂之，而
宿之，明日沃而盝之⑥，昼暴诸日，夜宿诸井，七日七夜，是谓
水湅⑦。

【注释】

①栏（liàn）：即"楝"，楝树，亦称苦楝。李时珍《本草纲目》卷三十五
　引罗愿《尔雅翼》曰："楝叶可以练物，故谓之楝。"灰，指楝叶灰。
　按，楝叶灰水是钾溶液，呈碱性，渗透性好，故楝叶是传统的练丝

原料。

②渥淳其帛：渥淳，即浸透、浇透。戴震曰："渥淳者，以栏木之灰，取沉(汁)厚沃之也。"渥，久渍。《诗经·邶风·简兮》《毛传》曰："厚渍也。"淳，淋，浇灌，《说文·水部》："渌也。"按，丝胶在栋叶灰碱性浓液中溶解度较大，将帛浇透浸透，可使得丝胶充分膨润、溶解。

③实诸泽器：泽器，内壁光滑的容器。郑司农曰："谓滑泽之器。"按，"实诸泽器"至"明日沃而盝之"九句，即"灰凍"过程。蚌壳灰水是钙盐溶液，呈碱性，这一工艺过程是在丝胶充分膨润、溶解后，使用大量较稀的碱液将丝胶洗下来。因为丝胶膨化，会妨碍碱液进一步渗透，故帛的精练比丝更难达到均匀，容易出现丝胶洗练不均的问题。经文此节提出反复浸泡、脱水、振动，有助于织物比较均匀地与碱液接触；要求容器内壁光滑，以避免擦伤丝绸。这些措施都保证了精练质量。

④淫之以蜃：涂上一层蜃灰。淫，浸淫，浸渍。郑《注》曰："薄粉之，令帛白。"薄粉，即以粉附着，涂粉。蜃，蛤，蚌壳。蛤火烧成炭，捣而成灰，可涂布帛使白。

⑤"清其灰而盝之"二句：盝(lù)，滤去水分，犹言拧干。《尔雅·释诂》曰："涸竭也。"挥，振动，谓振去帛上的细灰。戴震曰："每日之朝，置水于泽器中，以澄蜃灰，乃取帛出，盝之，挥之。"

⑥明日沃而盝之：沃，浇水。郑《注》曰："朝更沃，至夕盝之。又更沃，至旦盝(漉)之。亦七日，如沤丝也。"

⑦水凍：按，水练帛亦是日光曝晒与水浸脱胶交替进行。将丝帛挂在溶液中进行精练，称为"挂练法"。有时可将灰练、水练两种工艺结合使用，则水练就兼具精练与精练后水洗的双重作用。"昼暴诸日，夜宿诸井"则成为碱练丝、酶练丝、日光脱胶的综合过程（陈维稷主编《中国纺织科学技术史(古代部分)》，科学出版社，

1984 年,第 71、72 页)。

【译文】

涑帛时,用楝树叶烧灰和水搅拌成楝叶灰汁,将帛浇透、浸透,盛放进光滑的容器中,再将一层蚌壳灰涂在帛上。早晨在清水中清洗帛上的蚌壳灰而滤去水分晾干,振落细灰,再厚浇楝灰水,再清洗、滤去水分晾干,然后再涂上一层蚌壳灰,这样放在光滑的容器中过夜;第二天再用灰汁浇灌,夜晚,再清洗滤去水分晾干。这样一连经过七天七夜,叫做灰涑。白天在阳光下曝晒,晚上悬浸在井水中过夜,这样一连经过七天七夜,叫做水涑。

一九　玉人

1. 玉人之事①:镇圭尺有二寸,天子守之②;命圭九寸,谓之桓圭③,公守之;命圭七寸,谓之信圭④,侯守之;命圭七寸,谓之躬圭⑤,伯守之⑥。

【注释】

①玉人:以玉制作圭璧等礼器的工匠。

②"镇圭尺有二寸"两句:镇圭,古代朝聘所用的信物,天子所执守。圭,玉器名,扁平长条形,下端平直,上端呈等腰三角形。参见《春官·大宗伯》第 10 节注。守,执守,执掌。

③"命圭九寸"二句:命圭,天子在册命礼仪中授给诸侯、大臣的玉圭。象征被册命者的身份地位,也是被册命者的符信(孙庆伟《出土资料所见的西周礼仪用玉》,《南方文物》2007 年第 1 期)。孙诒让曰:"谓诸侯初封及嗣位来朝时,王命以爵,即赐以圭。"按,命圭按等级不同分为桓圭、信圭、躬圭等种类。桓圭,公的瑞玉。

④信圭：侯的瑞玉。

⑤躬圭：伯的瑞玉。

⑥伯守之：按，伯之下未言子、男，文不具也。郑《注》曰："子守谷
璧，男守蒲璧，不言之者，阙耳。"

【译文】

玉人雕琢玉器的事：镇圭长一尺二寸，由天子执守；命圭长九寸，叫
做桓圭，由公执守；命圭长七寸，叫做信圭，由侯执守；命圭长七寸，叫做
躬圭，由伯执守。

2. 天子执冒①，四寸，以朝诸侯。天子用全②，上公用
龙，侯用瓒，伯用将③。继子男执皮帛④。

【注释】

①冒：通"瑁"，天子所执用以冒合诸侯之圭的玉器，用以核对其下
端（刻有三角形缺口）与圭之上端是否符合，长四寸。郑《注》曰：
"名玉曰冒者，言德能覆盖天下也。"《说文·玉部》曰："瑁，诸侯
执圭朝天子，天子执玉以冒之。"

②天子用全：及以下三句，讲玉饰的用玉规格。全，纯色的玉，无杂
质。郑《注》曰："纯玉也。"

③"上公用龙"三句：龙，及瓒、将，郑《注》曰："皆杂名也。"即皆为杂
有石而不纯之玉名。龙，通"尨"，杂色的玉石。《说文·玉部》
曰："瓒，三玉二石也。礼：天子用全，纯玉也；上公用駹，四玉一
石；侯用瓒；伯用埒，玉石半相埒也。"四玉一石，此指玉的成分，
五分之四是玉，五分之一是石。瓒，据《说文》，玉在瓒中占五分
之三，是比龙低一档的杂色玉石。将，当作"埒"。埒，相等，相
同。此谓玉、石比例相同的玉。

④继子男执皮帛：继子男，郑《注》曰："谓公之孤也。见礼次子男，

贽用束帛,而以豹皮表之为饰。"《秋官·大行人》曰:"凡大国之孤,执皮帛以继小国之君。"继,相继,接着。按,上公九命,得置孤卿一人,四命,朝天子位在小国之君(子男)之后,故称"继子男"。皮帛,是孤见天子所拿的挚(礼物)(参见《春官·大宗伯》第11节注)。"继子男执皮帛"六字盖错简于此,其前疑有脱文。孙诒让曰:"以《大宗伯》、《典命》两经证之,疑此文当次前三等命圭之后(即当续于第1节之后),因上阙子男执璧之文,而误移于此。经备记五等瑞玉,因及孤之挚耳。"《大宗伯》曰:"孤执皮帛。"《典命》曰:"则以皮帛继子男。"孙说是。

【译文】

天子所执的瑁,长四寸见方,用以接见来朝觐的诸侯以核对命圭。玉饰的用玉规格是:天子使用纯玉,上公使用石占四分之一的龙,侯使用石占五分之二的瓒,伯使用石占一半的埒。……朝见天子时,上公的孤位次排在子、男之后,拿着豹皮裹饰的束帛作为见面礼。

3. 天子圭中必①。四圭尺有二寸,以祀天②。大圭长三尺,杼上,终葵首③,天子服之④。土圭尺有五寸,以致日,以土地⑤。裸圭尺有二寸,有瓒⑥,以祀庙。琬圭九寸而缫,以象德⑦。琰圭九寸,判规⑧,以除慝,以易行⑨。

【注释】

①中必:必,假借作"縪"(bì),组也,即丝带,此指系圭的丝带,因系于圭的中央当腰处,故称中必。郑《注》曰:"谓以组约其中央,为执之以备失队(坠)。"

②"四圭尺有二寸"二句:各长尺二寸的四个圭,底部相对,中间隔以一璧,作为祀天之器(那志良《周礼考工记玉人新注》,台湾《大

陆杂志》第 29 卷第 1 期,1964 年 7 月)。四圭,玉器名,即《春官·典瑞》所谓"四圭有邸"(参见彼处第 3 节注)。戴震曰:"一邸而四圭,邸为璧,在中央,圭各长一尺二寸,在四面。"邸,根本,此指位于中央的璧。

③"大圭长三尺"三句:大圭,亦名珽,是天子插于腰间的玉笏。这是一种特大的圭,长三尺,宽三寸。形如一圭的上端又横一长方形的短玉,作为圭首,略似椎头形(参见《典瑞》第 2 节注)。杼(zhù),杀,削减,削薄。郑《注》曰:"杼,㸌(shā)也。"谓此大圭的上端与圭首相接处的两边宽度各向里削减,故曰杼上。终葵首,即首如椎头。郑《注》曰:"终葵,椎也。为椎于其杼上,明无所屈也。"齐地方言,称椎为终葵。

④天子服之:即《典瑞》所谓"王晋大圭",彼处郑司农《注》曰:"谓插于绅带之间。"服,佩用。

⑤"土圭"三句:土圭,玉名,是与表(高八尺)配合以测量地面表影之长的标准玉板,长一尺五寸,宽、厚及顶端与桓圭同。尺有五寸,按,《地官·大司徒》:"日至之景(影),尺有五寸,谓之地中。"意谓夏至正午影长一尺五寸的地方就是大地的中心。《玉人》此处长一尺五寸的土圭,正是测量地中的标准器。致日,测量日影。土地,测量土地。土,通"度",度量,测量。参见《地官·大司徒》第 7 节注、《春官·典瑞》第 4 节注。按,英国科学史家李约瑟说:"采用土圭制度目的,在于克服原始度量衡制的混乱……在某种意义上说,它似乎就是现代铂制米原器之类量具的先声。"(李约瑟《中国科学技术史》中译本第四卷第一分册,科学出版社,1975 年,第 266 页)

⑥"祼圭"二句:祼圭,是指用做瓒柄的圭,而以圭为柄的勺即名圭瓒,用于宗庙祭祀时舀取郁鬯以行祼礼。瓒,即古代祼祭时舀取郁鬯的玉勺。以圭为柄称圭瓒,以璋为柄称璋瓒,统称"玉瓒"。

郑《注》曰:"瓒如盘,其柄用圭,有流前注。"瓒的前端有一便于倒出郁鬯的前突的小口,叫流。按,近年震旦博物馆入藏两件战国玉瓒,证明先秦时期确实有玉瓒存在(孙庆伟《周代祼礼的新证据——介绍震旦艺术博物馆新藏的两件战国玉瓒》,《文物》2005年第1期)。

⑦"琬圭"二句:琬圭,是一端或两端浑圆无棱角的圭,用于天子使臣传达王命以赏赐有德诸侯时所持,故曰"以象德"。郑《注》曰:"诸侯有德,王命赐之,使者执琬圭以致命焉。"其可能得名于《尚书·顾命》"弘璧琬琰"(夏鼐《商代玉器的分类、定名和用途》,《考古》1983年第5期)。缲,即缲藉,与玉大小相称的垫板,其外面画饰有色彩(参见《春官·典瑞》第2节注)。

⑧"琰圭"二句:琰(yǎn)圭,一种顶端三角形而两边向内凹作弧形的玉,长九寸,用于讨伐有恶行的诸侯时所执。判规,即谓顶端两边凹作弧形。判,半也。规之判,即为弧形。此外有异说:孙诒让释"规"为"琢饰"即雕刻的凸纹;吴大澂《古玉图考》认为"其制上半作半月形",那志良赞同吴说(《周礼考工记玉人图释》,那志良《古玉论文集》,台北"国立"故宫博物院,1983年出版);或以为"盖言琰圭剡下,使圭首判离而成两脚规状也。"(蒋大沂《古玉兵杂考》,《中国文化研究汇刊》第2卷,1942年)

⑨"以除慝"二句:慝,邪恶,过失。郑《注》曰:"诸侯有为不义,使者征之,执以为瑞节也。除慝,诛恶逆也。易行,去烦苛。"易,改变,变易。

【译文】

天子所执的圭中部要系上丝带。四圭的每一圭长一尺一寸,用以祭祀天。大圭长三尺,上端两侧向里宽度逐渐削减,而首部呈方椎形,天子插在腰间。土圭长一尺五寸,用以测量日影,计算夏至日期,度量土地。祼圭长一尺二寸,其前端有酌酒的勺,用以祭祀宗庙。琬圭长九寸而有彩色的垫板,使者执持以传达王命,赏赐给诸侯用以象征有德行。琰圭长九寸,其顶端尖角两侧向内凹作半规的弧形,下端刻有凸起的纹饰,用以作为奉王命诛逆除恶的凭证,以改易诸侯酷虐的恶行。

4. 璧羡度尺,好三寸,以为度①。圭璧五寸②,以祀日、月、星、辰③。璧、琮九寸④,诸侯以享天子⑤。谷圭七寸,天子以聘女⑥。

【注释】

①"璧羡度尺"三句:璧羡,指璧的外径。璧,平圆形中央有圆孔的玉器,是贵族朝聘、祭祀、丧葬用的礼器,亦为装饰品。羡,长。郑司农曰:"羡,径也。"璧的直径长一尺,可用作一尺的标准。好,璧中央的圆孔。度,标准。

②圭璧:一种特殊的玉器,形如从璧上伸出一圭,古代诸侯祭祀、朝会时用作符信(参见《春官·典瑞》第 3 节注)。一说,夏鼐以为当指圭、璧两物(夏鼐《商代玉器的分类、定名和用途》,《考古》1983 年第 5 期)。

③星、辰:参见《春官·大宗伯》第 2 节注。

④璧、琮九寸,诸侯以享天子:琮,中为圆筒、外周四方的玉器。参见《春官·大宗伯》第 12 节注。九寸,是指璧的直径和琮外方之边长。诸侯,据孙诒让说,此处指上公。按,早期玉琮多刻有纹饰,殷商以后,多不刻纹饰。关于玉琮的涵义,异说纷纭:张光直以为琮兼具天(圆)地(方)特征,"是天地贯通的象征,也便是贯通天地的一项手段或法器。"(张光直《谈"琮"及其在中国古史上的意义》,《文物与考古论集》,文物出版社,1986 年,第 254 页);林巳奈夫以为琮是玉做的"主",是宗庙中祭祀时请神明祖先的灵降临凭依之物;邓淑蘋以为琮在典礼中套于圆形木柱的上端,

用作神祇或祖先的象征；邓氏后又提出圆璧应平放在直立的方琮之上端，璧象征天圆，琮象征地方（邓淑蘋《由"绝地天通"到"沟通天地"》，《故宫文物》第六卷第七期，1988 年 10 月）。

⑤诸侯以享天子：享，进献，供献。

⑥"谷圭"二句：谷圭，一种刻饰有谷状纹饰的圭，长七寸，用于讲和或聘女所执（参见《春官·典瑞》第 4 节注）。谷，善。聘女，参见《地官·媒氏》第 2 节注。

【译文】

璧的直径长为一尺，中央的圆孔直径三寸，用作一尺的长度标准。璧上伸出一圭的圭璧直径五寸，用以祭祀日、月、星、辰。璧的直径九寸，琮的边长九寸，是诸侯朝见时用以供献天子的。谷圭长七寸，天子用以向将迎娶的女方行聘礼。

5. 大璋、中璋九寸①，边璋七寸②，射四寸③，厚寸，黄金勺④，青金外⑤，朱中⑥，鼻寸⑦，衡四寸⑧，有缫⑨。天子以巡守，宗祝以前马⑩。大璋亦如之，诸侯以聘女⑪。

【注释】

①大璋、中璋：璋，半圭为璋。圭头两边削角，璋则一边削角。按，大、中璋之别，据郑《注》，主要在纹饰：大璋纹饰较繁，中璋纹饰较简；大璋用于王巡守时祭祀所经过的大山川，中璋则用于祭祀中山川。闻人军则认为，凡是条形片状其首不符合圭之形制者，均可归入璋类。

②边璋：璋中最小者，据郑《注》，只有"半文饰"（仅一面有纹饰），王巡守时用于祭祀所经过的小山川。

③射：即指边璋前端锐出的尖角部分。郑《注》曰："琰出者也。"孙诒让曰："琰与剡同。"剡，削尖，锐利。唐忠海等认为："璋的'射'

分两种情况:有歧首的'璋'的'射'指'璋'之长尖顶至叉口处(歧)的区间,无歧首的'璋'则指璋端斜出之角。"(唐忠海、王少华《"射"之名实考》,《汉语史研究集刊》第八辑,巴蜀书社,2005年12月)

④黄金勺:黄金,黄铜。勺,即瓒,以璋为柄,则为璋瓒。

⑤青金:铅。《说文》曰:"铅,青金也。"一说,将绿松石饰于金属勺外。

⑥朱中:内髤红漆。

⑦鼻:勺前端锐出以倾倒液体的部分,又称流。郑《注》曰:"勺流也。"据孙诒让说,此流与裸圭不同,裸圭之流在前端(参见第3节注),此流则在勺之旁。

⑧衡:瓒勺体部分的直径。郑《注》曰:"谓勺径。"

⑨缫:垫板。参见本篇第3节注。

⑩"天子以巡守"二句:天子以巡守,天子巡守途中要祭祀山川,而祭祀从行裸礼开始,故须用三璋舀香酒灌地降神。宗祝,据孙诒让说,此指大祝,掌祈祷之官。前马,祭祀山川用马,杀马之前,先执瓒酌酒浇地,即行裸祭礼。马,用作牺牲的马,此谓黄驹。《夏官·校人》:"凡将事于山川,则饰黄驹。"郑《注》曰:"其祈沈以马,宗祝亦执勺以先之。"祈沈以马,谓用马祭山川。孙诒让说,祈通"庪"。庪,藏也,引申为埋,故祈沈即《春官·大宗伯》所谓"貍沈",谓埋牲于山或沈牲于水以祭祀山川。执勺以先,即谓在杀马埋沈前先用璋瓒舀郁鬯以行裸祭礼。

⑪"大璋亦如之"二句:前人多以为此二句应置于上节"谷圭七寸,天子以聘女"之末。如江永曰:"当承'谷圭七寸,天子以聘女'之下。天子用谷圭七寸,谦也;诸侯用大璋七寸,谓上公七寸,亦谦也。"译文姑仍其旧。按,圭是最贵重的符信,故多为对地位尊贵者或地位尊贵者本身所执用。使用璋的身份较低,或对身份较

低者所用(张光裕《金文中册命之典》,《香港中文大学中国文化研究所学报》第十卷下册,1979 年)。"谷圭七寸,天子以聘女"、"大璋亦如之,诸侯以聘女",则用大璋。此四句当编连,江永说可信。译文姑仍其旧。

【译文】

大璋、中璋长九寸,边璋长七寸,其上端(削尖锐出的)射长四寸,厚一寸,璋瓒的前端安有黄铜勺,勺外涂有铅,勺内鬃以朱红漆,勺前端的瓒鼻长一寸,勺体部分直径四寸,有垫板。天子用以巡守天下时祭祀所经过的山川,由大祝在杀马祭祀山川之前先使用璋瓒来行祼祭礼。诸侯的长七寸的大璋也如同天子的谷圭一样,用以向要迎娶的女方行聘礼。

6. 瑑圭、璋八寸①,璧琮八寸,以覜聘②。牙璋、中璋七寸③,射二寸④,厚寸,以起军旅,以治兵守。驵琮五寸,宗后以为权⑤。大琮十有二寸,射四寸,厚寸⑥,是谓内镇,宗后守之⑦。驵琮七寸,鼻寸有半寸⑧,天子以为权。两圭五寸有邸⑨,以祀地,以旅四望⑩。瑑琮八寸⑪,诸侯以享夫人。案十有二寸⑫,枣、栗,十有二列⑬,诸侯纯九⑭,大夫纯五,夫人以劳诸侯⑮。璋邸射,素功⑯,以祀山川,以致稍饩⑰。

【注释】

①瑑圭、璋八寸:瑑(zhuàn),此谓玉器上雕刻的隆起纹饰。郑《注》曰:"文饰也。"瑑圭,即刻有隆起纹饰的圭。瑑璋、瑑璧、瑑琮,可类推。

②覜聘:皆为聘问。众多诸侯的大夫定期来聘,叫覜,天子不定期有事而特地前来,叫聘。郑《注》曰:"覜,视也。聘,问也。众来曰覜,特来曰聘。"详《春官·大宗伯》第6节注。《左传·昭公五

　　年》曰:"朝聘有圭,享覜有璋。"

③牙璋、中璋:牙璋,古代用作发兵符信的璋,其顶端锐出部分(即射)的斜边琢成钼牙(锯齿)状。郑《注》曰:"二璋皆有钼牙之饰于琰侧。先言牙璋,有文饰也。"一说,那志良以为,中璋在此可能是衍文。二璋的长度都是七寸,同于边璋,其区别在于牙璋有纹饰,中璋则无。沈括《梦溪笔谈》卷三曰:"牙璋,判合之器也。当于合处为牙,如今之合契。牙璋,牡契也。以起军旅,则其牝宜在军中,即虎符之法也。"按,论者或以为,牙璋与三代墓葬中发现的"玉柄形器"有关,是由大汶口文化的"獐牙勾形器"演化而来的(王永波《牙璋新解》,《考古与文物》1988年第1期)。

④射二寸:短于边璋之射一半(参见上节)。

⑤"驵琮五寸"二句:驵琮,系有丝带(即组)的琮,是用作砝码的玉器。驵,通"组",丝带。郑《注》曰:"驵,读为'组'。以组系之,因名焉。"一说,驵琮是扁矮而刻有纹饰的琮。宗后,王后。林希逸曰:"尊后也,即王后也。"权,此指天平的砝码,后世演变为秤锤。郑司农曰:"以为称锤。"按,凡琮皆有鼻,可以组穿系,此处未言鼻,省文也。

⑥"大琮十有二寸"三句:大琮,贾《疏》曰:"对上驵琮五寸为大也。"十有二寸,琮直径八寸,两旁各增射二寸,即十有二寸。按,各地出土之玉琮数量甚多,均为内圆外方之形,此所谓射,盖指圆外方形突出之四角。射四寸,盖指角的顶端与中间圆筒的距离。此琮边长十二寸,根据毕氏定理可以算得其对角线为16.9706寸,除去两角之长8寸,则此琮内的圆筒直径为8.9706寸。厚寸,当指圆筒周围四方形的厚度。今出土所见玉琮,当中的圆筒皆高出于四周,有的圆筒的高度还远大于边长(参见钱玄《三礼通论》,第254页)。

⑦"是谓内镇"二句:内镇,按,天子治外政,有镇圭;王后治内政,有

大琮。大琮相当于天子的镇圭,平时由王后执守,故称内镇。郑
《注》曰:"如王之镇圭也。"

⑧鼻:是琮上系组之鼻纽,穿绳以便悬挂,系之以为权。

⑨两圭五寸有邸:即《春官·典瑞》"两圭有邸"。戴震曰:"两圭盖
琮为之邸,故文在此。"按,两圭以琮为邸,即从同一琮的相对两
边各雕琢出一圭,各长二寸半。邸,通"底",此指中央的琮。

⑩旅四望:旅,祭祀名。四望,四方。参见《春官·大宗伯》第16
节注。

⑪琢琮:雕饰有凸纹的玉琮。

⑫案:据郑《注》,谓玉饰的几案类食器,有足,用以盛放食物。《说
文》曰:"几属。"据戴震说,长方形,四边略高,四角有腿。按,
1957年河南信阳出土了楚国漆案,高23厘米,长99厘米,宽
43.2厘米。可参考。

⑬枣、栗,十有二列:据郑《注》,枣栗盛在篚中,篚放在案上,每案各
有枣一篚、栗一篚,十二张玉案并排陈列,这是为夏、商二王的后
裔所陈放之数。

⑭纯:皆,都。此指一双,一对。因两两并列陈放,故曰纯。郑《注》
曰:"犹皆也。"

⑮夫人:谓天子夫人。

⑯璋邸射,素功:璋邸射,一种玉名,即从琮的一边琢出一璋,璋以
琮为其邸。邸,根底,此谓琮。郑《注》曰:"邸射,剡而出也。"
射,此谓琮的锐角。素功,无雕饰之花纹。郑司农曰:"无琢
饰也。"

⑰以致稍饩:谓向宾客赠送粮草,执此器以致辞。稍,稟食,官府发
配的粮食。饩,饔饩,熟食与生牲。

【译文】

刻有隆起纹饰的圭和璋长八寸,刻有隆起纹饰的璧的直径和琮的

边长八寸,以上四玉是诸侯向王行觐礼、聘礼用的。牙璋、中璋长七寸,其上端锐出削尖的射长二寸,厚度都是一寸,用以调派军队,用以调动守卫的军队。驵琮边长五寸,鼻上系有丝带,王后用作秤锤。内宫的大琮边长十二寸,四角牙状的射各长四寸,厚一寸,这样的大琮叫做内镇,由王后执守。驵琮边长七寸,系丝带的琮鼻纽长一寸半,天子用作秤锤。长五寸而以中央的琮为本伸出的两圭,底部相向,用以祭祀地,并用以祭祀四方的名山大川。刻有隆起纹饰的琮的边长八寸,是诸侯相互朝聘时用以进献给所朝聘国君的夫人的。玉饰的案高一尺二寸,案上陈放着枣、栗,对于来朝的夏、商二王的后裔用十二张玉案排成列,对于来朝的诸侯都用九张玉案排成列,对于来朝的大夫都用五张玉案排成列,这是天子夫人用以慰劳诸侯等的规格。以琮为本而锐出一璋的璋邸射这种玉器,没有任何纹饰,用以祭祀山川,并用作给宾客赠送粮草时拿着它致辞的瑞玉。

二〇　榔人①(阙)

【注释】

①榔人:即栉人。负责琢磨的五种工匠之一。其原文已阙。榔,同"栉",梳篦的总称。按,古代梳篦的原材料包括木、玉、骨、角、牙等,榔人就以此类材料琢磨制作成梳篦。

二一　雕人①(阙)

【注释】

①雕人:负责琢磨的五种工匠之一。盖以雕琢骨角等为业。其原文已阙。《经典释文》曰:"雕,本亦作彫。"《说文·彡部》曰:"彫,琢文也,从彡周声。"

二二　磬氏

1. 磬氏为磬①，倨句一矩有半②。其博为一③，股为二，鼓为三。参分其股博，去一以为鼓博；参分其鼓博，以其一为之厚。已上则摩其旁④，已下则摩其耑⑤。

【注释】

①磬氏为磬：磬氏，以制磬为业的工匠，琢磨的五个工种之一。磬，石质打击乐器，形状似矩。也有以玉、金属制作的。磬悬挂时，股部上翘，鼓部下垂（详下）。演奏时敲击鼓部。按，原始石磬系打制而成，我国至迟在龙山文化晚期（距今四千余年）已有原始石磬。商代的特磬往往经过琢磨，做工精美，并出现编磬。磬面光洁度对发声的灵敏度与鲜明性等有直接影响。湖北省复制曾侯乙墓编磬的专家认为，磬的琢磨工序不仅是美观的需要，而且可以改善音响效果（湖北省博物馆、中国科学院武汉物理研究所《战国曾侯乙编磬的复原及相关问题的研究》，《文物》1984年第5期）。

②倨句一矩有半：倨句，角度，此谓股与鼓之间的顶角。一矩即一个直角是90度，一矩有半即135度。按，磬以绳悬挂，在上者为股，是悬挂的倾斜部分，较阔而短，在下者为鼓，是用于敲击的垂直部分，较狭而长。股与鼓相交成135度的钝角，即倨句之度。考古发现与出土的东周编磬中，已发现许多磬的倨句在135度左右，且以齐文化区的较多。如1982—1983年间，山东临淄齐都镇韶院农民所上交的篆铭"乐堂"二字的黑石质磬，其倨句为135度。该磬出土于齐故城郭遗址中，可能是东周齐国乐府所用的乐器（张龙海《临淄韶院村出土铭文石磬》，《管子学刊》1988年

第 3 期)。

③其博为一:假设股宽是一。博,宽度,此谓股宽。此以股宽作为一个基准数,以便说明股、鼓的长宽比例。

④已上则摩其旁:已上,谓声音太清,即频率太高。已,太。郑《注》曰:"大(太)上,声清也。薄而广则浊。"摩其旁,将股与鼓的两边磨薄,相对就显得宽了。旁,谓磬的两面。按,磬制成后需要调音,才能符合设计的要求。磬的发音机制是弹性板的横振动。发生频率随着磬形厚度的增加而升高,随着面积的增加而降低。若频率偏高,则打磨两旁,使磬变薄,以降低频率。

⑤已下则摩其耑(duān):已下,此谓磬声浊粗,即频率太低。摩其耑,将股的上端与鼓的下端磨短。磨短后声音就可变清。郑《注》曰:"大下,声浊也。短而厚则清。"耑,同"端",指磬上下两端,即股之上、鼓之下。按,据磬的发声原理,若磬声频率过低,通过打磨端部,可减少振动面积,导致频率升高。考古发现的实物中,磬的股博、鼓博或弧边上亦有打磨的痕迹。可见磨旁与磨端的结合,确实可以调整磬的声高与发音效果。

【译文】

磬氏制作磬,磬的股、鼓弯曲的夹角度数为一矩半即一百三十五度。假设股的宽度作为基准数一,则股的长度为二,鼓的长度为三。将股的宽度三等分,去掉一等分,以剩下的二等分作为鼓的宽度;将鼓的宽度三等分,用其中一等分作为磬的厚度。磬制成后,如果发出的声音太清细,频率太高,就琢磨它的两旁使变得较薄以调音,如果发出的声音太浊粗,频率太低,就琢磨它的两端使变得较短以调音。

二三　矢人

1. 矢人为矢①。鍭矢参分,茀矢参分,一在前,二在后②。兵矢、田矢五分③,二在前,三在后。杀矢七分④,三在前,四在后。

【注释】

①矢人:以造箭为业的工匠。箭由镞头、杆、羽、括等部分组成。一
　是刃,即金属箭头,长二寸;二是笴,即木质的箭杆,一般的长度
　为三尺。

②"鍭矢参分"四句:鍭(hóu)矢,一种箭头较重、宜于近射、力锐中
　深、杀伤力强的矢。茀(bó)矢,郑《注》说,据《夏官·司弓矢》,当
　为杀矢。按,鍭矢、杀矢皆用于近射,其镞尤重,故重心依前(参
　见《司弓矢》第4节)。参分,一在前,二在后,即谓此二矢重心
　所在。

③兵矢、田矢:据郑《注》,兵矢,谓杆矢、絜矢,是两种可以结火而射
　的矢,用于守城、车战。田矢,用于打猎弋射的矢。郑《注》谓即
　矰矢,是一种系丝绳于箭末、用于田猎弋射飞鸟的矢(参见同
　上)。兵矢、田矢,镞皆稍轻,故箭杆重心稍后移。

④杀矢:一种箭头较重而尖锐、杀伤力强的矢,用途与鍭矢相类。
　按,郑《注》据《司弓矢》说,当为茀矢。按,茀矢也是一种可结绳
　而射的矢,其镞又稍轻,故箭杆重心又稍后移(参见同上)。

【译文】

矢人制作矢。把鍭矢的箭杆长度分为三等分,把杀矢的箭杆长度
分为三等分,一等分在前,二等分在后,则前后重量相等。把兵矢、田矢
的箭杆长度分为五等分,二等分在前,三等分在后,则前后重量相等。
把茀矢的箭杆长度分为七等分,三等分在前,四等分在后,则前后重量
相等。

　　2. 参分其长而杀其一①。五分其长而羽其一②,以其笴
厚为之羽深③。水之以辨其阴阳④,夹其阴阳以设其比⑤,夹

其比以设其羽。参分其羽以设其刃⑥,则虽有疾风,亦弗之能惮矣⑦。

【注释】

①参分其长而杀其一:长,谓箭杆的长度。杀,减杀,削减。郑《注》曰:"矢稿长三尺,杀其前一尺,令趣镞也。"这是为了安镞而将前一尺由后向前逐渐削细。按,镞由刃、铤两部分构成:箭头叫刃,刃后插入矢杆的部分叫铤。只有把杆的前端削细,才能在安镞后得与其后的箭杆粗细相同。

②五分其长而羽其一:箭杆长三尺,其五分之一是六寸。即在箭杆末端的六寸处插羽毛。郑《注》曰:"羽者六寸。"《释名・释兵》云:"矢,其旁有羽,如鸟羽也。鸟须羽而飞,矢须羽而前也。"

③以其笴厚为之羽深:笴厚,箭杆的厚度。笴,箭杆。郑《注》曰:"笴,读为'稿',谓矢干,古文假借字。厚之数未闻。"羽深,箭羽进入箭杆的深度。

④水之以辨其阴阳:阴阳,箭杆的阴面和阳面。按,凡木皆有阴阳两面,竹材向日部分为阳,偏坚重;背日部分为阴,偏疏轻。浮于水,阴面在上,阳面在下。可据此把箭杆浮于水面以辨别阴阳。

⑤比:亦名括,是矢末末端扣弦处所刻的一道凹槽。庄存与曰:"比,今人谓之扣,所以扣弦也。"

⑥参分其羽以设其刃:按,羽长六寸,三分之则为二寸,是镞刃为二寸。刃,箭镞,箭头。按,商代大量使用有脊双翼式青铜箭镞。战国时期,镞的形式种类繁多(包括双翼形、三棱形等,部分有倒刺),铤部趋长。

⑦"则虽有疾风"二句:惮,掉,摇摆。按,风对箭行方向是一种干扰因素,箭羽大小适当、装置得法的箭,是一个简单的有负反馈的稳定控制系统。垂直的箭羽有横向稳定的作用:当箭飞速前进

时,如因侧风干扰,使得头部偏向左方(或右方);箭矢由于惯性作用,仍沿着原先的方向前进,于是迎面而来的空气阻力有了垂直于箭羽的分力,此分力反过来使箭羽向左(或向右),箭镞随之向右(或向左)转,抵消了侧风对方向性的影响。同理,水平设置的箭羽有纵向稳定的作用。垂直箭羽与水平箭羽的配合,使得箭能够保持良好的方向性,准确抵达目标。

【译文】

把箭杆的长度分为三等分而把前面的一等分自后向前逐渐削细以便安镞。把箭杆的长度分为五等分而设羽的部分在箭杆后部占一等分,以箭杆的厚度作为羽毛插进箭杆的深度。把箭杆浮于水面以辨别出它的上阴面和下阳面,夹在阴阳分界处的两边开口子设箭括,夹在箭括的两边上下、左右对称设置羽毛。把羽的长度分为三等分而以一等分作为设置镞刃的长度,那么即使有迅疾的风也不会摇摆而偏离方向。

3. 刃长寸①,围寸,铤十之②,重三垸③。

【注释】

①刃长寸:按,上节云"参分其羽以设其刃",是刃长二寸可知,而此处言"刃长寸",与上文不合,故郑《注》以为"寸"上脱"二"字。译文姑依经文原文。

②"围寸"二句:围寸,孙诒让曰:"此专指镞本之圆在稿外者言之。"铤十之,是铤长一尺。

③三垸:垸,通"锾",重量单位,重 11.52 铢,三垸则为 34.56 铢,合 1.44 两(参见《考工记·冶氏》第 1 节注)。

【译文】

刃长一寸,刃最宽阔处围长一寸,铤的长度是围长的十倍即一尺,镞重三垸。

4. 前弱则俯①,后弱则翔②,中弱则纡③,中强则扬④;羽丰则迟,羽杀则趮⑤。是故夹而摇之,以视其丰杀之节也⑥,桡之以视其鸿杀之称也⑦。

【注释】

①前弱则俯:及以下三句,据郑《注》,此言箭杆弱不符合要求带来的弊病。俯,俯下,低下。郑《注》又曰:"俛,低也。……纡,曲也。扬,飞也。"弱,柔弱易桡曲。《说文·弓部》曰:"弱,桡也,上象桡曲,彡象毛氂桡弱也。"按,《考工记》所载箭杆的强弱,与即现代射箭术中 Spine(箭杆桡度)的概念相当。Spine 强的箭杆,表现刚强,桡度小,经文此节称为箭杆"强";Spine 弱的箭杆,表现柔韧,桡度大,经文此节称为箭杆"弱"。箭杆的 Spine 与弓的配合十分重要。开弓至满弦,撒放时,箭杆在弓弦的压力下弯曲变形;离弦后,由于箭杆的弹性作用,它将反复拱曲,蛇行式前进。"前弱则俯",此谓如果箭杆前部偏弱,易于桡曲,撒放时箭杆前部的弯曲较大,撒放离弦后,前部振动较强,阻力增大,箭行迟缓,则飞行轨道较正常情况为低。

②后弱则翔:翔,程瑶田《创物记》曰:"前高。"按,此谓如果箭杆后弱,则撒放时后部弯曲较大。撒放离弦后,箭杆后部振动较为厉害,振动能量的一部分将转化为帮助箭矢前进的动力,前行速度较正常情况为快,故将偏离正常轨道而高翔。

③中弱则纡:纡,屈曲,弯曲。按,如果箭杆中弱,在弓弦压力作用下,箭杆过分弯曲。撒放后,由于箭杆本身的反弹作用强,箭杆将绕过中心线,偏离正常轨道向右侧飞出。

④中强则扬:强,刚强不易桡曲。按,如果箭杆中强,即中部刚强,不易桡曲,则弓弦受到的压力和随之而来的形变就较大。由于它对箭杆的反作用力较强,撒放后,箭杆将绕过中心线,偏离正

常轨道向左侧飞出(闻人军《〈考工记〉中的流体力学知识》,《自然科学史研究》1984年第1期)。

⑤"羽丰则迟"二句:这两句说羽毛偏多偏少之病。郑《注》曰:"丰,大也。趮(同"躁"),旁掉也。"又《说文》曰:"趮,疾也。"丰,大。迟,迟缓,速度低。杀,此指箭羽过少。趮,摇晃,偏斜。按,依据空气动力学知识,箭矢所受的摩擦阻力、压差阻力和诱导阻力,均与箭羽的大小有关。若箭羽过大,则阻力增加,使得飞行速度降低。若箭羽过少或零落不齐,箭的横向或纵向稳定性差,飞行时就容易偏斜。

⑥丰杀之节:节,关键点。此谓最佳点。《考工记·弓人》郑《注》曰:"节,犹适也。"

⑦桡之以视其鸿杀之称也:鸿杀,此谓粗细。鸿,大。杀,小。称,相称,恰当。按,此为用实验的方法检验箭杆的粗细与强弱程度,与现代测量箭杆 Spine 的原理、方法完全一致。

【译文】

如果箭杆前端较柔弱箭行轨道较正常情况为低而会向下栽,如果箭杆后端较柔弱箭行轨道较正常情况为高而会向上扬,如果箭杆中部较柔弱箭的飞行线路就纡曲而偏侧,如果箭杆中部刚强而两头弱箭飞行时就会飘忽不定倾斜而出;箭羽过大箭飞行速度就会减慢,箭羽过少或零落不齐箭飞行就摇摆偏斜。因此箭造成以后,要用手指夹着箭矢的比部上下摇动它,以检验箭羽的大小是否合乎要求,桡曲箭杆以观察其各部分强弱粗细是否匀称。

5. 凡相笴①,欲生而抟②,同抟欲重,同重节欲疏,同疏欲栗③。

【注释】

①相：相看，选择。郑《注》曰："犹择也。"

②生而抟：生，天生的。抟，圆。郑《注》曰："生，谓无瑕蠹也。抟，读如'抟黍'之'抟'，谓圆也。"贾《疏》曰："无瑕谓无异色，无蠹谓无蠹孔也。"

③欲栗：郑司农曰："欲其色如栗也。"栗，谓栗木，落叶乔木，木质地坚实，纹理细直。戴震曰："坚实之色。"

【译文】

凡是选择箭杆之材，要挑选天生即是浑圆的，同样浑圆的要挑选致密较重的，同样致密较重的要挑选木材节间长节目稀疏的，同样节目稀疏的要挑选颜色如栗色的。

二四　陶人

1. 陶人为甗①，实二鬴②，厚半寸，唇寸③。盆，实二鬴，厚半寸，唇寸。甑④，实二鬴，厚半寸，唇寸，七穿。鬲，实五觳⑤，厚半寸，唇寸。庾⑥，实二觳，厚半寸，唇寸。

【注释】

①陶人：以制造陶器为业的工匠。甗（yǎn），古代的陶制或青铜炊器，上部是透底的甑，可以蒸食物；下部为鬲（参见注⑤），可以煮，上下部之间有带孔的箅相隔。也有上下部分开的。

②鬴：古代量器名。一鬴等于六斗四升。参见《考工记·栗氏》第2节注。

③唇：器物口缘部。此指甗口的边缘。唇比壁厚。

④甑（zèng）：古代陶制蒸食炊器，底部有七个小孔，即下文所谓"七穿"，可置于鬲上蒸物。

⑤鬲(lì)，实五觳(hú)：鬲，古代陶制炊器，形状似鼎而三足空心，圆口，可用以煮水或煮食物。觳，量器名，亦是容量单位。容量一斗二升。郑《注》曰："受斗二升。"

⑥庾：瓦器，如瓮之类。容量二斗四升。

【译文】

陶人制作甗，容量为二鬴，即一斛二斗八升，壁厚半寸，口缘厚度是一寸。盆，容量也是二鬴，壁厚半寸，口缘厚度是一寸。甑，容量也是二鬴，壁厚半寸，口缘厚度是一寸，底部有七个小孔。鬲，容量为是五觳，壁厚半寸，口缘厚度是一寸。庾，容量是二觳，壁厚半寸，口缘厚度是一寸。

二五　瓬人

1. 瓬人为簋①，实一觳，崇尺，厚半寸，唇寸。豆②，实三而成觳③，崇尺。

【注释】

①瓬(fǎng)人为簋：瓬人，以制陶为业的工匠，可能分工制作原始瓷器。瓬，捏塑黏土(陶土、瓷土或高岭土)烧制成陶器或原始瓷器。《说文·瓦部》："瓬，周家搏埴之工也。"按，我国在商代或更早已经发明釉陶或原始瓷器，春秋战国之际原始瓷器已经比较普遍(汪庆正《中国陶瓷史研究中若干问题的探索》，《上海博物馆集刊——建馆三十年特辑(总第二期)》，上海古籍出版社，1983年)簋，是古代祭祀、宴飨时放盛煮熟的黍、稷、稻、粱等饭食的器具，其形有方有圆，圆者居多，圈足，有盖和两耳，用陶瓷或青铜制成。此指陶簋。

②豆：古代祭祀、宴飨时盛放肉食的器皿，亦是量器，形似高脚盘，多有盖。用陶瓷、青铜或木头制成。此指陶豆。郑《注》曰："实

四升。"故下文曰"实三而成觳"。

③实三而成觳：三豆的容量加起来等于一觳。一觳一斗二升，则豆
　容四升。

【译文】

　　瓶人制作簋，其容量为一觳，高度为一尺，壁厚半寸，口缘厚度为一
寸。豆，三豆为一觳，则豆容量为四升，高度为一尺。

　　2. 凡陶、瓶之事，髺、垦、薜、暴不入市①。器中膞②，豆
中县③，膞崇四尺，方四寸。

【注释】

①髺、垦、薜、暴：髺，此指形状歪斜。一说，通"刖"，谓断足缺腿。
　垦，谓有跌打损伤。薜，破裂。暴，鼓疙瘩，表面坟起不坚致。郑
　《注》曰："髺，读为'刖(yuè)'。垦，顿伤也。薜，破裂也。暴，坟
　起不坚致也。"段玉裁《汉读考》曰："易'髺'为'刖'，谓器之折足
　者也。"顿伤，孙诒让曰："犹言损伤。"

②器中膞(chuǎn)：器，泛指甗、盆、甑、鬲、庾、簋、豆诸器。膞，是在
　用均(制陶坯的转轮)制作陶坯时，量度陶坯高度和厚度的器具，
　据孙诒让说，是长方形的范式，用来检验器坯有无邪曲。下文曰
　"膞崇四尺，方四寸"，则膞是一根高四尺、横截面为四平方寸的木
　柱，量度陶坯，使其高度不超过四尺，厚度不超过四寸。据郑
　《注》，器高于此，则陶范难容纳；厚于此，则难烧熟。

③豆中县：孙诒让曰："瓦器惟豆有柄(即指豆的高脚)，尤贵其直，
　故别出之。"

【译文】

　　凡是陶人、瓶人制作的器物，如果有形状歪斜、损伤、破裂或表面凸
凹不平的，就不拿到市场中去出售。所制的各种陶器，其高度、厚度要

符合胶的要求,豆的柄要很直而符合垂线的要求,胶高四尺,横断面四寸见方。

二六　梓人

1. 梓人为笱虡^①。天下之大兽五:脂者、膏者、赢者、羽者、鳞者^②。宗庙之事,脂者、膏者以为牲,赢者、羽者、鳞者以为笱虡,外骨,内骨,却行,仄行,连行,纡行^③,以脰鸣者^④,以注鸣者^⑤,以旁鸣者^⑥,以翼鸣者^⑦,以股鸣者^⑧,以胸鸣者^⑨,谓之小虫之属,以为雕琢^⑩。

【注释】

①梓人为笱虡:梓人,工匠名。梓木是优良木材,可制造器物。笱虡,古代悬挂钟、磬等乐器的支架,两旁立柱为虡,中央的横木为笱。参见《春官·典庸器》注。按,张舜徽说:“今边陲乡僻乐器之虡,其上多刻为龙虎及他兽状,其下则刻兽足以为之跗,盖古之遗制也。”笱虡采用了多重动物以及人类造型,这种器物的制作,既涉及古人的生物分类思想,又体现了当时人们的设计艺术与装饰理论。

②“天下之大兽五”句:脂者,兽类的一部分,可能指有角的家畜与野兽,如牛、羊、麋鹿等。《说文·肉部》曰:“戴角者脂。”膏者,兽类的一部分,可能指无角的家畜与野兽,如猪、熊等。《说文·肉部》曰:“无角者膏。”郑《注》曰:“脂,牛羊属。膏,豕属。赢者,谓虎豹貔螭,为兽浅毛者之属。羽,鸟属。”赢者,此指自然界的人类(苟萃华《“赢”非兽类辨》,《科学史集刊》第五期,科学出版社,1963 年)。赢,同“裸”。貔螭(píchī),皆猛兽名。按,1978 年湖北随县曾侯乙墓出土了六具笱虡铜人(湖北省博物馆《随县曾侯

乙墓》,《文物》1979 年第 7 期),可见《考工记》此节"赢属"确实是指人类。羽者,鸟类。鳞者,此处当特指龙。《地官·大司徒》曰:"二曰川泽,其动物宜麟物。"郑注曰:"麟物,鱼龙之属。"《梓人》下文对麟属有具体描述,曰:"小首而长,抟身而鸿,若是者谓之鳞属,以为笱。凡攫杀援噬之类,必深其爪,出其目,作其鳞之而。"郑《注》"鳞属"下曰:"鳞,龙蛇之属。"按,大兽五类,皆属于现代动物分类学上的脊椎动物。

③"外骨"至"纡行":外骨,有坚硬甲壳的动物,如龟。内骨,鳖属。因其鳖甲四周有软骨裙边,故称。郑《注》以鳖为内骨,贾《疏》有异议,曰:"龟、鳖皆外骨,但此经外骨、内骨相对,以鳖外有肉,缘为内骨也。"姑从郑氏说。却行,退行,倒退走路。据郑《注》,蝮衍(即蚰蜒)能两头行,即却行。却,退。仄行,侧行,横行,侧身走路。连行,同类连贯而行。纡行,迂曲而行。如蛇类。郑《注》曰:"外骨,龟属。内骨,鳖(鳖)属。却行,蝮衍之属。仄行,蟹属。连行,鱼属。纡行,蛇属。"按,此处所记六类动物,皆不能鸣者。

④脰(dòu)鸣:指蛙类。脰,脖颈。

⑤注鸣:指蜥蜴类。注,通"咮(zhòu)",鸟嘴。郑玄认为蟋蟀之类是用嘴来叫,孙诒让据《说文》改为蜴蜥,即蜥蜴。姑从孙氏说。

⑥旁鸣:指蝉类。旁,通"膀"。谓腹侧。

⑦翼鸣:指金钟子(又名"发皇")之类,其翼在甲里,其鸣实因翼的振动而发声,故曰翼鸣。

⑧股鸣:蚂蚱类,能以翅膀振动发音,古人误以为能用两股相摩擦而发音。股,大腿,后足脚节。

⑨胸鸣:郑《注》曰:"荣原属。"孙诒让说即灵龟,曰:"凡龟属,肋骨咸与外甲相属,不能张翕,故其鸣似出胸间。"按,自"以脰鸣者"至此,亦六类动物,皆能鸣者。

⑩以为雕琢：雕琢，雕刻，雕饰。郑《注》曰："刻画祭器，博庶物也。"按，祭器为青铜质地。则此节所述皆为木工制作木范，木范翻出砂箱成阴模，再浇入青铜融液，铸造成形。上述各类小虫之类，都是(木范)雕刻纹饰的题材。

【译文】

梓人制作筍虡。天下的大禽兽分五类：脂类(如牛羊)，膏类(如猪)，裸类(如人类)，羽类(即鸟类)，鳞类(如龙蛇)。宗庙祭祀，用脂类、膏类的兽作为牺牲，用裸类、羽类、鳞类的兽的形象以雕饰筍虡。骨长在体外的(如乌龟)，骨长在体内的(如老鳖)，可以倒行的(如蚰蜒)，横行的(如螃蟹)，鱼贯而行的(如鱼类)，弯曲而行的(如蛇类)，用脖颈发声的(如青蛙)，用嘴发声的(如蟪蛄)，用腹侧部鸣叫的(如蝉)，用翅膀振动发声的(如蚂蚱)，用腿节摩擦发声的(如螽斯)，用胸部发声的(如灵龟)，这些都叫做小的昆虫类，用它们的形象作为祭器上的雕饰造型。

2. 厚唇，弇口①，出目，短耳，大胸，燿后②，大体，短脰，若是者谓之赢属，恒有力而不能走，其声大而宏。有力而不能走，则于任重宜；大声而宏，则于钟宜：若是者以为钟虡，是故击其所县，而由其虡鸣③。

【注释】

①弇：深。《吕氏春秋·仲冬纪》："君子斋戒处必弇"，高《注》曰："深邃也。"

②燿：细小貌。郑《注》曰："读为'哨'，顷小也。"孙诒让说，"顷"与"倾"同，顷小，即"邪杀而小"义。

③"是故击其所县"二句：由，通"犹"，若，好像。郑《注》曰："若也。"按，从造型艺术的角度考虑，以声音宏大的赢类制作钟虡，配合

声音宏大的钟,可以使装饰所体现的形象之美与乐器演奏所体现的声音之美互相对应,造成"击其所县,而由其虡鸣"的联想。这样,既使得雕饰更有生气,又使得钟声更加形象化,增加了整个造型艺术作品的感染力。湖北随县曾侯乙墓出土的钟虡铜人,就可谓这一美学思想的生动体现。

【译文】

厚唇,深口,眼睛突出,耳朵短小,胸部阔大,后身渐小,身体庞大,颈项短粗,像这样的动物就叫做裸类,这类动物总是威武有力而不能疾跑,发出的声音大而洪亮。威武有力而不能疾跑,就适宜于负重;声音大而洪亮,就适宜与钟搭配;如果用像这类动物的形象作为钟虡上的雕饰,因此当撞击筍虡上所悬挂的钟时,就会感到声音好像是由钟虡上雕饰的裸类动物所发出来一样。

3. 锐喙,决吻①,数目②,顧脰③,小体,骞腹④,若是者谓之羽属,恒无力而轻,其声清阳而远闻⑤。无力而轻,则于任轻宜;其声清阳而远闻,于磬宜:若是者以为磬虡⑥,故击其所县,而由其虡鸣。

【注释】

①锐喙,决吻:决吻,张口。决,打开。孙诒让曰:"《文选·甘泉赋》李《注》云:'决,亦开也。'谓口锐利而唇开张也。"

②数目:细目。数,细小。孙诒让引《毛诗·释文》曰:"数,细也。"

③顧(qiān):长颈貌。郑《注》曰:"长脰貌。"一说,孙诒让曰:"与肩通。"姑从郑说。

④骞腹:腹部收缩。骞,亏损,低陷。《诗经·小雅·天保》"不骞不崩",《毛传》曰:"骞,亏也。"

⑤其声清阳而远闻：清阳，即清扬。声音清越悠扬。阳，通"扬"。《太平御览》卷五七五引《淮南子》曰："近之则钟音亮，远之则磬音彰。"注："磬，石也，音清明，远闻而彰著。"远闻，传播悠远。

⑥"故击其所县"二句：按，以"其声清阳而远闻"的羽类作为磬虡的雕饰，配合声音清阳的磬，可使视觉欣赏与听觉欣赏互为补充，增加了整个造型艺术作品的感染力。

【译文】

嘴巴尖锐，嘴唇张开，眼睛细小，脖颈修长，身体小巧，腹部收缩，像这样的动物叫做羽类，羽类动物无力而动作轻捷，其鸣声清越悠扬而传播悠远。既然无力而动作轻捷，就适宜于负载较轻的物品；鸣声清越悠扬而传播悠远，就适宜与磬声搭配；用像这类动物的形象用作磬虡上的雕饰，因此当敲击筍虡上所悬挂的磬时，而会感到好像声音是由磬虡上雕饰的羽类动物发出来的。

4. 小首而长，抟身而鸿①，若是者谓之鳞属，以为筍。

【注释】

①抟身而鸿：抟，本义把东西揉弄成球形。此指浑圆。郑《注》曰："圜也。"鸿，释为"佣"，均等，均匀。一说，俞樾以为，鸿通"鸿"，本指鸟身肥大，此指抟身亦很肥大。

【译文】

小头而长身，身体浑圆而前后均匀，像这样的动物叫做鳞类，用这种动物形象作为钟筍、磬筍上的雕饰。

5. 凡攫杀援噬之类①，必深其爪②，出其目，作其鳞之而③。深其爪，出其目，作其鳞之而，则于视必拨尔而怒④。

苟拨尔而怒,则于任重宜,且其匪色⑤,必似鸣矣。爪不深,目不出,鳞之而不作,则必颓尔如委矣⑥。苟颓尔如委,则加任焉,则必如将废措⑦,其匪色必似不鸣矣。

【注释】

①攫杀援噬之类:攫杀,抓住即杀。援噬,捉住即吃。援,援持,执持。贾《疏》曰:"云'攫杀'者,攫著则杀之。'援噬'者,援揽则噬之。"

②深:郑《注》曰:"犹藏也。"

③作其鳞之而:作,竖立,振起。之,与。而,颊毛。王引之曰:"而,颊毛也。之,犹与也。'作其鳞之而',谓起其鳞与其颊毛也。若龙有鳞,虎有须,皆象其形,使之上起耳。"

④则于视必拨尔而怒:视,看,观察。拨尔,形容强盛、雄壮、振奋的状态。拨,通"发",发扬,振奋,勃发。一说,怒貌。刘沅曰:"拨,拔起貌。怒,谓张其鬐鬣。"怒,旺盛状。按,刘道广等说:"'拨尔而怒'句乃是形容纹饰题材造型应具有强盛奋发的视觉感受。"(刘道广、许旸、卿尚东《图证〈考工记〉》,第17页)

⑤匪:通"斐",色彩鲜明,有文采。郑《注》曰:"采貌也。"

⑥颓尔如委:颓废,委靡不振。

⑦措:废置,舍弃。引申为委顿,困乏。郑《注》曰:"犹顿也。"

【译文】

凡是在筍虡上雕刻善于捕杀抓咬的猛兽,一定要深藏它的脚爪,突出它的眼睛,挺立起的鳞片与颊毛。深藏它的脚爪,突出它的眼睛,挺立起它的鳞片与颊毛,这看上去就令人感觉到刚健振奋。假如能够给人刚健振奋的感觉,这类动物就适宜于负重,而且从它所涂饰的色彩来看,也一定像是能够发出宏大的鸣叫声。如果雕刻时脚爪不深藏,眼睛不突出,鳞片与颊毛没有挺立起来,那么看起来就显得颓丧委靡。假如显得颓丧委靡,那么加给它重负,就一定如同将要把重物舍弃扔掉,而它即令有彩色的描绘,也一定像是不能发出宏大声音的样子。

6. 梓人为饮器①,勺一升②,爵一升③,觚三升④。献以爵而酬以觚,一献而三酬,则一豆矣⑤。食一豆肉,饮一豆酒,中人之食也。凡试梓饮器,乡衡而实不尽,梓师罪之⑥。

【注释】

①梓人为饮器:饮器,指青铜饮食器,亦为礼器。按,梓人本是攻木之工,不承担浇筑青铜器的责任,但青铜器浇筑前必先制模,故可知此节所述或当是指梓人制作青铜饮食器的木模具。

②勺:木制或铜制舀酒器,一般是短圆筒形,旁有柄。

③爵:古代饮酒器,圆形或方形,平底或凸底,有鋬(pàn),器口一侧有长流嘴(倒酒槽),另一侧有尾,中为盛酒的杯,器口上有二柱、一柱或无柱,下有三个高尖足,容一升,总体略似雀形。按,此爵为木制。

④觚:郑《注》说,是"觯"字之误。觯(zhì),古代青铜饮酒器,圆形或扁圆形,似尊而小,侈口,束颈,深圆腹,有圈足,有的有盖,容三升。按,此觯为木制。

⑤"一献而三酬"二句:此谓用容一升之爵献一次,用容三升之觯酬一次,"一献而三酬"等于一升加三升,即四升,合一豆。故刘敞曰:"献以一升,酬以三升,并而计之为四升。四升为豆。豆虽非饮器,其计数则然。"一说,以觯酬三次,"一献而三酬"等于一升加上三乘三升,即十升,合一豆,姑"豆当为斗"。姑从刘敞说。

⑥"乡衡而实不尽"二句:乡,通"向"。衡,此指眉。实不尽,所容酒水尚有余沥。古人饮酒之礼,必立饮,饮酒时举爵而倾之,倾至爵上的两柱向眉,头不仰而酒自尽,此类爵就符合标准;如爵中

剩有酒,就不合要求。程瑶田《创物记》曰:"衡皆指眉言。乡衡者,饮酒之礼,必立而饮之。……试举古铜爵饮之,爵之两柱适至于眉,首不昂而实自尽。衡指眉言,两柱向之,故得谓之乡衡也。由是观之,两柱盖节饮酒之容,而验梓人之巧拙也。"梓师,梓人之长。按,此节讨论产品质量检验制度。梓人是负责管理制器的工匠。梓师是梓人的上司,属于级别较高的工官。假如产品检验不合格,梓师就要加罪于梓人。这一处罚制度,与《考工记》"轮人"、"庐人"节"谓之国工"、"辀人"节"谓之国辀"等表彰制度一起,共同构成了当时颇有特色的工艺加工领域奖惩制度。

【译文】

梓人制作饮酒的器具,勺容一升,爵容一升,觯容三升。主人向宾客献酒时用爵而进酬酒用觯,献酒用一升的爵而酬酒用三升的觯,加起来就等于一豆了。吃一豆肉,饮一豆酒,这是胃口中等的普通人的食量。凡是检验梓人制作的饮酒器具是否合格,可以拿爵试饮,如果爵上的两柱指向眉毛而酒还没能饮尽,就表明不合格,梓师就要加罪于制作此爵器的梓人。

7. 梓人为侯,广与崇方①,参分其广而鹄居一焉②。上两个,与其身三,下两个半之③。上纲与下纲出舌寻,緎寸焉④。

【注释】

①"梓人为侯"二句:侯,箭靶,以兽皮、皮革或布制成。广与崇方,侯中宽与高相等成正方形。方,郑《注》曰:"崇,高也。方犹等也。高广等者,谓侯中也。"

②参分其广而鹄居一焉:鹄,在侯中之中。鹄的大小,为侯中的三

分之一。鹄中还有正,正中有质,质即靶心(参见《天官·司裘》
第3节注)。

③"上两个"三句:个,又叫舌,射侯上方左、右两旁张出的布制附
件,可固定射侯。身,即躬。按,侯中的上下两边各镶有一幅布,
布幅宽二尺二寸,分别叫做上躬、下躬,其长为侯中的二倍;上躬
之上、下躬之下又各镶有一幅布,分别叫做上个、下个,上个是上
躬长的二倍,下个则是下躬长的一倍半。因为上下个各长出于
上下躬,犹如两舌,故称之为左右舌、两个、左右个。贾《疏》云:
"上两个居二分,身居一分,故云'上两个与其身三'。"下两个长
出的部分为九尺,仅为上两个长出部分一丈八尺的一半,故云
"下两个半之",贾《疏》云:"谓半其出者也"。

④"上纲与下纲"二句:纲,大绳,粗绳。纁(yún),是舌两端穿系纲
绳以固定射侯的圈扣。纁上所系的绳即纲。上舌、下舌两端的
纲分别叫做上纲、下纲,上下纲将上下舌拴系在射侯两侧的立柱
(名为植)上而将射侯张起。出舌寻,比舌长出八尺。

【译文】

梓人制作射侯。侯中的宽度与高度相等成正方形,把侯中的宽度
分成三等分而鹄宽占三分之一。如以躬的长度为一,上两个则为二,与
躬合而为三,下两个长出于躬的伸出部分是上两个所伸出部分的一半。
上边的纲绳与下边的纲各长出于舌八尺,穿系纲绳的圈扣直径是一寸。

　8. 张皮侯而栖鹄①,则春以功②。张五采之侯③,则远国
属④。张兽侯⑤,则王以息燕⑥。

【注释】

①张皮侯而栖鹄:皮侯,侯本是布做的,而天子所射三侯皆用虎豹
等兽皮装饰侯中之两侧,故称皮侯。栖鹄,侯中的鹄缀上兽皮以

代替布,如同鸟落到靶心。贾《疏》曰:"各以其皮为鹄,名此为鹄者,缀于中央,似鸟之栖。"

②春以功:谓春天行大射礼,以比较诸侯群臣的射功,而选拔可以参加祭祀者。戴震曰:"四时之祭,始于春,故举春以该焉。功,事也。"金鹗曰:"春以功,盖谓大射在春。"孙诒让曰:"以功者,凡射以中为功。"

③张五采之侯:为举行宾射(天子与来朝诸侯即宾举行的射礼)而张五采之侯。五采之侯,指鹄与正画作朱、白、苍、黄、黑等五彩的射侯。《夏官·射人》郑《注》曰:"五采之侯,即五正之侯也。正之言正也,射者内志正,则能中焉。画五正之侯,中朱,次白,次苍,次黄,玄居外。……其外之广,皆居侯中参分之一,中二尺。""梓人为侯"节郑《注》曰:"五彩者,内(指正)朱,白次之,苍次之,黄次之,黑次之。其侯之饰,又以五采画云气焉。"

④远国属:远国,即指畿外来朝的诸侯国。贾《疏》曰:"对畿内诸侯为远国。"属,犹朝会。

⑤张兽侯:为举行燕射或乡射张设画有兽形或以兽皮装饰的侯。按,王用熊侯,诸侯用麋侯,即用熊皮或麋皮饰侯中的两侧,鹄则是布的;大夫、士的兽侯则全用布而不饰皮,但画兽形于侯中的两侧边,大夫画虎豹,士画鹿豕。

⑥息燕:燕饮。息,燕射前的燕饮。燕,通"宴"。孙诒让引敖继公曰:"息,疑饮燕之别名。"又曰:"燕者,先行燕礼(即燕饮酒礼)而射,即所谓燕射也。"

【译文】

张设皮侯而在中央设置鹄,春季用于行大射礼比较诸侯群臣的射功而选拔参加祭祀者。张设五彩的侯,用于王与远方来朝诸侯朝会举行宾射礼。张设兽侯,用于王与诸侯、群臣宴饮时举行燕射礼。

9. 祭侯之礼①,以酒脯醢②,其辞曰:"惟若宁侯③,毋或若女不宁侯④,不属于王所⑤。故抗而射女⑥。强饮强食,诒女曾孙诸侯百福⑦。"

【注释】

①祭侯之礼:按,射礼完毕,要对射侯行祭礼(参见《仪礼·乡射礼》)。此处侯,名义是射箭的侯,实际谐音诸侯。

②脯醢:脯,肉干。醢,酱类。

③若宁侯:此谓祭祀那些先世安顺有功之侯。若,汝,你们。宁侯,安顺而有功德的侯。郑《注》曰:"若,犹女也。宁,安也。谓先有功德,其鬼有神。"按,射侯之名,取义于射诸侯之不安、不朝者。《白虎通》卷二《乡射》曰:"所以名为侯何?明诸侯有不朝者,则射之。"

④毋或若女不宁侯:郑《注》曰:"或,有也。若,如也。"不宁侯,孙诒让曰:"不安顺之诸侯。"

⑤不属于王所:王所,王之居所。包括王都与盟会地。属,犹言朝会。郑《注》曰:"犹朝会也。"

⑥抗:郑《注》曰:"举也,张也。"按,所抗者,射侯也,用以象征不安顺的诸侯。

⑦诒女曾孙诸侯百福:郑《注》曰:"诒,遗也。曾孙诸侯,谓女后世为诸侯者。"

【译文】

祭祀射侯之礼,用酒和脯醢作祭品,祭祀辞说:"只有你们这些安顺而有功德的诸侯可以树为榜样,不要像有的不安顺的诸侯,他们不到王之居所来朝会,因此张举射侯而射他们。你们这些安顺有功德的诸侯,尽情地饮酒进食吧,遗留给你们后代世世做诸侯的子孙无穷无尽的福分。"

二七　庐人

1. 庐人为庐器①。戈柲六尺有六寸②，殳长寻有四尺③，车戟常④，酋矛常有四尺⑤，夷矛三寻⑥。

【注释】

①庐人为庐器：庐人，以制造兵器的柄为业的工匠。庐器，指戈、戟等古代长兵器的柄（参见《考工记·总叙》第3节注）。庐，通"簬"，兵器的柄。

②戈柲六尺有六寸：按，此戈柲长度，是通指戈的刃长及其柄长。以下四种兵器长度皆仿此。贾《疏》曰："凡此经所云柄之长短，皆通刃为尺数而言。"

③殳长寻有四尺：殳，一种竹木制一段有棱的杖类兵器，用于刺击、敲击，无金属刃。寻有四尺，一丈二尺。按，湖北随县曾侯乙墓出土的殳顶端、中段已有金属尖锐棱角，辨明兵器在不断改进，选取材料也有变化。

④常：谓一丈六尺（参见《考工记·总叙》第8节注）。

⑤酋矛常有四尺：酋矛，较短之矛。酋，通"遒"，近，短。酋矛长二丈，夷矛长二丈四尺。

⑥夷矛三寻：夷矛，即长矛。夷，孙诒让说，夷之义为平，引申为长义。三寻，二丈四尺。

【译文】

庐人制作长兵器的柄。戈柄长六尺六寸，殳长一寻零四尺即一丈二尺，车上所执之戟长一常即一丈六尺，酋矛长一常零四尺，夷矛长三寻即二丈四尺。

2. 凡兵无过三其身①,过三其身,弗能用也而无已,又以害人。故攻国之兵欲短,守国之兵欲长②。攻国之人众,行地远,食饮饥,且涉山林之阻,是故兵欲短;守国人之寡,食饮饱,行地不远,且不涉山林之阻,是故兵欲长。

【注释】

①三其身:身,人的身长,据郑《注》,人身高八尺,即一寻,三其身则二丈四尺。

②“故攻国之兵”二句:按,此两句与下文几句,皆从攻守双方的实际情况出发,探讨了兵器长短的选用原则,是实际战争经验的正确总结。可与传世兵法比观。如《司马法·天子之义》曰:“长兵以卫,短兵以守。太长则难犯,太短则不及。”

【译文】

凡是兵器的长度不要超过人身高的三倍,如果超过人身高的三倍,非但不能使用以杀敌,反而还会危害使用兵器的人。因此进攻他国的兵器要短一些,守卫本国的兵器要长一些。进攻他国所需的人员众多,行路远,饮食缺乏,而且还要跋涉山林险阻,因此使用的兵器要短一些;守卫本国的所需人员较少,饮食供应充足,行路不远,而且不需要跋涉山林险阻,因此使用的兵器要长一些。

3. 凡兵,句兵欲无弹①,刺兵欲无蜎②,是故句兵椑③,刺兵抟④。

【注释】

①句兵欲无弹:此谓勾兵的刃必须固定牢固,不可稍有活动而致使其刃变动角度,否则就不能准确勾击。句兵,戈、戟之类有援、可

以勾击的兵器。程瑶田曰:"戈戟所以谓之句兵者,其用横击,故《庐人职》又变言'击兵'也。""戈戟谓之句兵,又谓之击兵,其用主于横击。"郑《注》曰:"戈、戟属。"弹,转动,转圈。郑司农曰:"谓掉也。"《说文·手部》曰:"掉,摇也。"

②刺兵欲无蛈(yuān):刺兵,矛类等可以直刺的兵器。程瑶田曰:"矛所以谓之刺兵者,其用直刺。"郑《注》曰:"矛属。"蛈,桡曲,弯曲。郑司农曰:"谓桡也。"按,刺兵用于直刺,柄弯曲则妨碍向前用力。

③椑(pí):椭圆,扁圆。据郑《注》曰:"隋(椭)圜也。"贾《疏》曰:"谓侧方而去楞(棱)是也。"

④抟:圆形,正圆。郑《注》曰:"圜也。"按,圆形截面之手柄能使直刺类兵器各方向的横向约束相同,强度与刚度相等(老亮《中国古代材料力学史》,国防科技大学出版社,1990 年,第 145 页)。故不易弯曲,便于攻击敌方。

【译文】

　　凡是兵器,勾击的勾兵兵刃柄不可转动,直刺的刺兵的兵刃柄不可弯折,因此勾击的勾兵的柄都要是椭圆形的,直刺的刺兵的柄都要是正圆形的。

　　4. 击兵同强①,举围欲细②,细则校③;刺兵同强,举围欲重④,重欲傅人⑤,傅人则密⑥,是故侵之。

【注释】

①击兵同强:击兵,据郑《注》,谓勾兵及殳等击杀敌人的武器。按,戈、戟皆有横刃(即援),可啄击敌人,故亦称击兵。同强,前后及中央同样坚劲、刚强。贾《疏》曰:"谓本末及中央皆同坚劲。"

②举围:柄上手握持之处的周长。举,郑《注》曰:"谓手所操。"

③细则校：校，疾速。郑《注》曰："校，疾也。"孙诒让曰："细则操之
　　坚(握得牢)，任力多(用得上劲)，故击之疾也。"一说，校，通
　　"绞"，牢固。

④重：指手握处。按，"重"在此兼有大义，孙诒让曰："手所操处，稍
　　大之则重。"

⑤重欲傅人：郑司农曰："谓矛柄之大者在人手中者。"傅，接近，迫
　　近。郑《注》曰："近也。"

⑥密：盖谓准确命中目标。郑《注》曰："审也，正也。"又曰："操重以
　　刺则正。"

【译文】

　　勾击的击兵的柄从上到下各部位要同样坚劲，手握处直径要稍细，
手握处稍细攻击敌人时就迅疾；直刺的刺兵的柄上下各部位要同样坚
劲，手握处的直径要稍粗重，手握处稍粗重就能以咄咄之势迫近敌人，
迫近敌人就能准确刺中，因此才能够杀伤敌人。

　　5. 凡为殳，五分其长，以其一为之被而围之①；参分其
围，去一以为晋围②；五分其晋围，去一以为首围③。凡为酋
矛④，参分其长，二在前，一在后而围之；五分其围，去一以为
晋围⑤；参分其晋围，去一以为刺围⑥。

【注释】

①"凡为殳"三句：被，谓柄的手握之处。按，殳长寻有四尺，即一丈
　　二尺，五分之，其一则为 2.4 尺。被而围之，郑《注》曰："被，把中
　　也。围之，圜之也。"把，谓手握处。把中，即手握处的中部，此用
　　"被"指代整个手握处。

②"参分其围"二句：晋围，即鐏围。晋，用同"鐏"，矛戟等末端的圆

锥形金属套。郑司农曰："谓矛、戟下铜鐏也。"鐏(zūn)，是套在矛、戟等长兵器末端圆锥形的金属套，可插入地中，此处指殳鐏。按，程瑶田考证，殳的手握处围长九寸，三分去一则为六寸，是为晋的围长。

③"五分其晋围"二句：首围，谓殳柄上端之围。首，谓殳用以击敌的上端。按，殳的晋围六寸，五分去一则为 4.8 寸，是为殳的首围。

④酋矛：按，酋矛长常有四尺，即二丈。

⑤"五分其围"二句：五分其围，酋矛之围与殳围同长，均为九寸。其五分之一是一寸八分。晋围，酋矛的晋围当是 7.2 寸。孙诒让曰："酋矛围与殳同。"

⑥"参分其晋围"二句：刺围，谓兵器柄上端与锋刃相接处的周长。刺，锋刃。孙诒让曰："谓矛刃本与秘相舍之圜銎。"按，銎，矛刃下口安柄(秘)处。酋矛的晋围 7.2 寸，三分去一则为 4.8 寸，是为酋矛的刺围。

【译文】

凡是制作殳柄，先把殳的长度分为五等分，用一等分的长度作为手握处的长度而制成正圆形；把殳的手握处的柄围长分为三等分，去掉一等分以其中二等分作为末端铜鐏的围长；把末端铜鐏的围长分为五等分，去掉一等分以其中四等分作为首部的围长。凡制作酋矛柄，把它的长度分为三等分，二等分在前端，一等分在后端作为手握处而制成正圆形；把酋矛的围长分为五等分，去掉一等分以其中四等分作为它的末端铜鐏的围长；把酋矛末端铜鐏的围长分为三等分，去掉一等分以其中二等分作为刺处的围长。

6. 凡试庐事，置而摇之，以视其蜎也；灸诸墙，以视其桡之均也；横而摇之，以视其劲也①。六建既备②，车不反复③，谓之国工。

【注释】

①"凡试庐事"七句：试，测验，检测。置，通"植"，树立，直立。郑《注》曰："犹树也。"蜎（yuān），弯曲，桡曲。灸诸墙，支撑在两墙之间。灸，抵，撑，拄。郑《注》曰："犹柱也。以柱两墙之间，挽而内之，本末胜负可知。"程瑶田曰："如为庐三寻，择两墙间函（容）二丈者，屈庐而拄诸墙，令桡，而因以观所桡两端，初无胜负（谓桡曲程度相同）则均也。"按，此节讨论了测试庐器质量的三种科学方法：树立在地上摇动，为固定一端；撑在两墙之间，为固定两端；横握中部摇动，为固定中点。虽然皆为依靠手感把握品质，没有量化指标，但较为实用。至今在材料力学试验中，仍用这些方法来测试棒状体的机械性能。

②六建：指树立在车上的五种兵器（即戈、戟、殳、酋矛、夷矛）和旌旗。戴震曰："当为五兵与旌旗。"建，谓树立。

③车不反复：反复，翻覆，倾动，倾倒。郑《注》曰："犹轩輖也。"按，轩輖，犹轩轻，此谓车子前后忽高忽低，即所谓反复。戴震曰："六建动摇，则车行反复，矜柲（长兵器的柄）不强故也。"

【译文】

凡是要检验庐人所制作的长兵器的柄的质量，树立在地上摇动它，以观察它桡曲程度如何；将柄撑在两墙之间，以观察它弯曲程度是否均匀；将柄平放横握中部摇动它，以观察它强韧度如何。树立在车上的五种兵器和旌旗都已安插齐备，车快速行驶时不给人以摇摆倾动的感觉，达到这样技术的庐人就可以称作国工。

二八　匠人

1. **匠人建国**①，**水地以县**②，**置槷以县，视以景**③。为规，识日出之景与日入之景④，昼参诸日中之景，夜考之极星，以正朝夕⑤。

【注释】

①匠人建国：匠人，工匠名。孙诒让曰："匠人盖木工而兼识版筑营造之法，故建国、营国、沟洫诸事，皆掌之也。"国，城邑，都城。

②水地以县：水地，以原始的水平仪测定地平。郑《注》曰："于四角立植（标杆，柱），而县（悬）以水，望其高下，高下既定，乃为位而平地。"据郑《注》，当先在地的四角立标杆，然后"县以水"以测地之高下。测量地平是为了平出一块地以便测日影。县，悬线，下端悬有重物自由下垂的绳子，方向垂直于地面。又称线坠、铅垂线、垂球。按，凡是测景之地与建筑物基址，都要求水平。古人盖从"水静则平"得到启发，发明了"水地"法。商代已有以水平定地平之法。学者指出，"癸"字甲骨文中作"[×]"形，象以水测平之水沟体系。"其测平之法为先挖直交之两条干沟成×形，再在沟之两端挖直交之小沟，遂成形，灌水其中，即可测地面之水平。故癸字本义即为'测度水平'，为'揆'字初义。故《说文》训：'癸，冬时水土平，可揆度也。象水从四方流入地中之形。'"（温少峰、袁庭栋《殷墟卜辞研究——科学技术篇》，四川省社会科学院出版社，1983 年，第 25 页）从考古发现看，二十世纪二三十年代殷墟考古的第十三次发掘中，也曾经发现据推测是泥水匠用水测平的干沟与枝沟（李亚农《殷代社会生活》，载《欣然斋史论集》，上海人民出版社，1962 年，第 548—549 页）。可见，商人已经掌握了以水定地平的原理。此节所载周代"水地以悬"法比商代的癸形水沟进步，可能是一种原始的水准仪。《隋书·天文志》讨论北魏永兴四年（412）晁崇、斛兰主持制造的"太史候部铁仪"的形制，云："南北柱曲抱双规，东西柱直立，下有十字水平，以植四

柱,十字以上,以龟负双规"。则"十字水平"应是底座上的十字
形沟,灌上水以后用作底座的水平校正器。闻人军认为,《考工
记》原始水准仪上承殷商十字水沟之遗制,下开铁制浑仪十字水
平仪之先例,很可能也是一种"十字水平仪"。

③"置槷以县"二句:槷(niè),据郑《注》,通"臬",表,标杆,古代立
在地上测量日影用的竹木标杆(或石柱),一般高八尺。此标杆
必须垂直于地面,故立柱之法,据贾《疏》说,是在标杆的四角及
四面悬绳,即所谓"置槷以县",所悬之绳皆附于杆,就说明标杆
垂直,就可据以测日影了,以便进而确定四方方向。景,同
"影"。

④"为规"二句:为规,画圆,江永说,即以所树臬为圆心画圆。规,
圆。识,记,标志,画上记号。识日出之景与日入之景,此谓记测
东西方向之法。日出时,臬影投向西而略偏北(因中国在赤道
北),与圆相交,在相交处做一记号,即"识日出之景";日落时臬
影投向东而略偏北,与圆相交,在相交处做一记号,即"识日入之
景"。然后将圆上两个相交点连成一条直线,再过圆心(即树臬
处)作一条直线与之平行,此直线两端便指向正东西方向。

⑤"昼参诸日中之景"三句:日中之景,按,日中之影最短,可测出正
南正北。郑《注》曰:"日中之景,最短者也。极星,谓北辰。"正,
检验,验证,测定。按,中国在赤道北,故日中的臬影不仅最短,
且指向正北方,与南北方向线重合,由此便可确定正南北方向。
极星,即北极星,或称北辰,位在正北,从地球上看其位置几乎不
变,故夜间参考北极星,亦可辨别确定正南北方向。正朝夕,即
定东西方向线。朝夕,东为朝,西为夕,也包括南北。贾《疏》曰:
"即东西也。"按,据日出与日入之影已测定东西方向,则南北亦
定。参考日中之影及北极星,是为进一步确定南北方向,南北既
定,则东西亦定。

【译文】

匠人建造都城,应用立柱悬水法测量出地平,设置垂直的标杆,以悬绳校直,用以观察日影辨别方向。以所树标杆为圆心画一个圆,分别记下来日出、日落时标杆在圆上的杆影,这样来确定东西方向。白天参考正中午时的杆影,夜里考察北极星的方位,以此方法来测定正东西和正南北的方向。

2. 匠人营国,方九里,旁三门①。国中九经、九纬②,经涂九轨③。左祖,右社④;面朝,后市⑤。市、朝一夫⑥。

【注释】

①“匠人营国”三句:营国,营建城邑。按,此应包括建置城池、宫室、宗庙、社稷,并规划国城周围之野。《考工记》王城规划是井田规划概念派生的产物,其规划方法也借鉴了井田制。这套井田方格网系统的规划方法,后世得到了继承、发展,成为我国古代城市规划的传统方法(贺业钜《考工记营国制度研究》,中国建筑工业出版社,1985 年,第 42 页)。一说,由于《考工记》此节的规划与已发掘、发现的两周时期都城布局不一致,有学者认为,《匠人营国》的规划应是按照西汉长安城的布局附会而成的(李锋《〈考工记〉成书时期管窥》,《郑州大学学报》1999 年第 2 期)。方九里,谓八十一平方里,这是王都的规模。旁三门,一边三门,四边则十二门。

②九经、九纬:九经,九条横贯南北的大道。九纬,九条横贯东西的大道。贾《疏》曰:“南北之道为经,东西之道为纬。”

③经涂九轨:郑《注》曰:“经纬之涂(途),皆容方(并排)九轨。轨谓辙广,乘车六尺六寸,旁加七寸,凡八尺,是为辙广。九轨积七十二尺,则此涂十二步也。”轨,可作道路宽度的计量单位。一轨等

　　于八尺。钱玄曰："以周尺合今 23 厘米计算，古都城中大路宽为
　　16.5 米。"(《三礼通论》第 157 页)

④左祖，右社：即《小宗伯》"右社稷，左宗庙。"祖，祖庙。社，祭祀土
　　地神(社)之所。

⑤面朝，后市：面，前。朝，路寝在路门内，其前有三朝：外朝、治朝、
　　燕朝。孙诒让曰："谓路寝之前，北宫之后也。"北宫，谓王后之六
　　宫，在王宫最北边，其后东西向并列三市：大市居中，朝市居东，
　　夕市居西。一说，贺业钜以为，此"朝"字指外朝(贺业钜《〈考工
　　记〉营国制度研究》，中国建筑工业出版社，1985 年，第 24 页)。

⑥市、朝一夫：夫，成年男子，此指面积单位，一个成年男子所受之
　　地，等于长宽各百步的正方形的面积，计一百亩。一步六尺，百
　　步为六十丈，方百步则为 3600 平方丈。

【译文】

　　匠人营建都城，全城面积九里见方，都城的四边每边有三个城门。
都城内有九条南北大道、九条东西大道，每条大道宽度都是九轨即可容
九辆车并行。王宫的路门外左边是宗庙，右边是社稷坛；王宫的路寝前
面是三朝，北宫的后面是三市。每个市和每个朝面积都是一百步见方。

　　3. 夏后氏世室①，堂修二七②，广四修一③。五室④，三四
步，四三尺⑤。九阶⑥。四旁两夹窗⑦。白盛⑧。门堂三之
二⑨，室三之一⑩。

【注释】

①夏后氏世室：夏后氏，此指夏朝。世室，郑《注》曰："宗庙也。"孙
　　诒让说，是夏朝的明堂。此外有异说：据王国维说，此夏代的世
　　室，既可作为宗庙，也可作为路寝、燕寝。三者都是四堂五室结
　　构。而杨鸿勋则认为，"世室"即"太(大)室"，也即"大房间"或

"大房子"之意(杨鸿勋《建筑考古学论文集》,文物出版社,1987年,第109页)。

②堂修二七:修,谓南北的长度。郑《注》曰:"南北之深也。夏度以步。"按,一步六尺,七步则4.2丈。二七,据郑玄说,夏代用步作为度量长度的单位。二七即十四步。一步合六尺。二,俞樾《群经平议》以为,"二"字衍。《隋书·宇文恺传》载宇文恺《明堂议》已考订之。译文姑从经文原文。

③广四修一:即修为一、广为四,广四倍于修;修七步,则广二十八步。

④五室:据郑《注》,五室在堂上,其一室在正中央,另四室在中央之室的四隅。

⑤三四步,四三尺:三四步,四室在中央之室的四隅,每两室之间空有方四步之堂,则四方每一方皆纵横各有三个方四步。四步,指堂上五室各方四步。四三尺,每室四周皆有墙,自东而西有四墙,每墙厚三尺,则共四个三尺。

⑥九阶:据郑《注》,堂南面有三个台阶,其他三面各有二个台阶,共为九阶。

⑦四旁两夹窗:窗,郑《注》曰:"每室四户八窗。"按,堂上五室,每室四面的正中都开有门,门两旁各开一窗,将门夹在中间,故曰"四旁两夹窗"。一说,王国维曰:"每堂各有两夹,而四堂分居四旁,此所谓'四旁两夹'也。"

⑧白盛:蜃灰。此谓以白色蜃灰粉刷墙壁,以饰成宫室。郑《注》曰:"蜃(大蛤)灰也。盛之言成也,以蜃灰垩墙,所以饰成宫室。"

⑨门堂三之二:门堂,门两侧之堂。即门塾之堂。郑《注》曰:"门侧之堂,取数于正堂。"按,世室的四面有围墙,每墙的正中开有一门,每门两侧建有屋,叫做塾。塾被墙分隔为内外两部分,称为内塾、外塾。内、外塾皆前为堂,后为室,叫做外堂、外室,内堂、

内室。这内、外堂就叫做门堂。是每门两侧凡四堂,四门则总为十六堂。门堂的大小,为世室正堂的三分之二。一说,石璋如将此句断句为:"门,堂三之二"。

⑩室三之一:室,即指门塾之内外室,其深、宽为正堂的三分之一。按,古代宫室之制,前堂后室。

【译文】

夏后氏的世室,正堂前后深两个七步,宽是进深的四倍为二十八步。堂上四角和中央分布有五个室,每室四步见方,每边都有三个四步见方空间;每边都有四道墙,每道墙厚三尺,每边都有四个厚三尺空间。堂的四面有九层台阶。每室的四方各开一门,每门两旁有两窗相夹。用蛤灰把墙壁涂饰成白色。门侧之堂的进深占正堂的三分之二,堂后室的进深占正堂的三分之一。

4. 殷人重屋①,堂修七寻②,堂崇三尺,四阿重屋③。

【注释】

①重屋:孙诒让说,是殷代的明堂,其建筑的形制为重屋式。

②堂修七寻:此就一堂之深而言,一寻八尺,七寻则5.6丈。

③四阿重屋:一般释为重檐庑殿顶。在商代的甲骨文、周代铜器、汉画像石与明器中均有所反映。1960年在河南偃师二里头夏商之际的文化遗址中发掘出一座殿堂的基址,夯土台基的中部是一座进深三间、面阔八间、四面出檐的殿堂(中国科学院考古研究所二里头工作队《河南偃师二里头早商宫殿遗址发掘简报》,《考古》1974年第4期)。重檐庑殿后来称为我国宫殿建筑中最高等级的屋顶型式。此外有异说。一说,不少学者认为"亚"字为古代一种特殊礼制建筑之形象。有学者认为,"四阿""乃指其平面形状如四出式的亚字之形,表示的是殷人氏族宗庙的平面

结构,是殷人重要礼制建筑所采用的制度。所以,'四阿'、'四亚'互训,并非后世注礼者所说的四注式屋顶。……玄鸟之宫,是殷人的图腾之宫……二室相错之形,故《考工记》中'重屋'乃为重室之意,指亚形的透视之状,是对殷人祖先神宫的形构解释,与'四阿'反映的是同一概念。"(曹春萍《"四阿重屋"探究》,《华中建筑》1996年第1期)。二说,四阿,四注屋,即四面有雷下注之屋。郑《注》曰:"若今四注(按《注疏》本原误作"柱",据阮校改)屋。"重屋,谓屋上又起一屋,上圆下方。孙诒让曰:"重屋谓屋有二重。下为四阿者,方屋也。其上重者,则圆屋也。圆屋以覆中央之五室,而盖以茅;方屋以覆外出四堂,而盖以瓦。"王国维曰:"堂后四室相对于内,中央有太室,是为五室。太室之上,为圆屋以覆之,而出于四屋之上,是为重屋。"

【译文】

殷人的重屋,堂南北进深七寻,堂基高度是三尺,重檐庑殿顶。

5. 周人明堂①,度九尺之筵②,东西九筵,南北七筵③,堂崇一筵,五室,凡室二筵④。

【注释】

①周人明堂:明堂,古代天子宣明政教的地方,凡是朝会及祭祀、庆赏、选士、养老、教学等大典,皆在此举行。郑《注》曰:"明堂者,明政教之堂。……此三者(指夏、殷、周),或举宗庙(指夏的世室),或举王寝(指殷的重屋),或举明堂,互言之,以明其制同。"按,考古发现中曾有类似建筑遗存。如,二十世纪五十年代后在汉长安的南郊发现了十几处礼制建筑的遗址,据考证可能是王莽所建立的九座宗庙及明堂、辟雍建筑。它们应是《考工记》等三代建筑模式影响下的仿古建筑物(孙大章《中国古代建筑史

话》,中国建筑工业出版社,1987年,第40页)但应不是真正的三代礼制建筑。二十世纪七十年代初山东临淄郎家庄发掘了一座春秋战国之际的齐国殉人墓,出土了一件圆形漆器,上面描绘有带斗拱但两两相对的房屋四座,每座各三间。学者认为可能就是明堂图(曹春萍《"四阿重屋"探究》,《华中建筑》1996年第1期)。

②筵:铺于下层垫底的竹席,长九尺。可作长度单位。周的长度单位,一筵九尺。按,席子的使用在商代以前就已经开始了,这可从甲骨文中的"席"字字形看出。商代早期以蹲踞与箕踞较为普遍,晚商跪坐更为流行。入周以后,席地而坐(跪坐)发展成为"礼"的重要组成部分(崔咏雪《中国家具史——坐具篇》,台湾明文书局,1986年,第12页)。除了凭几、屏风(扆)、衣架(椸)之外,筵席是当时最重要的家具,还是宫室建筑的基本度量单位。筵通常较大,比较粗糙,用它垫底可以隔离地面的湿气。筵上所蹈藉之席,往往是较软的草席或薄竹片所编的竹席(簟)。

③"东西九筵"二句:这是明堂四堂的南堂的大小,其他三堂皆仿此。

④凡室二筵:按,此处以长九尺的筵作计量单位。孙诒让曰:"此经于周制止举堂室,实则九阶、四旁两夹窗、白盛之制,当与夏世室同;四阿、重屋之制,当与殷重屋同。经不具详者,蒙上文而省也。"

【译文】

周人的明堂,以长九尺的筵作为单位来量度,东西宽度是九筵,南北进深七筵,堂基高度是一筵,共有五室,每室长、宽皆为二筵。

6. 室中度以几①,堂上度以筵,宫中度以寻,野度以步,涂度以轨.

【注释】

①室中度以几:度,度量,测量。几,凭几,小桌子,设于座侧,以便
依凭。亦作度量单位。即《春官·司几筵》之几,彼处贾《疏》曰:
"凡几之长短,阮谌云几长五尺,高二尺,广二尺;马融以为长三
尺。"戴震云:"马融以为几长三尺,六之而合二筵与?"按,湖北随
县曾侯乙墓出土的漆几长六十点二厘米,合于三尺之数。

【译文】

室中的距离用几为单位来度量,堂上的距离用筵为单位来度量,宫
中的距离用寻为单位来度量,野地的距离用步为单位来度量,道路的距
离用车轨为单位来度量。

7. 庙门容大扃七个①,闱门容小扃参个②,路门不容乘
车之五个③,应门二彻参个④。

【注释】

①庙门容大扃七个:庙门,谓大庙(宗庙)南向之大门。大扃七个,
郑《注》曰:"大扃,牛鼎(煮牛牲用的鼎)之扃,长三尺。每扃为一
个,七个二丈一尺。"扃,即贯通鼎上两耳、用以抬鼎的横木。

②闱门容小扃参个:闱门,庙中小门。郑《注》曰:"庙中之门曰闱。"
所谓庙中之门,谓庙中旁出之小门。小扃,长二尺之扃。郑《注》
曰:"臑鼎之扃,长二尺。参个六尺。"按,臑(xiāng)鼎,即煮牛肉
羹的鼎。

③路门不容乘车之五个:路门,路寝(正寝)的门,寝宫区的总门。
路门外为朝,内为寝宫。参见上文"面朝后市"注。郑《注》曰:

"大寝之门。"大寝即路寝,大寝之门即路门,为王五门之第五门。不容乘车之五个,郑《注》曰:"乘车广六尺六寸,五个三丈三尺。"金鹗曰:"《记》谓不容乘车之五个,则是四个有余、五个不足之文。"且以为路门宽三丈。

④应门二彻参个:应门,正朝的朝门,即王宫的正门,南向。郑《注》曰:"正门谓之应门,谓朝门也。"按,应门为王五门之第四门,应门之内即治朝,亦即正朝,故谓应门为朝门。二彻参个,二彻,即二辙,即二轨。郑《注》曰:"二彻之内八尺,三个二丈四尺。"按,彻即轨,二彻之内即二彻之间,轨宽八尺,故二彻之间为八尺。

【译文】

庙门的宽度可容下七个大扃,闱门的宽度可容下三个小扃,路门的宽度容不下即稍窄于并排的五辆乘车,应门的宽度为三轨即可容下并排的三辆乘车。

8. 内有九室①,九嫔居之②。外有九室③,九卿朝焉④。九分其国以为九分⑤,九卿治之。

【注释】

①内有九室:内,郑《注》曰:"路寝之里也。"九室,天子六寝,一个路寝在前,五个燕寝在后,统在路门之内。此九室为九嫔所居,则当在王后之宫,故又在天子燕寝之后。

②九嫔:王之妾,地位仅次于夫人,佐后治理宫中事务。《礼记·昏义》曰:"古者天子后立六宫、三夫人、九嫔、二十七世妇、八十一御妻,以听天下之内治,以明章妇顺,故天下内和而家理。"本书《天官》设立"九嫔"一职。

③外有九室:郑《注》曰:"外,路门之表也。九室,如今朝堂诸曹治事处。"

④九卿:高级官员,指六卿三孤。郑《注》曰:"六卿三孤为九卿。"六
　卿,即冢宰、大司徒、大宗伯、大司马、大司寇、大司空;三孤,即少
　师、少傅、少保。《礼记・昏义》曰:"古者……天子立六官、三公、
　九卿、二十七大夫、八十一元士,以听天下之外治,以明章天下之
　男教,故外和而国治。"先秦九卿的分工未详。秦朝的九卿为:奉
　常、郎中令、卫尉、太仆、廷尉、典客、宗正、治粟内史、少府。西汉
　的九卿为:太常、光禄勋、卫尉、太仆、廷尉、大鸿胪、宗正、大司
　农、少府。可参考。
⑤九分其国:宫城占井字形中间的一分,王城其余部分占宫城周围
　的八分。郑《注》:"分国之职也。"

【译文】

　　路寝之内有九室,九嫔居住在那里。路门之外有九室,九卿在那里
处理政事。宫城占王城的九分之一,把国家的职事划分为九个方面,分
别由九卿来负责治理。

　　9. 王宫门阿之制五雉①,宫隅之制七雉②,城隅之制九
雉。经涂九轨③,环涂七轨④,野涂五轨⑤。门阿之制,以为
都城之制⑥。宫隅之制,以为诸侯之城制⑦。环涂以为诸侯
经涂,野涂以为都经涂。

【注释】

①门阿之制五雉:门阿之制,此指宫城城门的屋脊标高。门,谓门
　屋,即覆于门上之屋。阿,郑《注》曰:"栋也。"即门屋的中脊,引
　申为屋脊。雉,长三丈、高一丈的版筑墙壁。此处为度量单位,
　长三丈、高一丈为一雉。郑《注》曰:"雉长三丈,高一丈。度高以
　高,度广以广。"意谓雉既可量长度,亦可量高度。计量长度时,

　　一雉为三丈;计量高度时,一雉为一丈。此处是量高度,五雉即
　　高五丈。

②宫隅:及下文城隅,亦作"浮思"、"罘罳"、"罘思",指宫墙四角的
　　小角楼,上面有孔,形似网,用以守望与防御。郑《注》曰:"谓角
　　浮思也。"戴震曰:"门台谓之宫隅,城台谓之城隅。"孙诒让曰:
　　"凡古宫、城四隅皆阙然而高,……宫隅、城隅皆在四角。"

③经涂九轨:轨宽八尺,九轨则7.2丈。按,此处未言东西大道,贾
　　《疏》曰:"不言纬者,以与经同。"

④环涂:沿王城的环形大道。杜子春曰:"谓环城之道。"涂,道路。

⑤野涂:城郭外的道路。

⑥"门阿之制"二句:这是记畿内诸侯的城制。都,王宗室子弟、公
　　卿、大夫所封的采邑。其地在距王都四百里至五百里之"畺地"
　　(参见《地官·载师》第2节及其注)。城,孙诒让曰:"即城隅,不
　　言隅者,蒙上文省。"故郑《注》曰:"其城隅高五丈。"

⑦"宫隅之制"二句:此记畿外诸侯的城制。郑《注》曰:"诸侯,畿以
　　外也。其城隅制高七丈。"

【译文】

　　王宫门阿的规制高度是五雉,宫墙四角角楼浮思的规制高度是七
雉,城墙四角浮思规制高度是九雉。王城内横贯南北、东西的大道宽九
轨,环城大道宽七轨,城郭外野地的大道宽五轨。用王宫门阿的规制高
度五雉,作为公和王子弟所封采邑城四角角楼浮思高度的标准。用王
宫宫墙四角角楼浮思的规制高度七雉,作为诸侯都城四角角楼浮思高
度的标准。用王都内环城大道的宽度七雉,作为诸侯都城中南北主干
道宽度的标准;用王城郭外野地大道的规制宽度五雉,作为公和王子弟
所封采邑城中南北主干道宽度的标准。

10. 匠人为沟洫①。耜广五寸②,二耜为耦③,一耦之伐,

广尺、深尺谓之畎④。田首倍之⑤，广二尺、深二尺谓之遂。九夫为井⑥，井间广四尺、深四尺谓之沟。方十里为成，成间广八尺、深八尺谓之洫。方百里为同，同间广二寻、深二仞谓之浍⑦，专达于川⑧。各载其名。

【注释】

①沟洫：此指田间沟渠。

②耜(sì)：原始翻土农具耒耜的下端，形状像铁锹、铧。曲柄的起土农器，耜头为青铜制或铁制，是一种前端为尖刃的扁状器，耜头后面安有曲形木柄。

③二耜为耦：此谓下端分歧的耒，两歧各加一个金属套冠即成耜耦，其宽度为一尺(李则鸣《耦耕新探》，《中国史研究》1985年第1期)。此外有异说：或以为，是两人并肩，各执一耜，共耕一尺之地，郑《注》曰："两人并发之。"或以为，是一人耕地，一人碎土摩田；或以为，是在耜的柄上系绳，一人把耜推入土中，另一人相向而立，用力拉绳掘土；或以为，古代的耜即为犁头，耦耕即一人扶犁，另一人在前面拉犁。译文姑从李则鸣说。

④畎(quǎn)：田间小沟。

⑤田首：田亩起始一端。

⑥井：在井田制中，九夫所治田为井，方一平方里，即三百步。郑《注》曰："井者，方一里，九夫所治之田。"

⑦同间广二寻、深二仞谓之浍：仞，长度单位。八尺曰仞，与寻同。《说文·人部》曰："仞，伸臂一寻，八尺。"金鹗曰："仞字从人，明是以人身为度。"浍，田间排水渠。

⑧专达于川：郑《注》曰："达，犹至也，谓浍直至于川。"

【译文】

匠人挖掘沟渠。耜头宽五寸，二耜为耦，一耦所掘土成的沟，宽一尺、深一尺的小水道叫做畎。在一夫之田地起首端挖掘的沟渠宽和深比这畎加一倍,宽二尺、深二尺叫做遂。九夫共耕的田为一井之田,井与井之间挖掘的宽四尺、深四尺的水道叫做沟。十里见方的土地叫做一成,成与成之间挖掘的宽八尺、深八尺的水道叫做洫。百里见方的土地叫做同,同与同之间挖掘的宽二寻、深二仞的水道叫做浍,浍中的水直接流入大川。各种沟渠水道的来龙去脉及其名称都分别有所记载。

11. 凡天下之地势,两山之间必有川焉,大川之上必有涂焉。凡沟逆地阞①,谓之不行②;水属不理孙③,谓之不行。梢沟三十里而广倍④。凡行奠水,磬折以参伍⑤。欲为渊,则句于矩⑥。凡沟必因水势,防必因地势。善沟者水漱之⑦,善防者水淫之⑧。凡为防,广与崇方,其杀参分去一⑨。大防外杀⑩。

【注释】

①地阞(lè):地脉。阞,郑《注》曰:"谓脉理。"按,脉理,此指大地的起伏形势及山川走向。

②不行:水不流畅,横逆决溢。

③水属不理孙(xùn):属,通"注",注入,流入,注集。郑《注》曰:"属,读为'注'。"理孙,据王引之说,理、孙皆顺义。孙,通"逊",顺。

④梢沟三十里而广倍:梢沟,梢形排水沟,由近及远,随着排水量的增加,逐渐增宽。江永曰:"梢,谓挖地为沟也。下流纳水多,故三十里宜倍于上流之广,其广当以渐而增也。"

⑤"凡行奠(tíng)水"二句:行奠水,奠水,停滞不流的水。奠,通"停"。郑司农曰:"'奠',读为'停',谓行停水。"磬折以参(sān)

伍,此指一种泄水建筑物的形状。类似现代的实用剖面堰中的折线形剖面堰,结构简单,施工容易,泄水能力较好,适用于农村小型水利工程(闻人军《〈考工记〉中的流体力学知识》,《自然科学史研究》1984 年第 1 期)。此外有异说,一说,认为在垂直面上呈磬形。如认为渠道进口处"要做成类似石磬的样子,堰形要有150°左右的夹角,而其横段与折段的长度应是三比五"(武汉水利电力学院、水利水电科学研究院《中国水利史稿》编写组《中国水利史稿(上册)》,水利电力出版社,1979 年,第 108 页)。二说,认为是在水平面上呈磬折形。如郑司农曰:"行停水,沟形当如磬,直行三,折行五,以引水者疾焉。"程瑶田曰:"记言行奠水之曲折,当如磬折之倨句。三五者,言不一,其磬折无定数也。"于嘉芳认为,"凡行奠水,磬折以参伍。欲为渊,则句于矩","都是指在水平面上水渠应该具有的曲折度。""'参伍'即'三五'就是参宿、昴宿。查参宿七星,左侧纵列三星的角度为 155 度左右,右侧纵列三星的角度为 145 度左右,都与'磬折'的角度 151 度比较接近。"(于嘉芳《"磬折以参伍"新解——兼论齐国农田灌溉和水利工程》,《管子学刊》2000 年第 2 期)磬折,曲折也。参伍,此是交互错杂义。行奠水要"如磬折以参伍",是为了顺地势高下曲折疏导之。

⑥"欲为渊"二句:句(gōu)于矩,弯度大于九十度。郑《注》曰:"大曲则流转,流转则其下成渊。"按,大曲,谓弯曲度过大,以至于"句于矩"(超过 90 度)。流转,即回旋,回旋则自然成渊。有论者指出,"渊",相当于现代水利渠道中的跌水。陡峻地区的引水渠,用跌水连接渠道,集中落差,可防止渠道受到严重冲刷。跌水的落水墙做成垂直式,较为简单,可减少工程量(武汉水利电力学院、水利水电科学研究院《中国水利史稿》编写组《中国水利史稿(上册)》,水利电力出版社,1979 年,第 108 页)

⑦漱：被水冲刷、剥蚀。《说文·水部》曰："水荡口也。"孙诒让曰："引申为凡水荡物之称。"

⑧淫之：淫，通"厵"，淤积，淤塞。郑司农曰："'淫'，读为'厵'(xīn)，谓水淤泥土，留著助之为厚。"

⑨"凡为防"三句：广与崇方，郑《注》曰："方，犹等也。"贾《疏》曰："假令堤高丈二尺，下基亦广丈二尺。"广，堤顶。一说，指堤底。

⑩大防外杀：外杀，据江永说，是减小堤外一面的厚度。杀，消减，减小。郑《注》曰："又薄其上，厚其下。"即大堤防下基要更增宽，其外杀比例当增大，使堤防横截面呈一不等腰梯形：外侧的斜边长，内侧的斜边短，如此则可承受更大的河水压力。

【译文】

凡是天下的地势，两山之间必定有河流，大河流岸上必定有道路。凡是开挖沟渠违逆地的脉理，叫做水流不行导致决口；水的流注不顺畅，也叫水流不行。所开挖的沟渠下流三十里而其宽度就要增加一倍。凡是疏导停滞的死水，所开挖渠道要顺地势顶角呈磬折形，角的两边之比为三比五。如果想使流水蓄积成深渊，就要使水渠的弯曲度大于直角九十度。凡是开沟一定要顺水的流势，凡是修筑堤防一定要顺着地势。善于开沟渠的人能借助水势冲荡堤岸的障碍物而保持通畅，善于修筑堤防的人能利用流水淤积的泥土使堤防加厚。凡是建造堤防，要使其上顶的宽度与堤防的高度相等，而其上顶的宽度比下基要逐渐减少三分之一。较高大的堤防因下基增厚而只在外侧向上减薄其宽度。

12. 凡沟防，必一日先深之以为式，里为式，然后可以傅众力①。

【注释】

①"必一日先深之"三句：此谓在施工之前，要根据对生产率的评估

预测,做好总体规划。深,泛指挖渠筑堤的进度。式,即额定的工作量,此指参照标准。郑《注》曰:"程人功也。"孙诒让引李藉《音义》曰:"课程也。"傅众力,调配人力施工。傅,通"附"、"敷",施加,布陈。江永曰:"以一日之功,筑凿几何,又以一里之地计,几何日,几何人力,则可依附此而计用几何众力也。"一说,解释"式"为断面样板,全句解释为,凡是修筑沟渠堤防,"必需在开工前先做好断面样板,每隔一里就有一个样板("式"),这样在开工后,大量的人力就可以同时动手。这既可以保证断面尺寸,提高施工质量,又可以充分使用人力。"(武汉水利电力学院、水利水电科学研究院《中国水利史稿》编写组《中国水利史稿(上册)》,水利电力出版社,1979 年,第 113 页)

【译文】

凡是挖掘沟渠、筑造堤防,一定要先用数人确定一天试作的进度并以之作为每天的工作量参照标准,再计算出完成一里工程所需要的人数、工作天数,然后可依此计算调配整个工程总共需用的人力数。

13. 凡任[①],索约大汲其版,谓之无任[②]。

【注释】

①任:担当,承担,支撑。此指受力的绳索。孙诒让曰:"筑土缩版,必用绳索,故云任。"此指夯土版筑,用板束土支撑。按,古代筑墙用所谓"版筑"法,即用夹版相夹立作模,两端用绳索、木桩固定,然后在两版之间填土,以杵夯实,分层夯筑。考古发现多处版筑法建筑的遗迹。如,1977 年河南嵩山南麓登封告成王城岗遗址发现了东西骈列的两个小型城堡的夯土墙基。据夯层中出土的木炭测定其年代距今 4010 加减 85 年(树轮校正为 4415 加减 140 年),约相当或稍早于夏朝开国的年代(文物编辑委员会

《文物考古工作三十年》,文物出版社,1979 年,第 274 页)。河南偃师二里头遗址的上层曾发现了一处规模宏大的宫殿建筑基址,这是一个大型夯土台基(中国科学院考古研究所二里头工作队《河南偃师二里头早商宫殿遗址发掘简报》,《考古》1974 年第 4 期)。1955 年以来河南郑州发现的商代前期城墙遗址,周长达 6960 米,全用夯土分层版筑而成,夯层薄,夯窝密,质地相当坚硬(河南博物馆等《郑州商城遗址发掘报告》,《文物资料丛刊》,文物出版社,1977 年)。夯土技术的出现,是古代建筑技术的一大进步。春秋战国时期,夯土技术继续广泛应用于筑城与堤坝工程。《考工记》此节所记版筑夯土技术,当是砖墙出现以前,人们长期积累的夯土技术的经验总结。

②“索约大汜其版”二句:索,绳。约,束。大汜,郑《注》曰:“汜,引也。筑防若墙者,以绳缩其版,大引之,言版桡也。版桡,筑之则鼓,土不坚矣。”按,如果绳束得过紧,以至于夯土时夹版被撑弯而鼓出泥土,所筑的土就不坚实,其结果同没有用绳束版一样,故曰“谓之无任”。

【译文】

凡是用绳束版筑筑墙,如果绳把夹版勒得太紧,或者受力不均,致使夹版变形、受损,其结果就跟没有用绳束版一样,难以发挥支撑承压的功能。

14. 茨屋参分,瓦屋四分①。囷、窌、仓、城,逆墙,六分②。堂涂十有二分③。窦其崇三尺④。墙厚三尺,崇三之⑤。

【注释】

①“茨屋参分”二句:茨(qì),本指用茅草覆盖房屋,此指茅草为顶的

屋。贾《疏》曰:"草屋宜峻于瓦屋。……假令南北丈二尺,草屋三分取四尺为峻,瓦屋四分取三尺为峻也。"峻谓屋顶之高。瓦屋,以陶瓦为顶的屋。按,考古发现的最早的瓦,当出现在西周早中期。如,1976年在陕西岐山、扶风两县周原一带,发现了两处西周建筑遗址。岐山京当乡凤雏村发现一组大型西周建筑基地,在房屋堆积中发现了少量的瓦,瓦型较大,可能仅用于茅草屋顶的脊部与天沟。时代稍晚的扶风法门乡召陈村西周建筑基址群,则发现许多各种型式的板瓦与筒瓦,均有瓦钉,其中还有半瓦当、背饰黼黻纹的中、小型筒瓦等(杨鸿勋《西周岐邑建筑遗址初步考察》、陕西周原考古队《扶风召陈西周建筑群基址发掘简报》,均见《文物》1981年第3期)。周原考古队推测,瓦的发明当在西周初期或稍早。西周中期是瓦的发展时期。春秋时代,瓦逐渐普遍使用。战国时代,瓦的型式更加丰富,纹饰更加精美。

②困、窖、仓、城,逆墙,六分:困(qūn),圆形的粮仓。郑《注》曰:"圆仓。"窖(jiào),地窖。郑《注》曰:"穿地曰窖。"按,窖在地下,而亦有墙者,贾《疏》曰:"虽入地,口宜宽,则牢固也。"仓,指方形的粮仓。按,我国至迟在商代已用仓廪贮存谷物。逆墙,截面呈梯形的墙,下大上小。郑《注》曰:"逆,犹却也。……六分其高,却一分以为杀。"却,谓减杀。郑《注》本义当谓顶部减杀墙高的六分之一。学者对郑《注》有不同理解。如孙诒让曰:"此城有逆墙者,即所谓女墙也。……逆墙六分城高,以一分为之。假令城高九雉,则以上一丈五尺却为逆墙。困、窖、仓逆墙放(仿)此。"意即上端六分之一部分筑成逆墙。姑从郑玄原意。六分,此指墙顶端厚度减杀为墙高的六分之一。

③堂涂十有二分:堂涂(途),指堂下东、西阶前的引路。十有二分,郑《注》曰:"分其督旁之修,以一分为峻也。"按,堂途中间高而两

旁低,中高的部分就叫做督。督的高度,为两旁宽度的十二分之一。

④窦:宫中的下水道,阴沟。郑《注》曰:"宫中水道。"

⑤"墙厚三尺"二句:此是记宫墙的厚度与高度的比例是三比一。郑《注》曰:"高厚以是为率,足以相胜。"

【译文】

草屋屋顶的高度是屋前后进深的三分之一,瓦屋屋顶的高度是屋前后进深的四分之一。圆形粮仓、地窖、方形粮仓、城墙,它们的墙上端厚度渐减为墙高的六分之一,筑成逆墙。堂下阶前的路中间比两边高出的尺寸是路中央至路边宽度的十二分之一。宫中的下水道深三尺。宫墙的厚度、高度比例是:墙厚三尺,墙高为墙厚的三倍即九尺。

二九　车人

1. 车人之事①,半矩谓之宣②,一宣有半谓之欘③,一欘有半谓之柯④,一柯有半谓之磬折⑤。

【注释】

①车人:制造牛车(双辕)的工匠。兼制耒。

②半矩谓之宣:矩,工匠量直角的曲尺,亦作角度单位,即今90度的直角。半矩则为45度的锐角,称为"宣",也是角度单位。

③一宣有半谓之欘(zhú):一宣有半,即今67.5度的夹角。欘,斧、锄等自然弯曲的把。锄等与柄间有锐角,此处借用为角度单位,即今67.5度。《说文·木部》曰:"斫也,齐谓之镃錤(锄)。一曰斤柄,性自曲者。从木属声。"

④一欘有半谓之柯:一欘有半,即今101.25度的钝角。柯,本义斧柄。斧与柄间有钝角,此处借为角度单位,即今101.25度。《说文·木部》曰:"斧柄也。从木可声。"按,《注疏》本"之"上脱"谓"

字,以上下文例之,此处亦当曰"谓之柯",他本亦皆有"谓"字。

⑤一柯有半谓之磬折:一柯有半,即今 151.875 度的钝角。磬折,本义磬的顶角(鼓上边与股上边所夹之角),此处借用为角度单位,即指 151.875 度的钝角。按,此处所记磬折之度与《磬氏》略异(参见彼处注)。春秋后期以前,编磬形制尚未定型。春秋末期,逐渐趋于规范化,磬的顶角约为一百五十余度,故被定为角度单位。《考工记》此节矩、宣、欘、柯、磬折等,作为当时工程建设上实用的一套角度定义,大约形成于春秋末期。当时已经有了表示抽象的角的概念的专有名词,有了一些用作技术规范的特定角度。战国时期,磬折等角度定义曾广泛流传,并在早期工程技术中发挥了一定作用。考古工作者发现了大量磬折型编磬,可以作为这套实用角度定义流传之广的例证(闻人军《"磬折"的起源与演变》,《杭州大学学报(自然科学版)》1986 年第 2 期;关增建《〈考工记〉角度概念刍议》,《自然辩证法通讯》2000 年第 4 期)。

【译文】

车人制作器物的事,直角的一半叫做宣,一宣半的夹角叫做欘,一欘半的夹角叫做柯,一柯半的角度叫作磬折。

2. 车人为耒①,庇长尺有一寸②,中直者三尺有三寸③,上句者二尺有二寸④。自其庇缘其外,以至于首,以弦其内,六尺有六寸,与步相中也⑤。坚地欲直庇,柔地欲句庇⑥。直庇则利推,句庇则利发。倨句磬折,谓之中地⑦。

【注释】

①耒:此指翻土农具耒耜的曲木柄。其下端与耜相连。

②庛(cī)：耒下端安耜头的一段曲木，单齿或分叉成两齿、三齿。

③中直者：及下文"上句者"，程瑶田《磬折古义》曰："耒木三折。"
按，耒木三折，中间一段直木最长，下端折向前为庛以安耜头，上
端折向后谓之首，为人手所扶持处。

④上句者：上端的弯曲部分。

⑤"自其"五句：步，长度单位，一步六尺。一说，《礼记·王制》曰：
"古者以周尺八尺为步。"按，耒木三折，其上下两折角方向相反，
略似一"∫"形，耒木两端(从首端到庛端)的直线距离即所谓弦，
可视为一条虚拟的直线纵贯于"∫"形的耒木之中，此弦即所谓
内，而如"∫"的耒木本身则为外。耒木的实际长度为六尺六寸，
其弦则为六尺，恰为一步，即所谓"与步相中"。

⑥"坚地欲直庛"二句：直庛，谓庛是直的，即庛与耒的中直部分间
无弯度，庛与耒的中直部分在一条直线上。句庛，谓庛是弯的，
即庛与耒的中直部分间有角度。

⑦"倨句磬折"二句：倨句磬折，谓庛与中间直木之间的夹角为一磬
折，即一柯有半(151.875度)。一说，庛本身曲折成磬折状(李崇
州《试探〈考工记〉中"耒"的形制》，《农业考古》1995年第3期)。
中地，此指利推利发，坚柔之地皆适用。戴震曰："中地，谓无不
宜也。宜坚不宜柔，宜柔不宜坚，为不中地；利推不利发，利发不
利推，为不中地。"按，直庛阻力小，下推之力集中，所以容易推进
入土。挖掘泥土时，向后下方压耒柄，庛部向前上方起土。向上
的分力句庛大于直庛，故句庛有利于挖掘泥土。夹角一磬折是
一种经验数据，这种形式的耒的性能介于直庛耒与句庛耒之间，
能够兼顾各方面的要求，故其适应性亦较强。

【译文】

车人制作耒，其下端的庛长一尺一寸，中间直的部分长三尺三寸，
上端向后弯曲的部分长二尺二寸。从下面庛端沿着曲折的耒木往上

量,而量到首端,以两端之内的直线距离为弦,长六尺六寸的耒木,而弦的长度正好与一步的长度相等。坚硬的土地适宜用直庛的耜,柔软的土地适宜用庛弯曲的耜。直庛利于推耜入土,弯曲的庛利于将土翻起,如果庛弯曲的角度为一磬折,称之为适宜于任何种类的土地。

3. 车人为车^①。柯长三尺^②,博三寸,厚一寸有半。五分其长,以其一为之首^③。

【注释】

①车人为车:此指牛拉的载货车,即大车、柏车、羊车。孙诒让曰:"此车人所为三车(谓大车、柏车、羊车),皆牛车,与轮人、舆人、辀人所为驷马车不同。其制粗略,故轮、舆及辕以一工为之。"

②柯:伐木斧头之柄,长三尺,此处用作长度单位。

③"五分其长"二句:首,谓斧头,此指斧头之刃的宽度。柯长三尺,五分之一则为六寸。

【译文】

车人制造牛拉的货车。柯长三尺,宽三寸,厚一寸半,把柯长分为五等分,用其中一等分的长度作为斧刃的宽度。

4. 毂长半柯,其围一柯有半^①。辐长一柯有半,其博三寸,厚三之一。渠三柯者三^②。行泽者欲短毂,行山者欲长毂;短毂则利,长毂则安^③。行泽者反輮^④,行山者仄輮^⑤;反輮则易^⑥,仄輮则完^⑦。六分其轮崇,以其一为之牙围^⑧。

【注释】

①"毂长半柯"二句:毂长半柯,则为一尺五寸。其围一柯有半,则

为四尺五寸,除以圆周率,则毂径为 1.4324 尺,约等于毂长。按,此下说的是大车。郑《注》曰:"大车,平地载任之车。"

②渠三柯者三:渠,车辋,大车的轮牙。今云轮圈。郑《注》曰:"谓罔也。"王宗涑曰:"'罔'即'辋'之省。"按,罔即轮牙。三柯,九尺;又三之,则二丈七尺,是为轮牙的周长,其直径则为 8.5943 尺。

③"短毂则利"二句:按,这些经验总结符合力学原理。车在泥泞的泽地行驶时,车轮与地面间的滚动摩阻较大,采用短毂可以减少轴与轮毂间的接触面与摩擦力,有利于灵活地转动。车在崎岖不平的山地上行驶时,经常颠簸,车箱是通过轴与毂再靠轮子支撑的,长毂的支撑面较大,能增加它的稳定性。

④反揉:揉,通"煣",揉制车轮。即将二或三条直木用火烤,用力揉为弧形,然后拼接成轮圈。揉亦指轮圈。反揉,将用作轮圈的圆木一劈为二,使树心部分(心材)朝向轮圈外周,靠近树皮的部分(边材)在轮圈内周。王宗涑曰:"谓揉木为车辋,反阴为阳,使木向阴者在着地一面也。"郑司农以为通过反揉,木的向阴面质地较软,行于泽地可少黏泥。按,木材各部位的结构与机械性能不一样,心材较重,质地坚硬;边材松软,含水分较多,抗腐蚀性能低于心材。反揉的车轮,心材在外,表面细腻、光滑,不易为泽泥所粘,且不易腐烂。

⑤仄揉:侧揉。制作车圈时,心材、边材同时朝外揉出车轮。王宗涑曰:"谓车辋着地,阴阳各半也。"按,行山路之轮圈,接触沙石,对耐磨性要求较高。通过仄揉,郑《注》曰:"为(山路)沙石破碎之,欲得表里相依坚刃(韧)。"即谓仄揉可表里相依、刚柔相济,既坚韧,又耐磨。

⑥易:表面细腻、光滑。孙诒让曰:"易、滑义同。""则泥不黏而行利"。

⑦完：完固，坚韧，耐磨。

⑧"六分其轮崇"二句：轮崇，轮高，轮子的直径。大车轮高九尺。按，轮崇 8.5943 尺（见注②），六分之一则为 1.4324 尺，是为牙围。

【译文】

大车毂长一尺五寸，车毂围长四尺五寸。车辐长四尺五寸，辐宽三寸，厚是宽的三分之一即一寸。轮牙用三条长三柯的木条糅合而成，周长是二丈七尺。在沼泽地行驶的车子车毂要短一些，在山地行驶毂要长一些；短毂转动利落，长毂比较安稳。在泽地行驶的车子，煣制轮牙要反煣，即心材朝外、边材在内，在山地行驶的车子，煣制轮牙要侧煣，即心材、边材同时朝外；煣制轮牙使心材朝外就细腻、光滑而不易黏泥，煣制轮牙使心材、边材同时朝外就能保持坚韧耐磨而不易损坏。将轮的高度分为六等分，用其中一等分作为轮牙截面的围长。

5. 柏车毂长一柯①，其围二柯，其辐一柯，其渠二柯者三②。五分其轮崇，以其一为之牙围③。

【注释】

①柏车：据郑《注》，行驶于山地的大车。轮高六尺，其车箱迫近地面。

②渠二柯者三：即一丈八尺。则轮径为 5.7296 尺。

③"五分其轮崇"二句：即将 5.7296 尺五分之，为 1.1459 尺，是为牙围。牙围，轮牙的截面周长。

【译文】

柏车的车毂长三尺，其毂的围长六尺，其辐条长三尺，其轮牙用三条长二柯的木条揉合而成，即周长一丈八尺，将轮的高度分为五等分，用其中一等分的长度作为轮牙的围长。

6. 大车崇三柯①，绠寸②，牝服二柯有参分柯之二③。羊车二柯有参分柯之一④。柏车二柯⑤。

【注释】

①大车崇三柯：大车，郑《注》曰："平地任载之车。"按，大车之轮崇（即直径）实为 8.5943 尺（见第 4 节注②），此处说三柯，即九尺，举成数也。

②绠：牙上榫眼外侧留出的牙边（参见《考工记·轮人》第 2 节注）。

③牝服二柯有参分柯之二：牝服，车箱左右两侧的护板。郑《注》曰："长八尺，谓较也。"较是车箱两旁上之横木（参见《舆人》第 2 节注）。孙诒让曰："马车、牛车皆有左右两较，但马车较左右出式（轼）而高，牛车较卑，无较式之别，是之谓平较，平较谓之牝服，较高者为牡，则平者为牝矣。"二柯为六尺，又加三分之二柯，则为八尺，是为牝服之长。此外有异说：一说，郑司农曰："牝服，谓车箱。"二说，陈奂曰："牝即牛。服者，负之假借字。大车重载，牛负之，故谓之牝服。"三说，闻人军以为，牝服当为牛车之一种，其形制比大车略小。驾母牛、公牛皆可。四说，钱宝琮以为，牝服是架母牛之车（钱宝琮《钱宝琮诗词六首》，《中国科技史料》1982 年第 2 期）。

④羊车二柯有参分柯之一：羊车，车人所造三车之一。钱宝琮以为，羊车是架羊之车（钱宝琮《钱宝琮诗词六首》，《中国科技史料》1982 年第 2 期）。羊，祥，善。此外有异说：一说，杨天宇以为，羊车亦为牛拉载货车之一种，形制已不可考。郑《注》曰："羊，善也。善车，若今定张车。"《释名·释车》曰："羊车：羊，祥也；祥，善也。善饰之车，今犊车是也。"二说，闻人军以为，羊车是一种较轻巧的比牝服小一号的车，可乘坐。按，汉代画像石有

羊车形象,可参考。如1964年山东省滕县大郭村出土汉画像石,刻有牛车与羊车,上层为西王母、伏羲、女娲、九尾狐、羽人、玉兔等天界画像,下层有牛、羊车各一乘,车上各乘坐二人。羊车之羊形象夸张、生动(朱存明《汉代墓室画像的象征主义研究》,《民族艺术》2003年第1期)。柯有参分柯之一,二柯六尺,又加三分之一柯,则为七尺,是为羊车牝服之长度。

⑤柏车二柯:王宗涑曰:"柏车牝服最短,盖以山险难行而少其任载也。然则任载之车分为三等,亦量地之易险而利其用尔。易野用大车,险野用柏车,易险半者用羊车,而任载多少亦随地之易险而殊,故牝服有长短也。"

【译文】

　　大车轮高是九尺,牙边向外偏出的轮綷宽一寸,牝服是八尺。羊车的牝服是七尺。柏车的牝服是六尺。

　　7. 凡为辕①,三其轮崇。参分其长,二在前,一在后,以凿其钩②。彻广六尺③,鬲长六尺④。

【注释】

①辕:是指牛车(包括上述三种牛车)的两直辕。

②"参分其长"四句:凿其钩,江永曰:"凿钩,谓辕当轴处凿半月形以衔轴。轴上亦稍凿之,令其相钩著不脱。"钩,指钩心,是在辕朝下的一面上所开半圆形的槽,可置于车轴上以辖轴。按,两辕木的后段伸在车箱下,与车箱上的牝服相应,而钩则开在当辕木后段三分之一处。以大车为例,其轮高九尺(见上节),辕长是轮高的三倍,为二丈七尺,钩则开在辕后段九尺处。王宗涑曰:"牝服立辕上,半在钩前,半在钩后。大车牝服深八尺,则辕出牝服前者一丈四尺,出牝服后者五尺。"又说,这出于牝服后的五尺,

即所谓轵,故《说文》曰:"轵,大车后也。"大车的前辕和后轵之所以这样长,是为增加任载用。

③彻广六尺:彻,通"辙",即轨。六尺,当为"八尺"。按,《匠人》郑《注》说轨宽八尺(参见彼处第2节注),江永《周礼疑义举要》卷七曰:"大车之轮,必出于箱外,其间又须有空处容轮转,彻广安能与𨎴长同数?彻广'六尺',当是'八尺'之误。"戴震曰:"辕值牝服下,𨎴在两辕之间。𨎴长车广盖等。大车毂长尺五寸,中其毂置辐。辐内六寸,辐广三寸,绠寸。凡一尺六尺之箱,旁加一尺(两旁共二尺),彻广八尺明矣。古者,涂镀以轨,轨皆宜八尺。田车之轮卑于兵车乘车三寸。牛车之制,铺于四马车,轨八尺则同也,故曰车同轨。"郑珍亦持此说,是。

④𨎴长六尺:𨎴,通"𨍥",是车辕前端驾在牛脖颈上的曲木。

【译文】

凡是制作牛车的车辕,其辕长是轮高的三倍。将车辕长分为三等分,二等分在前,一等分在后,以在此分界处凿出衔住车轴的半月形钩。两轮之间的轨宽八尺,𨎴长六尺。

三〇　弓人

1. 弓人为弓①,取六材必以其时②。六材既聚,巧者和之③。干也者④,以为远也;角也者,以为疾也;筋也者,以为深也⑤;胶也者,以为和也;丝也者,以为固也⑥;漆也者⑦,以为受霜露也。

【注释】

①弓人为弓:弓人,以制弓为业的工匠。按,闻人军指出,我国发明弓箭的历史可以上溯到三万年以前的旧石器时代晚期。《考工

记》时代,制弓技术已经相当发达。本节所载的复合弓由多种材料制成。弓身用坚韧的木材(或竹材)与牛角做骨干,木干用一整条,牛角则两段相接。木干煣曲后弦侧用胶粘上牛角,另一侧则用胶粘筋,铺置弓干。两段牛角之间互相咬合,缠筋胶粘。弓外用丝缠绕后,髹漆为防护层。弓弦用蚕丝制成,胡地则用牛筋丝制弦。

②取六材必以其时:六材,即下文所记干、角、筋、胶、丝、漆等六种制弓原材料。必以其时,取干在冬天,取角在秋天,取丝、取漆在夏天。取筋、胶时间不详。郑《注》曰:"取干以冬,取角以秋,丝、漆以夏。胶、筋未闻。"

③和之:谓按一定的法度加工组合。

④干:指弓干,木制,又叫弓体。弓体两端叫做箫,中间两个内弯部分叫做隈。正中间手握部分叫做敝、柎。

⑤"角也者"四句:按,角附着在干里侧,筋附着在干外侧,皆用以帮助弓干发力。角,戴震说,在干之里。筋,戴震说,在干之表。

⑥"胶也者"四句:和,合也。按,丝用以缠束弓身,然后涂胶,使附着牢固。

⑦漆:指生物漆,俗称大漆、中国漆。漆液白色,遇空气氧化渐渐发暗至黑,耐强酸强碱。

【译文】

弓人制作弓,在获取六材时必须要依照季节。六材都已经齐备以后,由能工巧匠将它们加工组合而成为弓。弓干,是用以射得远的;角,是用以射得速度快的;筋,是用以射得深的;胶,是用以使弓身粘合紧密的;丝,是用以将弓身缠得结实牢固的;漆,是用以使弓身能经受霜露侵蚀的。

2. 凡取干之道七:柘为上,檍次之①,檿桑次之②,橘次之,木瓜次之③,荆次之④,竹为下⑤。凡相干,欲赤黑而阳声⑥:赤黑则乡心,阳声则远根⑦。凡析干,射远者用埶,射深者用直⑧。居干之道⑨,菑栗不迆,则弓不发⑩。

【注释】

①"柘为上"二句:柘,桑属落叶灌木或乔木,干疏直,材质坚韧致密,可制良弓。《太平御览》卷九五八引《风俗通》曰:"柘材为弓,弹而放快。"檍(yì):木名,又名土橿(jiāng)、杻,俗称万年木,木材坚韧,多曲少直,可做弓弩等。

②檿(yǎn)桑:木名,桑属。又叫檿、山桑、柞树。叶可饲蚕,木材坚劲,可制弓弩、车辕。《国语·郑语》曰:"檿弧(弓)箕服(箙,箭袋)。"可见檿确实可做干材。

③木瓜:木名,也称楙(mào),落叶灌木或小乔木,果实可食用、入药。《本草纲目》卷三十引《广志》曰:"(木瓜)枝一尺有百二十节,可为杖。"

④荆:落叶灌木。有一种牡荆枝径坚韧,可作棰杖等。《说文·艸部》曰:"楚木也。从艸,刑声。"

⑤竹为下:竹,《说文·竹部》曰:"簜,大竹也……可为干。"按,此节将竹列为最次的弓材,但采用复合多层的办法,并经过特殊的加工处理,竹材也可制造良工。当时楚国就因地制宜,制造出大量竹弓(杨泓《中国古兵器论丛(增订本)》,文物出版社,1985年,第203—205页)。

⑥阳声:清阳之声。阳,通"扬"。郑《注》曰:"犹清也。"

⑦"赤黑则乡心"二句:乡心,向心,此指心材。乡,通"向",接近。孙诒让曰:"木近心则坚韧,故宜为弓干也。"远根,谓所取木材的部位远离树根。郑《注》曰:"木之类,近根者奴(木理纠结不顺)。"远根则木理条顺,制成弓干能受力均匀,是为良材。按,弓

材要选用心材。心材颜色浓于边材；木材中春秋生长部分，色淡而组织较粗疏，夏天生长部分，色浓而组织致密。故选择干材要颜色赤黑，而又远离树根者，含水分较少，富有弹性，敲击时发出清阳之声。综合运用观色、听声等方法，可以选取出组织致密、细腻、光滑、富于弹性、水分较少的良材来作弓才。

⑧"凡析干"三句：析干，剖制弓干。用执，谓利用木的曲势。郑司农曰："假令木性自曲，则当反其曲以为弓。"此谓假设木料本身弯曲，那就让它向相反方向弯曲，利用它的反弹力量把箭射远。反其曲则可增强干的弹射力。射深者用直，郑《注》曰："直则可厚，厚则力多。"此谓射深宜用直材，直材可使弓干剖制得厚一些，弓干厚，则力度大，故可射深。按，根据现代射箭术的研究，箭的初速、方向性与弓高（弓体中点至弓弦的距离）之间存在着一定的函数关系。在一定范围内，弓高值越大，箭行的方向性随着弓高的增加而增加。由于弓体逆木的曲势，薄而弯的弓，弓高值较大，则箭行的方向性较好，利于射中远处的目标。因此，倘若使用弓体厚直强劲的弓，箭的初速较高，动能较大，则利于射深（闻人军《〈考工记〉中的流体力学知识》，《自然科学史研究》1984 年第 1 期）。

⑨居：处理，加工。孙诒让曰："犹言处置也。"

⑩"菑栗不地"二句：菑栗，锯开，用锯剖析。菑，剖析。戴震曰："析也。今方俗语犹然。"栗，通"裂"，裂开。一说，段玉裁《汉读考》曰："栗则干木也。"不地，不斜行损伤木理。发，假借作"拨"，扭曲变形。郑司农曰："谓以锯副（pì，剖开，裂开）析干。"《说文》曰："副，判也。"王引之曰："当读为'拨'，拨者，枉也。言析干不邪行绝理（锯断木材的纹理），则弓不至于枉戾也。"一说，贾《疏》曰："以锯剖析弓干之时，不邪地失理。"

【译文】

　　选取干材的质量标准分七等:柘木为上等,檍木次一等,檿桑又次一等,橘木又次一等,木瓜木又次一等,荆木又次一等,竹子是最次的。凡是选择干材,要首选颜色赤黑而且敲击时声音清扬的:颜色赤黑就表明它靠近树心而木质坚韧,声音清扬就表明它远离树根而木理条顺。凡是剖制弓干,如果想要射得远些就要反向利用干材的自然弯曲形势,如果想要射得深些就要用厚直的木材。处理干材的方法,剖析干材时锯不要斜锯以防损伤纹理,制作成的弓就不会扭曲变形。

　　3. 凡相角,秋杀者厚,春杀者薄;稚牛之角直而泽,老牛之角紾而昔[①];疢疾险中[②],瘠牛之角无泽。角欲青白而丰末。夫角之末蹙于脑而休于气[③],是故柔,柔故欲其势也[④],白也者,势之征也。夫角之中恒当弓之畏[⑤],畏也者必桡,桡故欲其坚也,青也者,坚之征也。夫角之末远于脑而不休于气,是故脆,脆故欲其柔也,丰末也者,柔之征也[⑥]。角长二尺有五寸,三色不失理[⑦],谓之牛戴牛[⑧]。

【注释】

①紾(zhěn)而昔:紾,扭转,弯曲,纠结。江永曰:"辟戾不直也。"一说,紾(tiǎn),纹理粗糙无光泽。昔,通"错",干燥粗糙。俞樾曰:"《说文·日部》:'昔,干肉也。'紾而昔者,紾而干也。"

②疢疾险中:疢(chèn)疾,郑《注》释之为"久病",曰:"牛有久病则角里伤。"疢,疾病。《说文·广部》曰:"热病也。"引申为凡病之称。险,污陷,孙诒让曰:"角中污陷而不实。"污陷犹言洼陷。

③夫角之末蹙于脑而休于气:末,当作"本"。按,此句与下"夫角之末远于脑而不休于气"相对为文,"远于脑"为角之末,则此"蹙于

脑"必为角之本。贾《疏》引述此经文亦曰"言角之本近于脑",可见唐以前尚不误。孙诒让《正义》本亦作"本"。戚(cù),接近,迫近。郑《注》:"近也。"休,通"煦",温暖,温热。郑《注》曰:"读为'煦'。"段玉裁《汉读考》曰:"煦,烝也。"孙诒让曰:"谓角本近脑,脑气易烝(蒸)及之,故多柔韧。"

④柔故欲其势也:势,自曲之势。郑司农曰:"欲其形之自曲,反以为弓。"

⑤畏:通"隈"。指弓末与弓干中央之间的两个弯曲处。按,弓的两端叫做箫,也叫弭;弓的中央手握之处叫做弣;箫、弣之间弯曲处即隈,又叫渊,左右各一。

⑥"丰末者"二句:郑《注》曰:"末之大者,脑气及煦之。"末,指牛角末,角顶端。

⑦三色不失理:三色,谓根部发白,中段发青,末梢丰满。郑《注》曰:"本白,中青,末丰。"孙诒让曰:"末丰非色,亦言色者,从文便也。"不失理,谓无瑕疵。孙诒让曰:"角长则易有瑕疵,而能兼有三色,故可贵也。"理,谓角的纹理。按,挑选角的时候要善于抓住主要矛盾,从关键角度进行选择。角的根部较柔软,其白色者有曲势,利于逆角的曲势附弓;角的中段色青者,较为坚韧,利于附贴桡曲的弓隈;角的尖端较脆,其丰满者,相对较为柔韧;角长二尺五寸,则是制作上等弓的最佳长度。

⑧牛戴牛:谓好的牛角价值贵重,等同于一条牛的价值,故等于牛头上又戴着一头牛。郑司农曰:"角直(值)一牛。"戴,顶着,生长着。

【译文】

凡是挑选牛角,秋季宰杀的牛其角厚实,春季宰杀的牛其角单薄;小牛的角纹理平直而有光泽,老牛的角纹理扭曲粗糙而干燥不润泽;久病的牛其角里就会受伤而洼陷不实,瘦瘠的牛其角没有光泽。牛角要颜色青白而末端粗大丰满的。牛角的根部由于离牛脑近而受脑气的蒸润,因此比较柔韧,柔韧因此要有自然弯曲之势以便反以为弓,而根部颜色发白,正是自然弯曲之势的征验。牛角的中段常附贴在弓隈处,弓隈处在弓干张弛时必定弯曲,要随之弯曲因此要牛角坚韧些,颜色发青,就是坚韧的征验。牛角的末端由于远离牛脑而不受脑气的蒸润,因此偏脆,偏脆因此要它柔韧些,而角的末端粗大丰满,正是柔韧的征验。如果角长达到二尺五寸,兼有根部发白、中段发青、末梢丰大而纹理无瑕疵,那就叫做牛头上又生长着一对牛角,价值等同于一头牛。

4. 凡相胶,欲朱色而昔①。昔也者,深瑕而泽,绐而抟廉②。鹿胶青白③,马胶赤白,牛胶火赤,鼠胶黑,鱼胶饵④,犀胶黄。凡昵之类不能方⑤。

【注释】

①昔:此指胶"深瑕而泽,绐而抟廉",有光泽的胶原纤维交错纠结。一说,干燥粗糙(参见上节注①)。

②"深瑕而泽"二句:瑕,裂痕,罅隙。绐,此谓纹理,贾《疏》曰:"谓有绐理。"抟廉,棱纹成束。郑《注》曰:"抟,圜也。廉,瑕严利也。"孙诒让曰:"谓胶裂痕有廉棱峻利也。"抟,束,捆。廉,谓裂痕的棱角。

③鹿胶:及下文马胶、牛胶、鼠胶、鱼胶、犀胶,郑《注》曰:"皆谓煮用其皮,或用角。"孙诒让曰:"用皮谓马、鼠,角谓鹿、牛、犀也。鱼胶用鳔,郑不言者,文略。"

④饵:牲畜的筋腱。此谓色如筋腱。郑《注》曰:"色如饵。"孙诒让曰:"饵之色盖白而微黄,鱼鳔之色似之则佳也。"

⑤凡昵之类不能方:昵,假借作"腻",黏,脂膏,油脂。方,比。谓相比方,等同。郑司农曰:"胶善戾。"段玉裁《汉读考》以为"戾"乃"丽"之误,谓胶善附丽。附丽即黏附义。按,胶是用动物的皮、

角、肠或膘等熬成的粘性物质。动物的胶原组织是以胶原纤维
为主的结缔组织,胶原纤维由胶原蛋白组成,遇热膨胀溶化即成
动物胶。在胶原组织中,胶原纤维成束状,有的排列整齐致密,
有的互相交叉,参差排列。此节所讨论的相胶法,应是长期实
践、观察的经验总结。

【译文】

凡是挑选胶时,要首选红色而且交错纠结的。胶原纤维交错纠结
的胶,裂痕深而且带有光泽,裂成的纹理呈圆形而聚集棱纹成束。鹿角
熬制的胶呈青白色,马皮熬制的胶呈赤白色,牛角熬制的胶呈火红色,
鼠皮熬制的胶呈黑色,鱼鳔熬制的胶色如筋腱白中透黄,犀角熬制的胶
呈黄色。凡是黏附类的东西黏性都不能同这些胶相比。

5. 凡相筋①,欲小简而长②,大结而泽。小简而长,大结
而泽,则其为兽必剽③,以为弓,则岂异于其兽? 筋欲敝之
敝④,漆欲测⑤,丝欲沈⑥。

【注释】

①筋:孙诒让曰:“谓牛马及麋鹿之筋。”

②小简:筋丝。简,筋条。郑《注》曰:“读如‘简札’之‘简’,谓筋条
也。”吕调阳曰:“筋之条欲小而长,其端之结则欲大而泽。”

③剽:疾速,轻捷。郑《注》曰:“疾也。”一说,钱玄等以为,剽,通
“慓”,快疾。又通“骠”,骠悍。二义相兼。

④筋欲敝之敝:敝,谓捶打劳敝,即捶打熟。郑司农曰:“嚼之当
熟。”孙诒让曰:“凡椎打筋谓之嚼,盖汉人常语。”按,《天工开
物·弧矢》曰:“凡牛脊梁每只生筋一方条,约重三十两。杀取晒
干,复浸水中,析破如苎麻丝。……以之铺护弓干。”筋要析破成
丝再用,筋丝要长而强劲,筋束要滋而润泽。对于弓的强弱,筋

起着极为重要的作用。《梦溪笔谈》卷十八曰："弓有六善:一者
往体少而劲……凡弓往体少(弓体外桡少)则易张而寿,但患其
不劲;欲其劲者,妙在治筋。凡筋生长一尺,干则减半,以胶汤濡
而梳之,复长一尺,然后用,则筋力已尽,无复伸弛。"此谓治筋要
充分劳歛,接触筋中原有的不利的"筋力",避免不必要的伸展
性。以为制造劲弓奠定基础。

⑤测:清澈。此谓漆清见底。郑《注》曰:"犹清也。"

⑥丝欲沈:沈,沉入水中。郑《注》曰:"如在水中时色。"贾《疏》曰:
"据干燥时,色还如在水涷之色。"

【译文】

凡是选择筋时,要首选小筋丝成条而长的,筋端的筋束要滋大而润
泽。小筋丝成条而长,筋端的筋束滋大而润泽,产生这种筋的野兽一定
行动迅疾,用它的筋来制作弓,用这些筋造弓,射出的箭难道会同野兽
的迅疾有不同吗? 治筋要充分劳歛,捶打得极熟而无复伸弛,漆要清,
丝要像在水里煮练时的颜色一样。

6. 得此六材之全①,然后可以为良。

【注释】

①六材:参见第1节。

【译文】

能够做到这六种弓材都俱备,然后才可以制作出优良的弓。

7. 凡为弓,冬析干而春液角①,夏治筋,秋合三材②,寒
奠体,冰析灂③。冬析干则易④,春液角则合⑤,夏治筋则不
烦⑥,秋合三材则合⑦,寒奠体则张不流⑧,冰析灂则审环⑨,

春被弦,则一年之事⑩。

【注释】

① 春液角:液,浸渍。郝敬曰:"谓以此水渍角,必于春。"

② 三材:郑《注》曰:"胶、丝、漆。"

③ "寒奠体"二句:奠体,固定弓干的往体与来体。往体,谓弓体向外弯;来体,谓弓体向里弯。奠,固定。郑《注》曰:"奠,读为'定'。至冬胶坚,内之檠中,定往来体。"檠(qíng),竹制的辅正弓干的器具。体,弓体的外桡内向。此谓寒冬纳弓体于正弓的弓檠(弓匣)之内,以纠正、固定弓体的外桡与内向等各部分弯曲的弧度。冰析灂,据孙诒让说,此谓严冬极寒时张弛弓体,分析弓漆,看其是否粘合牢固。冰,谓隆冬大寒时。灂,谓漆纹(参见《辀人》第8节注)。析灂,即分析漆灂(纹)看其是否剥落。

④ 易:江永曰:"言其易治。"

⑤ 合:通"洽"。浸润,和柔。郑《注》曰:"读为'洽'。"段玉裁《汉读考》曰:"洽者,和柔之意。"

⑥ 烦:郑《注》曰:"乱。"

⑦ 合:郑《注》曰:"坚密也。"

⑧ 张不流:张,《说文》曰:"施弓弦也。"流,弓体走样变移。郑《注》曰:"犹移也。"

⑨ 审环:审,审定,审视。郑《注》曰:"犹定。"环,谓环形漆纹。按,弓体外缠以丝绳,而后施以漆,则自然显出环形的漆纹。

⑩ "春被弦"二句:被弦,安装弦。一年之事,郑《注》曰:"期岁乃可用。"按,制作弓,自前一年的冬季析干,到第二年春季浸渍角,夏季治筋,秋合三材,冬季奠体、析灂,再到下一年春被弦,是整整经过一年,然后可用。为保证弓的质量,经文此节规定了一系列严格的工序要求,各种工序要选定合适的季节。《古列女传·辩通传·晋弓工妻》曰:"当平公之时,使其夫为弓,三年乃成。"据

现代学者 1942 年对成都长兴弓铺的调查,从材料制备到做出成品,一张弓的制作周期是三年,头尾共四年。可谓对古代制弓经验的传承。(谭且冏《成都弓箭制作调查报告》,《历史语言研究所集刊》第 23 本,1951 年,台北版)。

【译文】

凡是制作弓,宜于在冬季剖析干材而春季用水煮治角,夏季治理筋,到了秋季再用胶、漆、丝三种材料将干、角、筋组合起来。冬寒季节借助檠固定弓体,隆冬结冰时将弓反覆张弛以检验漆纹是否剥落。冬季剖析干材就光滑密致而比较容易治理好,春季煮治牛角就较易使角浸润和柔,夏季治理筋就不会纠结萦乱,秋季再用胶、漆、丝组合干、角、筋三种材料就坚固而严密,冬寒季节借助檠固定弓体张弦时就不变形走样;隆冬结冰时节检验漆纹就较易确定漆纹是否形成环形,到来年春季再安上弦,就是整整一年的事情了,这也才算把弓制成。

8. 析干必伦①,析角无邪,斫目必荼②。斫目不荼,则及其大脩也,筋代之受病③。夫目也者必强,强者在内而摩其筋,夫筋之所由幨④,恒由此作,故角三液而干再液⑤。厚其帤则木坚,薄其帤则需⑥,是故厚其液而节其帤⑦。约之不皆约⑧,疏数必侔⑨。斫挚必中⑩,胶之必均⑪。斫挚不中,胶之不均,则及其大脩也,角代之受病⑫。夫怀胶于内而摩其角,夫角之所由挫,恒由此作。

【注释】

①伦:顺也,郑《注》曰:"顺其理也。"

②斫目必荼:目,节目,节疤,枝干交接不平处。荼,同"舒",舒缓,缓慢。郑司农曰:"荼,读为'舒',舒,徐也。目,干节目。"

③"则及其大修也"二句：修，长久。郑《注》曰："犹久也。"按，遇到节疤，如果不徐徐砍斫，节疤处就不能平整，弓干受力就不均匀，久之必使干外的筋代受其伤：或被节疤磨损，或多受力而失韧性。

④幨(chān)：发皱，翘起。郑《注》曰："绝起也。"按，绝，谓筋的里层纹理磨断；起，谓筋的表层鼓起而不附于干，如车帷然，故谓之幨。

⑤角三液而干再液：三液，与下文"再液"皆多次、反复整治义。目的是要让干的匀致与角相称。郝敬曰："液，用水火煮治之。角三液，木再液，则调和可用。"按，木材越干燥，则其制品变形性越小，能经久耐用。因此在用材前要设法除去水分，以达到稍低于当地相对湿度为宜。如任其自然风干，则常需数月甚至数年之久。为了缩短风干时间，可将木材浸入水中，使其所含的树脂溶解；然后取出，放在空气中风干。这一方法称为"水浸风干法"，可以有效缩短干燥时间，减少木材的变异性，保持器物性能稳定。

⑥"厚其帤则木坚"二句：此谓衬木过厚则弓干过硬，过薄则弓干过软，当厚簿适宜。帤(rú)，弓干内侧正中的衬木，可调节弓干的强弱。郑司农曰："帤谓弓中裨。"《说文·衣部》曰："裨，接益也。从衣卑声。"孙诒让曰："弓中即当挺臂，在两隈之间，于弓干为正中，较之两隈须微强，故于干间别以薄木以副益之。贾疏云：造弓之法，弓干虽用整木，仍于干上裨之，仍得调适也。"需，段玉裁《汉读考》以为当作"耎"，"耎"通"偄"，柔软，软弱。

⑦厚其液而节其帤：郑《注》曰："厚，犹多也。节，犹适也。"江永曰："厚其液，即上文'干再液'也。再液干犹必节其帤，不厚不薄，乃无太坚太需(耎)之病也。"

⑧约之不皇约：约，《说文·丝部》曰："缠束也。"贾《疏》曰："约谓以

丝胶横缠之,今之弓犹然。不皆约,谓不次比为之。"

⑨疏数必侔:疏密一定要均匀。数,密。侔,相等,均等。郑《注》曰:"侔,犹均也。"贾《疏》曰:"约之多少,须稀疏必均也。"

⑩斫挚必中:削治弓干要精致、周到、均匀。中,与下文"均"皆厚薄均匀义。郑《注》曰:"挚之言致也。中,犹均也。"

⑪胶之必均:《梦溪笔谈》卷十八曰:"弓有六善:……三者久射力不屈,四者寒暑力一……凡弓初射与天寒,则劲强而难挽;射久天暑则弱而不胜矢,此胶之为病也。凡胶欲薄而筋力尽,强弱任筋而不任胶,此所以射久力不屈,寒暑力一也。"故用胶要匀薄,以粘牢为度。如果用胶不均匀,还会擦伤角。

⑫角代之受病:郑《注》曰:"干不均则角蹙折也。"按,蹙有踩踏之义,此作磨损义。折,谓折断。

【译文】

剖析干材必定要顺着木的纹理,剖析牛角时也一定要顺着纹理不要歪斜,砍斫干材上的节疤时必须要徐缓齐平。如果砍斫节疤不徐缓齐平,等到弓干使用时间长了,缠在弓干外的筋就会代干受到损坏。木节节疤必定是坚硬的,坚硬的东西在里面就会不断摩擦附在它外面的筋,筋之所以鼓起裂坼而不附干,常常就是这个原因引起的。因此角要经过三次煮治而干要经过两次煮治。弓干中部的衬木过厚了就导致干木过于坚硬,衬木过薄就导致弓干过于软弱,因此弓干要反复多次加衬木使厚薄适中。弓干与衬木相附之处要缠束丝绳,而其他地方不必如此缠束,缠束的疏密必须均匀。弓干的砍削要非常精致周到而且厚薄必须均匀,施胶也必须厚薄均匀。如果砍削弓干不精致周到厚薄不均匀,施胶不均匀,等到弓使用时间长了,角就会代干而受到损坏。胶会在里面不断磨损角,角之所以折断,常常就是这个原因引起的。

9. 凡居角,长者以次需①,恒角而短,是谓逆桡②,引之则纵，释之则不校③。恒角而达，辟如终绁，非弓之利也④。今夫茭解中有变焉⑤，故校；于挺臂中有柎焉，故剽⑥。恒角而达，引如终绁，非弓之利。

【注释】

①"凡居角"二句：居角，处理角材。次需：到达弯曲柔弱的弓隈处。次，至，及。需，亦当作"奭"（参见上节注⑥），此指弓隈处（参见第 3 节注⑤），因为弓隈处力度较弱，故称。

②"恒角而短"二句：恒角，角的全长。恒，通"揯"、"亘"。亘，竟，终，穷尽。郑《注》曰："读为'揯'。揯(gèn)，竟也。"逆桡，反方向弯曲。孙诒让曰："恒角而短者，谓角短不能达隈干之尽处，势必将长其箫角，揉曲之，以接于隈角（按，孙氏以为附于弓干各部分的角相互间要紧密衔接，隈角短则必长箫角以接之），则箫强而隈之力不足以自持，引之（谓拉弓），则隈端之角将随箫而起。凡弓隈句（勾）向内为顺，今隈弱为箫强所牵，则句势反趋外，是逆桡也。"

③"引之则纵"二句：纵，此作缓慢无力。《说文·糸部》曰："缓也。"因"逆桡"而弓隈处力减弱，故拉弓缓而无力。拉弓无力，射出的箭自然不能疾，故"释之不校"。校，疾速，快疾。郑《注》曰："疾也。"

④"恒角而达"三句：达，长，此指弓材过长。辟，《注疏》本原作"譬"，据阮校改，然在此义同譬。郑《注》曰："达，谓长于渊（即隈）干，若达于箫头。"终，始终。绁，动词，缚系（汪少华《从〈考工记〉看汉语大字典的释义失误》，《传统文化与现代化》1997 年第 3 期）。《说文》曰："系也。"郑《注》曰："绁弓韬。"韬(bì)，即韫，固定、保护弓体的弓匣，竹、木制，形状如弓，弓去弦不用时，缚在弓匣里以防损伤。戴震曰："韬，以竹为之，弓弛则绁（系）之于弓里，

张则去之。角长过渊接，引弦送矢俱不利，故曰'辟如终绁'，又曰'引如终绁'。"按，角的长短要搭配适当。长的放在弓隈处，短的放在箫（弓的末端）部，后者称弭（mǐ）。如果弓隈之角的长度不足，如孙诒让所说的，就势必需要"长其箫角，揉曲之，以接于隈角，则箫强而隈之力不足以自持，引之，则隈端之角将随箫而起。凡弓隈，句向内为顺，今隈弱为箫强所牵，则句势反趋外，是逆桡也"。如此，开弓时势必缓而无力，蓄积的能量少，撒放后箭就不能疾飞。如果隈角太长，到达箫头，隈、箫之角相接处势必外移，开弓时隈力与箫相牵而张弛不便，送矢也不快疾，好像把弓存放在弓匣里，无从发挥弓的特殊设计带来的弹力。

⑤今夫茭解中有变焉：今，假设连词，一事说毕，另说一事时的用语。夫，句中语气助词，不译。茭（jiāo）解中，指弓之隈角与箫角相衔接处。戴震曰："角长至渊干，与居箫之短者相接，所谓渊接，是谓茭解中。"茭，指弓干隈与箫的相接处，此处较细，故名。按，此部位十分重要，是弓的弹性机制的关键所在。上文论及隈角太短或过长，迫使此关键部位移动带来的弊端；此处又指出茭解中有"变"，故射出的箭快疾。变，谓弓隈、弓箫用力不同带来的形变与弹力。郑《注》曰："谓箫、臂用力异。"臂，弓干除两端之箫，通谓之臂。用力异，谓用力方向不同。孙诒让曰："凡弓，箫直而外向，臂桡而内向，是用力异也。"

⑥"于挺臂中"二句：挺臂，即直臂，弓把，即弓干中央的手握处。郑《注》曰："挺，直也。柎，侧骨。剡，亦疾也。"柎，即弣（弓把中部手握之处），因弓柎两侧贴附有骨片以增强弓体的弹力，故又称侧骨为柎。按，柎能使复合弓在不改变弓高的情况下，增强其"厚直"之势，提高箭的初速。

【译文】

凡是处理角材，角长的安置在弓隈处而短的安置在弓箫。隈角过短,就会受箫角的影响而向相反方向弯曲,这就叫做反向弯曲即逆桡,这样拉弓就缓慢无力,射出的箭就不能疾行。限角过长甚或直达于箫头,那就譬如把弓始终缚系在弓匣中一样,影响引弦射箭,无从发挥威力,并不是对弓有利啊。弓的限角与箫角交接处有形变和弹力,能使弓臂、弓箫用力方向不同,因此射出去的箭能快疾;在弓把处两侧贴嵌有骨片,因此射出去的箭能快疾。如果限角过长甚或直达于箫,影响引弦射箭,拉弓时就如同弓始终缚系在弓匣中一样,那并不是对弓有利。

10. 挢干欲孰于火而无赢①,挢角欲孰于火而无燀②,引筋欲尽而无伤其力,煮胶欲孰而水火相得③,然则居旱亦不动,居湿亦不动。

【注释】

①挢干欲孰于火而无赢:挢,通"矫",此谓用火矫燥木、角。赢,过度。郑《注》曰:"过孰也。"孰(熟),此谓掌握火候的标准。

②燀(xún):烤烂。郑《注》曰:"炙烂也。"

③煮胶欲孰而水火相得:此谓煮胶应以熟为度,掌握火候恰到好处。按,动物胶多由胶原及其部分水解产物所组成,基本上是线型高分子化合物。煮胶时,随着胶汁浓度的增大,对网状结构的形成有利,使得胶汁黏度增大,可以据此判断煮胶火候是否适宜。北魏贾思勰《齐民要术·煮胶》曰:"候皮烂熟,以匕沥汁,看末后一珠,微有黏势,胶便熟矣。为过伤火,令胶焦。"当是对经文"煮胶欲孰而水火相得"的补充说明(闻人军《说火候》,香港《大公报》"中华文化"第廿九期,1985年9月26日)。

【译文】

用火矫燥弓干要掌握好火候恰到好处而不要过熟,用火矫燥角要掌握火候恰到好处而不要烤烂,拉筋要引尽筋力而又不要拉断纹理损伤它的弹力,加水煮胶要以熟为度而掌握火候恰到好处,这样制成的弓就能放在干燥的地方不变形,放在潮湿的地方也不变形。

11. 苟有贱工^①,必因角、干之湿以为之柔,善者在外,动者在内^②,虽善于外,必动于内,虽善亦弗可以为良矣^③。

【注释】

①贱工:此指不负责任的工匠。

②"善者在外"二句:外,指外观,外表。动者,变数,不稳定因素。

③虽善亦弗可以为良矣:即使外表很好,但也不可能成为良弓了。按,角要经过三次浸治,干要经过两次浸治。此后还要风干或烘干,才能用火煣曲。经过如此处理,配合其他措施,复合弓才能经受寒暑燥湿的变化而永不变形。假使在角、干的津液尚未透干时就煣曲加工,制成的弓虽有其表,但内在质量很差,一经脱水,就要干缩变形。《天工开物·弧矢》曰:"凡造弓初成坯后,安置室中梁阁上,地面勿离火意。促者旬日,多者两月,透干其津液,然后取下磨光,重加筋、胶与漆,则其弓良甚。货弓之家不能俟日足者,则他日解释之,患因之。"可见,偷工减料做不出良弓。

【译文】

假如有不负责任的的工匠,必然会趁着牛角、弓干潮湿尚未干透易煣时就进行煣制,这样只图外表好看,而内里却隐藏着变形的因素,即使能做到外表好看,但内部迟早必然发生变形桡减,即使外表再好也不可能成为良弓了。

12. 凡为弓,方其峻而高其柎^①,长其畏而薄其敝^②,宛之无已,应^③。

【注释】

①方其峻而高其柎：方，方整。峻，即箫，弓两端固定弦的高隆有棱角之处。使弦绷得很紧。郑《注》曰："谓箫也。"柎，此指在弓臂正中而向内高出于两侧贴附的骨片。戴震曰："挺臂中有柎，柎向弦，宜高而薄之，以便握持。高下厚薄，互为横纵之辞也。"

②长其畏而薄其敝：长其畏，隈角要长。畏，弓隈。按，隈角往往担心其不够长，经文云"恒角而短，是谓逆桡，引之则纵，释之则不校"，故希望隈角要长。敝，通"蔽"，即角在弓把内侧与干相附的部分。郑司农曰："读为'蔽塞'之'蔽'，谓弓人所握持者。"按，蔽亦角，贴附在弓把之外以蔽内。孙诒让曰："敝与柎同处，但敝蔽柎之外，干既高，则表角不宜过厚，故欲薄。盖隈干冣而角长，柎干高而角薄，皆欲剂其强弱之平也。"弓把内侧除有干之外，还有帮、高的柎等，应当甚厚，故薄其敝角以调剂之。

③"宛之"二句：宛，弯曲，引申为引拉。郑《注》曰："宛，谓引之也。引之不休止，常应弦，言不罢需（耍）也。"应，应弦，不疲软。

【译文】

　　凡是制作弓，弓两端架弦的峻要方而弓中的柎要高突，弓的隈角要长而蔽角要薄，这样制成的弓，即使是多次拉引不停歇，弓势也都能与弓弦缓急相应而不会疲软无力。

　　13. 下柎之弓，末应将兴①。为柎而发，必动于杀②。弓而羽杀，末应将发③。

【注释】

①"下柎之弓"二句：下柎（拊），柎角不高，低下。按，上节云"高其柎"，是弓拊处当高，当高而不高，故曰"下柎"。郑《注》曰："末，犹箫也。兴，犹动也，发（拨）也。弓柎卑，箫应弦则柎将动。"末，

谓弓末端的箫。兴，动，伤动。按，弓弣处之所以要高，是因为它当弓臂之中，受力大，高之则可增其强度。如果弓弣不高，则力弱，拉弦时箫一受力，弣就应之而动，无力撑住弓隈，射出的箭也就不可能有力。

②"为柎而发"二句：发，假借作"拨"，枉曲，扭曲变形。孙诒让曰："亦当读为'拨'，谓枉戾也。"杀，弣、隈角相交接处。郑《注》曰："接中。"接中义同第9节"荚解中"，指两角相接处。第9节指箫角、隈角交接处，此则指弣、隈角交接处。戴震曰："言因柎以致伤动者，其病必在角（指隈角）、柎（指弣角）相接之处。"

③"弓而羽杀"二句：羽杀，此谓弓隈与弓柎（弓把）相接之缝松动而力不相贯。羽，通"扈"，缓，松缓。郑《注》曰："羽，读为'扈'，扈，缓也。接中动则缓，缓，箫应弦，则角干将发（拨）。"孙诒让曰："言畏、柎相接处一动，则接缝宽缓，而力不相贯，箫应弦时，弓体之角干皆随之而拨枉也。"一说，《说文》所录"羽"、"弱"古体相近，"羽"可能是"弱"的讹变。

【译文】

弓弣太低下的弓，弣力弱，箫一应弦承受拉力弣就将扭曲变形。作为弣而扭曲变形，必然会使弣角与隈角交接处伤动。作为弓而弣角与隈角交接处松动宽缓、力不相贯，箫若一应弦承受拉力，弓体上的角与干都将随之扭曲变形。

14. 弓有六材焉，维干强之①，张如流水②；维体防之③，引之中参④；维角戅之⑤，欲宛而无负弦⑥，引之如环⑦，释之无失体⑧，如环。

【注释】

①维：以，因。

②张如流水：谓干不仅强有力，而且调制得好，因此张弓顺如流水。张，引弓，拉弓。《说文·弓部》曰："张，故弓弦也。从弓长声。"段玉裁《说文解字注》曰："故，各本作施，今正。故，敷也。"《说文·弓部》曰："引，开弓也。"段玉裁《说文解字注》曰："开下曰张也。是门可曰张，弓可曰张，相为转注也。施弦于弓曰张，钩弦使满以竟矢之长亦曰张，是谓之引。"按，段玉裁指出，对于弓而言，"张"有二义：一是施弦于弓，二是引弓。此处"张如流水"之"张"，当为引弓义。《梦溪笔谈》卷十八曰："予伯兄善射，自能为弓。其弓有六善：一者往体少而劲……六者一张便正。弓往体少则易张而寿，但患其不劲；欲其劲者，妙在治筋……弓所以正者，材也。相材之法视其理，其理不因矫揉而直中绳，则张而不跛。"（《元刊梦溪笔谈》，文物出版社，1975 年）《考工记·弓人》曰："析干必伦，析角无邪。"皆谓剖析弓干与牛角都要顺其纹理，不能歪斜。如此则可"张如流水"、"一张便正"。

③维体防之：防，谓防止弓体变形。郑《注》曰："体，谓内（纳）之于檠中，定其体。"定其体，即第 7 节所谓"寒奠体"。

④引之中参：谓拉弓满弦时，弦的中点距离弓臂三尺。参，通"三"。此谓三尺。郑《注》曰："谓体定张之，弦居一尺，引之又二尺。"贾《疏》曰："矢长三尺，须满故也"。此谓定体后，弦与弓臂间应有一尺距离，而拉满弓时，则应有三尺距离。

⑤矕（chēng）：同"撑（撑）"。支撑，撑持。

⑥宛而无负弦：宛，拉弓，拉引。负弦，谓角与弦斜背。负，背。郑《注》曰："负弦，辟戾也。"孙诒让曰："辟戾，谓角与弦邪背也。"按，弓干上所贴附的角，与弦正相对，若角辟戾而邪曲，则不能与弦正相对，即所谓负弦。

⑦引之如环：按，《天工开物·弧矢》曰："凡弓两梢系驱处，或切最厚牛皮，或削柔木如小棋子，钉粘角端，名曰垫弦，义同琴轸（琴上

转动弦线的轴垫）。放弦归返时，雄力向内，得此而抗止，不然则受损也。"上文"维角堂之"，盖谓在角端粘有垫弦等物，以便引弓时角与弦不斜背，满弦时形如满月，而且释弦返归时，缓冲放箭回弹力，以免损伤弓体。

⑧失体：失去本来的形体。此指弓体变形。

【译文】

弓有六种材料。其中的弓干，要使它强有力，而拉弓时得心应手顺如流水；要用弓檠使弓体固定而防止其变形，去掉弓檠引弓满弦时弦中点与弓臂之间符合三尺的标准距离；角要能支撑住弓干弓限以增加强度，以期拉弦时不发生角与弦斜背的情况；引弓拉满时弓体弯曲如环形，松手放箭后弓体不变形走样，仍弯曲如环形。

15. 材美，工巧，为之时，谓之参均①；角不胜干，干不胜筋②，谓之参均；量其力有三均③；均者三，谓之九和。九和之弓，角与干权④。筋三侔⑤，胶三锊⑥，丝三邸⑦，漆三斛⑧，上工以有余，下工以不足。

【注释】

①"为之时"二句：为之时，指制作时间适合天时。参均，盖谓材、工、时三者配合均匀。

②"角不胜干"二句：不胜，相称，相得。郑《注》曰："无负也。"孙诒让曰："谓与角无负弦义同（参见上节注⑥）。角与干，干与筋，并相得均一，不相胜害，则自无辟戾也。"

③量其力有三均：量其力，谓衡量弓的拉力。三均，此谓量力的三次结果都符合要求。郑《注》曰："量其力又参均者，谓若干胜一石，加角而胜二石，被筋而胜三石，引之中三尺。假令弓力胜三

石,引之中三尺,弛其弦以绳缓捥(huàn,拴,系)之,每加物一石,则张一尺。"即解开丝弦而另以绳子代弦缓著弓末架弦处即弓箫处,上面用钩子钩住绳弦,下面在弓腰悬挂重物。逐渐添加重物,绳弦则张得更开:加上一石(一百二十斤)的重量,弓当张开一尺;再加一石,又当张一尺;加上三石,则弓张三尺:这样三次都符合要求,就叫做三均,所测量的弓即为三石力的弓。《天工开物·弧矢》曰:"凡试弓力,足踏弦就地,秤钩搭挂弓腰,弦满之时;推移秤锤所压,则知多少。"按,《考工记》时代,应已有天平,尚无杆秤。《弓人》测试弓力的这一过程,实际上是一种弹性力学试验。弦满三尺之时,所悬重物的重量即是弓力的大小。从"量其力有三均"看,"量其力"的试验应该有三次,可见《考工记》作者已认为所得结果具有某种可重复操作性。物理学理论上,英国人胡克1660年发现而1676年发表的胡克定律认为:物体受力时,如其应力在弹性极限范围内,则应力与应变成正比关系。《弓人》所载的试验比胡克定律所依据的弹簧试验早两千余年,虽然叙述简略而十分可贵。汉代郑玄的注,则较为具体地论说了测量过程。有学者由此认为,郑玄最早记述了力与变形的正比关系,即发现了弹性定律(老亮《中国古代材料力学史》,国防科技大学出版社,1991年,第20页)

④角与干权:角与弓干大致等重。权,平等,齐平。此谓对应、相称。郑《注》曰:"权,平也。"戴震曰:"权之使无胜负。"按,《天工开物·弧矢》曰:"其初造料分两,则上力挽强者,角与竹片削就时,约重七两。"据《中国古代度量衡图集》,明代每两合36.4克,七两为254.8克,明代弓角、干的重量约当此数。《考工记》时代强弓的角、干之重,大约与明代类似。

⑤侔:通"桙",据孙诒让引吕贤基考证,为量器名,亦为计量单位。其容量今已不明。

⑥三锊(lüè)：锊重六又三分之二两,三锊则一斤四两(参见《冶氏》第2节注)。郑《注》曰："锊,锾也。"戴震《考工记图》曰："锊,当作'锾'。"

⑦邸：量器名,其容量今已不明。郑《注》曰："轻重未闻。"一说,戴震曰："邸,收丝之器。"

⑧斞(yǔ)：量器名。《天工开物·弧矢》曰："其初造料分两,则上力挽强者,角与竹片削就时,约重七两。筋与胶、漆与缠约丝绳,约重八钱。此其大略。中力减十分之一、二,下力减十分之二、三也。"中国国家博物馆所藏战国铜量,容积为5.4毫升,铭文意谓是一又二分之一斞强。(国家计量总局等主编《中国古代度量衡图集》,文物出版社,1984年,第57页)则每斞约合今3.6毫升略少些。一说,戴震曰："斞,挹漆之器。"

【译文】

材料优良,工艺精巧,制作适时,这叫做三均；角与干相称,干与筋相称,叫做三均；垂重测量弓的拉力也有三均；三个三均,叫做九和。符合九和标准的弓所用材料的数量是：角与弓干大致等重。筋用三侔,胶用三锊,丝用三邸,漆用三斞,使用这些材料制弓,上等工匠用之有剩余,下等工匠用之不足。

16. 为天子之弓,合九而成规①；为诸侯之弓,合七而成规；大夫之弓,合五而成规；士之弓,合三而成规。

【注释】

①合九而成规：按字面意思为合九张弓而成一个圆。实指每张弓弧度是一个圆周的九分之一(即今四十度)。下文"合七而成规"、"合五而成规"、"合三而成规"皆放此。按,选用的干材质越优良,弓的弯曲度越小。

【译文】

制作天子的弓,合九张弓而成一个圆,即每张弓的弧度是一个圆周的九分之一;制作诸侯的弓,合七张弓而成一个圆,即每张弓的弧度是一个圆周的七分之一;大夫的弓,合五张弓而成一个圆;士的弓,合三张弓而成一个圆,即每张弓的弧度是一个圆周的三分之一。

17. 弓长六尺有六寸,谓之上制,上士服之①;弓长六尺有三寸,谓之中制,中士服之②;弓长六尺,谓之下制,下士服之③。

【注释】

①上士:身材高大的士。郑《注》曰:"人各以其形貌大小服此弓。"

②中士:身材中等的士。

③下士:身材较矮的士。

【译文】

弓长六尺六寸,称为上制弓,由身材高大的士使用;弓长六尺三寸,称为中制弓,由身材中等的士使用;弓长六尺,称为下制弓,由身材较矮的士使用。

18. 凡为弓,各因其君之躬志虑血气①。丰肉而短,宽缓以荼②,若是者为之危弓③,危弓为之安矢④。骨直以立,忿势以奔⑤,若是者为之安弓,安弓为之危矢。其人安,其弓安,其矢安,则莫能以速中,且不深。其人危,其弓危,其矢危,则莫能以愿中⑥。

【注释】

①各因其君之躬志虑血气：意谓弓的制作不仅要看人的身材，还当因人的情性而异。君，泛指用弓的人。躬，指人的身体、体形。志虑，指人的情性等主观因素。郑《注》曰："又随其人之情性。"血气，体质的血性。

②"丰肉而短"二句：荼（shū），同"舒"，徐，舒缓，缓慢。（参见第 8 节注②）

③若是者为之危弓：危弓，急疾的弓。危，及下文奔，意皆为疾速。郑《注》曰："危、奔，犹疾也。"又曰："言损赢济不足。"按，"宽缓以荼"，是舒缓有余（即所谓赢）而迅疾不足，故以危（疾）弓济之。盖谓需刚柔相济。下文义皆放此。

④安：江永曰："柔缓者为安。"

⑤"骨直以立"二句：骨直以立，刚强果毅。骨直，骨干挺直。郑《注》曰："谓强毅。"立，立即，迅速。忿势，谓性情急躁、暴躁。忿，同"愤"。

⑥"其人安"至"则莫能以愿中"：愿，谨慎，稳当。郑《注》曰："悫（què）也。"《说文·心部》曰："悫，谨也。"按，此节从运动心理学的角度，探讨了人、弓、矢、的等四者组成的系统中，前三者的最优与最劣的搭配方式。人、弓、矢的组合共有八种方式。"人安"者，用"危弓"与"安矢"；"人危"者，用"安弓"与"危矢"，此为最佳的两种搭配方式。因为三个因素可以互相补偿。"其人安，其弓安，其矢安"与"其人危，其弓危，其矢危"，是最劣的两种搭配方式。在此两种情况下，箭的 Spine（箭杆梃度）都不易与弓的特性协调一致。人若宽缓疏迟，再用软弓，柔缓的箭，箭行的初速必定小，箭行迟缓，不易命中目标；由于动能小，即使射中了也无力深入。反之，强毅果敢的射手，用强劲的弓和剽疾的箭，箭的蛇行距离势必过长，甚至达到目的地犹未恢复常态，当然也难以稳

稳地射中目标。《弓人》总结的这些经验,对于现代射箭运动的
心理素质训练以及弓矢的选择,仍有一定的参考价值(闻人军
《〈考工记〉中的流体力学知识》)。

【译文】

　　凡是制作弓,还要各自根据使用者的形态、意志、血气性情而定。
体形胖而矮,性情宽缓而举止舒迟,这样的人要为他制作剽疾强劲的
弓,剽疾强劲的弓则要配以柔缓的箭。刚毅而敏捷,秉性暴躁而行动迅
疾,这样的人要为他制作柔软的弓,柔缓的弓则要配以剽疾的箭。如果
射手的性情宽缓而举止舒迟,再加上他用的弓也柔软,用的箭也柔缓,
射出的箭就不能疾速地射中目标,而且即使射中也不能射深。如果射
手刚毅而敏捷,性情急躁,再加上他用的弓也剽疾强劲,箭也急疾,射出
的箭蛇行距离过长,就不能稳稳地射中目标。

　　19. 往体多,来体寡①,谓之夹、庾之属②,利射侯与弋③。
往体寡,来体多,谓之王弓之属④,利射革与质⑤。往体、来体
若一,谓之唐弓之属⑥,利射深。

【注释】

　　①"往体多"二句:按,闻人军以为:"往体,可理解为弓弛弦时弓体
　　外桡的体势,来体,可理解为弓张弦时弓体内向的弓高和曲势。"
　　此外有异说:一说,贾《疏》曰:"若王弧之弓,往体寡,来体多,弛
　　之乃有五寸,张之一尺五寸。夹、庾之弓,往体多,来体寡者,弛
　　之一尺五寸,张之得五寸。唐弓、大弓,往来体若一者,弛之一
　　尺,张之亦一尺。"则贾氏认为往体指弛弦之形,来体指张弦之
　　形。林希逸《考工记解》赞同贾氏说而明确之曰:"往者弛也",
　　"来者张也"。孙诒让亦倾向于往来两体指弛张之形,曰:"往体,
　　谓弓体外桡;来体,谓弓体内向。凡弓必兼往来两体,而后有张

弛之用，但以往来之多少为强弱之差。"二说，钱玄等认为："往
体，指弓两端向外反桡的弯曲度。来体，弓体中间向内的弯曲
度。""往体，弓体两端向外翘。来体，弓体中段向内弯。"（钱玄、
钱兴奇、王华宝、谢秉洪注译《周礼》，岳麓书社，2001年，第294、
443页）三说，杨天宇认为："往体，谓弓体外曲；来体，谓弓体内
向。案弓体当两隈处略曲向外，而当弓把（即弣）处略曲向内，即
所谓往来之体。"（杨天宇《周礼译注》，上海古籍出版社，2004年，
第691页）译文姑从闻人军说。

②夹、庾：即夹、庾，即《司弓矢》所谓夹弓、庾弓，是"合五而成规"的
两种较弱的弓。

③射侯与弋：即《司弓矢》所谓"射犴侯、鸟兽"：犴侯侯道五十步，为
侯道之最近者，射鸟兽亦非远射，故皆以较弱之弓射之。弋，即
弋射，用系有绳索的箭矢射飞鸟。

④王弓：即第16节所谓天子之弓，是"合九而成规"的弓，弓中之最
强者。

⑤利射革与质：即《司弓矢》所谓"射甲革、椹质"。革，干盾。质，此
指椹木箭靶。按，自"往体多"至"利射革与质"，闻人军认为有错
简，而将其句序调整为："往体多，来体寡，谓之王弓之属，利射革
与质。往体寡，来体多，谓之夹、庾之属，利射侯与弋。"其依据
有：据沈括《梦溪笔谈》卷十八："予伯兄善射，自能为弓。其弓有
六善：一者往体少而劲……凡弓往体少则易张而寿，但患其不
劲。"往体少，来体多的弓，是容易披弦和引体的弱弓，而非强弓，
则夹庾之属应为"往体寡，来体多"的弓；据《夏官·司弓矢》曰：
"司弓矢掌六弓、四弩、八矢之法，辨其名物，而掌其守藏，与其出
入。中春献弓弩，中秋献矢箙。及其颁之，王弓、弧弓以授射甲
革、椹质者，夹弓、庾弓以授射犴侯、鸟兽者，唐弓、大弓以授学射
者、使者、劳者。"其六弓次第，正与校正后的《弓人》此节诸弓次

序一致。闻氏并从句义上解释说，王弓之类，材质优良，弓体厚直，弓高小，来体寡，（往体多，）箭的初速较高，力劲利于射坚。夹弓、庾弓之类，来体多，（往体寡，）即弓高较大，曲率也较大，箭行的方向性较好，利于射侯与弋射鸟兽。（闻人军《〈梦溪笔谈〉"弓有六善"考》，《杭州大学学报》1984 年第 4 期；闻人军《考工记译注》，第 149—150 页）闻氏说可从。惟译文句序姑从原文，而将闻氏调序后的语句译文放入"〈〉"中以示区别。

⑥唐弓：是"合七而成规"的弓，强弱程度适中。按，此类弓张弦时弓体外挠的与内向的相等，弓体也较为厚直，箭的初速较高，易于射深。

【译文】

弓弛弦时弓体外挠的多，而弓张弦时弓体内向的少，称为夹弓、庾弓之类的弓，利于射豻侯和弋射飞鸟〈称为王弓之类的弓，利于射革甲和椹板〉。弓弓弛弦时弓体外挠的少，而弓张弦时弓体内向的多，称为王弓之类的弓，利于射革甲和椹板〈称为夹弓、庾弓之类的弓，利于射豻侯和弋射飞鸟〉。弓体外挠与内向相等的，称为唐弓之类的弓，利于射深。

20. 大和无灂①，其次筋、角皆有灂而深②，其次有灂而疏③，其次角无灂④。合灂若背手文⑤。角环灂，牛筋蕡灂，麋筋斥蠖灂⑥。

【注释】

①大和无灂：大和，谓九和之弓。贾《疏》曰："谓九和之弓（参见第 15 节），以其六材俱善，尤良，故无漆灂也。"灂，谓漆纹。按，由于胎骨及漆层经常不断地涨缩，漆器会因年久而出现裂痕，即断纹。漆弓经过多次弹射，断纹的出现较一般的漆器要早得多，但

最好的大和之弓则能在较长时间内都不会产生断纹。

②筋、角皆有漏而深：深，此指内侧，中央部位。郑《注》曰："深，谓漏在中央，两边无也。"孙诒让曰："弓筋在表而角在里，中央谓表里之中皆有漏。两边无者，弓侧也。"盖谓漆纹深藏在筋、角的内侧，即贴着弓干的一面上，表面看不出来。

③有漏而疏：按，明黄成《髹饰录》曰："断纹，髹器历年愈久而断纹愈生……凡揩光牢固者多疏断，稀漆脆虚者多细断，且易浮起。"此节列筋角有漆痕而稀疏者为第三等，可见前两等涂漆质量较高。

④其次角无漏：此谓角之中即隈里无漆痕，其他部位则有漆痕。贾《疏》曰："谓隈里无漏，箫头及背有之。"

⑤合漏若背手文：合漏，弓的表里漆痕。郑《注》曰："弓表里漏合处，若人合手背，文相应。"程瑶田《创物记》曰："合手掌，空缝有疏密，惟手背之缝间不容发，弓合处似之，言纹密也。"按，弓的表里由于胎质、纹理、漆层薄厚、使用条件等诸多因素不同，往往会产生不同的断纹。两部分之间的过渡，就如同人之手背手心间的纹理一样，最为自然，这也是涂漆质量较高的标志之一。

⑥"角环漏"三句：蕡，麻籽，表面有斑纹。郑《注》曰："枲实也。"麋，麋鹿，又称"四不像"，我国特有的一种大型鹿科动物。《列女传·辩通传·晋弓之妻》曰："荆麋之筋……天下之妙选也。"斥蠖（huò），即尺蠖，是尺蠖蛾的幼虫，一种形体细长、屈伸而行的小青虫。郑《注》曰："斥蠖，屈虫也。"按，漆痕是"出于人工而成于天工者"（黄成《髹饰录·尚古》），故有各种各样的形状，"环漏"、"蕡漏"、"斥蠖漏"皆因其形似而得名。

【译文】

最优良的九和之弓没有漆痕，其次筋、角中央有漆痕而深藏在内侧，两侧则没有；又其次筋、角的表面都有漆痕而较稀疏，又其次仅角之中当隈里处没有漆痕，其他地方都有。弓侧表里漆痕相合处就像人两手背相合一样纹理相应。角上的漆痕呈环状，牛筋上的漆痕像是麻籽纹，麋筋上的漆痕像是尺蠖形。

21. 和弓击摩①。覆之而角至，谓之句弓②；覆之而干至，谓之侯弓③；覆之而筋至，谓之深弓④。

【注释】

①和弓击摩：和，谓调试。击，谓拂拭。郑《注》曰："和，犹调也。击，拂也。将用弓，必先调之，拂之，摩之。"据孙诒让说，调，谓调试弓的强弱。拂，谓去尘。摩，谓察弓有无瑕畔。

②"覆之而角至"二句：覆，观察，审察。至，善，优良，达到要求。郑《注》曰："覆，犹察也，谓用（因）射而察之。至，犹善也，但角善，则矢虽疾而不能远。"按，角善，谓只有角优良，而筋、干则质次。贾《疏》曰："弓有六材，角、干、筋用力多，特言之。若三者全善，则为尤良，若一善者为散，二善者为次。"句弓，只有角优良，干、筋皆质次的弓。郑《注》曰："句于三体，材散恶，不用之弓也。"据孙诒让说，三体，谓合九、合七、合五而成规的三种弓，句（勾）于这三种弓，则谓合三而成规之弓，因弯曲弧度过大，弓体太弱而不能用。故句弓是质量差的弊弓。

③侯弓：谓夹弓、庾弓等适宜射侯的弓。郑《注》曰："射侯之弓。"按，侯弓的角、干均优良，但筋质次，放箭时方向性好，可以远射，但不够强劲，适宜射侯。

④深弓：谓角、干、筋三者皆优、可以射深的弓。按，《弓人》开端曰："弓人为弓，取六材必以其时。六材既聚，巧者和之。干也者，以为远也；角也者，以为疾也；筋也者，以为深也。"郑《注》曰："射深之弓也。……矢既疾而远又深。"据贾《疏》，此指唐弓、大弓及王

弓、弧弓之类可以射深的优质弓。

【译文】

使用之前，先要调试弓，要拂去弓表的灰尘，通体抚摸检查弓体是否有毛病。调试弓体的形状与强弱，察看它是否适宜使用。审察弓体而只有角优良的，叫做不堪使用的勾弓；审察弓体不仅角优良而干也优良的，叫做侯弓；审察弓体不仅角、干优良而且筋也优良的，叫做深弓。

主要征引书目

郑　玄　贾公彦《周礼注疏》(中华书局影印清阮元《十三经注疏》本)

孙诒让《周礼正义》(点校本,中华书局 1987 年版)

朱　申《周礼句解》(文渊阁《四库全书》本,以下简称《四库》本)

俞　樾《群经平议》(《清经解续编》本,以下简称《续经解》本,上海书店 1988 年版)

姜兆锡《周礼辑义》(《续修四库全书》本,以下简称《续四库》本,上海古籍出版社 2002 年版)

沈梦兰《周礼学》(《续四库》本)

方　苞《周礼析疑》(简称《析疑》,《续四库》本)

蒋载康《周官心解》(《续四库》本)

郝　敬《周礼完解》(《续四库》本)

王引之《经义述闻》(《清经解》本,以下简称《经解》本,上海古籍出版社 2002 年版)

于　邑《续周礼日记》(《续四库》本)

王昭禹《周礼详解》(《四库》本)

毛应龙《周官集解》(《四库》本)

李光坡《周礼述注》(《四库》本)

允禄等《钦定周官义疏》(简称《义疏》,《四库》本)

江　永《周礼疑义举要》(《经解》本)

段玉裁《说文解字注》(上海古籍出版社1981年版)

金　榜《礼笺》(《经解》本)

刘　敞《七经小传》(《四库》本)

叶　时《礼经会元》(《四库》本)

惠士奇《礼说》(《经解》本)

沈　彤《周官禄田考》(《续经解》本)

李调元《周礼摘笺》(《续四库》本)

王安石《周官新义》(《四库》本)

黄　度《周礼说》(《续四库》本)

方　苞《周官集注》(简称《集注》,《四库》本)

曾　钊《周礼注疏小笺》(《续经解》本)

段玉裁《周礼汉读考》(简称《汉读考》,《经解》本)

刘　沅《周官恒解》(《续四库》本)

黄以周《礼书通故》(《续四库》本)

孙诒让《十三经注疏校记》(简称《校记》,齐鲁书社1983年版)

凌廷堪《礼经释例》(简称《释例》,《经解》本)

敖继公《仪礼集说》(《库》本)

孔广林《周官臆测》(简称《臆测》,《续库》本)

无名氏《周官集说》(简称《集说》,《四库》本)

程瑶田《九谷考》(《经解》本)

秦蕙田《五礼通考》(简称《通考》,《四库》本)

胡培翚《仪礼正义》(简称《正义》,《续经解》本)

王应电《周礼传》(《四库》本)

李钟伦《周礼纂训》(《四库》本)

庄存与《周官说补》(《续经解》本)

陈　澔《礼记集说》(简称《集说》,上海古籍出版社 1987 年影印世界
　书局本)

王志长《周礼注疏删翼》(《四库》本)

官献瑶《石谿读周官》(《续四库》本)

吕飞鹏《周礼补注》(《续四库》本)

金　鹗《求古录礼说》(《续经解》本)

扬　雄《方言》(《四库》本)

易　祓《周官总义》(《四库》本)

聂崇义《三礼图集注》(简称聂氏《三礼图》,《四库》本)

任大椿《弁服释例》(《经解》本)

郑伯谦《太平经国书》(《四库》本)

刘青芝《周礼质疑》(《续四库》本)

朱　熹《朱子语类》(点校本,中华书局 1986 年版)

丁　晏《周礼释注》(《续四库》本)

柯尚迁《周礼全经释原》(《四库》本)

钱　玄《三礼通论》(简称《通论》,南京师范大学出版社 1996 年版)

杜　佑《通典》(《十通》本,浙江古籍出版社 1988 年版)

刘　绩《三礼图》(《四库》本)

张　参《五经文字》(《四库》本)

马承源《中国青铜器》(上海古籍出版社 1988 年版)

戴　震《考工记图》(《经解》本)

程瑶田《磬折古义》(简称《古义》,《经解》本)

王与之《周官订义》(《四库》本)

孔广森《礼学卮言》(简称《卮言》,《经解》本)

胡匡衷《仪礼释官》(《经解》本)

陈祥道《礼书》(《四库》本)

黄以周《礼说》(《续四库》本)

崔灵恩《三礼义宗》(《黄氏逸书考》本)

徐养原《周官故书考》(《经解》本)

段玉裁《释拜》(见《经韵楼集》,《经解》本)

杨天宇《周礼译注》(上海古籍出版社 2004 年版)

林希逸《鬳斋考工记解》(《四库》本)

阮　元《考工记车制图解》(简称《图解》,《经解》本)

王宗涑《考工记考辨》(《续经解》本)

黄　侃《黄侃手批白文十三经》(上海古籍出版社 2008 年第 2 版)

刘道广、许旸、卿尚东《图证〈考工记〉:新注、新译及其设计学意义》
　(东南大学出版社 2012 年版)

闻人军《考工记译注》(上海古籍出版社 2008 年版)

孙　机《汉代物质文化资料图说(增订本)》(上海古籍出版社 2011
　年版)

李　惇《群经识小》(《经解》本)

程瑶田《考工创物小记》(简称《创物记》,《经解》本)

郑　珍《轮舆私笺》(《续经解》本)

王聘珍《周礼学》(《续四库》本)

钱　坫《车制考》(《续经解》本)

吕调阳《考工记考》(《续四库》本)